마음,
철학으로
치료한다

## 마음, 철학으로 치료한다

**철학치료학 시론**

초판 인쇄 · 2011. 1. 20.
초판 발행 · 2011. 1. 31.
지은이 · 이광래, 김선희, 이기원
펴낸이 · 지미정
편집 · 김정연, 박은영
디자인 · 장아영
관리&마케팅 · 이은경, 장윤숙
펴낸곳 · 知와 사랑
서울시 마포구 합정동 204-3 국토빌 201호
전화 (02)335-2964
팩시밀리 (02)335-2965
등록번호 제10-1708호
등록일 1999. 6. 15.

ISBN 978-89-89007-50-0  93100

값 15,000원
www.jiwasarang.co.kr

# 마음,
# 철학으로
# 치료한다

철 학 치 료 학 시 론

이광래 · 김선희 · 이기원 지음

# THERAPY OF
# PHILOSOPHY

知와 사랑

# 머리말

지금 왜 철학치료인가? 철학은 왜 '치료therapy'라는 임장성臨場性, 즉 임상臨床을 다시 문제 삼으려는 것일까? 철학사는 철학 오디세이의 역사다. 철학시대 이전의 서사시인 호메로스가 철학사를 기록한다면 오디세우스의 방랑기에 못지않게 길고 긴 철학 방랑기를 남겼을지도 모른다. 소크라테스의 죽음 이래 중세의 기독교와 근대과학에 의해 권세를 잃고 지금껏 방랑하고 있는 철학적 프락시스는 간헐적인 시도에도 불구하고 철학사에 여전히 복권되지 않고 있기 때문이다.

철학에서 임장과 임상은 일종의 복귀다. 이제서야 우리는 복귀를 서두르고 있다. 무엇보다도 정신 최빈국이라는 다급한 현실이 우리로 하여금 임상에서 얼마나 오랫동안 그리고 얼마나 멀리 벗어나 있었는지 깨닫게 하기 때문이다.

어느새 우리는 자살 병동에 갇혀 우울하게 살고 있다. 한편에서는 살아가노라 마음에 병든 영혼들이 포털 사이트마다 홀로든 동반이든 자살을 검색하고 있다. 다른 한편에서는 우리 주변을 온통 치료 만물상으로 꾸미고 있다. 한국은 지금 심한 우울증에 빠져 있는가 하면 자살충동에 혼마저 빼앗기고 있다. 마치 우울한 자들의 자살 경연장 같다. 그 때문에 이 땅은 각종 정신치료 공장과도 같고 마음치료 전시장 같기도 하다. 우울하고 병든 사회가 바로 이런 모습일까 싶다.

가난하다고 해서 성공한 부자의 일그러진 초상마저 부러워하지는 않는다. 세계는, 특히 가난한 나라들이 오히려 우리를 뜨악하게 보고 있을 뿐이다. 그나마 이것이 바로 이 땅의 철학도들에게는 전화위복의 기회가 될지 모른다. 다행스럽게도 임상으로 복귀할 계기가 될 수 있기 때문이다.

불행 중 다행은 그뿐만이 아니다. 철학은 약이자 독의 야누스인 파르마콘 pharmakon의 전횡을 이제야 비로소 폭로할 수 있게 되었기 때문이다. 나아가 지금이 바로 철학이 약병 속에 갇힌 병든 영혼들의 탈출을 도울 기회이다. 다시 말해 철학이 임상으로 복귀해야 할 마땅한 기회가 바로 지금인 것이다.

임상으로의 복귀는 일종의 르네상스다. 다름 아닌 프락시스의 복권이 이루어질 가능성 때문이다. 철학은 치료라는 본업을 잊은 지 오래기 때문에 더욱 그렇다. 소크라테스나 공자에게서 보듯이 철학은 본래 임상적이었다. 그들은 사람들이 생각을 갈래잡기하기 어려울 때마다 현장에 있었다. 그들은 언제나 사고치료적이고 철학성형적인 생각과 말들로 현장에 임했던 것이다.

철학은 이제 다시 현장의 그들을 주목하지 않을 수 없다. 철학이 다시 현장과 함께해야 한다면 그때가 바로 지금이다. 우리에게 지금은 어느 때보다도 마음의 병이 만연하고 있는 위기의 시간이기 때문이다. 임상과 치료를 직접 모색하고 시도해야 할 시대적 과제들이 철학과 철학도들 앞에 놓여 있다. 소크라테스나 공자가 그랬듯이 우리의 현장도 바로 거기이기 때문이다. 말 못하는 고통의 소리가 여기저기서 들려오고, 죽음의 그림자를 밟고 싶어 하는 발걸음들 또한 하나둘이 아니기 때문이다.

이 책은 일찍부터 강원대학교 철학과의 철학치료 사업에 참여해온 저자 세 명의 중간보고서나 다름없다. 그리고 그동안 임상 철학으로서 철학치료학을 준비하고 진행하면서 느끼고 경험한 것들을 모아 정리한 결과물이기도 하다. 우리는 미숙과 미완의 흠결을 염려하면서도 아직은 모색과 준비 단계에 지나지 않은 국내의 철학치료학 분야에 조금이나마 도움이 되길 바라는 마음에서 이 책의 출간을 서두르기로 했다. 1부는 이광래가, 2부는 김선희가, 3부는 이기원이 썼다. 끝으로 출판을 맡아 진행해준 지와 사랑 출판사의 결단과 정성 어린 노고에 마음속 깊이 감사한다.

2011년 1월<br>
이광래

# 차례

머리말  5

**서언 철학치료학 서설  13**

철학이란 무엇인가  14
철학을 철학한다  14 / 다시 철학에 묻는다  16

철학은 치료학이다  18
철학적 반성은 치료에 어떤 영향을 끼치는가  19 / 성형으로서의 철학적 반성  21

철학치료학  23
실천하는 프락시스, 철학치료학  24 / 근원을 치료하는 철학치료학  27


**제1부 철학치료와 엔드게임**

**1장 파르마코포비아에서 탈출하기 위하여  33**

DSM의 저주  34
누구의 저주인가  35 / 저주와 권력의 공모  37

'보이지 않는 손'의 마력  44
악마의 손  45 / 춤추는 제약회사  48

약물에 저항하라  50
병기는 저항이다  51 / 약물중독에 저항하고 약물공포에서 탈출하라  53

양심고백을 고대한다  58

**2장 마음의 병은 병원병이 아니다  61**

　치료를 치료한다  62
　　치료권은 누구의 것인가  62 / 볼 수 있는 병과 볼 수 없는 병  68
　대중치료를 치료한다  73
　　치료에서 치유로  73
　마음을 치유하는 새마음운동  81
　　원조에서 자립으로  82 / 한국 사회, 제3의 정신병동  83 / 마음, 철학으로 성형하자  85

**3장 슬픔, 죽음에 이르는 병  89**

　슬픔은 왜 병인가  90
　　슬픔은 아픔이다  92 / 슬픔은 고녀다  95
　슬픔은 왜 전염병인가  97
　　동정은 공감이다  98 / 연민은 전염성이다  101
　슬픔은 왜 죽음의 병인가  103
　　슬픔은 절망의 전조다  103 / 절망은 죽음을 예후한다  105 / 슬픔은 죽음을 전염한다  107

**4장 엔드게임과 성형 놀이  113**

　파괴적 혁신과 철학치료  114
　비상 시대와 철학치료학  117
　　비상 시대와 다중의 병기  118 / 새로운 패놉티콘 증후군  120
　철학치료학은 시대의 요청이다  123
　　새로운 치유법으로 등장한 철학치료학  123 / 파괴적 기술인 철학치료  126 / 철학치료의 프로세스  128
　철학치료의 두 극장  130
　　패놉티콘에서 디아스포라로  131 / 패놉티콘에서 보호소로  133
　에필로그  136

## 제2부 철학치료, 치료의 패러다임의 전환

### 5장 뇌에서 의식으로, 약물에서 대화로 143

모든 정신질환은 두뇌 장애로 설명할 수 있다? 144
  자살, 죽음의 넷째 원인 144 / DSM에 감시당하는 현대인 146

치료 전환의 두 축: 뇌에서 의식, 약물에서 대화로 149
  프로이트의 정신분석학에서 치료 전환의 양면성 149 / 스스로 문제를 찾아가는 인본주의적 상담 154

대화의 르네상스 158
  그렇다면 상담이란 무엇인가 158 / 대화와 철학상담 162

철학상담의 대상과 철학상담자 166
  철학상담의 고유한 영역 166 / 철학상담자는 묻는 자다 168

### 6장 철학치료의 가능성에 대한 물음 175

새로운 치료의 등장 176
  물질 중심에서 정신세계로 176 / 철학치료, 가능한가 179

철학치료의 토대들 185
  소크라테스적 치료 185 / 철학치료의 출발점, "나 자신을 알자!" 186

소크라테스적 대화, 자기 인식에서 상호 통섭적 인식으로 188
  소크라테스적 대화의 특징 188 / 소크라테스적 상담의 치료적 힘 189

관조와 정관 그리고 평정 191
  관조적 삶이 누리는 지혜와 행복 191 / 평정에 이르는 법 193

### 7장 실존의 고통과 실존치료, 절망과 불안을 품고서 201

실존의 근본 조건으로서의 '절망' 202
  실존치료가 필요하다 202 / 심리적 실존철학자 키르케고르와 절망이라는 병 206

불안, 실존의 가장 훌륭한 교사 213

고통 기피증과 불편 기피증 218

### 8장 철학치료, 고통에게 묻다 225

삶이 괴롭다? 226
  고통스러운 삶을 관통한 철학자 쇼펜하우어 227 / 고통을 보면 삶이 보인다 229

삶은 왜 고통일까 231
  내 고통의 원인은 나의 표상이다 232 / 세계의 원인에 대한 기존 물음의 한계 235 / 나는 의지한다, 고로 고통스럽다 237

어떻게 고통에서 자유로울 수 있는가 241
  맹목적 의지에서 해방되기 241 / 고통을 치료하는 도구로서 예술과 인식 242

의지 긍정과 의지 부정, 치료의 양면성 252

## 제3부 사상과 문화치료학

### 9장 사상과 문화는 치료할 수 있는가 257
사상과 문화는 활물이다 258
사상과 문화는 병든다 263
병든 사상과 문화는 치료해야 한다 268

### 10장 유학에서의 정상과 병리 273
병리를 양산하는 사회 274
유학에서 말하는 정상과 병리 285
정상의 확충과 병리의 치료 293

### 11장 사유구조를 성형하는 철학치료학 1 303
병리를 치료할 새로운 사유의 등장 304
주자학적 사유의 병리화 304 / 고학적 사유의 등장 308
사유구조를 성형한다 314
고문사학적 방법 314 / 여숙의 경계 319 / 기질지성 324 / 성인을 신앙한다 327
문화 풍속을 성형한다 332
안민과 지인 332 / 예악으로 사회 질서를 세운다 336 / 예악에 물들다 339
사유구조 성형의 저 너머 342

### 12장 사유구조를 성형하는 철학치료학 2 345
한국 성리학과 실학 그리고 실학 이후 346
성리학의 성인주의 347
천인합일 347 / 마음의 규율과 동일성주의 350
동일성주의의 확장, 조선 성리학과 《심경》 354
불교지에서 유교로 354 / 조선 성리학과 《심경》 간행의 환경 358
실학적 사유와 차이의 발견 366
주자영역화에서 비주자영역으로 366 / 주자학지의 상대화와 실학지로의 전환 370 / 조선학 운동과 정약용의 재발견 373
실학 이후 현재 그리고 미래의 치료학 375

참고문헌 384
사항색인 390
인명색인 392

# 서언 철학치료학 서설

# 철학이란 무엇인가

철학이란 무엇인가? 새삼스럽게 묻고 싶다. 우리가 철학을 다시 생각해보기 위해서다. 유희하는 언어에 대한 참을성 부족이나 인내심의 한계, 철학 성찬에 대한 권태와 진저리, 그리고 이해하기 힘든 수사修辭에 대한 세간의 불평과 시비걸기에 공감하기 때문이다. 그러나 더 큰 이유는 철학의 성곽 밖으로 내몰린 사람들에게 그것을 가져다주려는 우리의 욕심 때문이다.

## 철학을 철학한다

철학이야말로 인간이 고안해낸 것들 가운데 가장 중요한 것 그리고 없어서는 안 될 것이다. 철학자들만이 이렇게 생각하는 것은 아니다. 오히려 많은 사람들이 지금까지 저마다의 주장과 인식으로 상대의 지성을 가늠해왔다고 해도 과언이 아니다. 어떤 것의 품위와 품격을 논할 때마다 사람들은 늘 철학으로 그것을 평가하고 철학을 빌려 그 가치를 따져왔기 때문이다.

그렇다면 철학이 무엇이기에 그럴까? 인간에게 철학이란 과연 무엇일까? 도대체 무엇 때문에 동서양을 막론하고 그토록 많은 사람들이 철학을 없어서는 안 되는 것이라고 말할까? 더구나 그런 생각은 지금도 유효할까? 오늘날 우리에게도 철학이 여전히 유효하다면 그 이유는 무엇일까? 바로 이런 의문들이 우리로 하여금 철학이 무엇인지 다시 생각하게끔 하고 있다. 다름 아니라 이런 질문들이 철학을 철학하게 하고 있다. 지금이야말로 어느 때보다도 철학이 철학의 반성을 요구하기 때문이다.

철학은 반성反省이다. 반성이 곧 철학이다. 다시 말해 철학은 실재를 철저하게 반성하며 사색하는 학문이다. 그런가 하면 자신을 냉철하게 반성적으로 성찰하는 학문이 곧 철학이다. 이렇듯 철학과 반성은 별개가 아니다. 철학하는 것은 반성하는 것이고 반성하는 것이 곧 철학하는 것이다.

본래 반성은 이전의 무엇인가를 다시 생각하는 것이다. 그것도 거꾸로, 즉 반대방향으로 다시 생각하는 것이다. 그것은 잘못(과거)을 돌이켜 생각하는 것이기도 하다. 어원적 의미에서도 '반성하다', '반사하다', '반영하다', '숙고하다'를 뜻하는 영어인 'reflect'는 라틴어 'reflectere', 즉 '뒤로 구부리다', '후방으로 향하다', '방향을 바꾸다', '상태를 바꾸다'에서 유래했다.

이처럼 반성으로서의 철학은 생각(사고방식)을 반대로 바꾸기, 다시 말해 혁신적으로 사고하고 사유하기를 의미한다. 그것은 기존의 생각이나 사유를 부분적으로 수정하거나 보완하는 철학하기, 이른바 '그리고ands'의 철학하기가 아니라 그것의 방향, 방법, 내용 등을 혁신하는 '아니요nots'의 철학하기를 뜻한다. 그러므로 그것은 철학에 도전하는 것으로, 철학의 자기부정이나 다름없다. 바꿔 말하면 그것은 이른바 존속적sustaining 반성에 따른 '존속적 철학하기'가 아니라 파괴적disruptive 반성을 통한 '파괴적 철학하기'다. 그것은 엔드게임endgame으로써 철학을 철학하는 것이다.

## 다시 철학에 묻는다

시대와 인간은 다시 철학에 묻는다. 오늘날 우리에게 철학이란 무엇인지. 많은 이들은 오늘의 철학이 무엇인지 그리고 오늘을 위한 철학이 무엇인지 묻는다. 심지어 오늘날 철학이 과연 있는지조차 의심한다. 나아가 철학이 있다면 그것은 어떤 것인지 묻는다. 그렇기 때문에 나는 오늘날 어떤 철학이 있어야 하는지 그리고 그것이 왜 있어야 하는지를 이쯤에서 말참견하려고 한다.

주지하다시피 중세와 더불어 지sophia의 아리스토텔레스적 구도는 이미 붕괴되었다. 중세 이래 철학에 소크라테스적인 프락시스praxis를 더는 기대할 수 없게 되었고, 관조적 지인 테오리아theoria마저도 신학이라는, 이른바 초거대 이론ultra-ground theory 속에 종속될 수밖에 없었다. 이런 사정은 과학의 시대인 근대에 이르러서도 크게 달라지지 않았다. 근대에는 관조적 지가 신학에서 복권되었지만 실천적 지의 권위는 회복되지 않았기 때문이다. 과학의 혁명적 발전과 더불어 철학에서도 이성론과 경험론을 거쳐 헤겔의 관념론에 이르는 동안 프락시스의 복권을 위한, 이른바 기초 이론ground theory의 엔드게임이 일어난 것은 아니었다.

다시 말해 근대에 들어와 과학이 신지식theology의 자리를 차지하면서 테오리아를 강화하려는 기초 이론은 세력을 더욱 광범위하게 넓혔다. 예컨대 데카르트, 스피노자, 라이프니츠가 꿈꾸었던 철학의 과학화와 수학화가 그것이었다. 오귀스트 콩트가 시도한 실증주의의 이상도 그와 다르지 않았다. 이성의 계몽을 부르짖던 근대가 진행될수록 프락시스로서의 철학이 계속 실권할 수밖에 없었던 까닭이 여기에 있다.

데카르트가 사용한 '지혜의 나무'에서, 그 뿌리로 철학을 강조한 데서도 보듯이 오히려 근대에는 과학과 더불어 철학도 '지知의 지知'로서 기초 이론 시대의 관조적 지의 권위 강화를 주도했다고 해도 지나치지 않다. 근대 이후 철학은 과학과 더불어 기초 이론들의 아고라를 이끌어가는 쌍두마차라는 자부심과 권위에 빠져들었고, 철학자도 그곳을 지키는 공무원이나 사회자의 구실을 천직으로 간주하게 되었다. 철학은 이제 생활현장의 지식이나 지혜가 아니었다.

그러나 철학의 진정한 의미는 관조적 지의 향연이나 언설의 성찬과도 같은 원리적 개념군이나, 관념적이고 이론적인 지의 대량 생산에 있는 것이 아니다. 소크라테스나 공자의 지혜가 그랬듯이 철학은 삶의 지혜로서 테오리아의 성채 안이 아니라 성곽 밖 삶의 현장에 임할 때, 인간이 고안해낸 것들 가운데 가장 중요한 것이 되고 지혜로운 삶에 없어서는 안 될 것이 된다. 무엇보다도 프락시스가 따르지 않는 테오리아는 공허한 말장난에 지나지 않기 때문이다. 유학이 지행합일知行合一을 덕목으로 강조하는 이유도 다른 데 있지 않다.

이렇듯 철학은 현장에서 힘을 발휘한다. 철학은 동업자들끼리나 즐기는 난해한 십자말풀이도 아니고 난수표 해독도 아니다. 공허한 사상누각은 더욱 아니다. 철학은 오만한 테오리아의 공간에서보다 생활 공간, 즉 임상으로 복귀할 때 프락시스로서 힘을 더욱 크게 발휘할 수 있다. 너무나 오랫동안 소홀히 해온 철학의 필드 파워field power는 '철학이란 영원히 기초 이론이어야 한다'라는 생각을 부정할 때 비로소 기대할 수 있다. 한마디로 말해 철학과 철학자가 삶의 현장으로 나설 때 실천 철학의 복권은 가능하다는 것이다.

그렇기 때문에 이미 오래 전부터 세상 사람들이 소크라테스와 공자에게 돌아가라고 철학에 주문하고 있는지도 모른다. 프락시스의 실권 이래 지금까지 철학의 선입관이 되어버린 관조적 지, 즉 테오리아보다 그들이 강조하던 실천적 지, 즉 프락시스로서 기능하는 삶의 지혜를 주목하라고 오늘의 철학과 철학자에게 다시 요구하고 있는지도 모른다. 왜냐하면 세상은 프락시스의 실권 이래 줄곧 철학이 '임상적 지'로서 스스로 거듭나기를 기대하기 때문일지도 모른다.

## 철학은 치료학이다

반성은 그 자체가 치료적therapeutic이다. 반성은 자가치료의 시작이나 다름없다. 반성은 생각을 고치거나 마음을 바로잡기 위한 것이기 때문이다. 철학의 본성이 치료적인 까닭도 마찬가지다. 철학이 곧 반성이므로 당연히 철학은 치료적이다. 예컨대 '너 자신을 알라'는 소크라테스의 자기 인식 요구가 그것이다. 게다가 반성은 마음성형의 전제이고 시작이다. 반성은 잘못을 돌이켜 생각하는 것이기 때문이다. 예컨대 유학에서 인성의 올바른 치료와 성형을 위한 수단으로 쓰인 수양론, 불교의 치료와 성형법인 팔정도八正道가 그것이다. 특히 팔정도란 인생의 거룩한 진리인 4성제四聖諦, 곧 고집멸도苦集滅道 가운데 도성제에 이르는 여덟 가지 바른 자세를 말하는데, 그 여덟 가지는 정견正見(올바른 견해), 정사유正思惟(올바른 생각), 정어正語(올바른 말), 정업正業(올바른 행위), 정명正命(올바른 생활), 정정진正精進(올바른 노력), 정념正念(올바른 정신), 정정正定(올바른 수행)이다. 중생이 고뇌의 원인인 괴로움을 없애고 깨달음의 경지로 나가기 위해 실천함으로써, 즉 반성함으로써 마음가짐과 행실을 치료하는 방법을 이른다.

이렇게 보면 동서양을 막론하고 철학이란 올바른 자기 인식을 위한 반성이므로 정신이나 마음에 대해 어떤 무엇보다도 치료적이다. 동시에 철학은 올바른 자아 형성을 위한 반성이므로 정신에 가장 성형적이기도 하다.

## 철학적 반성은 치료에 어떤 영향을 끼치는가

### 무지의 자각

소크라테스는 소피스트의 궤변에 놀아나는 아테네의 청년들에게 왜 자기 자신에 대한 '무지의 자각'을 외쳤을까? 그는 왜 저마다의 아레테[1]에 대한 인식

---

1　arete, 원래는 '혼에 대한 보살핌tes psyche epimeleisthai', 즉 혼psyche이 훌륭해지도록 마음 쓰는 것을 말한다. 영어로는 'goodness', 'excellence'로 번역하듯이 저마다 가장 사람다운 사람이 되게 해주는 훌륭함이나 빼어남을 뜻하기도 한다.

을 강조했을까? 그것은 궤변이라는 병기뿐만 아니라 자신의 아레테에 대한 오해나 무지 또한 사유의 병기와 다름 없기 때문이다.

게다가 소크라테스는 자기 성찰과 반성을 통해 자신이 빠져 있는 정신적 병기, 즉 도덕적 빈곤과 맹목을 깨닫게 했다. 인간이 그것을 진정으로 자각하면 누구나 도덕적 이상을 동경하고 이를 추구하기 마련이라는 것이다. 이처럼 자신의 무지나 도덕적 빈곤을 깨닫고 반성하는 것만큼 효과적인 정신치료적 계기와 방법도 없다.

자각과 반성은 또 다른 자아를 발견하는 길이다. 철학의 몫도 새로운 이론의 발명에 있다기보다 진정한 자아의 발견에 있다. 관조적 이론의 발명가는 직업인으로서 철학자일 수는 있어도 생활인으로서 철학인일 수는 없다. 하지만 자아의 발견과 자기 인식을 게을리하지 않는 이라면 누구라도 철학적 지혜를 실천하는 철학인이기에 충분하다.

이처럼 반성적 사색과 통찰은 철학적 삶의 충분조건인 셈이다. 그러므로 실패와 상실을 거울삼는 것, 즉 좌절과 절망을 자기 내면의 (정신적) 반면교사로 기꺼이 받아들이려는 의지와 지혜가 무엇보다 중요하다. 그것은 이미 자가치료와 자기 성형을 시작한 것이나 다름없기 때문이다. 절망이 죽음의 동기이듯이 반성은 삶의 계기이다. 절망은 자신을 죽음의 문턱으로 유인하지만 반성은 자신의 인생행로 앞에 놓여 있는 반전의 거울과 같은 것이기 때문이다.

### 반성이라는 엑소더스

반성은 자기 인식의 출입구다. 반성적 사색과 철학적 반성은 실패나 상실로 생기는 우울함이나 슬픔, 나아가 좌절감이나 절망감에서 빠져나오는 출구이자 마음치유와 마음성형의 입구이다. 좌절과 절망은 대개 죽음을 예후하기 쉬우므로 그것에 대한 치유는 자기 파괴적이고 혁신적인 반성밖에 없다. 그것은 반대쪽으로 방향을 바꾸어 다시 생각해보는 '아니요'의 철학하기이어야 한다. 왜냐하면 반성하려는 시도는 이미 절망의 쳇바퀴에서 탈출을 시작한 것이나 다름없기 때문이다.

실패나 상실처럼 예기치 못한 삶의 조난 사고 때마다 인간은 우울해하거나 슬퍼한다. 캄캄하고 절망스런 방에서 좌절하고는 죽음을 동경하거나 준비한다. 이처럼 절망감은 늪과 같은 것이어서 좀처럼 빠져나오기 쉽지 않다. 좌절감 또한 감옥 같은 것이어서 스스로 생각을 가두려 할 뿐만 아니라 더욱 옥조이려 한다.

그럴 때마다 진정한 대탈주를 가능하게 하는 것은 약물의 힘이 아니라 오직 철학의 힘뿐이다. 처절한 자기반성의 힘밖에 없다. 다시 말해 자기 파괴적 반성만이 엑소더스를 실천할 수 있는 에너지원인 것이다. 예컨대 아테네 청년들에게 기대하던 '소크라테스 효과'가 그것이었고, 패륜의 나락에 빠져 있던 아우구스티누스의 종교적 회심이 그것이었다. 키르케고르 자신이 실천한 실존적 결단도 그것과 다를 바 없다.

## 성형으로서의 철학적 반성

### 왜 마음성형이 필요한가?

인간은 왜 철학을 하는가? 무엇보다도 이상적인 자아 형성과 지혜로운 삶을 영위하기 위해서다. 이를 위해 인간은 누구나 외모를 아름답게 가꾸려는 미모 성형에 못지않게, 아니 그 이상으로 내면의 인격 형성, 즉 마음성형mental correction of deformities을 욕망한다. 태교胎敎에서 보듯이 태내에서부터 죽을 때까지 저마다 외모만이 아니라 내면세계도 아름답고 멋지게 하기 위한 노력을 게을리하지 않는다. 이른바 수준 높은 교양 수련과 평생교육이 그것이다. 심지어 어떤 이는 엄격한 종교의 계율을 통한 차원 높은 정신성형조차 마다하지 않는다.

미모성형이 전시효과를 노리는 허세에 지나지 않는다면 마음성형은 사람을 겸손하면서도 지혜롭게 한다. 미모성형은 눈요깃거리에 지나지 않지만, 마음성형은 마음의 풍요로움과 넉넉함을 말없이 보여준다. 실패나 상실 같은 삶의 위기나 질곡에서는 더욱 그렇다.

더구나 결국은 모든 것이 평등에 이르고 마는 인생여정에서 외모는 세월이 갈수록 힘을 잃어버리지만, 내면의 품위는 깊이를 더하며 더욱 돋보이기 마련이다. 그래서 외모가 쓸모없고 허망한 것이라면 내면의 품위, 즉 철학으로 품위 있게 성형된 교양은 그 값어치를 따질 수 없이 존귀한 것이다.

**철학의 빈곤에서 풍요로**

교양cultivation은 문자 그대로 내면을 수련하는 것이고 자신을 성형하는 것이다. 실천적 지를 실권하기 전인 고대 그리스 시대와 오랜 세월을 건너뛰어 부활한 르네상스 시대의 이상적인 인간형이 전인적 교양인이었다. 특히 르네상스 시대의 피코 델라 미란돌라, 마키아벨리와 같은 철학자와 레오나르도 다빈치나 미켈란젤로 같은 예술가 그리고 단테, 보카치오 같은 문인들이 추구하는 삶이 바로 철학적 교양인, 전인全人(l'uomo universale)의 실천이었다. 실제로 그들 자신은 누구보다도 전인의 모델이 되고자 노력했다.

전인적 교양이란 철학을 토대로 한 인문학적 교양과 예술적 감성을 겸비한 이상적이고 지적인 성형의 조건을 뜻한다. 특히 전인적 교양의 본보기인 고전적 교양일수록 테오리아뿐만 아니라 프락시스로서 기능하는 철학을 전인적 교양의 조건으로 삼았다. 예컨대 수數의 원리를 신봉하는 피타고라스학파의 교과목인 maθemata(학문의 전체)도 철학의 적용 영역에 지나지 않는 수학, 의학, 음악으로 모든 구성원의 전인 교양을 위한 것이었다.

그러므로 철학의 빈곤이나 실조失調는 곧바로 교양의 빈곤이나 실조, 불균형이나 실종으로 이어질 수밖에 없다. 오늘날 선진국일수록 철학의 조기교육에 심혈을 기울이는 까닭도 다른 데 있지 않다. 한마디로 말해 철학적 성형화가 교양화나 지성화와 다름없기 때문이다. 저마다의 철학지수PQ(Philosophy Quotient)가 교양지수나 지성지수, 즉 정신적 성형지수를 결정한다고 말해도 과언이 아니다.

## 철학치료학

치료 대상으로서의 인간homo patiens은 본래적으로 환자patient다. 인간은 누구나 신체적 고통과 정신적 고뇌를 피할 수 없는 존재이기 때문이다. 따라서 신체적 고통을 치료하는 방법이 물리적, 화학적 수단을 이용한 의학치료, 즉 치료cure라면 정신적 고뇌를 치료하는 방법은 정신이 정신에 영향을 주는 철학치료, 즉 치유care다. 이렇듯 철학치료의 기본은 정신적 치유에 있다. 예컨대 실패나 상실로 생기는 우울함, 슬픔, 좌절감, 절망감에서 벗어나는 길은 스스로 '마음 챙김mindfulness'을 할 수 있는 정신적 배려와 보살핌밖에 없다. 그렇기 때문에 인간의 정신이나 마음의 병기에 대한 치료가 화학약물적 방법에 의존할 수 없는 것은 당연한 이치다.

## 실천하는 프락시스, 철학치료학

### 지행합일을 추구하는 철학치료학

지로서 기능하는 프락시스와 행위로서 기능하는 프락시스는 서로 다르다. 칸트의 실천이성비판이 전자에 해당한다면 소크라테스의 산파술은 후자에 해당한다. 전자가 이론일 뿐인 프락시스라면 후자는 실천하는 프락시스다. 그러나 소크라테스는 오로지 프락시스만이 아니라 덕과 지의 결합을 강조했다. 구체적이고 개별적으로 실천함으로써 테오리아와 합일하는 철학적 프락시스가 그것이다. 철학치료는 구체적이고 개별적 행위이지만 테오리아의 토대 위에서 이루어져야 하기 때문이다.

  소크라테스는 대중을 상대로 연설하거나 대화한 적이 한 번도 없다. 그는 언제나 눈앞에 있는 구체적인 개인만을 상대해 대화했다. 이렇듯 철학치료가 가져오는 치유는 예나 지금이나 개인적일 수밖에 없다. 소피스트의 궤변에 휩

쏠린 아테네 청년 다수가 철학치료의 대상이었을지라도 소크라테스의 구체적인 치료가 소승적小乘的이었던 까닭도 거기에 있다.

비유컨대 대승불교가 시도하는 중생구제衆生救濟가 집단치료인 것과는 달리 철학치료는 개별치료인 것이다. 지행합일을 가장 좋은 치료법으로 받아들일 때 더욱 그렇다. 철학치료는 집단의 보편적 합리가 아니라 개인적인 반성이 문제이기 때문이다. 철학 또한 좌절하고 절망하는 개인의 반성적 사색을 통한 자가치료와 성형을 돕는 것이어야 하기 때문이다. 철학치료가 치유를 그 방법으로 할 때도 그것은 반성을 통한 깨달음(자각 또는 자기 인식)을 그리고 그것의 지행합일을 유도하는 데 목적이 있다.

### 임상 철학인 철학치료학

현장에서 가장 좋은 방법은 소크라테스가 그랬듯이 대화하는 것이다. 임상, 즉 현장에 임한다는 것은 상대와 대면하는 것이고 대화하는 것이다. 그런 점에서 철학치료란 기본적으로 대면치료이자 대화치료dialogue therapy다. 그것도 어지간한 대화가 아니라 끝까지 가는 대화다. 소크라테스의 대화법인 산파술이 그것이다. 소크라테스는 산모가 산고를 극복하고 출산에 이르듯 상대가 스스로 문제 해결에 이르도록 끝까지 대화하는 조산원으로서 철학적 임상의 그리고 철학치료자의 모범을 보였던 것이다.

이처럼 철학치료의 기본은 치료자와 피치료자가 직접 소통하는 것이다. 심지어 사람들이 고해성사를 하는 이유도 절대자의 용서로 불안한 마음을 치유받고 싶어서이다. 사람들은 고백이라는 내밀한 대화를 통해 어떤 임상 신학이나 신앙치료 효과를 기대하는 것이다. 그러나 대체로 마음 앓이를 하는 사람일수록 마음의 문을 닫으려 한다. 마음속으로만 독백하려 한다. 따라서 고통받는 마음이 고립과 독백의 악순환을 지속할수록 대화 기피증이나 대화 불안증, 나아가 대화 상실이나 대화 불능에 이를 수밖에 없다.

철학치료자는 상심한 이의 마음이 열려 대화치료가 이루어진다 할지라도 자신의 발언에 아무런 권위나 권력도 작용하지 않도록 주의를 기울여야 한다. 철학에서 음성언어의 복권과 임장성은 아무리 강조해도 지나칠 리 없지만 트라우마의 치료에 언어적 권력 행사는 피치료자에게 제2의 트라우마로 작용할 수 있기 때문이다. 예컨대 소크라테스나 공자가 대화하는 방식이 대화치료에 적합하지 않은 결정적인 이유도 그것이다. 조산원으로서 그들의 산파술은 원리적으로 또는 방법상 타당할지라도 그것이 다양한 트라우마의 치료에는 적합하지 않은 것이다. 왜냐하면 소크라테스나 공자의 발언은 매우 관념적이고 경구적이기 때문이다.

그럼에도 그들의 대화에 권위와 권력이 작용할 수 있었던 것은 대화의 상대가 어디까지나 지적 호기심이 가득한 정상적인 인물들, 즉 주로 그를 따르는 제자들이었기 때문이다. 하지만 상심한 피치료자에게 필요한 것은 일방적인 권력이 아니라 상호 공감이고, 치료자의 권위에 대한 승복이 아니라 피치료자의 자의적 감동이다. 철학치료의 치유란 바로 그런 것이다. 다시 말해 공감과 감동이 이루어질 때 상심한 이의 '자발적인 마음 챙김'도 가능하다.

# 근원을 치료하는 철학치료학

## 대증치료에서 근원치료로

1950년대 이래 조울증이나 우울증을 비롯한 정신(마음)의 병기들에 대한 치료를 독점해온 화학약물치료는 대증對症치료의 전형이다. 그것은 고뇌에 시달리는 마음의 상태들을 일정한 진단 매뉴얼에 따라 병기로 규정하고 고분자화학 약물치료를 시도하기 때문이다.

신경정신과 임상의들은 우울증이나 불안증 등 여러 가지 마음의 병기를 만드는 좌절과 절망의 원인과 동기가 다양함에도 일정한 진단 매뉴얼에 따라 짧은 시간 안에 기계적으로 처방전을 날려댄다. 정신의 병기들이 병원이라는 공장에서 질병으로 생산되고 있는 것이다. 하지만 그들의 처방전에는 치유care란 없고 치료cure만 있다. 처방전에는 공감과 감동이 기록될 칸조차 없다. 우울하고 슬픈 나머지 절망해 죽고 싶은 마음의 서사들narratives이 화학분자식으로 된 암호 같은 기호들에 빼앗겨버렸기 때문이다.

신경정신과 처방전은 가장 은밀한 문서다. 표면적으로 그것은 증세를 밝힐 수 없는 약물 청구서지만 신경정신과 임상의와 제약회사가 숫자로 암호화해 공동으로 만든 어둠의 묵시록이자 비밀스런 합의 문건이다. 그렇기 때문에 신경정신과의 약물은 처방전 없이는 소비자가 직접 구매할 수 없다. 더구나 처방전에는 항우울제의 약물중독이나 각종 금단현상에 대한 어떤 주의나 경고문이 없다. 실제로 그 사실을 고백하는 임상의는 더욱 찾아보기 힘들다. 고백을 금기로 삼기는 제약회사도 마찬가지다. 오히려 제약회사는 과장광고로 마음의 고통을 농락하기 일쑤다.

증세에 따라 처방되는 처방전의 효과는 여전히 미지수다. 약물로는 마음의 고통을 근본적으로 해결하지 못하기 때문이다. 최근 들어 우울증으로 자살하는 사람이 급증하는 것도 처방전의 대증요법이 효과적이지 못함을 입증하는 것이나 다름없다. 실패나 상실에서 비롯된 우울증으로 죽음에 이르게 하는 마음의 병은 결국 마음으로 치유할 수밖에 없다. 생각을 근본적으로 바꾸고 고치는 길뿐이기 때문이다. 아픔이 클수록 철학적 반성을 통한 사고의 치료와 성형이 더욱 절실하다.

**보조치료와 근원치료**

오늘날 정신의 병기에 대한 온갖 치료가 범람하는 것은 근원적이고 결정적인 치료 수단이 부재하다는 것을 의미한다. 특히 1950년대 이래 병원과 임상의가 정신장애에 대한 질병의 제도화를 강화하며 치료권을 독점해왔음에도 약물중독과 금단현상의 반복 등 화학약물치료의 한계가 여전하기 때문이다.

그에 따라 각종 대안치료나 보조치료 수단이 그럴듯한 이유를 제시하며 등장하고 있다. 예컨대 심리치료를 비롯해 미술치료, 음악치료, 문학치료, 시詩치료, 연극치료, 웃음치료, 명상치료, 요가치료, 향기치료, 정원치료, 생태환경치료 따위가 그것이다.

그러나 이런 치료법들은 그 기능이나 시설의 활용 범위와 구실이 제한적인 만큼 효과도 제한적이다. 더구나 시설이나 환경치료는 피할 수 없는 시공간적 제약 때문에 더욱 그렇다. 예컨대 원예치료(녹색치료)나 생태환경치료인 바이오치료bio-therapy/green therapy는 몹시 괴로운 마음도, 심지어 죽고 싶은 마음조차 초원이나 잔디, 숲길이나 꽃길, 단풍이나 정원 등 자연의 품에 안기고 마주하게 함으로써 어느 정도 치유할 수 있다. 자연의 섭리 앞에서 인간의 욕망을 제어하거나 슬픔을 위로받게 하는 효과가 나타나는 것이다.

하지만 바이오치료는 자연환경의 변화에 따른 시공간적 제약을 피할 수 없다. 엄밀히 말해 우울증이나 불안증, 나아가 자살충동과 같은 마음의 병기에는 적극적이고 근원적인 치료나 치유의 수단이 되지 못한다. 단지 일시적으로 마음을 위로하고, 마음에 평안을 주는 방편에 그칠 뿐이다.

이에 비해 근본적이고 적극적인 사고치료therapy of thinking는 보다 근원적인 치료이다. 그것은 자기 파괴적 반성과 철학적 대화로 절망감에 굳게 닫힌 마음의 문을 열어 공감과 감동에 이르게 하는 소통치료이기도 하다. 그러므로 거기에는 일정한 처방전이 있을 수 없다. 그것은 기본적으로 우울증이나 불안증, 절망감과 자살충동 등 자포자기적인 비감悲感의 반전을 위한 사고치료이고, 나아가 긍정적인 가치관과 적극적인 인생관을 형성하게 해주는 성형치료이기 때문이다.

# 제1부
## 철학치료와 엔드게임

# 1장 파르마코포비아에서 탈출하기 위하여

약물은 단순한 임시방편이며, 불안의 근본 원인들이 항상 신경학적이거나 약물학적이지는 않기 때문에 그 원인을 건드리지 못할 때가 많다고 결론 내리는 신경정신의학자들을 보기란 흔치 않은 일이다.

크리스토퍼 레인 《만들어진 우울증》에서

## DSM의 저주

제정신이 자기 정신이라면 그 반대는 남의 정신인가? 제정신이 제대로 된 정신이라면 그 반대는 잘못된 정신인가? 또한 '정신(또는 혼)이 나갔다'라는 말은 무슨 뜻인가? 그것은 정신의 부재인가? 아니면 다른 정신을 말하는가? 흔히 말하는 혼(정신)이 나간 상태, 그래서 제정신이 아닌 상태란 어떤 것일까? 파스칼은 정신이 멀쩡한 사람은 아무도 없다고 보았다. 우리의 정신이나 마음은 정상이 아닌 비정상의 나르시시즘 속에서 상리공생相利共生에 길들어 있다고 생각했기 때문이다.

　소설가 살만 루슈디Salman Rushdie는 제정신이 아니거나 혼이 나가는 것을 정신이나 마음의 또 다른 모습이라고 생각해 신기神奇하게 여긴다. 그는 인간이란 누구나 자신 안에 있는, '신처럼 생긴 구멍'을 통해서 신과 교섭한다고 생각한다. 대개 정신이나 마음의 병기病氣(비정상)로 규정되는 것을 그는 신과 소통할 수 있는 '신기한 통로'로 간주하는 것이다.

　푸코 또한 중세에는 마음이나 정신의 병기, 심지어 광기마저도 배제되어야 할 것이 아니라 성스러운 것으로 여겼다고 생각했다. 고작해야 사랑과 미움처럼 반대인 감정이 함께 존재하는 것으로 간주될 정도였다. 그래서 이 시기에는 정신이나 마음의 병기에 관한 언설 자체를 문제 삼지 않았다. 르네상스 시대까지만 해도 정신의 병기는 사회가 배제할 대상이 아니었다. 당시의 문학과 예술은 광인을 보통 사람보다 더 많이 아는 사람으로 간주하거나, 마치 미래를 내다볼 수 있는 사람으로 인식했기 때문에 그들을 상상적인 초월성을 지닌 예언자로 대우해 삶과 죽음의 중간 지대에 자리잡게끔 했다. 그러나 이성의 시대로 접어드는 17세기에 이르면 사정은 급변한다. 권력을 강화하려는 이성이 비이성을 저주하기 시작했기 때문이다.[1]

## 누구의 저주인가

히로니뮈스 보스의 그림 〈바보들의 배Narrenschiff〉를 보면 배가 한 척 있는데, 기괴하게도 뿌리째 뽑힌 나무를 돛대로 달고 있다. 이 그림은 반反예수의 승리에 열광하는 바보들 — 마음이나 정신이 비정상인 자들 — 을 하느님과 사탄 사이의 매개자로 표현하고 있다. 무엇보다도 이 그림이 상징하는 바는 비이성에게 사회가 퍼붓는 저주다. 17세기의 집권자들에게 정신적인 병기에 시

---

[1] 이광래,《미셸 푸코: 광기의 역사에서 성의 역사까지》, 민음사, 1989, 104쪽.

히로니뮈스 보스의 그림 〈바보들의 배Narrenschiff〉, 1488년경 혹은 그 이후, 패널에 유화, 57.8×31.9cm, 파리 루브르박물관 소장.

달리는 비이성적인 자들은 더욱더 저주받을 것들이었다. 이들에게는 정상적인 노동력을 기대하기 어려웠기 때문이다.

이때부터 이성과 비이성의 구별은 인간과 비인간의 구별이나 다름없었다. 인간이 이성적(정상적)으로 사고해야 인간일 수 있다는 이유에서였다. 그러므로 우울증에서 정신분열증에 이르기까지 각종 정신적 병기(비정상적인 사고방식)를 지닌 자들을 인간으로 취급하지 않는 것은 전혀 문제가 되지 않았다. 드디어 의사들이 이 병기에 대한 저주의 대리자로 나설 수 있게 되었다. 그들에게 정신의 병기를 저주할 수 있는 권한이 합법적으로 부여되었기 때문이다. 18세기 의사들이 정신이나 마음의 병기에 대한 저주를 감금으로 실천하기 시작한 것도 그 때문이다. 심지어 그들은 정신의 병기를 신체와 정신에서 씻어내야 한다는 이유로 그 병기를 지닌 자들에게 매우 잔인한 처방도 서슴지 않았다.

1793년 파리에 있는 빈민 구호병원인 비셰트르 병원은 쇠사슬에 묶여 있던 정신질환자들을 풀어주었다. 그렇지만 이들이 진정으로 해방된 것은 아니었다. 쇠사슬에서 해방되었을 뿐 수용소에서 석방된 것은 아니었기 때문이다. 이처럼 1952년에 이른바 '약리학적 마법탄환'이 등장하기 전까지는 정신의학의 교만한 독재가 정신의 병기에 대해 도덕적 저주, 즉 도덕적 비난과 학대 moralising sadism 이상으로 의학적 치료를 전문화한 것은 아니었다.

## 저주와 권력의 공모

의학과 의사는 인간의 몸에서 질병disease을 만들어내야만 한다. 그러므로 의학과 의사에게 인간의 병기sickness는 필요악일 수 없다. 그와 정반대다. 그럼에도 그들은 인간의 몸에다 온갖 질병 딱지를 붙일 뿐이지 어떤 질병도 독자적으로 치료하지 못한다. 먹잇감을 독차지하지 못하는 것이다. 경전이나 교리를 모르고는 목마른 영혼을 설득해 감화시킬 수 없는 성직자와 마찬가지다. 싫든 좋든 약학과의 공조와 공모가 필수적이다. 약학이 고분자화학의 임상실험실인 인간의 몸을 빌려 약물의 신화를 성공시키는 데 앞장서기 때문이다.

이처럼 의학과 약학은 운명적으로 공존 관계에 있다. 그 둘은 인간의 몸에 기생하거나 공생해야 하기 때문이다. 때로는 협력 동거하며 기생하는가 하면 때로는 전략 동거하며 공생하려 한다. 나아가 불편한 동거마저도 마다하지 않는다. 이해관계 앞에서 그들은 편리공생片利共生하거나 상리공생相利共生하려 한다. 또는 편승하거나 기생하려고도 한다. 특히 정신의학계와 약리학, 제약학계 그리고 이들의 모의를 실현시키는 실제 공간인 제약회사와의 관계를 보면 더욱 그렇다.

예컨대 미국정신의학협회American Psychiatric Association가 만드는 '정신장애 진단과 통계 매뉴얼DSM(Diagnostic and Statistical Mannual of Mental Disorder)'과 제약회사의 야합은 그 둘이 정신이나 마음의 병기를 먹이로 성장해온 공생의 역사를 보여준다. 대표적인 예로 〈워싱턴 포스트〉가 2006년 봄에 낸 보고서를 들 수 있다. 이 보고서를 보면 DSM의 우울증과 정신분열증에 대한 기준설정 작업에 참여한 모든 전문가가 제약회사와 금전관계를 맺었으며, 기타 정신적 장애의 기준을 설정하는 작업에 참여한 전문가의 절반 이상도 그와 유사한 타협 관계에 있었다.[2]

---

2  크리스토퍼 레인 지음, 이문희 옮김, 《만들어진 우울증》, 한겨레출판, 2009, 194쪽.

이렇듯 정신병의 매뉴얼을 만드는 주체가 DSM이라면 그것을 돈벌이 매뉴얼로 둔갑시키는 실체는 제약회사다. 실제로 양자는 정신병을 먹이로 떼려야 뗄 수 없는 공생관계가 된 지 오래다. 1950년대 이래 이들은 '약을 팔기 전에 먼저 병을 팔아라'라는 신조와 슬로건으로 공범관계를 소리 소문 없이 지켜왔기 때문이다. DSM이 각종 정신의 병을 만들어내면 제약회사는 그 약을 파는 몫을 해온 것이다.

## DSM은 정신병의 생산공장이다

이 공장이 문을 연 것은 1952년이다. 130쪽짜리 DSM-I은 정신의 병기를 처음부터 106종이나 공식적으로 발표했다. 개장과 동시에 대량생산 체제에 돌입한 것이다. 이어서 1968년 DSM-II가 134쪽에다 182종을 쏟아내더니, 1980년 로버트 스피처Robert Spitzer가 주도한 DSM-III는 더 거대한 생산 라인을 탄생시켰다. 494쪽에 진단 카테고리가 무려 265종이나 나열된 것이다. 그것은 정신의 병기를 세계적인 유행병으로 규정할 수 있는 기준RDC(Research Diagnostic Criteria)과 새로운 틀New Multiaxial System을 마련함으로써 생산공정의 혁명적 변화를 가져왔다. 마이즈R. Mayes와 호르비츠A. V. Horwitz도 이것을 가리켜 '정신질환의 분류에서 혁명'과 같은 것이었다고 평가한다.[3]

실제로 인간의 타고난 내향성(수줍음처럼 내면으로 향하는 성향)까지도 이른바 '내향적 인격 장애IPD(Introverted Personality Disorder)'로 DSM-III에 올린 스피처의 야욕은 미국 인구의 절반을 정신질환자로 만들었다. 스미스클라인 임원진

---

[3] R. Mayes & A. V. Horwitz, *Journal of the History of the Behavioral Sciences*, 41(3): 2005, 249~267쪽.

이 고백한 바로는 내향적 인격 장애를 포함한 불안장애 치료제 시장의 폭발적 증가로 미루어 볼 때 DSM-III의 영향이 어느 정도였는지를 짐작하기 어렵지 않다. "그야말로 어마어마했다. 북미와 유럽에서만 한꺼번에 9천만 명이 환자가 되었다"[4]는 것이다.

그러나 게인즈빌 심리유형 적용센터장인 메리 맥콜리Mary McCaulley는 내향성은 정상적인 정신 성향이라고 스피처의 주장을 반박한다. "DSM-III 속에서 내향적인 사람들이 다수 차지하는 듯이 보인다는 사실은 제게 아이러니입니다. …… 모든 인간 존재가 DSM-III 하에서 분류될 필요는 없다고 생각합니다"[5] 그는 내향성을 병으로 만들려는 스피처에 비판적이었다. 나아가 조셉 피니Joseph Finney처럼 스피처의 진단 분류 체계가 지닌 문화적 편견과 독단을 고발하는 이도 있었다. "우리(미국) 문화는 외향성 중심으로 흘러감으로써 내향적인 이들에게 오명을 씌우는 경향을 보이지만 일본의 상황은 그 반대다. 내향적인 이들이 정상으로 간주되고 외향적인 이들이 비정상으로 여겨진다."[6]

하지만 그 이후 공장장 스피처의 야심 때문에 공정의 진화는 더욱 빠르게 진행되었다. 1987년에 나온 개정판 DSM-III-R은 567쪽에 292종, 1994년판 DSM-IV는 886쪽에 297종, 그리고 2000년에 DSM-IV의 개정판Text Revision으로 나온 DSM-IV-TR은 정신장애의 종류를 365종으로 늘려놓았다. 1952년 106종으로 시작한 DSM은 반세기 만에 정신의 병기나 장애를 3배 이상이나 쏟아낸 것이다. 더구나 DSM 실무팀이 2013년 개정판 출간을 위한 논의를

---

4　크리스토퍼 레인, 《만들어진 우울증》, 204쪽.
5　앞의 책, 146~147쪽.
6　앞의 책, 158쪽.

시작했다는데, 이는 새로운 병기들이 더욱 많이 생산될 것임을 예고하는 것이나 마찬가지다. 이 정도면 DSM은 정신장애나 병기의 발견자가 아니라 발명가이거나 제조자와 다름없다.

또한 DSM은 푸코가 말하는 생체권력bio-pouvoir이 출현하는 현장이기도 하다. 지식이 권력을 생산하기 때문이다. 권력의 미시 구조로서 정신의 병기가 환자와 의사 사이에 권력을 실어나르는 것도 마찬가지 이유다. 권력의 미시 물리학을 실증과학으로 입증하는 데 DSM만 한 것도 흔치 않다. DSM은 미시 권력의 확고부동한 장場이자 공인된 그물 조직이기 때문이다.[7] 그 생체권력이 새로운 그물로 먹잇감들을 찾아 투망질할 때마다 더 많은 정신의 병기들이 맥없이 걸려들곤 하는 까닭도 다른 데 있지 않다. 심지어 생체권력의 저주는 영혼의 호흡을 멈추게 하는가 하면 저주받은 자의 운명도 바꾸려 한다. 검은 베일을 드리우는 장애라는 저주, 다름 아닌 영혼의 강제된 휴식과 침탈, 그것에서 생기는 운명의 불가피한 휴지休止가 그것이다. 하지만 따지고 보면 그것은 권력의 본성이다. 권력은 자유와 자율을 위반함으로써, 즉 강제에서 나오기 때문이다. 권력은 어디서나 그렇게 행세해왔다.

**제약회사는 정신병의 판매조직이다**

1952년은 저주의 리스트가 위선적인 대리자와 그들의 조직에 넘어간 해다. 그해 염주 106알을 넘겨받은 마법사들은 그것을 손아귀에서 넣고 만지작거리며 주문을 외우기 시작했다. 그것이 황금알로 둔갑하기를 기대했기 때문이다. 가

---

[7] 이광래,《미셸 푸코: 광기의 역사에서 성의 역사까지》, 1989, 민음사, 239~240쪽.

이기Geigy, 치바Ciba, 로슈Roche, 산도즈Sandoz, 론플랑크Rhone - Poulenc, 스미스클라인 & 프렌치Smith Klein & French, 파이저Pfizer 같은 제약회사가 그들이다.

1952년 로슈는 마침내 클로르프로마진chlorpromazine을 개발해 5억 명 이상에게 팔았다. 또한 스미스클라인 & 프렌치는 신경안정제 토라진thorazine으로 1955년 한 해에만 7,500만 달러를 챙겼다. 당시로서는 엄청난 금액이었다. 이처럼 황금 시장에 뛰어든 정신병의 판매조직인 제약회사들은 치열한 경쟁을 벌이며 새로운 시장 개척에 열을 올렸다. 특히 DSM-III 이후 새로운 고객을 유인하고 확보하면서 항우울제 프로작prozac을 비롯하여 팍실paxil(영국에서는 세로자트seroxat라고 불린다), 에펙소르effexor, 렉사프로lexapro, 졸로프트zoloft와 같은 '선택적 세로토닌 재흡수 억제제SSRI(일련의 항우울제)'의 생산과 판매가 폭발적으로 증가했다.

스피처 사단이 정신장애나 질환을 상품화, 상업화, 자본화하는 순환 구조 속으로 빠뜨림에 따라, 인간의 정신과 인격은 이상한 약병에 담겨 돌아가는 회전목마의 노리개로 전락했다. 그러나 회전목마의 속도가 빨라질수록 검은 돈의 유통 속도도 그만큼 빨라지기 마련이다. 정신과 의사들이 약물중독보다 더 무서운 돈 중독에 빠져들기 시작한 것도 이때부터였다. 제약회사가 주는 돈에 길들여진 그들은 별 주저 없이 DSM의 카테고리 확장에 앞장섰다.

**언론과 광고매체는 정신병의 바람잡이다**

돈 중독 증세는 신경정신과 의사들에게만 나타나는 현상이 아니었다. 바람잡이들에게도 마찬가지였다. 광고나 언론매체들은 애초부터 제약회사들과 야합해 신통치 않은 연구 성과나 신약 개발까지 부풀려 광고하거나 보도하며 뛰어들었다. 처음부터 호객꾼들의 대형 사기가 시작된 것이다. 1950년대에 미국의 제약회사에 매수된 언론들은 온갖 감언이설로 약장수들의 바람잡이를 자청하고 나섰다. 예컨대 미키 스미스의 《소정온제小靜穩劑의 사회사 Social History of Minor Tranquilizer》를 보면 '신비의 약물'(Time, 1954), '영혼을 위한 아스피린' (Changing Times, 1956), '행복의 알약'(Newsweek, 1956), '정신관장제'(The Nation, 1956), '배짱 약'(Time, 1956), '마음에 평화를 주는 약'(Today's Health, 1957), '알약 속의 터키탕'(Reader's Digest, 1962), '병 속에 담은 웰빙'(Time, 1980) 등 마법탄환에 대한 사기 구호들이 난무한다. 앤 콜드웰Anne Caldwell은 1950년대의 제약회사들의 이러한 약물 지배현상을 가리켜 "세계를 제패한 향정신제국!"이라고 한탄한다. 몰튼 민츠Morton Mintz도 1956년 "악몽의 치료법"이라고 비난한다.

그러나 대형 사기가 본격화된 DSM-III 이후, 특히 1990년대 이후의 사기극에 견주면 1950년대의 그것은 시골 장터의 약장수에 지나지 않는다. 예컨대 1996년 제약회사들이 항우울제 홍보를 위해 5억 9,500만 달러를 지출했고, 그 이듬해에는 14억 3,800만 달러를, 2000년에는 25억 달러를 쏟아부었다. 현재 한 해에 제약회사들이 소비자에게 직접 광고하는 홍보비만 30억 달러에 이르고 마케팅 비용을 모두 합치면 무려 250억 달러에 달한다.[8]

그러나 제약회사들이 광고매체를 통해 벌이는 대대적인 사기극은 광고 비용의 기하급수적인 증액에서뿐만 아니라 다음과 같은 캠페인 문구에서도 그 실체를 확인할 수 있다. 예컨대 "우울증의 고리를 끊는 남성의 힘"(세로자트, 팍실), "치솟는 충만감, 나야"(세로자트, 팍실), "열정적 사회성: '당신의 삶이 기다리

---

[8] 크리스토퍼 레인, 《만들어진 우울증》, 193쪽.

고 있다'"(팍실), "따뜻하고 부드러운 사랑 그리고 세로자트", "세로자트로 당신의 스트레스와 불안에서 해방을" 등이 그것이다. 1999년 미국의 홍보회사 콘앤울프Cohn & Wolfe가 사회불안증을 사람 알레르기와 동일시하는 "당신에게 사람 알레르기가 있다고 생각해보라"라는 광고물을 전국 버스 정류장마다 도배한 적도 있다. 그 밖에도 "팍실은 평화를 의미한다"(팍실), "그녀는 단지 수줍은 것인가, 아니면 사회불안장애인가?"(졸로프트), "내 미래가 보여요. 성공을 맛볼 수 있어요. 평화가 느껴져요. 내 삶을 만질 수 있어요"(팍실)와 같은 달콤한 말로 유혹하는 문구들이 난무했다.

결국 부작용이 심각하거나 효과가 부실할 수 있다는 정보나 비밀을 숨긴 채 소비자의 지갑만을 털어온 과장광고나 허위광고가 범람하자 2004년 6월 뉴욕 주 검찰총장 엘리엇 스피처Eliot Spitzer는 팍실의 부작용 정보를 은닉한 책임을 물어 글락소스미스클라인을 사기 혐의로 기소하기에 이르렀다.[9] 하지만 실제로 처벌은 솜방망이일 뿐이었다. 클락소스미스클라인이 벌금으로 낸 90만 달러는 팍실로 벌어들인 돈의 극히 일부에 지나지 않기 때문이다.

## '보이지 않는 손'의 마력

'기쁘다', '즐겁다', '평안하다', '행복하다'처럼 '외롭다', '우울하다', '슬프다',

---

[9] 앞의 책, 242쪽.

'불안하다'라는 기분도 인간의 정상적인 기분들 가운데 하나다. 그러나 신경정신의학자나 임상의들은 전자의 기분이 지속되더라도 그것을 병으로 간주하지 않지만 후자의 기분이 지속될 때는 그것의 병리화와 권력화를 결코 게을리하지 않는다. 더구나 인간의 기분이나 마음마저도 돈으로 계산하려는 제약회사들에게 이런 먹잇감들은 놓칠 수 없는 포획물이다. 이처럼 외롭거나 슬픈 기분, 우울하거나 불안한 마음 뒤에는 언제나 마법탄환을 장전한 총을 들고 있는 '보이지 않는 큰손들'이 버티고 있다. 우리에게 세상이 더욱 불안하고 우울한 까닭도 거기에 있다.

## 악마의 손

그렇다면 보이지 않는 손은 어떤 손일까? 그 마이스터들의 손은 천사의 손, 착한 손일까? 그 숨겨진 손들은 과연 신비한 손, 약손일까? 그렇지 않다. 그것은 아픈 곳을 한번 쓸어주면 낫는 엄마 손이 아니다. 오히려 그것은 교활한 여우의 변장된 손이고 음흉한 마귀할멈의 위장된 손이다. 그것은 흉악하고 탐욕스러운 마녀들의 손인 것이다.

**약물신앙**

변장한 여우나 위장한 마귀할멈의 손은 무엇을 감추고 있을까? 그것은 바로 약물이다. 그들의 머릿속은 우울하거나 불안해서 고통스러워하는 사람, 외롭거나 슬퍼서 괴로워하는 사람들을 속여먹을 약물 생각만으로 가득 차 있다. 그들에게 약물은 뇌의 실험 시약이자 눈 감고도 대어를 낚을 수 있는 낚시의 밑밥이기 때문이다. 약물치료가 마녀사냥이나 다름없는 이유도 다르지 않다. 신경정신의학자나 임상의에게 그렇고, 제약회사에게도 그렇다. 지금도 그들은 약물만을 믿을 뿐 다른 것은 생각하려 하지 않는다. 온통 약물치료에 사로잡혀 그것에 중독되어 있기 때문이다.

그래, 한번 물어보자. 의학자나 임상의의 독선적인 생각처럼, 그리고 제약회사의 달콤한 선전문구처럼 우울증을 비롯한 정신의 모든 병기들이 신경세포의 기능장애와 연결되어 있다면, 더구나 이를 다룰 적절한 화학약물이 존재한다면 우리는 정신이나 마음의 병기에 대해 걱정할 이유가 어디에 있을까?

연구자들은 이미 약물의 종류를 막론하고 SSRI를 복용한 환자들 가운데 부작용을 경험한 사람이 무려 70퍼센트가 넘는 것으로 보고한다.[10] 약물치료가 수많은 이들에게 습관성 중독증, 리비도의 상실이나 불감증, 자살 위험성 증가 등 심각한 반동증후군이나 금단현상을 남긴 채 실패로 끝나는데도 신경정신의학자들이나 임상의들은 왜 사람들이 제각각 다른 방식으로 행동하는지 이유를 깊이 따져보려 하지 않는다. 그들은 여전히 약물치료만이 유효한 조정수단이라고 믿기 때문이다. 정신의 어떤 교란에 대해서도 신속하게 찾아야 할 대안은 약물치료뿐이라는 것이다.

---

[10] 2003년 미국에서는 팍실, 세로자트를 비롯한 항우울제에 대해 미국 식품의약국의 전면 재검토가 실시되었고 습관성 여부를 판별하기 위한 법정 분쟁이 일어났다. 영국에서도 〈파노라마 Panorama〉라는 시사 프로그램은 심각한 우려 속에서 이 문제를 집중적으로 다루었다. "영국의 규제 당국자들은 2003년 6월 모든 조사를 검토한 결과 유력한 항우울제 팍실을 복용했을 때 자살 위험이 1.5배 내지 3.2배 증가한다는 결론을 내렸다." 크리스토퍼 레인, 《만들어진 우울증》, 200쪽 참고.

**마녀사냥에 찌든 뇌**

조정 수단을 사용하여 인간의 뇌와 신경계를 인위적인 상태로 유지하는 것이 과연 가능할까? 이 시간에도 거의 모든 신경정신의학자들이나 임상의들은 자신들의 교의적인 교본에 따라 처방전으로 환자들과 도박을 벌이고 있다. 신비주의에 가까운 자신들의 믿음 때문이다. 그러나 그것은 상투적인 도박판이 아닌가? 환자가 늘 모든 돈을 날려버릴 수밖에 없는 일방적인 도박판이 아닌가? 그럼에도 이 도박 중독증에 걸려들지 않을 결단력 있는 환자가 과연 얼마나 될까?

모든 정신의 병기에 통할 수 있는 신통한 비법이란 있을 수 없다. 세상사에 대한 부정적 의미나 그에 대한 정신적 반응이 사람마다 다르게 작용할 뿐만 아니라 그것에 대한 조정 수단으로 약물을 투여했을 때 어떤 반응을 보일지 알 수 없기 때문이다. 어떤 사람에게는 트라우마trauma가 되거나 우울증에 빠질 만큼 불행한 일인데도 다른 사람에게는 대수롭지 않은 일일 수 있다. 설사 문제가 된다고 할지라도 조정의 수단으로서 제공된 콜린choline성계[11]와 세로토닌계도 사람마다 반응에 큰 차이를 보인다. 그뿐만이 아니다. 한 개인에게도 신체의 조건이 달라지면 약물의 반응 또한 달라지기 마련이다. 임상의가 1, 2분 만에 처방전에다 기계적으로 갈겨대는 항우울제 복용량이 모든 사람에게 알맞은 양이 될 수는 없다.

그럼에도 경전과 같은 DSM의 위상과 약물신앙의 위력은 신의 존재를 의심해서는 안 되는 종교와 같다. 그 때문에 우울증을 비롯한 정신장애를 겪는

---

[11] 투쟁 반응, 도피 반응, 땀의 양, 침이나 눈물을 생산하는 능력 등 여러 가지 본능적 활동을 조절하는 중추신경계다. 항우울제 팍실은 SSRI 중에서도 가장 강력한 항콜린 작용을 한다.

이들에게 제공되는 약물은 그들을 평생 SSRI라는 감옥에서 나올 수 없게 할지도 모른다. 더구나 조정 수단에 길든 그들의 뇌는 평생 동안 세로토닌, 도파민, 노르에피네프린을 적게 분비하게 될지도 모른다. 실제로 경험적인 폭로나 양심선언을 주위에서 찾아보기란 어렵지 않다. 예컨대 약물을 정기적으로 복용한 이들의 10~40퍼센트가 지발성 운동장애tardive dyskinesia를 겪게 되고, 그 가운데 50퍼센트 정도가 돌이킬 수 없는 뇌손상을 입게 된다는 보고들이 그것이다. 특징적인 운동 불능과 통제 불가능한 몸짓들을 포함한 반동증후군들은 뒤늦게 약물을 끊는다고 해서 반드시 사라지지는 않기 때문이다.

약물에서 뇌를 구해야 한다. 신음하고 있는 뇌를 약병 속에서 빼내야 한다. 신경정신의학자나 임상의들은 적어도 도의적으로라도 정신의 병기에 관한 한 자신들이 마스터키를 쥐고 있다는 생각을 버려야 한다. 그들의 독단과 독선으로 지금 이 시간에도 수많은 이들의 뇌가 이름만 다른 각종 약물에 찌들고 있기 때문이다. 많은 사람들이 과연 고통받는 정신을 치료해줄 그리고 괴로운 마음을 치유해줄, 부작용이 없는 약물이 존재하는지 그들이 진솔하게 대답하기를 기다리고 있다. 많은 사람들이 반동증후군에서 자유로울 수 있는 약물치료가 가능한지 솔직하게 대답하기를 고대하고 있다. 약물이란 파르마콘 pharmakon의 공포를 해소시켜줄 때만이 독이 아닌 약이 될 수 있다는 사실을 사람들은 잘 알고 있기 때문이다.

## 춤추는 제약회사

신경정신의학자나 임상의들과 제약회사에게는 정신장애의 기준보다 더 중요한 게 없다. 그 기준을 낮출수록 의사들은 행사할 수 있는 권력이 그만큼 커지고, 제약회사들은 팔아먹을 시장이 커지기 때문이다. 그렇게 되면 거의 모든 인간 감정에 정신장애란 꼬리표를 붙일 수 있다. 또한 유행병으로서 병리화가 가능해짐으로써 DSM의 리스트에도 올릴 수 있다. 성형정신 약리학의 등장에 누구보다도 먼저 춤추고 나설 사람은 항우울제나 항불안 치료제를 만드는 제약회사 관계자들이다. 그들은 폐돈을 벌 수 있는 두툼한 리스트를 넘겨받을 수 있기 때문이다.

  예컨대 수줍음을 '사회불안장애'라는 사회 공포증으로 등재한 DSM-VI와 제약회사 스미스클라인 비첨의 관계가 그렇다. 진단기준을 하향조정해 수줍음을 '방치되어온 장애'로 명명한 임상보고서 덕분에 항우울제 팍실을 제조하는 스미스클라인은 이 약물을 애용할 거대한 시장을 개발할 수 있었다. 진단기준을 낮춘 탓에 장애 대상 미국인의 비율이 하룻밤 사이에 백 명당 네 명에서 거의 다섯 명당 한 명으로 껑충 뛰었기 때문이다. 심지어 2002년 《하버드 정신의학비평 Harvard Review of Psychiatry》까지 여기에 거들고 나서는 해프닝을 벌였다. 사회불안장애를 우울장애와 알코올 의존증에 이어 세 번째로 가장 일반적인 정신장애[12]로 간주할 정도였다.

  이때부터 스미스클라인은 그와 같은 비율을 전 세계에 소리 높여 강조하고 나섰다. 확실한 치료제를 선전하는 캠페인도 대대적으로 전개하기 시작했다. 덕분에 전 세계는 쉽사리 사회불안장애에서 벗어날 것만 같았다. 하지만 실제로는 그 반대였다. 세계는 더욱더 그 장애에 대한 강박증에 빠져들고 있었다.

---

[12] 앞의 책, 173쪽.

드디어 사회불안장애는 전 지구적인 유행병이 된 것이다.[13]

대중 연설에 대한 긴장감과 불안감이 장애이자 질병이라면 그리고 여러 사람 앞에서 느끼는 수줍음이 방치된 정신질환이라면 정신이 멀쩡한 사람은 누구일까? 대중 앞에 서기 전부터 아드레날린의 흐름이 빨라지는 그런 현상이 정신의 장애이고 마음의 병이라면 정신의학자나 임상의들 그리고 제약회사 관계자들 외에 다이아제팜이나 알프라졸람 서어트랄라인이나 파록세틴 같은 항불안제나 항우울제를 복용하지 않아도 될 사람은 누가 있을까?

## 약물에 저항하라

저항은 위반이다. 그러나 위반되지 않는 규칙은 없다. 도리어 규칙은 위반하고 거부함으로써 존재한다. 그것은 언제나 위반을 통해 확인되기 때문이다. 금기란 거부하고 깸으로써 확인되듯 규칙도 저항하고 위반함으로써 확인된다. 끊임없이 무언가를 욕망하는 인간의 심사도 다를 게 없다. 따지고 보면 긍정적 정서들(즐거움, 기쁨, 만족감, 사랑, 열정)과 마찬가지로 부정적 정서들(불안, 우울, 죄책감, 두려움, 분노, 수치심, 슬픔, 자살충동) 또한 욕심의 속내일 뿐이다.

병리적 기준DSM과 약리적 표준의 상징물인 약물에 대한 저항과 거부도 마찬가지다. 진단과 표준 기준에 대한 저항과 위반은 정신의 병리에 대한 위반

---

[13] 앞의 책, 177~178쪽.

이고 약리에 대한 저항이다. 정신의 병리에 대한 순응이 곧 치료라면 정신의 약리에 대한 위반은 (약물) 치료에 대한 저항이기도 하다. 약물에 대한 순응이 습관의 미덕을 칭찬하지만 그것에 대한 위반은 (약물)중독의 악덕을 나무라기 때문이다.

## 병기는 저항이다

### 마음의 병기, 정기에 저항한다

병리가 정상의 안티테제이듯 병기는 정기正氣를 반정립反定立한다. 예컨대 정기에 대한 광기狂氣가 그렇다. 한마디로 말해 광기는 저항이다. 열광熱狂이나 발광發狂으로 정기에 저항한다. 광기는 정기에 대한 사보타주sabotage인 것이다. 광기에 대한 약물의 공격이 그만큼 가혹한 이유도 여기에 있다. 정신의학이 강력한 탄환으로 광기를 탄압하고 의학적 식민화를 강화하는 까닭도 마찬가지다.

의학은 정신적 교란의 임계점인 광기를 치유할 대상이 아니라 지배할 대상으로 간주한다. 그 때문에 광기는 치유되기 전에 회복 불능에 이르고 만다. 본래 지배와 종속 관계에서는 어떤 저항도 용인되지 않는다. 저항은 탄압을 부를 뿐이다. 탄압은 저항의 반대급부인 셈이다. 그러므로 탄압도 저항의 정도에 따라 달라지기 마련이다. 광기에 대한 약물의 탄압이 가장 가혹한 것도 정신의 병기로서 저항이 가장 심하기 때문이다.

그러나 모든 작용이 반작용이듯 열광과 발광이 처음부터 생겨난 저항 방식은 아니다. 그것은 저항을 탄압하는 수단으로 쓰인 약물치료의 장기 지속 그리고 이에 따른 면역의 단계적 상승이 빚어낸 결과일 뿐이다. 그것은 정신적 교란의 지속과 습관화가 낳은 결과지만, 탄압의 기계적 대응이 초래한 필연적 결과이기도 하다. 따라서 우울한 끝에 삶의 의미를 잃고 실종과 의욕을 상실해 결국 자살하고 싶은 충동에 이르게 되는 사람에게는, 즉 세상에 저항하려는 마음의 병기에 시달리는 사람에게는 처방전에 따른 화학적 강제 조치보다 초기의 마음치유가 더욱 절실하고 중요하다. 화학분자식으로는 우울한 마음의 행로를 동행하고 위로할 수 없기 때문이다.

마음의 저항은 소통하지 못해서 생기는 부작용, 즉 다른 마음에 적응하지 못하고 마음을 나누지 못해서 생기는 부작용이므로 적응하고 소통하는 데 도움을 주는 적응치유나 소통치유가 약물치료보다 우선되어야 한다. DSM의 저주가 내려준 약물은 마음의 저항을 억제하거나 잠복시킬 뿐 우울하거나 불안한 저항감을 해소하기 어렵기 때문이다. 우회적이든 직설적이든 환자를 밀어붙이려는 거대 권력 앞에 억제되거나 잠복된 저항은 습관화되기 쉽다. 숨어든 저항은 몸 안에서 게릴러가 되고 레지스탕스가 된다. 약물에 대한 면역과 약물치료의 습관화가 저항의 고질화로 이어지는 까닭도 그와 다르지 않다.

### 마음의 병기, 세상에 저항한다

마음의 병기는 병리적 규정일 뿐만 아니라 사회적 규정이기도 하다. 우울증이든 망상증이든 공포증이든 정서장애든 행동장애든 기억장애든 모두 사회적 저항에 대한 사회적 규정이다. 모든 사회는 공공연하게 또는 암암리에, 집단적으로 또는 개인적으로 지배당하고 희생당할 사람들이 필요하기 때문이다. 사회가 마음의 병기에 관심이 없고 소외시키는 이유, 나아가 배제나 추방에

묵시적으로 동의하는 이유도 마찬가지다.

그 때문에 수세기 동안 정신의학자와 임상의들은 안심하고 그 범주를 규정해올 수 있었다. 특히 1950년대 이후 권위적인 DSM의 생산자들과 세상 읽기에 능란하고 민첩한 제약회사는 더욱 그랬다. 마음의 병기를 지닌 사람들은 그 범주를 채울 자들로, 그래서 제약회사의 돈벌이감으로 간주될 수밖에 없었다. 우울한 심정이나 불안한 기분 자체가 세상일이 뜻대로 되지 않는 심정에서 비롯된 것이기 때문이다. 안으로뿐만 아니라 밖으로 저항하는 마음이 병기가 되는 사유가 그것이다.

그러나 저항을 조건 없이 용인하는 세상은 없다. 자연에 적응하지 못하면 도태되듯이 사회에 적응하지 못해도 도태되기는 마찬가지다. 자연은 선택적이지만 사회는 규정적일 뿐이다. 그토록 세상은 일방적이다. 따라서 사회에 순응하지 못하는 마음은 부적응을 먹이로 삼는 자들에게 저항으로 규정되고 병기로서 병리화된다. 적응 실패에 자연이 도태로 보복하듯 저항하는 마음에 사회는 약물로 보복한다. 그 까닭이 다른 데 있지 않다. 정신의학이 구실 삼아 그렇게 규정하기 때문이다.

## 약물중독에 저항하고 약물공포에서 탈출하라

저항과 공포는 서로 반작용한다. 이 둘은 동시에 작용할 수 없는 마음의 상태다. 하지만 공포나 두려움은 저항을 불러오면서도 그 저항에 대한 반대급부로서 또 다른 두려움이나 공포를 낳기도 한다. 예컨대 수많은 환자들이 항우울제나 항불안제, 알코올이나 향정신성 물질과 같은 약물의 남용이나 중독으로 약물중독과 금단현상에 직면할 때가 그렇다. 습관과 중독은 저항하려는 마음이 무너진 것을 말한다. 그러므로 마음의 병기로 괴로워하는 이들에게 요청되는 것이 몇 가지 있다.

### 약물중독에 저항하라

항체anty-body는 신체의 면역력을 높여주지만 우울증 같은 저항심, 즉 항심 anti-mind은 그렇지 못하다. 전자는 저항함으로써 공포에서 벗어나게 하지만, 후자는 저항할수록 더 깊은 불안과 공포에 빠져들게 하기 때문이다. 항우울제나 항불안제 또는 알코올중독에서 비롯되는 반향성 불안[14]이나 거식증anorexia과 폭식증bulimia 같은 섭식장애[15] 또는 각종 반동증후군이나 금단현상 등 부정적 정서와 기분의 증가가 그것이다. 안타깝게도 현재로는 마음의 병기에 부작용이 없는 치료약물도 그리고 적절한 약물치료법도 존재하지 않는다.

그러나 알코올을 비롯해 지금까지 개발된, 정서와 기분에 영향을 끼치는 약물들은 부정적 정서를 감소시키거나 고통을 완화하는 반면에 예외 없이 강한 중독성을 지니고 있다. 예컨대 암페타민 같은 중추신경 흥분제나 디아제팜이나 알프라졸람 같은 항불안제에 중독될 경우 부정적 정서는 단기적으로 감소하지만 장기적으로는 정반대인 결과를 가져올 수 있다. 긍정적 정서마저 감소

---

14 반향성 불안(echoanxiety)은 자신의 언행에 대해 나타날 다른 사람의 반응에 대한 불안증.
15 섭식장애는 약물남용과 크게 다르지 않다. 폭식이 기분을 바꾸는 방식으로 쓰이지만 고통스러운 자기 인식에서 도피시키기 때문이다. 자기 파괴적인 폭식 후에 자기혐오, 수치심, 죄책감 등이 뒤따르는 것도 약물남용과 유사하다. 실제로 섭식장애는 남성보다 여성에 아홉 배나 많다. 섭식장애는 성장기의 성적 학대와 관계가 깊다. 남성보다 여성이 성적 학대와 공격을 받을 위험이 더 높기 때문이다. J. G. 알렌 지음, 권정혜 외 옮김, 《트라우마의 치유》, 학지사, 2005, 317~318쪽 참고.

시키고 더 심한 불안감이나 우울증을 유발해 습관화할 수 있기 때문이다.

그러므로 파르마코포비아,[16] 즉 약과 독의 양가성兩價性 공포에서 자유로운 약물이 탄생하기 전까지는 아무도 마음의 병기에 대한 약물치료에 안심할 수 없다. 약물중독의 공포에서 해방될 수 없기 때문이다. 이른바 로엔드low end에서 벗어나기 위한 '저항의 엔드게임endgame'을 감행해야 할 이유도 거기에 있다. 자신의 안팎에 대한 심리적, 정서적 저항인 울심鬱心에 대한 항抗우울적 저항 그리고 항우울제 중독에 대한 반反약물적 저항을 두려워하지 말아야 하는 것이다. 지금과 같이 어떤 증상이든 거의 동일한 마법탄환을 처방받는 상황에서는 더욱 그렇다.

**약물공포에서 과감하게 해방하라**

저항 없이는 해방도 없다. 해방은 독립을 위해 처절하게 저항한 대가이기 때문이다. 주지하다시피 독립과 해방은 주권 회복을 의미한다. 그것은 마음의 병기에서도 마찬가지다. 그러므로 약물의 공포에서 벗어나기 위해서는 다음과 같은 조건이 필요하다.

첫째, 마음의 병기를 치유할 때는 자기 자신에게 '주도권이 있다는 점'을 명심하라. 주도권의 상실은 자기정체성의 상실이나 다름없다. 마음의 병기에서 주권 회복은 약물에 빼앗긴 권리를 되찾는 것이기 때문에 더욱 그렇다. 고통스러운 자기 인식에서 도피하고 싶은 우울한 마음을 약물에 빼앗길수록 허심虛心만 깊어진다. 억지로라도 굳게 마음을 먹고 긍정적으로 마음을 챙길 때 비

---

[16] 파르마코포비아pharmaco-phobia는 필자가 약물pharmaco과 공포증phobia을 결합하여 만든 합성어로 '정신병리약물공포증'을 의미한다. 그리스어 파르마콘pharmakon은 약이자 독을 뜻한다.

로소 자아가 보이기 시작한다.

둘째, 모든 병에는 약이 있다는 믿음을 버려라. 모든 병에 약이 있다는 슬로건은 고통에서 해방되기를 고대하는 약자들의 다급한 심리를 이용해 제약회사들이 꾸며낸 과장광고와 속임수에 지나지 않는다. 하지만 약효문화와 약물신앙보다 더 무서운 고질병은 없다. 중독성이 강한 항우울제나 항불안제는 더욱 그렇다. 병약한 자일수록 자연 치유능력을 포기한 채 약효에 대한 자기최면에 빠지기 쉽다.

셋째, 신경정신의학자나 임상의의 침묵이나 은폐에 저항하라. 그들은 우울증을 비롯한 각종 정신장애에 대한 약물치료가 예기치 못한 심리적, 생리적 결과를 낳을 수 있다는 사실과 지금까지 SSRI가 수많은 부작용을 낳았다는 사실을 누구보다 잘 알고 있다. 약물이 결코 기적을 부르는 물질도 아니고 마법탄환도 아니라는 사실을 누구보다 잘 알고 있다. 부작용에 대한 보고서나 고소 사건들이 점점 늘어나고 있는데도 신경정신의학자들은 SSRI의 한계를 시인하려 들지 않는다. 오히려 비난에 귀먹은 듯 그들은 마음의 병기를 싹부터 잘라내야 한다는 신념으로 열 살 미만 어린이에게도 약물치료를 감행하기 일쑤다.[17]

2000년도 전미소美 도서상 최종 후보작이었던 앨런 라이트맨의 소설 《진단 The Diagnosis》은 정신과 의사 페트로 박사와 약물중독에 괴로워하는 주인공 빌 찰머스 사이에 벌어지는 갈등을 소재로 한다. 작가는 이 작품에서 약물중독에 대한 저항을 직간접적으로 시사하고 있다. 예컨대 상태가 점차 나빠지는 빌은

---

[17] 크리스토퍼 레인, 《만들어진 우울증》, 275쪽.

결국 "아뇨, 프로작은 안 먹는다고요"라고 소리친다. 그리고 담당 의사의 비서에게 말한다. "페트로 박사님은 제가 프로작을 복용하지 않는다는 사실을 아십니다. 저는 팍실을 먹고 있어요." 그는 고통을 느꼈을까? "아뇨, 고통을 느끼지 못한다고요." 그는 비명을 지르다시피 한다. "아무것도 느낄 수 없어요. 내 말 듣고 있습니까? 아무것도 느낄 수 없다고요."[18]라는 절규가 그것이다. 하지만 빌의 비명은 약물중독으로 바닥나버린 주의력과 집중력, 상상력 고갈과 공감 상실, 신체의 무기력과 만성피로감, 삶의 의미 감소와 의욕 상실 그리고 반복되는 우울증과 불안감에 지쳐버린 저항의 절규나 다름없다.

넷째, 제약회사의 속임수에 저항하라. 2001년 하버드 대학교의 도널드 케슬러Donald Kessler는 《일반의학기록General Medical Records》에 급한 성격을 '간헐적 폭발장애'라고 명명하며 정신적 질환으로 규정하고, 미국의 1,600만 명이 여기에 해당할지 모른다는 논문을 발표했다. 그러자 기자들은 프로작, 졸로프트, 이펙사의 행보에 주목했다. 제약회사들이 의사에게 공짜로 신약 샘플을 퍼붓고, 텔레비전 시청자에게는 주도면밀하게 제작한 과장광고 공세를 펼칠 것이라는 우려 때문이었다. 하지만 이것은 성질 급한 사람들이 아닌 언론이 제약회사의 속임수에 선제공격을 날린 것이었다. 그만큼 제약회사들이 사람들을 수없이 속여왔기 때문이다. 안타까운 일은 고통받고 있는 환자들이 "팍실은 화학적 불균형을 바로잡아준다. …… 오늘 당장 비습관성 팍실 복용에 대해 주치의와 상의하라"는 광고 문구에 여전히 속아 넘어가고 있다는 사실이다.

---

18 앞의 책, 304~305쪽.

## 양심고백을 고대한다

세상은 날이 갈수록 영화와 소설로, 텔레비전, 신문과 잡지, 각종 보고서나 기록물, 그리고 피해자들의 고소장으로 신경정신의학자나 임상의들과 제약회사들이 행한 권력 남용과 정보 은폐에 대해 양심선언하라고, 약물중독과 과장광고에 대해 고해성사하라고 소리 높여 압박한다. 그러나 메아리는 들리지 않는다. 고백 선언으로 원인 무효가 될 수 없지만 그리고 고해성사로 용서받거나 당한 자들의 고통이 상쇄될 수는 없지만 최소한의 도의를 위해서라도 세상은 양심선언을 고대한다.

### 신경정신의학자와 임상의에게 고대한다

반세기 이상 강화되어온 DSM은 병기 위에 군림하려는 정신의학자들의 권력욕을 상징한다. 그것은 지와 권력의 야합이 보여줄 수 있는 위력을 과시하기 때문이다. 더구나 DSM의 급속한 확장은 병리화를 이용한 권력 남용의 전형이다. 그 때문에 약물치료는 단지 임시방편일 뿐이며, 우울증을 비롯한 정신장애의 근본 원인들이 반드시 신경정신의학적이거나 약물학적인 것만은 아니라는 사실을, 그래서 그 원인을 밝혀내거나 건드릴 수 없을 때가 더 많다는 사실을 양심선언하는 신경정신의학자나 임상의를 찾아보기란 매우 어렵다.

나아가 기계론적 설명이 약물치료학에 역부족임을 실토하는 이들을 만나기는 더욱 어렵다. 어차피 임상의들은 표준 매뉴얼에 따라 적정한 효과가 나타날 때까지 다양한 환자들에게 다양한 약물을 시험할 수밖에 없기 때문이다.

임상의들이 환자들에게 약물치료에 대한 인내심을 중요한 덕목으로 강조하는 까닭도 다른 데 있지 않다. 하지만 참을성이 있는 사람에게 항우울제와 항불안제는 애초부터 불필요한 약물일 수 있다. 그는 환자도 장애자도 아니기 때문이다. 차라리 불안이나 우울, 나아가 의욕 상실과 자살충동에 이르기까지 각종 장애로 매도당한 환자들이 항 DSM이나 반 DSM를 만들어내기를 고대하는 게 더욱 빠를지도 모른다.

**제약회사에 고대한다**

스미스클라인 비첨은 프로작이나 팍실 같은 SSRI를 복용하는 사람들 가운데 20퍼센트가 재발한다고 고백했다. 그러나 오늘날 이것을 양심선언이라고 믿을 사람은 그렇게 많지 않을 것이다. 더구나 "2000년 6월 일라이 릴리Eli Lily가 프로작을 사라펨sarafem으로 재포장하고 우울증이 아닌 월경 전 불쾌장애 치료제로 출시하기 위해 기존 연녹색 알약을 라벤더 색깔로 바꿔, …… 해바라기와 똑같은 여성의 이미지로 홍보"[19]한 것을 경험한 사람들이라면 제약회사의 어떤 고백도 양심적이라고 생각할 리 없기 때문이다.

  지나친 표현인지 모르지만, 정신장애에 관한 약장수 말을 그대로 믿는 사람이라면 그는 이미 장애의 정도가 심한 상태일 것이다. 감언이설로 과장하여 광고하지 않으면 항우울제나 항불안제 광고가 아니다. 그러나 그 약물들의 광고는 어디에도 부작용이나 중독 가능성을 공개하고 있지 않다. 오히려 그와 반대다. 프로작이건 졸로프트건 팍실이건 제약회사는 마치 만병통치약인 양

---

[19] 앞의 책, 286쪽.

'기적의 알약'이고 '마법탄환'임을 강조한다. 그들은 예외없이 부정적 정서나 기분으로 힘들어하는 이들을 미사여구로 유혹해 영원히 그 약병에서 빠져나오지 못하게 한다.

하지만 현재로서는 각 개인이 권모술수에 뛰어난 다국적 거상들과 싸울 수 있는 방도가 없다. 더구나 자발적으로 고해성사하거나 사죄하게 하는 묘약妙藥이나 신약神藥이 개발되기 전까지는 제약회사가 자신들의 기망을 멈출 리 없을 것 같아 더욱더 우울할 뿐이다. 정신의학자와 병원이 새로운 정신장애를 끊임없이 만들고 제약회사가 그것을 널리 유행시키는가 하면 국가가 그것을 보장해주는 제도에서 참고 살아가야 하는 자들의 심경은 더욱 그렇다. 우리의 도시와 농촌을 가릴 것 없이 온 나라가 노래방 천하가 된 까닭을 알아내기란 그리 어렵지 않을 것 같다. 요즈음 남녀노소 모든 한국인에게 노래방만 한 마음 세탁소洗心房와 해우소解憂所도 없기 때문이다.

## 2장 마음의 병은 병원병이 아니다

의료제도가 건강에 중대한 위협이 되고 있다. 전문가가 의료를 통제함에 따른 파괴적 영향은 이제 유행병과 같이 되었다. 병원병이란 것이 새로운 유행병의 이름이다. …… 현대의 병원에서 비롯되는 유행병을 저지하기 위해서는 의사가 아닌 일반인이 가능한 한 광범위한 시야와 유효한 힘을 지녀야 한다.

이반 일리치, 《의학의 한계, 의학의 인과응보》에서

# 치료를 치료한다

## 치료권은 누구의 것인가

**사칭된 신수권**

사회에 확산되고 있는, 병원에서 비롯되는 질병으로부터 사회를 회복시키는 것은 정치의 임무이지 전문가의 임무가 아니다. 그것은 시민이 갖는 치료의 자유와 평등한 건강관리에 대한 시민의 권리 사이의 균형에 관한 뿌리 깊은 의견의 일치에 기초하지 않으면 안 된다.[1]

---

[1] Ivan Illich, *Limits to Medicine, Medical Nemesis: The Expropriation of Health*, Marion Boyars Pub, 2002, p. 6.

이 글은 오늘날 의사와 병원이 중심인 의료제도, 나아가 현대 의학에 의해 침해받고 있는 건강관리와 질병관리 그리고 환자의 자주적 치료권治療權에 대한 이반 일리치의 계몽적 주장이다. 이반 일리치도 푸코와 마찬가지로 환자와 의사 또는 환자와 병원의 관계가 일방적이고 독점적인 권력관계라는 인식을 전제로 한다.

그러면 치료권은 과연 누구의 권리인가? 이것은 치료가 권리인지 의무인지 따져보면 구분하기 어렵지 않다. 환자는 치료받을 권리가 있는 반면 의사는 치료해야 할 의무가 있기 때문이다. 환자에 대한 의사의 영원한 양심선언인 히포크라테스 선서를 보자.

> 이제 나는 의업에 종사토록 허락받으매
> 내 생애를 인류의 봉사에 바칠 것을 엄숙히 서약하노라.
> 나는 환자의 건강과 생명을 첫째로 생각하겠노라.
> 나는 인종, 종교, 국적, 정당정파 또는 사회적 지위 여하를 초월해
> 오직 환자에게 대한 내 의무를 지키겠노라.
> 나는 인간의 생명을 수태된 때로부터 지상의 것으로 존중히 여기겠노라.
> 나는 비록 위협을 당할지라도 내 지식을 인도에 어긋나게 쓰지 않겠노라.

히포크라테스 선서는 환자에 대한 의사의 치료 의무를 법적 의무보다 더 소중한 지상 과업으로 규정하고 있다. 왜냐하면 의사에게 치료는 권리가 아니라 봉사의 의무를 다해야 할 지상명령이기 때문이다. 다시 말해 의업은 신에게 받은 소명이지 권리가 아니다.

하지만 오늘날 의사들은 '의업에 종사토록 허락받았으므로'라는 소명과 '생애를 봉사에 바치겠노라'는 의무보다 환자에 대한 치료권을 의업의 배타적 치외법권으로 사칭하기 일쑤다. 무엇보다도 환자마다 달리 생기는 병기를 현대 의학과 의사는 객관적인 질병disease으로서 규정하기 때문이다. 한마디로 말해 어떤 병기라도, 병으로 만들려는 의사를 피할 수 없었다. 인류의 역사와 더불어 질병이 진화해온 까닭도 여기에 있다. 유기체의 일탈 상태에 대한 분류법과 통계 지식 그리고 그에 대한 기술 공학적 조작 능력을 앞세워 병기와 질병의 임계점을 장악한 의사와 그 권위, 즉 치료권의 독점적 행사를 강요하는 권력 현장인 병원이 질병의 생산력이라면 그 배후의 네트워크인 의료제도는 그것의 생산관계나 다름없다.

제2차 세계대전 이후 병원병이 급증하고 유행한 것은 그만큼 의사와 병원이 의료독점화를 강화했음을 의미한다. 의사와 병원은 일반인에게 의료 문맹화를 직간접적으로 조장함으로써 질병의 신이자 치유의 신인 아스클레피우스에게서 부여받은 의료신수권醫療神授權을 정당화하려는 야심을 노골화해온 게 사실이다. 심지어 일반인에게는 신성불가침을 주장하는 의학의 신학화와 의료의 신앙화를 통해 의학은 종교에 버금가는 지위를 차지했다. 임상에서 행해지는 의식도 신전에서 행해지는 의식만큼 특권화되어갔다. 목사나 사제가 신수권을 주장하며 독점한 예배나 미사권처럼 의사도 치료권을 담보로 병원이라는 '성당'을 지키기 위한 권위와 독점적 권리를 요구하고 있다.

결국 의사만이 건강과 병기의 분화를 독점하는 데 성공했다. 그들은 고대 그리스의 신 아스클레피우스가 그랬듯이 병기의 규정과 그 치료권을 독점하는 쾌거를 이루었다. 특히 임상의학이 본격적으로 탄생한 18세기 말 이후 새로운 병원병을 지속적으로 생산하고 유통시켜온 의사와 의료제도는 치료의 자유와 평등권의 균형을 무너뜨리는 데 성공한다.

## 진실게임

현대인의 의료지상주의적 신앙이나 의학적 노예의식은 개인과 국가에 대해 한 세기 이상 지속해온 의학적 순치馴致 전략이 드디어 성공 단계에 이르렀음을 의미한다. 20세기 통치 이데올로기의 종언 이후에도 의료지상주의라는 이데올로기가 더욱 건재한 이유도 여기에 있다. 철저한 순치가 세뇌로 이어진 것이다. 더구나 현대 국가의 복지 이데올로기에 편승하면서 질병에 대한 의사의 치료권은 인간의 병기, 심지어 죽음마저 지배—오늘날 의사와 병원에게 죽음은 침묵의 사업이고 주검은 말 못하는 고객이다[2]—하는 황제권을 확보한 것이나 다름없다.

그러나 따지고 보면 현대 의학이 강조하는 오늘날과 같은 질병 구조의 긍정적 변화는 의료 전제주의가 전개해온 패권주의적 속령화屬領化 전략이 만든 것은 아니다. 그것은 순치의 정당화나 지속적 강화를 위한 허위의식의 선전이거나 오도된 선입견의 주입과 다름없다. 질병의 역사나 의료사회사에서 보면 생활 여건의 변화가 건강 상태의 변화를 초래해 질병의 구조를 긍정적으로 바꿔놓았다고 해도 과언이 아니다. 질병의 구조가 변한 것은 의학의 진보나 의학적 치료의 향상과는 직접적인 관계가 없기 때문이다. 예컨대 결핵은 제2차

---

[2] 우리 나라에서는 죽음이 머지않은 암환자 가운데 상당수(30퍼센트)에게 고가의 항암치료를 계속하지만, 미국의 병원들은 말기 암환자에게 연명치료를 거의 하지 않는다. 최근 법정 스님이 임종 직전 "강원도 오두막에 돌아가고 싶다"라고 한 말은 되새겨볼 만하다.

세계대전이 가져다준 '선물'인 페니실린과 같은 항생물질이 사용되기 훨씬 이전에 이미 사망률이 1만 명당 48명(사망 원인 11위)으로 떨어졌다. 콜레라, 이질, 장티프스 등의 발병률도 그 원인이 의학적으로 밝혀지고 치료법이 개발되기 이전에 이미 크게 감소했다.

그것은 어느 나라를 막론하고 경제성장과 더불어 생활환경이 크게 개선되었기 때문이다. 무엇보다도 수인성 전염병이나 어린이들 사이에 유행하기 쉬운 전염병이 감소한 이유가 여기에 있다. 다시 말해 "설사를 수반하는 질환이 감소한 것은 상수도가 보급되고 위생시설이 개선되었기 때문이지 의사들의 치료 덕분은 결코 아니다."[3] 또한 항생물질이 보급되어 예방접종이 광범위하게 시행되기 전인데도, 공기를 통해 전염되는 성홍열, 백일해, 홍역으로 인한 15세 이하 어린이의 사망률이 1860년부터 1965년까지 거의 90퍼센트 정도 감소한 것도 마찬가지 이유다.[4]

이른바 후진국형 질병의 감소와 평균수명의 연장은 의료 외적 요인들이 더욱 결정적이었다고 해도 과언이 아니다. 돌이켜 보면 질병의 역사나 의료사회사적으로도 20세기의 한국 사회가 바로 그 본보기다. 한국인들이 특히 1953년 한국전쟁 이후 폐허 상태에서 오늘날에 이르기까지 경제적 기적을 이룩하는 과정—1950년대 미군 부대 식당의 음식 찌꺼기 통에서 나온 꿀꿀이죽에서 오늘날 거리를 덮은 피자와 햄버거에 이르는 과정—에서 경험했듯이 전염성

---

3  W. J. van Zijl, Studies on Diarrheal Disease in Seven Countries, *Bulletin of the World Health Organization* 35, 1966, p. 249.

4  R. R. Porter, *The Contribution of the Biological and Medical Sciences to Human welfare*, The British Association for the Advancement of Science, 1972, p. 95.

질병이 감소하고 수명이 연장되는 것은 경제성장에 따른 물질적 풍요가 가져다준 선물일 뿐 아스클레피우스의 축복이 아니기 때문이다.

그것은 전적으로 의료적 수혜, 즉 의학과 의료제도의 개선, 병원과 의사의 기여와 봉사에 원인이 있다기보다 오히려 정치적, 경제적, 사회적 환경의 획기적인 발전에 더 큰 원인이 있다. 이렇게 보면 의업과 의사만큼 한국 사회에서 오비이락烏飛梨落 효과나 편승 효과를 보는 수혜자도 드물다. 일리치도 "질병이 감소한 원인으로 주택의 개선과 미생물 유기체가 갖는 독성의 감퇴 등이 지적될 수 있으나 가장 중요한 요인은 영양이 개선됨으로써 인간(숙주)의 저항력이 높아졌기 때문"[5]이라고 생각한다.

그럼에도 거의 모든 한국인들은 화려한 커튼 뒤에 숨어 있는 진실을 눈치채지 못한다. 오늘날 질병이 감소하거나 쇠퇴하는 이유 그리고 평균수명이 연장되고 있는 일차적 원인을 의학의 진보와 확대된 치료 혜택에 돌리고 있다. 한국의 여느 도시에서나 쉽게 볼 수 있는 야훼와 아스클레피우스의 힘겨루기에 혼을 빼앗겼기 때문이다. 다시 말해 언제부터인가 한국인은 교회 건물과 경쟁하고 있는 히포크라테스 후예들의 신전 게임, 즉 거창한 병원 건물에 미혹되어버렸기 때문이다. 하지만 그 많은 신전들은 20세기 후반의 격변하는 사건들로 피로골절 상태에 빠진 한국 사회의 상흔傷痕이나 다름없다. 이때부터 현대사의 외상후 스트레스장애를 겪고 있는 많은 한국인들은 오기억誤記憶이나 위기억僞記憶 같은 기억착오증paramnesia에 걸린 듯하다. 수많은 한국인에게 잠재된 무심巫心이 신전에 대한 믿음을 경쟁하게 하는 것도 그 때문일 것이다.

---

[5] Ivan Illich, *Limits to Medicine, Medical Nemesis: The Expropriation of Health*, p. 16.

하지만 소명 의식이 부족하거나 결핍된 의업이 치료권을 독점하면 권력욕에 사로잡히기 십상이다. 의사가 봉사 정신과 의무감을 버리면 재물욕에 사로잡힌 노예에 지나지 않는다. 본래 권력욕은 틈만 나면 재물욕과 야합하려는 속내를 드러내기 마련이다. 그 때문에 이들 욕망은 소명과 의무를 커튼 뒤로 감춰버리려 한다. 권력화된 의업의 위업偉業이나 초심과 멀어진 의사의 병기病氣가 병기兵器가 되는 까닭이 여기에 있다. 더구나 그것이 국가 권력과 결탁하면 불가항력적인 것이 된다. 공룡이 되기 때문이다. 의업의 본질과 의사의 본성이 파르마콘(약이자 독)과 같이 야누스적이라는 사실을 잊을 때 더욱 그렇다.

## 볼 수 있는 병과 볼 수 없는 병

18세기 해부학의 등장은 의학적 시각 욕망의 숙원을 마침내 이루었음을 의미한다. 해부학은 시각, 촉각, 청각 등 이른바 삼각 진료법의 완성이자 임상의학의 단초가 되었다고 해도 과언이 아니다. 드디어 해부학은 '의학의 공간화 시대'를 개막하게 했다. 모르가니A. Morgani나 비샤M. F. Bichat 같은 정복자들의 보고자 하는 욕망이 사자死者의 내부로 과감한 영토 확장에 나섰기 때문이다.

그러나 해부학이 들여다 볼 수 없는 곳이 정신 또는 마음이다. 뇌신경과학자, 정신생물학자, 정신의학자, 신경세포학자 등이 채굴 도구들을 이어받아 광맥의 미로를 찾아 헤매고 있지만 그 은밀한 국소들은 아직도 보이질 않는다. 이처럼 불가사의한 그곳이 이 모험심 많은 유물론자들을 끊임없이 자극하고 있다. 그들은 마지막 정복지인 정신이나 마음마저도 시각화, 공간화함으로써 시각 의학의 영토 확장을 정당화하려 하기 때문이다. 하지만 그들에게 뇌는 인간 신체의 블랙홀일지도 모른다. '뇌를 볼 수는 있지만 정신이나 마음은 볼 수 없다'라는 단순한 명제가 그들의 시각 욕망을 영원히 유혹할 것이기 때문이다.

## 시각게임

신체는 볼 수 있는 것인 동시에 볼 수 없는 것이기도 하다. 그러나 인간의 모든 내부 환경을 눈으로 직접 보고 싶어 하는 의사와 관찰 의학의 시각 욕망은 그 끝을 모른다. 그들은 시각의 한계를 뛰어넘기 위해 엑스선이나 자기장과 비전리 고주파를 동원하는 것도 마다하지 않는다. 예컨대 오늘날 임상의학에서 인간의 내부 환경을 면밀히 관찰하기 위한 각종 내시경videoscope/borescope이나 엑스선 촬영은 기본이 된 지 오래다. 나아가 의사들은 뇌에 수소 원자를 공명시킨 뒤 뇌 조직에서 나오는 신호를 분석해 컴퓨터로 재구성한다. 그리고는 그것을 영상화하는 자기공명영상법MRI으로 확인한다.

그뿐만이 아니다. 그들은 뇌의 구조와 병변을 좀 더 명확하게 보기 위해 엑스선을 이용해 뇌를 가로로 자른 횡단면을 삼차원 컴퓨터로 단층촬영CT 한 뒤 그것을 MRI처럼 다중 영상으로 재구성하기도 한다. 또한 최근 언론은 한국의 여성 과학자가 MRI와 전자현미경을 이용해 뇌 신경 연결망을 지도화하는 데 성공한 것을 높이 찬양한 바 있다. 이것은 1909년 브로드만K. Brodmann이 대뇌피질을 52부위로 분할한 뇌지도를 발표한 이래 뇌과학이 이룬 놀라운 성과 가운데 하나임에 틀림없다. 무엇보다도 뇌의 물질 구조와 그 회로를 공간적으로 자세히 볼 수 있게 해주었기 때문이다.

그래도 숨박꼭질은 여전하다. 뇌만 보일 뿐 마음이나 정신은 보이지 않는다. 뇌가 보인다고 해서 마음이 보이는 것은 아니기 때문이다. 인간의 마음이나 정신에 관한 한 여기가 바로 관찰 의학의 한계이고 종점일 것이다. 정신을 공간화(가시화)하고 마음의 실체를 밝혀보려는 뇌과학이나 정신의학의 딜레마도 여기에 있다. 언젠가 그곳은 뇌과학자나 정신의학자들에게 신의 존재를 불가피하게 인정할 수밖에 없는 불명예스러운 전당이 될지도 모른다. 아마도 그곳이 바로 신이 인간에게 허락하지 않는 마지막 비밀일지 모르기 때문이다.

그렇지만 의료 신학과 의사들의 시각 욕망은 어려움 속에서도 게임을 멈추려 하지 않는다. 그들은 킹을 잡기 위한 엔드게임을 멈추지 않는다. 그들이 논리적 비약을 감행하는 이유, 그리고 그들이 근본적인 '원인 오인의 오류fallacy of the false cause'나 '선결문제 요구의 오류fallacy of begging the questions'를 인정하기보다 오히려 정당화하려는 까닭도 여기에 있다.

그렇기 때문에 그들의 시각 게임은 끝나지 않는다. 그것은 애초부터 끝나지 않을 엔드게임이었을지도 모른다. 수많은 구경꾼들은 게이머들이 포기하기를 기다릴 뿐이지만 그들은 결코 그렇게 하지 않을 것이다. 그럴 기미조차 보이질 않는다. 오히려 그들은 마음의 병기나 마음 아파하는 이들이 급증하는 것을 내심 더욱 반길 뿐이다. 현대 의학이 질병의 촉진제가 되듯이 그들도 마음의 고뇌와 정신적 고통을 괴로워하는 이들을 정신의학의 가시적 소비자로 삼아 병적 사회를 더욱 독점하고 강화하려 할 것이다. 일리치의 한탄과 불만 그리고 단호한 주문이 다시 터져나올 수밖에 없는 이유도 다른 데 있지 않다.

의료의 독점은 한 번도 점검되지 않고 확대되어왔으며 우리들의 몸에 관한 자유를 침해해왔다. 사회는 무엇이 질병을 구성하고 있는지, 누가 환자고 환자일 수 있는

지, 환자에 대해 무엇을 해야 하는지를 결정하는 배타적인 권리를 의사에게 양도하고 말았다. …… 이런 경향을 인식하고 결국 역전시키지 않으면 안 된다. …… 현대의 의료가 민중의 건강에 가하는 위협은 교통량과 그 강도가 민중의 기동성에 가하는 위협, 교육과 미디어가 민중의 배움에 가하는 위협과 유사하다.[6]

### 볼 수 있는 병과 볼 수 없는 병

볼 수 있는 신체와 볼 수 없는 신체에 따라 인간의 질병에도 '볼 수 있는 병'과 '볼 수 없는 병'이 있다. 전자가 신체의 병이라면 후자는 정신의 병, 마음의 병이다. 보이는 물체인 신체와 달리 정신이나 마음은 모습도 형태도 없는 것이다. 인간에게 정신이나 마음 그리고 그것의 작용으로 나타나는 사유나 생각은 가시적으로는 존재하지 않는 실체고 본성일 뿐이다.

일찍이 데카르트도 정신의 본성을 사유로 규정했다. 그러므로 그에게도 정신의 병은 사유cogito의 병, 즉 철학의 병이다. 하지만 '나는 생각한다. 그러므로 나는 존재한다cogito ergo sum'에서 '생각한다'는 것이 '사유한다'만을 의미하지는 않는다. 그것은 '신앙한다fido', '지각한다percipero', '감각한다sentio', 심지어 '공상한다'나 '꿈꾼다somnio'에 이르기까지 의식행위를 비롯한 모든 감각행위를 함의한다. 이것은 사유의 정상과 병리가 그 외연을 어디까지로 확장할 수 있는지를 가늠하게 하는 의미 규정이기도 하다.

그렇지만 의사들의 시각 욕망은 자의적인 의학적 층위層位 바꾸기를 마다하지 않는다. 그들은 볼 수 있는 신체와 질병에서 누린 치료의 특권과 권위를

---

[6] Ivan Illich, 앞의 책, pp. 6~8.

일방적으로 인간의 정신이나 마음처럼 보이지 않는 층위까지 연장해 그 병기마저도 보이는 질병으로 그럴듯하게 포장한다. 그들의 시각 욕망이 발병의 현장에 관한 한 볼 수 없는 층위란 있을 수 없다는 독단과 야합하며 독선과 짝짓기하기 때문이다. 그들이 정신과 신체 간의 독립성에 대한 마지막 근거를 신에게서 찾으려는 말브랑슈Nicolas de Malebranche의 기회원인occasional cause마저 아랑곳하지 않는 까닭도 마찬가지다.

시각 의학이 몸에서 마음으로 영토를 확장할 때에도, 사고를 수반하지 않는 시각은 없다. 정신은 눈을 통해 외출해 사물 사이를 산보한다. 이렇듯 어떤 시각도 단순한 감각일 수 없다. 그것은 정신의 시찰이고 마음의 향유이므로 반성된 시각이다. 시각이란 조건이 부여된 사고이기 때문이다. 그러므로 볼 수 없는 마음의 병을 볼 수 있는 신체의 병처럼 관찰 의학의 잣대로 마름질할 수 없다. 마음의 병은 마음 안에 그 원인이 있기 때문이다. 가시적인 대뇌기능 국재론의 독선에 쫓겨난 비가시적인 심인론心因論의 복권이 절실한 이유도 다른 데 있지 않다. 신학은 존재의 원인에 대한 철학적 사유의 중단을 천 년 이상 강요받았다. 그 암흑시대가 마음의 병기에 대한 치료에서 다시 반복되지 않아야 하는 이유도 마찬가지다.

## 대증치료를 치료한다

임상의학이 무소불위의 권력으로 군림하기 시작한 이래 인간은 치료권을 송두리째 빼앗겨버렸지만, 의료적 노예해방을 위해 아무도 투쟁하려 하지 않는다. 사람들은 타고난 자연요법physiocracy에 대한 인공요법anthrocracy의 완벽한 승리와 지배력 앞에 무기력해진 지 이미 오래다. 병리적 치료란 당연히 대증적對症的이고 물리화학적이어야 한다는 사실에 대해 이제는 아무도 감히 이의를 제기하지 못한다. 그렇기 때문에 보이지 않는 정신이나 마음의 치유조차 오늘날 이 지경—철학결핍증PDD이나 철학다공증哲學多孔症, philoporosis에서 비롯한 정신 건강 최빈국—에 이르고 말았다.

### 치료에서 치유로

그러나 정신의 병기나 마음의 병은 대증적, 화학적으로 고칠 수 없다. 정신의학은 그것을 인공요법으로 치료cure할 수는 있지만 정상 회복이나 완치를 결코 기대할 수 없다. 한마디로 말해 화학적 분자식으로는 마음을 읽을 수 없기 때문이다. 화학약물을 투여해 신체를 강제로 통제해야 하는 심신실조증心身失調症들, 예컨대 중증 인지장애agnosia나 파괴적 행동장애disruptive behavior disorder, 환각hallucination, 말비빔word salad, 연상이완loosening of association, 각종 실어증aphasia, 분열정동장애schizoaffective disorder 같은 정신분열증이나 섬망delirium, 혼미stupor, 황폐화deterioration 같은 각종 의식장애disturbances of consciousness 등이 아닌 한 오늘날 정신의학이 주로 제공하는 고분자화학치료가 시작부터 오류인 이유도 마찬가지다.

나아가 그것이 만용이고 월권인 까닭도 다르지 않다. 그것은 무엇보다도 고분자화학 만능 시대가 인간의 마음에 대해서도 고분자화학반응을 기대하거나 맹신하게 한 탓이다. 그러나 각종 의약품에서 합성섬유(나일론)와 합성수지(플라스틱)에 이르기까지 고분자화학물이 생활의 편리함과 신체의 건강에 혁명적 성과를 이룩했다 하더라도 고분자화학으로 유물론적 정신혁명마저 일으킬 수는 없다. 마음의 병기에 대해 오늘날의 정신의학이 크게 의존하고 있는 고분자화학약물요법이야말로 정신의학 자체가 조증躁症에서 가장 빈발하는 사고의 비약이나 과대망상에 깊이 빠져 있음을 방증傍證한다. 그것은 20세기 과학기술 만능주의의 쏠림 현상이 가져온 부작용 가운데 하나일 수 있다.

## 신경회로의 미로게임

뇌과학자들은 마음의 고향을 대뇌피질로 본다. 마음이란 대뇌피질의 회색 부분에서 생기며, 그것이 백색 부분을 통해 전신에 퍼져 우리의 감각과 운동을 조종한다는 대뇌기능 국재론局在論을 처음 주장한 사람은 일찍이 《뇌의 해부》를 쓴 영국의 해부학자 토머스 윌리스T. Willis다. 이때부터 표면적이 약 2,200 제곱센티미터이고, 그 안에 있는 신경세포도 약 300억 개나 되는 대뇌피질 내의 미로찾기 시합이 시작된 것이다.

17세기 기체설, 18세기 수압설, 19세기 전기학설을 거쳐 오늘날의 전기화학설(신경세포 안에서 일어남)과 생화학설(시냅스에서 일어남)에 이르기까지 모든 뇌과학자들은 마음을 일으키는 메커니즘을 알기 위해 마음의 발원지라고 믿고 있는 대뇌 조직 내 무려 300억 개나 되는 뇌신경 세포[7]의 회로—신경섬유, 즉 신경세포의 신경돌기와 자기돌기의 연결회로—를 지도화mapping하는 데 총력을 기울여왔다.

현재까지 알려진 화학회로를 통해 전달되는 화학물질인 신경전달 물질은 주로 아세틸콜린, 노르에피네프린NE, 에피네프린, 도파민DA, 글루타민산염, 엔케팔린, 아스파라긴산염, 엔도르핀, P물질, 히스타민 등 수십 종쯤 된다. 이 가운데 정신질환의 치료에 이용되는 신경전달 물질은 노르에피네프린, 도파민, 세로토닌, 아세틸콜린, 감마 아미노낙산인데 주로 시냅스에서 작용한다. 이 신경전달 물질의 양을 조절하면 신경조절 물질로 작용할 수 있다고 생각하기 때문이다. 예컨대 불안신경증을 비롯해 강박신경증, 공포신경증, 이인증 등과 같은 불안, 초조, 긴장에 효과가 있는 신경조절 물질로서 벤조디아제핀benzodiazepine계 유도제가 항불안제로 사용되는 것이 그렇다. 또는 암페타민ampetamine이 도파민처럼 쾌감 시냅스의 신경전달 물질 기능을 하므로 항우울제로서 효과적으로 사용되는 이유도 마찬가지다.

예컨대 노르에피네프린norepinephrine은 정신을 일깨우고 기억을 증대시키는 신경전달물질로, 그 양이 적거나 기능이 약해지면 잠이 온다. 그러나 노르에

---

[7] 뇌과학자들은 인간의 마음이 뇌신경세포 하나로 이루어지는 것이 아니고 수많은 신경세포들이 관여해 이루어진다고 말한다. 예컨대 한 세포 안의 정보는 세포체에서 조작처리된 화학정보가 긴 신경돌기에서 발생되는 전기충동과 축색원형질의 흐름을 타고 전기신호로 바뀌어 말단부까지 운반된 뒤 다른 신경세포로 전해진다. 이때 전기정보 신호는 다시 화학정보 신호로 바뀌어 두 세포 사이에 가로놓인 20~40나노미터나 되는 시냅스를 건너 상대 세포의 수용체에 전달된다. 시냅스는 신경돌기의 말단 가지와 다른 세포의 접촉점을 이루는 연접 구조로서 정보를 화학 신호로 바꿔 전달하는 기능을 담당한다. 성인의 대뇌피질 1제곱밀리미터 내에는 수 미크론 크기인 시냅스가 약 6억 개 정도 있다.

피네프린은 뇌에서만 생산되는 것이 아니라 부신에서도 생산된다. 흥분하거나 슬퍼할 때 그리고 두려워할 때는 노르에피네프린과 함께 에피네프린이 증가하므로 그 사건은 잘 잊히지 않고 오래 기억된다.

도파민dopamine 회로는 뇌에 세 갈래가 있다고 알려졌다. 그 가운데 셋째 도파민 회로에 속하는 세포들이 도파민 양을 지나치게 함유해 과도하게 활성화할 때 정신병적 증상들(환각, 괴이행동, 격정, 연상이완)이 일어난다. 도파민의 시냅스 전달을 방해하는 피모지드, 클로르프로마진, 할돌 같은 도파민 차단 물질이나 신경이완 약물이 정신분열증을 치료하는 데 효과적인 것도 그 때문이다.

세로토닌serotonin은 뇌 활동의 전반적인 조절에 주요한 구실을 하면서 수면과 체온조절에 관여한다. 흔히 세로토닌 수치가 낮으면 불안이나 우울증을 유발하는 것으로 알려져 SSRI를 통해 세로토닌의 가용성을 증가시킨다. 세로토닌 세포의 신경돌기는 시상하부에 자리잡은 교차상핵—잠이 오거나 깨는 리듬을 조종하는—으로 연결되어 있다.

아세틸콜린acetylcholine이 뇌에서 어떤 역할을 하는지는 아직 제대로 규명되지 않았다. 단지 이 신경전달물질이 매우 퇴화하거나 양이 감소할 때 노인성 치매가 진행된다는 점에서 정상인의 지능에 크게 기여할 것이라고 추측할 수 있다.

감마아미노낙산gamma-aminobutyric acid은 대뇌피질과 소뇌의 회색질에 주로 분포되어 있다. 간질병은 뇌의 어떤 부위에 감마아미노낙산의 양이 매우 감소했을 때 발작하는 경우가 많다. 이것은 뇌 조직의 호흡과 관계 있는 물질로서 주로 혼수상태에 빠질 때 대증 약물로 사용된다.

카테콜라민catecholamine은 카테콜과 아민의 결합물로 도파민, 노르에피네프린, 에피네프린이 공통적으로 카테콜핵과 아미노산 그룹 하나를 형성하기 때문에 붙은 이름이다. 이것은 노르에피네프린, 에피네프린의 유도물질이다.

이상에서 보듯 대뇌 조직 내에 있는 무려 300억 개가 넘는 화학회로는 신경전달물질과 고분자들의 미로와 같은 놀이터나 다름없다. 그러나 이만 한 화학회로 탐색과 신경전달 물질의 발견도 빙산의 일각에 지나지 않다. 설사 전자현미경이나 MRI 또는 양전자방출 단층촬영이나 초전도 양자간섭소자Squid 센서를 지닌, 정말 마법 같은 영상 촬영술로 뇌지도를 완성한다 할지라도 뇌의 기능이 모두 밝혀지는 것은 아니기 때문이다.

작은 우주인 인간의 몸을 무한히 쪼개서 눈으로 살펴보려는 욕망은 허블망원경으로 대우주를 관찰해 2,000억 개가 넘는 성운들의 운행질서를 탐색하고 초신성을 발견하려는 욕망과 같은 셈이다. 그것이 초시각적일지라도 결국 한시적일 수밖에 없다. 그것은 전지전능한 신의 눈이 결코 아니기 때문이다.

### 내분비회로에서 유희하는 호르몬

마음의 고향은 내분비계다. 마음의 정보를 전달하는 회로 하나가 신경계라면 내분비계는 정보전달의 또 다른 회로이기 때문이다. 신경계는 신경섬유를 경유해 정보를 전달한다. 이에 비해 내분비계는 순환 중인 혈액 속의 조정 호르몬을 통해 마음과 감정뿐만 아니라 신체적 행동을 조절하는 데 절대적으로 중요한 정보도 전달한다. 그러나 내분비샘의 총사령부도 역시 뇌, 즉 뇌하수체와 시상하부가 만나는 부위다.

마음은 뇌신경계의 작용과 뇌에서 분비되는 여러 호르몬의 영향으로 이루어진다. 호르몬이 마음을 조정한다고 처음으로 말한 사람이 영국의 해부학자 존 헌터J. Hunter였다면 힌세이J. Hinsey는 1932년 뇌와 분비계의 연관성을 처음으로 밝힌 인물이다. 그런가 하면 말초신경의 전달물질 발견으로 노벨 생리의학상을 받은 미국의 생화학자 액셜로드J. Axelrod까지도 1984년 뇌를 여러 가지 펩타이드peptide(아미노산이 2분자 이상 결합한 화합물) 호르몬류를 생성하고 방출하는 복잡한 분비기관이라고 주장한 바 있다. 이처럼 뇌는 전기활동이나 시냅스 활동으로 마음을 조작, 가공(뇌전기설)하기도 하지만, 많은 호르몬을 직접 생성하는 거대한 호르몬샘인 동시에 신체의 곳곳에 자리잡고 있는 호르몬샘들을 조정하는 사령탑(뇌호르몬설)이기도 하다.

뇌호르몬설은 뇌에서 분비하는 호르몬이 희노애락을 일으키고, 미로 같은 회로에서 유희한다고 설명한다. 뇌의 수많은 화학물질들이 호르몬이 되어 기뻐하고, 슬퍼하고, 사랑하고, 미워하게 하는가 하면 배고프고, 목마르고, 아프고, 성적 충동을 일으키게 한다. 그러므로 뇌분비학은 뇌에 결핍된 호르몬을 보충해줌으로써 각종 정신질환을 치유할 수 있다고 믿게 했다. 예컨대 우리의 마음이 즐거울 때는 시상하부에 피질자극방출 호르몬이 많아질 때이므로 우리를 기쁘게 하는 이 호르몬을 이용해 반대로 우울증 환자를 치료할 수 있다고 생각한 것이다. 또는 참을 수 없는 분노나 심각한 불안으로 생기는 졸도 발작cataplexy 증상에 대한 치료에 오늘날의 정신의학이 항우울제인 이미프라민imipramine이나 디메틸이미프라민demethylimipramine의 효과를 기대하고 있는 것도 그 때문이다.

그 밖에 정신의학은 대체로 시상하부 또는 뇌하수체의 각종 조종 센터에서 방출하는 주요 호르몬 가운데 봄베신bombesin이 우울함을, 뉴로텐신neurotensin

이 슬픔을, 가스트린gastrin이 격노함을, P물질substance P이 아픔을 그리고 프로오피오멜라노코르틴pro-opiomelanocortin이 자살충동을 일으키는 신경전달물질이므로 이것에 대한 역지사지易地思之로서 대증 화학약물을 개발해 치료에 투여해오고 있다.

그러나 지금까지 과학기술의 도움을 받아 이와 같은 가시적 성과를 상당한 정도로 이룩했음에도 그것은 어디까지나 수많은 유물론적 가설들의 유희임을 부인할 수 없다. 누구도 인간의 뇌를 완전히 정복할 수 없다. 뇌란 수백억 개의 연결망이 나노 단위로 복잡하게 얽힌 불가사의한 것이기 때문이다. 그렇기 때문에 뇌를 공략해 마음을 사로잡으려는 엔드게임은 애초부터 불가능한 일일지도 모른다.

그럼에도 정신의학에서는 가시적 상황에 대처하기 위한 국소적 전략(가설)들이 경연한다. 예컨대 정신의학은 아직도 신경세포나 신경세포 군집 내에서 어떤 전기적, 화학적 기작機作이 일어나서 마음이 생겨나는지를 잘 모른다. 또한 마음이 생기기 위해서는 피질 내의 많은 부위가 동원되리라고 추측하지만 아직도 이들이 어떻게 상호 작용을 하는지 더욱 더 모른다. 지금으로서는 단지 반향회로설이나 시냅스 연접설로 추정할 뿐이다. 더구나 이들마저도 유력한 후보에 지나지 않는다.

또한 뇌가 생각을 형성해내는 과정에 대해서도 아직 제대로 밝혀지지 않고 있다. 그러므로 마음이란 뇌의 전기회로보다 뇌호르몬의 영향을 더 많이 받는다고 생각하는 뇌호르몬설이 뇌전기설보다 더 유력하다고 할지라도 그것 역시 원론적 가설에 지나지 않다. 정신의학이 뇌의 복잡한 미로에서 가시적으로 파악할 수 있는 현상만 인지하고 대처할 수밖에 없는 까닭이 여기에 있다.

**대증치료는 회로치료다**

지금까지 진행되고 있는 정신의학의 대증치료는 뇌의 신경회로건 내분비회로건 결국은 회로치료다. 그러나 현재로서는 회로상에서 뇌신경 세포들 사이의 시냅스 전달물질을 순수하게 분리하기란 매우 어렵다. 그 때문에 현재의 특정한 증세치료(대증치료)를 위한 화학회로 연구는 대부분 특정한 전달물질을 어렴풋하게 추정할 뿐이다. 왜냐하면 정신의 대증치료에 쓰이는 약물은 실제로 신경전달물질의 생성을 방해하기도 하고 방출량을 증감시키기도 하며, 시냅스 후세포막에 있는 수용체와 미리 결합함으로써 신경전달물질과 수용체와의 결합을 감소시켜 자극 전달을 약화시키기 때문이다. 어떤 약물은 수용체의 구조를 변화시키거나 수용체의 수를 증감시키기도 한다.

그러므로 뇌전기설이건 뇌호르몬설이건 또는 전기화학설이건 생화학설이건 화학물질의 양을 조절하는 인공요법은 일시적인 원상회복을 위한 비상조치에 지나지 않는다. 그것도 인공적으로 제조된 화학물질의 약리학적 성질이 뇌의 미세회로 속에서도 동일한 화학반응을 일으키리라는 기대감 속에서 투여되는 대증 화학약물요법일 뿐이다.

대증적 회로치료는 국소적인 과정치료일 뿐 치료의 완성이 아니다. 몸의 통증에 대해 진통제로는 일시적인 통증완화 이상의 효과를 기대할 수 없듯이 마음의 병기에 대한 대증 약물요법도 국소적 증세완화의 효과 이상을 기대할 수 없다. 대증치료는 어디까지나 결과 치료지 원인 치유일 수 없기 때문이다. 보이지 않고 볼 수 없는 마음의 병기마저 눈에 보이고 볼 수 있다는 몸의 치료로 간주하지만 병기의 국소를 실제로 볼 수 없다는 한계가 곧 마음치유의 한계인 것이다.

본래 삶의 연관, 특히 대인관계에서 일어나는 마음의 병기란 즉자적卽自的 구조 결함이 아니라 대자적對自的 관계의 이상異常이다. 그러므로 삶의 변증법적 대립관계에서 비롯된 각종 갈등과 긴장이나 투쟁을 뿌리까지 치유하려면 즉자대자적卽自對自的이어야 한다. 그것을 치유하는 주체의 정체성과 치료권의 문제에서부터 다시 생각해야 하는 까닭도 여기에 있다. 대자적 과정은 즉자대자에 이르는 도상일 뿐이기 때문이다. 그러므로 즉자적 구조 결함에 대한 대중적 인공요법도 타자의 개입에 의한 도상의 치료에 지나지 않는다.

그러나 오늘날 임상의학과 병원이 자신의 영역을 확대하려는 의도와 욕망으로 만들어낸 인공요법적 정신의학은 즉자대자인 자연요법을 잊어버렸거나 고의적으로 은폐한 지 오래다. 하지만 마음이나 정신의 병기에 대한 치유는 즉자대자적인 자연요법이어야 한다. 자연요법이란 본래 자연이 성장하는 원칙을 의미하며 자연이 지닌 자생능력을 가리키며, 기원으로 회귀하려는 생명체 자신의 치유능력이기도 하다. 정신의 장애나 마음의 병기에 대해서는 더욱 그렇다. 그러므로 정신이나 마음의 병에 대한 자연요법의 원칙이야말로 정신적 자연요법, 즉 자기 인식의 힘이 이루는 자가치유에 있다.

## 마음을 치유하는 새마음운동

자가치유로 인식이 전환되는 것은 마음치유가 이제 타자의존적 치료일 수 없다는 사실을 의미한다. 외부에 의존한 치료와 달리 마음의 치유는 어디까지나 자립적이어야 하기 때문이다.

## 원조에서 자립으로

병든 몸은 치료받아야 하지만 아픈 마음은 스스로 치유해야 한다. 화학약물의 투여 같은 타인의 치료(원조)로는 완치할 수 없는 것이 정신이고 마음이기 때문이다. 비유컨대 가난이라는 경제적 장애를 스스로 퇴치하기 위해 전개했던 과거의 새마을운동 정신이 그렇다. 요즈음 저개발국마다 가난으로 병든 사회를 치유하는 효과적 방법으로서 한국의 새마을운동 정신이 주목받는 이유도 그와 다르지 않다.

콩고의 새마을운동 지도자 은쿠무 박사는 "원조로는 가난에서 벗어날 수 없다. 한국의 새마을운동처럼 잘살겠다는 비전과 의지, 행동이 함께 움직여야 한다"(《조선일보》 2010년 3월 29일자)라고 주장한다. 가난에서 벗어나기 위해서는 이른바 '파괴적 자기혁신'이 필요하다는 것이다. 캄보디아 프놈펜의 자치항만 청장이자 새마을운동 지도자인 헤이 바비도 "새마을운동은 단순히 물자만 지원해주는 게 아니라 생활과 정신을 개혁할 수 있도록 도와준다. 물고기를 주는 것이 아니라 스스로 물고기를 잡을 수 있는 방법을 알려주는 것이 바로 새마을운동이다"라고 강조한다(《조선일보》 2010년 4월 5일자). 물질적 원조보다 자립 방법을 가르쳐주는 것이 더욱 근본적인 도움이라는 것이다. 로엔드low end에 있는 게이머들에게는 자기혁신밖에 달리 방법이 없기 때문이다.

마음의 장애를 극복하는 것도 마찬가지다. 프로작, 졸로프트, 팍실 같은 항우울제나 디아제팜, 알프라졸람, 롤라제팜 같은 항불안제 등 화학약물의 원조적 치료로는 그 장애에서 완전히 벗어날 수 없다. 가난에 대한 경제적 원조가 자립보다 의존적 타성만 길러주듯, 화학약물요법은 호전과 악화를 반복할 뿐이고 일정 기간 후 재발해 마음의 병기를 습관성 질환으로 고질화시키기 쉽다.

예컨대 외상후 스트레스장애PTSD로 정신 병기가 시작된 제자 L은 15년이 넘도록 통원치료와 입원을 수차례 반복했다. 화학약물로 치료받아왔지만 호전과 악화 그리고 재발을 거듭하며 강박증, 우울증, 망상증, 이인증, 자살충동, 기억착오paramnesia, 적응장애, 말비빔, 부적합정동 등 정신질환의 전시장 같은 병력을 보여오고 있다. 더구나 이제 L은 약물 없이는 하루도 견딜 수 없는 약물중독에 빠져 있다. 자기혁신의 엔드게임을 기대하기 어려운 폐인 지경에 이른 것이다.

## 한국 사회, 제3의 정신병동

요즘 한국 사회는 온통 정신병동 같다. 대자적 정신장애자들, 즉 외상후 스트레스장애자나 외상후 격분장애자PTED 또는 최근 주의력 결핍 과잉행동장애 ADHD를 지닌 청소년들이 급증하고 있기 때문이다.

또한 최근 건강보험심사평가원도 '주의력 결핍 과잉행동장애'로 치료받은 청소년이 2005년에 3만 3,245명이던 것이 2009년에는 6만 명을 넘어서 두 배나 증가했다고 발표한 바 있다. 삼성사회정신건강연구소가 2007년에 조사한 보고서를 보면 우리 나라 성인 남녀의 74.4퍼센트가 정체성 폐쇄군으로 나타날 정도다. 2010년 4월 18일자 〈워싱턴 포스트〉는 한국의 자살률이 세계 최고라고 보도하면서 하루에 35명씩이나 스스로 목숨을 끊어 자살이 심각한 사회문제라는 기사를 실었다.

자살률의 급증은 특히 심각한 사회적 병리현상이다. 한국인의 자살률은 지난 10년 사이 두 배로 증가해 현재 경제협력개발기구OECD 국가 중 가장 높다. 통계청 자료를 보면 특히 혼자 사는 노인의 자살률은 평균치보다 다섯 배나 높다. 예컨대 2008년 강원도 내 60세 이상 노인의 10만 명당 자살 건수가 113.6명이나 되었다. 이 정도면 자살은 한국인의 내면에 소리없이 침습해 있는 집단적 병기일 수 있다. 그러나 순간적인 결단이 자살로 이어지지는 않는다. 자살은 그 전조인 외상후 스트레스장애가 가져오는 병기들, 즉 슬픔, 우울, 자살충동이 자살로 이어지거나 외상후 격분장애가 야기하는 정체성 폐쇄군의 부작용들, 즉 분노, 화병, 자살충동, 살인충동이 원인으로 작용한다.

한편 외상후 격분장애의 심각성도 자살보다 못하지 않다. 이른바 '묻지마 살인'이나 '묻지마 방화' 같은 엽기적인 사건들이 빈발하는 것도 외상후 격분장애에서 비롯되는 경우가 허다하기 때문이다. 회사의 부도, 정리해고, 이혼과 가정 파탄, 사업 실패와 파산, 주식이나 펀드의 손실, 암 발병, 가족의 갑작스런 사망 등 받아들이기 어려운 충격적인 상황에 갑자기 마주쳤을 때 '왜 나한테 이런 일이 일어나느냐'는 감정을 받아들이지 못하다가 결국 방화, 폭력, 자살, 살인 등 극단적인 행동을 보이는 증후군은 한국 사회가 앓고 있는 집단적 병기이다. 그 보기로 2008년 숭례문 방화사건을 들 수 있다. 이 사건은 기대에 미치지 못한 토지 보상비에 격분해 저지른 사건으로 외상후 격분장애자들의 범죄일 수 있다.

또한 어린이의 외상후 격분장애 중 하나인 주의력 결핍 과잉행동장애의 만연도 심각한 사회문제다. ADHD는 최근 초등학교 3학년 영호(가명) 군이 학교에 불을 지른 사건으로 주목받게 되었지만 이미 청소년들의 유행병이 된 지 오래다. 영호 군은 1학년 때부터 충동적인 행동으로 약물을 복용해오다 3학년이 되어 약물을 중단한 후 나타난 금단현상은 수업시간의 돌발적 과잉행동으로 퇴학으로 이어졌고 급기야 학교를 방화하기에 이른 것이다.

하지만 이처럼 오늘날 한국인이 겪고 있는 정신적 장애들은 모두 급변하는 한국 사회가 낳은 마음의 병에서 비롯된 것이나 다름없다. 넓은 의미에서 보면 그것은 사회결정론적 병기다. 즉 사회의 진화 과정과 속도의 불일치에서 발생하는 부작용인 셈이다. 급속한 경제성장과 이를 따르지 못하는 정신의 적응능력은 저마다 사정은 다를지라도 (내부, 외부 환경 간의) 다양한 정신적 실조증失調症을 가져올 수 있기 때문이다. 또한 생활환경이 기술환경의 변화에 적응하지 못하기 때문에 개인의 정서가 비정상적인 일탈과 병적 징후로 이어지기도 한다.

## 마음, 철학으로 성형하자

오늘날 한국인은 다양한 과도기적 상황에서 미처 경험해보지 못한 정체성의 혼란에 빠져 있다. 우리는 반 세기도 안 되는 짧은 기간 동안 식민, 전쟁, 가난, 독재, 개발로 이어진 극단의 역사 속에서 입은 집단적 트라우마로 고통받고 있다. 이 땅에서 살아온 사람이라면 누구나 DSM에서도 찾아볼 수 없는 외상 후 스트레스장애를 정신적 유전자로 대물림하고 있기 때문이다. 2000년대 들어오면서 국민적 트라우마가 OECD 국가 중 어느 나라에서도 볼 수 없는 한국인만의 PTSD, PTED, ADHD 증후군으로 나타나는 까닭, 더구나 〈워싱턴 포스트〉가 주목하듯 놀랄 만한 자살률을 기록하는 이유도 바로 그것이다.

"인간에게 가장 행복한 것은 아예 태어나지 않는 것, 그다음으로 행복한 것은 될 수 있는 대로 빨리 죽는 것"이라는 쇼펜하우어의 행복 역설에 동의하는 이들이 오늘날 그토록 많은 까닭 또한 다른 데 있지 않다. 요즘 젊은 세대에 유행하는 결혼 거부증이나 결혼 불안증뿐만 아니라 기혼여성들의 출산 기피증과 같은 부정적인 인생관도 그 원인을 그것에서 찾아야 할 것이다.

한편 지금 한국인들은 역사적 고난이 낳은 트라우마와 피로 증세를 정신적 유전자로 지닌 채 후진국에서 선진국으로 진입하기 위한 또 다른 엔드게임에 직면해 있다. 선진국 국민으로서 갖춰야 할 정신적인 조건과 자격을 자기 자신에게 요구하는 중압감 속에서 또다시 긴장하고 있는 것이다. 지난날 로엔드 low end에서 전개한 '하면 된다'라는 질료적(물질지향적) 혁신운동의 긴장감과는 달리 이제는 하이엔드high end의 게이머로 인증받으려는 한국인의 세계사적 부담감이 적지 않기 때문이다. 예컨대 최근에 국가 차원에서 전개하고 있는 '국가의 품격을 높이자'라는 형상적(정신 지향적) 캠페인이 그것이다.

하지만 그것은 정신 최빈국민에게 또 다른 정신적 과부하 현상으로 나타날지도 모른다. 피로 누적은 흔히 피로 골절로 이어지기 마련이기 때문이다. 그런 점에서도 한국인에게는 지금이 바로 국력으로서 정신 건강을 기대하기 위한 마음치유와 마음성형 운동을 함께 시작해야 할 때다. 이른바 새마음운동으로 이루어지는 마음치유와 마음성형 운동, 즉 신한국인으로서 자아의 재발견과 신인류로서 정체성의 혁신을 위한 철학 클리닉이 꼭 필요한 때이다.

왜냐하면 사회적으로 그것은 급변하는 역사의 격랑 속에서 헤어나지 못하고 표류하는 이들의 불안감과 우울증과 표류의 피로 골절로 자살충동, 살인충동에 빠지는 시대의 희생자를 최소화하는 안전장치이기 때문이다. 또한 개인적으로도 철학 클리닉을 통한 자아의 재발견과 자기 정체성의 혁신이야말로 역사의 결절점結節点에서 받기 쉬운 임계압력을 견뎌내기 위해서는 프로작이나 팍실과 같은 정신의학적 약물 처방보다 필수적이고 근본적인 처방이기 때문이다.

# 3장 슬픔, 죽음에 이르는 병

스피노자는 슬픔과 관련된 세 종류의 인간을 고발한다. 슬픔에 빠져드는 인간, 슬픔을 이용해 권력을 잡아보려는 인간 그리고 인간의 상황과 정념을 슬퍼하는 인간이 바로 그들이다.

들뢰즈, 《스피노자 – 실천의 철학》에서

## 슬픔은 왜 병인가

인간은 누구나 자기 정체성을 상실할 때 슬퍼한다. 인생이란 끝없는 아이덴티티 게임이기 때문이다. 게이머인 인간은 일생 동안 저마다 크고 작은 엔드게임을 통해 자신의 아이덴티티를 확인하곤 한다. 한마디로 말해 엔드게임이 곧 아이덴티티 게임인 것이다. 그렇기 때문에 인생은 욕망을 실현하려 하고, 나아가 그것을 통해 자기 정체성을 확인하려는 부단한 엔드게임이나 다름없다. 진선미를 추구하려는 욕망은 물론이고 지식, 권력, 돈, 명예, 사랑, 우정, 건강, 생명 등을 얻으려는 욕망이 누구에게나 그 게임들을 멈출 수 없게 한다. 심지어 유학의 오륜五倫인 인의예지신仁義禮智信의 덕목도, 불자가 성불成佛에 이르기까지 닦고 익혀야 할 수행심 오상五相[1]도 자신의 목적 달성을 위해 일생을

---

[1] 통달보리심, 수修보리심, 성成보리심, 증證보리심, 불신원만佛身圓滿이 그것이다.

걸고 벌이는 엔드게임임에 틀림없다.

하지만 그것은 예외 없이 인생의 킹을 잡기 위한 엔드게임이다. 그래야만 게이머로서 인간은 자기 정체성에 스스로 만족할 수 있기 때문이다. 세속에서 욕망을 채워 자기 정체성을 확인함으로써 삶의 만족과 행복을 기대하는 재속 범부在俗凡夫는 물론이고 탈속성불脫俗成佛을 통해 자기 정체성에 대한 만족을 염원하는 수행자의 경우도 마찬가지다. 무엇이든 한없이 채우려는 재속의 욕망 충족이건 부단히 비움으로써 채우려는 탈속의 원만구족圓滿具足이건 인간은 채우지 못할 때 자기 정체성을 반성하게 된다. 나아가 자신을 자책하거나 실망하기도 한다.

이처럼 이때의 반성은 부정적 계기와 다를 바 없다. 대체로 부정적인 반성은 긍정적인 에너지로 전화되기보다 오히려 부정적 기분을 심화시키는 계기가 된다. 자신의 정체성에 대한 부정적 반성이 어두운 기분이나 정서를 악화시키는 것이다. 예컨대 우리의 욕망이 만족할 만큼 실현되지 못할 때 그 반성은 우리의 기분을 정체성에 대한 불안에서 우울함으로, 나아가 슬픔에까지 빠져들게 한다.

이렇게 보면 불안은 자기 정체성에 대한 위기의식에서 비롯된다. 또한 우울증이 자신의 정체성에 대한 불확실이나 불만족에서 생기는 침울한 기분이라면 슬픔은 그것의 상실이나 실패가 가져다준 실망감이고 좌절감이다. 이처럼 자기 정체성에 대한 불안은 우울한 기분이나 정서의 전조이다. 그리고 그 우울함 또한 슬픔의 예후나 마찬가지다.

하지만 정체성의 상실과 좌절에서 비롯된 부정적 계기는 기분이나 정서를 좀처럼 슬픔에만 머무르게 하지 않는다. 어떤 비극도 비장미悲壯美의 유혹을 떨쳐버리기 쉽지 않듯이 삶을 죽음의 예배당으로 인도하려는 (슬픔의) 악령이 그다음 문턱을 지키고 있기 때문이다. 때로는 인간을 죽음에 이르게 하는 비애가 바로 그런 것이다. 슬픔이 죽음을 기웃거리는 이유도 슬픈 자에게 죽음은 유혹적일 수밖에 없기 때문이다.

## 슬픔은 아픔이다

슬픔은 언제나 그리고 누구에게나 마음 아픈 일이다. 그것은 정체성 확립의 실패이고 욕망 실현의 좌절이기 때문이다. 예컨대 가톨릭 사제인 아벨라르와 당시 파리 주교좌 대성당 참사회원의 조카딸인 엘로이즈의 애절한 러브 스토리는 슬퍼서 더없이 마음 아프고 괴로운 사례들 가운데 하나다. 아벨라르는 자서전《내 고통의 역사》에서 이 참사회원의 집에 가정교사로 들어가서 스무 살 이상 어린 엘로이즈와 사랑에 빠진 과정을 고백하고 있다.

그들은 '한집에 살게 되자 곧 한마음이 되었다'. 엘로이즈가 아이를 임신하자 아벨라르는 자신의 고향인 브르타뉴에서 비밀리에 결혼식을 올렸다. 하지만 이 사실을 뒤늦게 알게 된 엘로이즈의 삼촌 퓔베르는 이를 유괴로 간주했다. 그 때문에 퓔베르는 청부업자 두 명을 보내 한밤중에 아벨라르의 성기를 잘라냈다. 그 뒤 아벨라르는 수도사가 되었고 엘로이즈는 수녀가 되어 죽을 때까지 만나지 못했다. 두 사람의 사랑은 엘로이즈가 죽은 뒤에 파리의 라셰즈 묘지에 합장됨으로써 비로소 이루어질 수 있었다.[2] 아래에 있는 글은 아벨

---

[2] 한스 요하임 슈퇴리히 지음, 박민수 옮김,《세계철학사》, 이룸, 2008, 363쪽.

라르가 연인이자 아내인 엘로이즈를 사랑했다는 이유로 성기를 거세당한 뒤 누군가에게 보낸 것이다.

어느 벗에게

어느 날 밤 내가 숙소에서 떨어진 방에서 조용히 잠들어 있을 때 그들은 내게 가장 잔혹하고 수치스럽게 복수해 세상을 깜짝 놀라게 했네. 내 몸의 바로 그 부분을 몽땅 잘라버렸단 말일세. …… 전신을 에이는 육체적 고통도 고통이려니와, 그 분함! 그 허탈감은 뭐라 형언할 도리가 없네. 그저 눈앞이 캄캄할 뿐이었네. …… 그런데 나를 더욱 당황케 한 것은 '거세자는 하느님에게 미움을 받는다. 그래서 성당에 들어가는 것조차도 금지된다'는 율법의 치명적인 문자일세. …… 한편 엘로이즈도 내가 시키는 대로 베일을 머리에 덮어 쓰고 정식으로 수녀원에 들어갔다네. 그러니까 우리들은 동시에 성의聖衣를 입은 셈이지. …… 눈물과 외로움과 울부짖음에 못내 힘겨워하면서도 암살된 남편의 뒤를 따른 폼페이우스의 아내 코르넬리아의 저 수심과 탄식이 그녀의 입에서도 흘러나왔다네.[3]

훗날 이 소식을 뒤늦게 안 엘로이즈도 수녀가 된 뒤 우연히 아벨라르의 편지를 읽고 독백적인 사랑의 편지들을 썼다.

내 주, 내 아버지, 내 남편, 내 형제인 아벨라르에게

그 누가 눈물 없이 이 글을 보거나 듣거나 할 수 있겠어요! 한 낱의 일들이 그대로

---

[3] 전규태 편역, 《아벨라르와 엘로이즈》, 정음사, 1981, 31~34쪽.

생생하게 표현되어 있어, 저는 괴로움이 새로워짐을 느끼는군요. 당신의 위험이 점점 더해감을 들었을 때 제 고민이 한결 더해지는 것을 어쩔 수 없군요. 모든 사람들은 당신의 생명에 대해 그저 절망해 그날그날 속수무책인 채 가슴을 죄면서, 다만 당신의 살해에 관한 마지막 통지를 초조히 기다리고만 있는 것 같군요.

당신의 종, 당신의 딸, 당신의 아내, 당신의 자매인 엘로이즈가[4]

그리스도에 버금가는 유일자에게

이 세상에 단 한 분인 분이여! 당신은, 어떤 기회에 우리로부터 멀리 떨어진 곳에서 삶을 마칠 경우에는, 당신을 우리의 묘지에 옮겨달라고 부탁하셨어요. …… 하지만 그렇게 하지 않으셔도 당신을 생각하는 마음이 우리에게서 사라지리라고 어찌 상상이라도 하겠어요? …… 그렇다면 가련한 우리는 다만 울부짖을 뿐, 기도를 올릴 겨를도 없을 거예요. 장사를 지내기보다 당신의 뒤를 따르기에 바쁠 것이에요.

그리스도 안에서 당신의 단 하나뿐인 여자가[5]

이 연인들의 편지에서 보듯이 사랑의 비애와 비탄은 지고지순한 사랑의 미학으로 승화되고 있다. 하지만 이 '아름다움'은 슬픔의 아픔에 대한 제3자의 자기방어적인 심리를 표현한 것이나, 슬픈 자들의 아픔에 대한 공감을 반사적으로 미화한 것일 뿐이다. 훗날 루소가 '두 연인의 편지'라는 부제를 단 서간소설 《신 엘로이즈》를 썼고, 이 작품에서 비롯된 영감은 괴테의 《젊은 베르테

---

4 앞의 책, 73쪽.
5 앞의 책, 101~102쪽.

르의 슬픔》으로 이어졌지만 이 작품들 또한 슬픔의 쓰라린 고통을 이용한 미학화美學化에 지나지 않는다.

## 슬픔은 고뇌다

괴테에게 슬픔은 다름 아닌 고통이고 고뇌였다. 스물다섯 젊은 괴테에게 이루지 못한 사랑은 슬픔이라기보다 차라리 가슴 저미는 고통이자 참기 힘든 고뇌였기 때문이다. 그가《젊은 베르테르의 슬픔Die Leiden des jungen Werthers》에서 자신이 체험한 비극적 사랑의 아픔을 '고뇌die Leiden'라고 강조한 이유도 마찬가지다.

1772년 스물세 살에 베츨러 고등법원의 수습사원이 된 괴테가 어느 날 무도회에서 만난 샤를 로테 부흐와 사랑에 빠지지만 그녀는 이미 법무 서기관인 케스트네르와 약혼한 사이였다. 괴테는 삼각관계에 괴로워하다 결국 프랑크푸르트로 갔다. 그 뒤 친구 예루살렘이 파견되어 왔지만 예루살렘 역시 불행한 연애로 그곳에서 자살했다는 비극적인 소식을 듣는다. 게다가 이듬해 괴테는 로테와 케스트네르의 결혼 소식을 듣고 더욱 괴로워한다. 설상가상으로 괴테는 베츨러를 떠나면서 알게 된 여류 작가 로쉬의 딸 막시밀리아네를 사랑하게 되었지만 1년쯤 지난 뒤에 그녀가 브렌타노와 결혼함으로써 또다시 삼각관계에 빠지고 말았다. 여기에 충격받은 괴테는 자신이 2년 동안 체험한 두 여인과의 절망적인 사랑 그리고 연애에 실패한 뒤 자살한 친구의 파멸을 소재로《젊은 베르테르의 슬픔》을 쓰게 된다.

이처럼 슬픔은 누구에게나 스스로 감내해야 할 고통이고 고뇌일 수밖에 없다. 본래 '고통', '고뇌'를 뜻하는 영어 단어 'suffer'가 '참다', '인내하다'를 뜻하는 라틴어 'suferre'에서 나왔고 이것이 'sub+ferre'에서 유래한 것도 그 때문이다. 타인과 더불어 만끽하려는 기쁨과 달리 슬픔은 그 고통을 '혼자서' 인내하며 감당해야 하기 때문에 더욱 그렇다. 기쁨과는 반대로 슬픔에는 외로움이나 고독이 짝패가 되고 불청객이 되는 까닭도 다르지 않다. 인간은 슬퍼서 외롭고, 외로워서 더욱 슬픈 존재일 수 있다. 그래서 노천명의 시도 외로움을 슬퍼하는가 하면 슬퍼서 더욱 외로워한다.

> 모가지가 길어서 슬픈 짐승이여
> 언제나 점잖은 편 말이 없구나
> ……
> 어찌할 수 없는 향수에
> 슬픈 모가지를 하고 먼 데 산을 쳐다본다.

이처럼 슬픔의 고뇌는 시가 되고 시인이 되게 했다. 그토록 괴로운 슬픔의 고통이 소설이 되고 소설가를 낳았듯이, 상처받은 슬픔의 카타르시스가 소설을 낳고 시를 만든 것이다.

하지만 배설을 통해 정화되지 못한 슬픔은 아픈 채로 남아 마음의 병이 되곤 한다. 억압된 슬픔은 고뇌를 키우는 병기가 되기도 한다. 그것은 베르테르 증후군이 되는가 하면 엘로이즈의 트라우마가 되는 것이다. 상실의 깊은 슬픔은 비애, 비탄, 비통에 이르는 동안 이미 우울의 늪에 빠져 마음의 병이 되고도 남는다. 본래 기쁨이 생리적인 데 반해 슬픔은 병리적이기 때문이다. 기쁨이 슬픈 마음도 치유해주는 것과는 달리 슬픔은 기쁜 마음마저도 병들게 하기 때문이다.

## 슬픔은 왜 전염병인가

슬픔은 대상, 즉 소유나 관계의 상실에 대한 반응이다. 상실감이 클수록 슬픔도 깊어진다. 깊은 상실감 때문에 슬픈 자는 고독하다. 실패나 상실의 슬픔은 고독감에 빠져들게 한다. 슬픔이 고독을 유혹하는 것이다. 누구나 슬플 때일수록 혼자 있고 싶어 하는 것도 이 때문이다. 슬픔이 고립감을 느끼게 한다. 슬픈 자가 외부와 단절한 채 홀로 있는 방법만을 찾으려 하는 까닭도 마찬가지다. 상실이나 슬픔에 익숙하지 않은 사람일수록 더욱 슬프다.

하지만 슬픔이 고독이나 고립처럼 즉자적 감정인 것만은 아니다. 오히려 그것은 대자적 감정이다. 그것의 동기도 대자적이고 작용도 대자적이다. 슬픔은 타인의 동정과 연민을 자극하기 때문이다. 대체로 아내나 남편이나 자녀 등 가족의 갑작스런 죽음, 실연, 이혼, 병, 폐경, 사업 부도, 애완동물의 죽음에 이르기까지 실패나 상실의 슬픔은 고립감을 동반하면서 타인의 동정과 연민을 자아내기 일쑤다. 남을 불쌍하게 여기는 마음인 측은지심惻隱之心이 상실이 가져온 비애나 슬픔에 동정과 연민을 느끼게 하는 것이다.

## 동정은 공감이다

동정同情은 기쁨에 대한 공감이 아니라 슬픔에 동참한 공유감정이다. 어원으로도 영어 'sympathy'와 프랑스어 'sympathie'는, 그리스어 'sympatheia', 라틴어 'sympathia'에서 유래한 것이다. 즉 동정은 공유('syn' 또는 'sym')하고 있는 감정pathos을 의미한다. 'sympathy'가 의미상 'compassion'(공감)과 통하는 이유도 마찬가지다. 동정으로서의 공감은 상실의 슬픔을 공유하려는 적극적 감정com+passion이기 때문이다. 그것은 측은지심의 긍정적 감정이기도 하다.

또한 공감은 마음속에서 상대방과 함께 울리는 공명共鳴이나 다름없다. 공감은 공명을 통해 교감하기 때문이다. 인간은 저마다 상대방과 공명을 통해 공감대를 형성하고 확인한다. 이때 상대방에 대해서는 어떤 선입견이나 판단도 유보하거나 중지해야 한다. 그것들이야말로 공명의 장애물이고 공감의 방해물이기 때문이다. 상실의 슬픔처럼 동정적 공감일 때 더욱 그렇다. 특히 비통한 상실감에는 이성적 조언조차 무용지물이거나 도리어 해가 되는 이유도 마찬가지다. 이성은 어차피 시비분별적是非分別的일 수밖에 없기 때문이다. 예컨대, 슬퍼하지 말라, 상실감을 다른 것으로 대체하라, 슬픔을 혼자 견디라, 시간이 흐르면 상처는 치유된다, 다른 사람을 생각해서 강해지라, 바쁘게 지내라[6]와 같이 상실감에 대한 공감과 공명을 도외시한 문제 해결식 이성적인 조언들—종교, 심리학, 철학, 정신의학의 이론을 끌어들이거나 어떤 학술적 원리에 의존한 조언들—은 오히려 슬픈 자의 분노를 유발하거나 슬픔만 더욱 깊게 할 뿐이다.

---

[6] 존 제임스 · 러셀 프리드만 지음, 장석훈 옮김,《슬픔이 내게 말을 거네》, 북하우스, 2004, 119쪽.

이에 반해 실패나 상실의 사연에 대해 허심탄회하고 절대적인 상호 신뢰 속에서 이루어지는 공감은 슬픈 마음에 대한 치유의 시작이다. 공감은 그 자체가 치료적이기 때문이다. 공감의 다른 표현인 슬픔에 대한 동정은 본래 합목적적合目的的인 감정이다. 상실감의 치유는 혼자 할 수 없기 때문에 절대적인 믿음으로 이루어지는 동정과 공명을 요구한다. 감정을 공유하는 동정만으로도 상실의 슬픔에 대해서 치료 효과를 기대할 수 있다. 동정은 애당초 슬픔에 대한 공명을 그 계기로 삼기 때문이다. 즉 동정은 공명을 매개로 해 상실의 슬픔에 대한 심리적 위안과 용기, 재기의 의지와 새로운 마음가짐을 기대할 수 있게 한다.

그럼에도 실패나 상실의 슬픔을 치유하기 위해 약물이나 알코올 또는 음식을 동원한다면 그것은 마음의 공명을 포기하는 것이나 다를 바 없다. 상실감이나 슬픈 감정을 해소하거나 정화하는 대신 일시 중지나 회피 또는 은폐를 그 방법으로 선택한 것이기 때문이다. 예컨대 한 아이가 놀이터에서 또래들과 놀다가 마음을 크게 다쳐서 울 때 엄마는 대개 과자를 주면서 달랜다. 물론 아이는 좋아하는 과자를 먹음으로써 상심한 기분도 잠시 바뀔 것이다. 그렇다고 상심한 기분이 나아지거나 치유된 것은 아니다. 다만 놀이터에서 입은 마음의 상처가 과자에 쏠려 얼마 동안 잊혀진 것뿐이다. 그것은 일시적인 음식 효과, 즉 기호嗜好의 대체에서 비롯한 기분전환에 지나지 않는다. 그렇다고 해서 그 사건으로 생긴 상심이 깨끗하게 해소된 것은 아니다. 아이가 다시 놀이터에 놀러갈 때 그 사건으로 입은 마음의 상처는 그 아이를 괴롭힐 것이다.

이처럼 인간은 일찍부터 자신의 감정을 음식으로 덮거나 숨기고, 묻어버리는 것을 배워왔다. 어른들이 상심하거나 상실감에 빠질 때 술이나 다른 약물을 통해 거기에다 감정을 묻어버리는 것도 마찬가지 현상이다. 장례식이나 제사 등에서 가족들이 엄청나게 많은 음식과 술을 소비하는 이유도 그와 다르지 않다.[7]

뿐만 아니라 실패나 상실이 주는 고통을 약물로 해결하려는 동기도 이와 크게 다르지 않다. 팍실이나 프로작 같은 항우울제가 상실에서 비롯된 우울한 기분이나 슬픈 감정을 일단 진정시키거나 잠시 중지 또는 은폐할 뿐 그것들을 배설해 해소하거나 정화하지 못하기 때문이다. 오히려 의학적 권력 구조의 산물인 약물들은 개인적인 상실감에서 비롯된 마음의 병기마저도 사회화할 뿐이다. 더구나 약물은 일단 상실에 대한 집착과 주의력을 분산시키고 우울하거나 슬픈 기분을 풀어주기 때문에 대체로 오랫동안 복용하게 만든다. 하지만 그렇게 함으로써 약물은 우울과 슬픔을 더욱더 의학적 규정 속으로 강제 편입시켜온 것이다.

그러나 주변에 널린 사례에서도 보듯이 약물중독이나 알코올중독 현상은 상실감과 슬픔을 해소하거나 정화하기보다 더욱 은폐한 채 지속시키고 있다. 심지어 약물은 슬픈 감정에서 벗어나기 어려운 무기력증에 빠지게 하거나 삶에 대한 의욕 상실과 무의미, 나아가 좌절감에서 헤어나지 못하게 할 수도 있다. 설사 약물이나 알코올을 통해 슬픈 감정이 개선된다 하더라도 그것은 존속적sustaning 혁신에 그칠 뿐 자기 파괴적distruptive 혁신을 기대할 수 없다. 약물이나 알코올로는 인생의 어떤 엔드게임도 성공할 수 없는 것이다. 그것은 동정의 경로를 차단함으로써 공명의 공감대가 생길 수 없게 하기 때문이다.

---

[7] 앞의 책, 126쪽.

그것이 공감의 무덤이나 다름없는 이유도 마찬가지다.

## 연민은 전염성이다

연민憐憫은 동정과는 달리 측은지심의 부정적 감정이다. 어원에서도 라틴어 'pietas'에서 유래한 'pity'는 '가엽게 여기려는 의무감을 곁들인 동정'을 뜻한다. 또한 'com+miseria'에서 유래한 'commiseration'도 '비참, 비애, 불행 등 정신적 고통과 불행들miseries을 함께한다'라는 의미다. 한마디로 말해 이것은 동병상련同病相憐의 감정이다. 즉 실패나 상실의 슬픔에 대한 연민은 그 기분 속으로 자발적 참여를 촉발시키는 병적 감정인 것이다. 그래서 동정이 슬픔에 대한 치유적 감정이라면 연민은 오히려 그것에 동화되기 쉬운 감염성이 강한 감정이다. 타인의 슬픔과 비애에 대한 연민에 빠질수록 그 기분과 감정은 부지불식 간에 자신에게도 전염되기 때문이다.

이처럼 슬픔에 대한 연민은 전염성이 강한 상실감이다. 그것이 부정적 공감인 까닭도 여기에 있다. 상실의 슬픔에 대한 지나친 연민이 상대가 겪는 상실의 고통이나 고뇌에 동참하려는 극단적인 전염현상까지 나타내는 이유도 마찬가지다. 예컨대 누나의 자살에 따른 슬픔과 지나친 연민이 결국 동생까지 자살하게 만든 안타까운 사례가 그렇다. 실제로 사랑하는 아내나 남편의 죽음에 대한 상실감과 견디기 어려운 연민의 정이 살아남은 사람에게도 죽음을 전염시키는 일이 허다하다. 갑작스럽게 심장마비로 죽은 아내가 남긴 상실감과 비애 그리고 견디기 어려운 연민이 남편의 삶마저도 마감하게 한 C교수의 일이 그렇다. 하지만 더욱 안타깝고 심각한 사실은 이처럼 전염성이 강한 마음의 병기를 세상은 순애보나 러브 스토리로 미화하곤 한다는 점이다. 때로는 세상마저 죽음에 대한 연민에 빠져 있는 것이다.

사랑하는 연인이나 동료의 죽음이 주는 슬픔과 연민이 죽음을 전염시킨다. 최근 춘천에서 한 고등학생이 성적 부진으로 목숨을 끊자 며칠 뒤 가장 친한 같은 반 친구가 뒤따라 자살한 사건이 발생해 주위를 당황하게 했다. 지난 봄에는 애플, 델, 휴렛패커드 등에 제품을 납품하는 팍스콘의 중국 공장에서 직원들이 잇따라 자살했는데, 한 번은 열다섯 명이 동시에 자살을 시도하는 놀라운 사건이 발생했다. 그 회사원의 상당수가 이른바 집단연민 증후군과 더불어 자살 전염병에 걸린 것이다.

하지만 연민 증후군과 자살 전염병이 유행하는 곳은 중국이 아니라 한국임을 부인하기 어렵다. 특히 오늘날 죽음이나 자살에 대한 10대들의 연민은 한국 사회의 병리현상으로 간주해도 지나치지 않다. 지난해 상영된 영화 〈여고괴담 5 - 동반자살〉의 인터넷 사이트에 질문을 쏟아낸 방문객이 주로 10대였다. 심지어 2009년 6월 13일에 방문한 사람의 질문은 "초 6도 볼 수 있나요?"였고, 6월 24일 방문자의 질문도 "전 열세 살인데요. 열세 살도 볼 수 있어요? 보고 싶은데 15세 관람가라서. 동반자살 재미있어요?"였다. 답글도 "저도 님과 같은 열세 살인데요. 저는 친구들이랑 같이 보러 갔었는데요. 그냥 들어가더라구요. 15세 관람가지만 아무도 그런 건 따지지 않나봐요"였다.

비록 영화이긴 하지만 우리 사회는 언제부터인가 초등학생들까지 동반자살에 관심을 보이는 사회가 되었다. 초등학생에게 전염된 죽음에 대한 연민은 이미 정신 최빈국인 한국 사회의 심각한 유행병이 되었다고 해도 지나친 말이 아니다. 이것은 세계 10대 경제 대국의 병든 초상이자 거기에 드리워진 어두운 그림자이기도 하다.

## 슬픔은 왜 죽음의 병인가

슬픔은 실패나 상실의 아픔을 소리없이 신음한다. 신음의 메아리는 절망이다. 게다가 끝날 줄 모르는 절망이 유혹하는 것은 죽음뿐이다. 대개 비극의 시작과 끝은 이런 식이다. 슬픈 인생사도 크게 다르지 않다. 오이디푸스건 엘로이즈건 그들의 엔드게임은 적어도 해피엔드가 아니기 때문에 비극이었고 비극적이었다.

### 슬픔은 절망의 전조다

슬픔은 삶의 시련이다. 그래서 그것은 고통스럽다. 슬픔의 무게가 무거울수록 또는 실패나 상실의 고통과 고뇌가 클수록 더욱 참고 견뎌내기 힘들다. 본래 슬픔이나 상실감은 기쁨이나 성취감처럼 중생이면 누구나 겪을 수 있는 정상적이고 자연스런 감정의 반응이다. 그러나 그것이 고통스럽고 견디기 힘든 것은 그것이 별안간 닥치는 흔치 않은 일일뿐더러 그것에 대처할 준비도 되어 있지 않기 때문이다. 예컨대 아내나 남편의 갑작스런 죽음 또는 이혼, 애인의 배신이나 이별이 갈라놓은 비련, 그 밖에 사업 실패나 실직 등과 같은 엄청난 슬픔과 상실감을 이겨낸다는 것은 쉬운 일이 아니다.

상실감이나 슬픔은 쉽사리 해결되지 않는 감정이므로 치유 또한 쉽지 않다. 슬픔은 오히려 치유되기보다 부정적인 감정의 아노미anomie로 이어지기 쉽다. 흔히 슬픔은 자기부정적 인식이나 인정에서 비감의 내면화를 거치면서 비극의 클라이막스에 이르고 만다. 슬픔은 임계선을 넘어 결국 그 심연으로 빠져들기 일쑤다. 비장미가 심미적 유희고 문학적 수사일 뿐 결코 아름답게 느껴지지 않는 까닭도 다른 데 있지 않다.

슬픔이 고뇌와 성찰의 한계를 넘어서게 되면 그것은 비탄과 함께 감정의 아노미, 즉 좌절감이나 절망감의 전조가 되곤 한다. 자살에 이르는 수많은 사례에서 보듯이 실패나 상실이 우리를 우울(비관적 인식, 비관적 인정), 슬픔(자기내면화), 좌절과 절망(아노미), 자살 행위에 이르는 비감의 부정적 경로를 달리게 하기 때문이다. 이처럼 슬픈 감정에서 헤어나지 못하는 자기 성찰은 실패만을 뼈아파하거나, 그 때문에 상실감만을 더욱 부추길 뿐 영혼의 구원에는 좀처럼 눈 돌리려 하지 않는다. 슬픔은 실패와 상실만을 절망하고 있는 것이다.

수많은 슬픈 순례자들은 참을 수 없이 슬픈 관계감정Beziehungsgefühl을 통해 (염세적 비관처럼) 자신에 대한 즉자적 인식이건, 아니면 (자살행위처럼) 타인에 대한 대자적 변명이건 삶의 부조리를 죽음으로써 실연實演하려는 극단적 욕망을 억누르지 못하기 일쑤다. 본래 인간은 자신을 스스로 규정함으로써 자신에게 관계하는 존재인 동시에 타자에 의해 규정됨으로써 타자와 관계하는 존재이다. 여러 관계 속에서 일어나는 다양한 감정도 마찬가지다. 더구나 비애와 비탄에서 좌절과 절망에 이르는 자타의 규정과 관계에서는 더욱 그렇다.

다시 말해 병적인 슬픔은 감정의 초과를 거듭하고 심화함으로써 삶의 여정에서 실패하거나 유형, 무형의 대상을 상실해 고통스러워하는 자의 마음을 좌절과 절망으로 예인하는 것이다. 슬픔이 빠져나오기 힘든 절망의 늪으로 이끌리고 있는 줄도 모른 채 실패나 상실의 도미노적 비감을 감당하지 못하고 슬퍼하기만 하는 이유도 거기에 있다. 무엇보다 끝을 모르는 슬픔이 어둡고 무거운 심상을 좌절과 절망의 겹사라지로 감싸버리기 때문이다.

## 절망은 죽음을 예후한다

우수憂愁의 실존철학자 키르케고르Søren Aabye Kierkegaard는 절망을 '죽음에 이르는 병'이라고 했다. 어떤 희망 앞에서도 무기력하게 만드는 속인의 절망은 결국 자신의 죽음을 예후하기 때문이다. 키르케고르도 절망을 가리켜 '정신에 있어서 병이고 자기에 있어서 병이며 관계에 있어서 병'이라고 주장한다.

절망은 정신, 즉 자기 내부의 병이다. 따라서 거기에는 세 가지 예가 있다. 절망해서 자기를 의식하지 못할 때(비본래적 절망), 절망해서 자기 자신이려고 하지 않을 때, 절망해서 자기 자신이려고 할 때가 그것이다.[8]

이처럼 절망은 자기 자신에 대한 관계, 즉 절망을 의식하든 의식하지 않든 자기 소외와 자기 상실에서 비롯된다. 그에게 절망은 자기를 있게 한 신과의 관계에 대해 무지함으로써, 그래서 그 관계를 상실함으로써 생기는 것이다. 누구보다 철저한 기독교인인 그가 절망을 죄로 간주하는 것도 그 때문이다. 신과의 관계 상실이야말로 그에게는 대지진이나 다름없다.

---

8 키르케고르 지음, 김영목 옮김, 《죽음에 이르는 병》, 학일출판사, 1984, 17쪽.

하지만 굳이 기독교인이 아니라 할지라도 관계의 실패나 상실은 감정의 평온한 상태를 그대로 놓아두지 않는다. 실패나 상실의 슬픔은 정상이나 병리라는 이분법에서 보면 이미 평상심을 잃은 병리적 관계감정이므로 마음의 기저 基底를 이루는 감정의 슬로프들도 절망적인 진로를 향해 비정상적으로 작동한다. 그 감정들은 결국 충돌해 대지진으로 이어질 수밖에 없다. 슬로프의 바닥으로 떨어진 채 부딪쳐서 절규하는 슬픔의 대재앙이 일어나고 만다. 사자死者로부터 저주받은 절망이 감당하기 어려운 슬픔마저 덮쳐버린 것이다. 절망이 죽음을 손짓하는 것도 그 때문이다.

절망이 슬픈 영혼들의 블랙홀이나 다름없는 까닭도 마찬가지다. 절망은 시공간조차 무의미하게 만든다. 톨스토이도 불현듯 겪게 된 건강의 상실, 즉 치명적인 질병이 가져다준 자신의 죽음 앞에서 절망하고 절규하는 젊은 법관을 그린 《이반 일리치의 죽음》에서 다음과 같이 표현한 바 있다.

> 일리치는 자신이 검은 구멍에 빨려 들어가며 힘들어한다는 걸 느끼고 있었다. 그러나 그는 혼자의 힘으로는 그 구멍에 기어들어갈 수 없기 때문에 더 힘들어한다는 것 또한 느끼고 있었다. 구멍에 기어들어가는 걸 방해하는 건 자신의 지난 삶이 괜찮았다는 인식이었다.[9]

또한 죽음의 나락에서 절망하는 인간의 모습을 톨스토이가 "시간의 개념이 사라진 사흘간 그는 눈에 보이지 않는 극복할 수 없는 힘이 처넣은 검은 자루

---

[9] 레프 니콜라예비치 톨스토이 지음, 고일 옮김, 《이반 일리치의 죽음》, 작가정신, 2005, 109쪽.

속에서 몸부림쳤다"라고 그리는 까닭도 마찬가지다.

그러나 현실의 절망이 죽음에 이르게 하는 절대 고독과 고통은 소설 속의 일리치에게 투영된 것보다 더 처절할 수 있다. 절망은 키르케고르의 말대로 자기에게 있어서 불치병일 뿐만 아니라 관계에 있어서도 치명적인 병이기 때문이다. 실패나 상실로 우울하거나 슬픈 자에게 절망은 늘 죽음의 문턱에서 버티고 있다. 실제로 그들에게 절망은 죽음에 이르는 병인 것이다.

예컨대 베트남전쟁에서 희생된 미군은 4만 8천여 명이지만 그보다 세 배나 많은 전쟁외상후 자살자들이 그 사실을 말없이 증언한다. 영혼의 블랙홀이 그들을 죽음의 나락으로 빨아들였다. 그들에게는 아마도 살상의 후유증에서 벗어날 수 없는 죄책감과 절망감보다 더 고통스럽고 치유하기 힘든 병은 없었는지도 모른다. 죽음과 맞바꾼 그 감정들은 자신에게 가하는 가학피학증sadomasochism이었던 것이다. 한마디로 절망은 하루하루 그들의 삶을 견디기 힘들게 한 생존 도착증이나 다름없었다.

## 슬픔은 죽음을 전염한다

**죽음은 비상구가 아니다**

안타깝게도 많은 이들에게 우울함이나 슬픔은 죽음의 전당으로 통하는 통로다. 우울증이나 슬픔에 빠지게 한 실패나 상실이 죽음의 전당으로 통하는 첫째 문이라면, 삶에 대한 좌절과 절망은 목전에 놓인 죽음을 노크하는 마지막 문이다. 본래 문의 기능은 정상적인 소통을 위한 출입구이지만 비상시에 탈출을 위한 비상구이기도 하다. 수많은 유서가 말해주듯 죽음은 실패나 상실로 생기는 우울함과 슬픔을 넘어 좌절과 절망이라는 비상 상황에서 탈출하려는 사람들이 두드리는 마지막 문이다. 예컨대 가슴절제 수술 후 자신의 정체성을 상실했다는 좌절감 때문에 자살한 40세 여성의 다음과 같은 유서가 그것이다.

여자가 …… 생명체의 중요한 가슴이 없어진다. …… 여자가 가슴이 없다면 이렇게 될까. …… 우리 아이들은 어쩌나. 내가 죽어도 살 수 있겠지. 다 컸는데 뭐. 나는 세상이 싫다. 그냥 미련 없이.[10]

또한 사업 실패를 비관해 자살한 43세 남성이 남긴 유서에서도 보듯이 실패는 좌절감과 절망감을 남겨 결국 죽음을 그 탈출구로 삼게 했다.

이젠 경기가 상향이라고 자신감 있게 벌린 사업이 1년도 안 되어 다 허물어지고 남은 것은 빚과 문제들뿐. 염창동 너무나 큰일이다. 나만 믿고 이름 주고 돈 주고, 또 세입자들. 계약은 했으나 잔금은 치렀으나 등기 못 주고, 못 받는 것 융자 연장, 승계, 하자투성이. 이걸 어쩌나, 잠 못 이루고 모두 죽이게 하고, 나 먼저 가련다.[11]

이렇듯 절망하는 이들에게는 삶의 비상구가 없다. 그들에게는 사르트르 Jean-Paul Sartre의 희곡 《출구 없음 Huis-clos》처럼 삶의 현장에서 피할 수 없이 맞이한 좌절과 절망을 피할 탈출구가 보이질 않기 때문이다. 특히 그들은 삶의

---

10 박형민, 《자살, 차악의 선택》, 이학사, 2010, 171쪽. 재인용
11 앞의 책, 153쪽. 재인용

진로가 막히고 그 퇴로마저 차단당했다는 좌절감과 절망감에 흔히 죽음을 그 비상구로 택하곤 한다. 이처럼 그들에게 자살은 생명의 문이 아닌 절망의 문이고 비상구인 것이다.

하지만 자살은 결코 비상구가 아니다. 다시 말해 자살로 맞이한 죽음은 절망에서 벗어나는 비상구가 아니다. 그것은 단지 막다른 길일 뿐이다. 그렇다고 자살이 좌절과 절망의 비상사태에서 탈출할 수 있는 문은 더욱 아니다. 그것은 폐문이기 때문이다. 그것은 통로의 끝자락, 즉 인생의 허망한 끝일 뿐이다. 그래서 자살은 절망 그 자체다. 자살은 모든 감정과 사유를 단절시키고, 삶의 의미도 사라지게 할뿐더러 존재 이유도 부정한다.

이처럼 자살은 있음에서 없음으로 넘어가는 자기 전화 과정이다. 그것은 있음에 대한 부정으로서 없음을 시도하는 것이며, 자기 무화의 작업이다. 다시 말해 자살은 존재의 소멸 게임이다. 그것은 존재를 자포자기한 비존재의 요구이고 일체무—切無의 계획이며, 존재 이유의 자기 말소이기도 하다. 자살이 의미에 대한 무의미인 이유도 여기에 있다. 하지만 시도된 없음, 자기 무화 작업, 계획된 일체무, 이것들만큼 논리에서뿐만 아니라 인생에서도 자기 모순인 것은 있을 수 없다.

### 염세증후군과 죽음이라는 유행병

삶을 무, 무화, 무의미에 이르게 하는 비상의 장기 지속은 정상에 둔감하게 한다. 많은 이들이 자신도 모르는 사이에 정상을 비상으로 대치하고 있다. 돌연히 맞닥뜨린 비상을 슬퍼하는 이들이 무의 유혹, 무화 욕망, 무효 계획에 무너지는 까닭도 여기에 있다. 이처럼 세상은 병들어 있다. 그래서 이 시대가 우울한 것이다. 오늘날 비관, 실패에 이은 좌절과 상실로 생기는 절망 등에서 비롯된 염세 증후군이 유행하는 것이 이상하게 느껴지지 않는 것도 그 때문이다.

정신 최빈국으로 불릴 정도로 우리 사회의 건강 지수가 최악인 이유 가운데 가장 중요한 이유를 꼽자면 그것은 갈수록 심해지는 염세적 자살감염증일 것이다. 자신을 스스로 죽이는 행위인 자살은 어느새 유행성 전염병이 되어 청소년에서 노인에 이르는 모든 사람들을 염세와 죽음이라는 엔드게임에 뛰어들게 하고 있다. 예기치 못한 개인적 변화나 급속한 사회적 변혁에 따른 적응 실패나 기회 상실에서 비롯된 우울함, 슬픔, 좌절감, 절망감에 대한 정신적 면역력을 미처 키우기도 전에 찾아든 염세적 자포자기가 자신을 타인의 자기살인 게임에 눈돌리게 하기 때문이다. 이른바 '베르테르 효과'가 그것이다.

이처럼 모방 범죄가 된 자살은 어떤 모방 범죄보다 빠르게 전염되고 있다. 예컨대 2010년 6월 30일 우울증이 의심되던 한류 스타 박모 씨가 자살하자 이틀 뒤 우울증을 앓고 있던, 펑크 밴드 레이지 본의 노모 씨도 한강에 투신한 사건이 그렇다. 특히 인터넷이라는 중간 숙주가 사발통문이 되어 면역력이 약한 이들, 즉 상실감에 젖어 좌절하고 절망하는 이들에게 살고 싶은 의지보다 죽으려는 의지를 부추기는 감염매체가 되고 있다. 대표적인 예로서 우리 사회의 정신적 빈혈 상태를 반영하는 자살 사이트의 범람이 그것이다. 뿐만 아니라 우리의 기억 속에서 잊힐 만하면 보도되는 동반자살 뉴스 또한 병든 시대를 증언하기는 마찬가지다.

2004년 3월 23일 저녁 8시 SBS 뉴스 앵커는 "우리 나라에 인터넷 자살 사이트가 등장한 지 4년 만에 참으로 가장 참혹한 일이 벌어졌습니다"라는 멘트를 시작으로 수원의 한 모텔에서 "이 세상을 마감하려 한다. 아무런 희망이 없다"는 유서를 남긴 채 같은 사이트에 가입한 남녀 다섯 명이 동반자살한 소식을 전했다. 그 이후 시간이 지날수록 더해가는 동반자살, 즉 자살의 집단화는 우리를 슬프게 하는 사회적 병리현상이 되어버렸다고 해도 과언이 아니다.

2010년 5월 12일에는 화성에서 다섯 명, 춘천에서 세 명이 모텔에 투숙해 동반자살하는 사건까지 발생했다. 이들의 동반자살이 충격적인 것은 사전에 인터넷 메신저를 통해 "수원에서 결집하자"는 자살동반자 모으기 운동을 별다른 의식 없이 벌였다는 사실이다. 자살 동아리가 생겨나더니 드디어 자살 참여연대까지 등장할 정도로 우리 사회에서 자살은 저승길 동반자를 구하는 파트너 게임이 되어버린 것이다. 자살마저 파트너 게임이 된 사회상, 그것이 바로 우리 사회의 일그러진 자화상이고 우리 시대의 병든 시대상이다. 니체가 말하는 약자들의 노예근성이 절망하는 죽음에까지 배어든 것이다.

# 4장 엔드게임과 성형 놀이

철학 교수가 의학에 흥미가 생길 수 있었던 것은 단지 정신병을 잘 알기 위해서만이 아니다. 게다가 과학에 대한 경험을 쌓기 위해서도 아니다. 정확히 말해서 나는 인간의 구체적인 문제에 대한 도입을 의학에 기대했다. 나에게 의학은 이른바 과학이라고 하기보다 오히려 몇몇 과학의 교차점에 있는 기술처럼 생각되었고, 지금도 나는 그렇게 생각하고 있다.

……

임상과 치료라는 과학적 합리화의 방법, 즉 정상적인 것을 만들어내기도 하고 회복하기도 하는 기술―이것은 전적으로 단 하나뿐인 지식으로 환원되지 않는다―을 의학에 도입하기 위한 칭찬할 만한 노력이 많이 이루어졌지만, 내가 보기에 '편견 없다'라고 말할 수 있기를 바라는 정신을 의학에 적용할 때 본질적인 문제는 그대로 남아 있다.

조르쥬 캉길렘, 《정상과 병리》 서문에서

## 파괴적 혁신과 철학치료

엔드게임endgame이란 무엇인가? 그것은 정말 끝내기 게임인가? 나는 지금 왜 엔드게임을 말하려 하는가? 돌이켜 보면 니체 이래 지난 한 세기의 화두가 되어온 불연속, 단절, 몰락, 죽음, 종말, 해체 등은 엔드게임의 신호들이었다. 예컨대 니체의 '신은 죽었다'(1882)를 시작으로 오스발트 슈펭글러의 '서구의 몰락'(1918), 대니얼 벨의 '이데올로기의 종언'(1960), 미셸 푸코의 '인간의 죽음'(1966), 데리다의 '인간의 종말'(1968), 68혁명의 구호였던 '마르크스는 죽었다'(1968), 킴 레빈의 '모더니즘의 종말'(1978), 토머스 매카시의 '철학의 종말'(1987), 더글러스 크림프의 '회화의 죽음'(1981), 아서 단토의 '예술의 종말'(1984), 버렐 랭의 '예술의 죽음'(1984) 등이 그것이다. 이처럼 지난 100년 동안 사상과 철학, 문화와 예술은 엔드게임의 과정이었다고 해도 과언이 아니다.

그러나 모든 종말은 끝이 아니다. 그것은 새로운 사상事象에 대한 병리적 전조symptom이고 예후prognosis다. 역사적 혁신은 대부분 역사의 피로 골절 같은 병리현상의 반대급부로 생겨난다. 그것은 생명의 규범인 정상正常과 이상異常, 즉 생리와 병리의 관계에서도 마찬가지다. 본래 병리학이란 생리학 발전의 출발점이나 다름없다. 생리학의 역사는 병리학의 중재와 결과를 통해서 발전해왔기 때문이다. 생명의 규범은 정상 상태보다 오히려 이상 상태에서 더 잘 인식된다. 치료를 통해서 질병이 회복되는 과정이 밝혀져야 비로소 정상적인 신체기능에 대해서도 제대로 알게 된다. 인간의 극단적인 엔드게임인 삶과 죽음의 관계도 다르지 않다. 푸코는 침묵으로 반복되는 죽음 속에서 생명의 기능과 규범의 토대가 마련된다고 주장한다. 그가 죽음이란 지식 일반의 출발점이 될 수 있는 어떤 것이 아닌지[1] 반문하는 것도 그 때문이다.

엔드게임은 본래 서양장기인 체스에서 킹king을 잡기 위한 막판 게임을 말한다. 이때는 미들게임middle game과 달리 게임을 끝내기 위해 다양한 전략, 특히 파괴적 전략disruptive strategy이 개방적으로 동원된다.[2] 종말 게임이나 다름없다고 할 수 있다. 하지만 그 종말은 소극적이고 소모적인 종말이 아니라 오히려 적극적이고 창의적인 투쟁이며, 치열한 서바이벌 게임이기도 하다. 엔드게임이 역사적인 까닭도 여기에 있다. 역사는 각종 생존 게임의 전시장이고 투쟁하는 사건들의 경연장이나 다름없기 때문이다. 역사를 수놓아온 주름들은 엔드게임의 흔적들인 것이다.

---

1   미셸 푸코 지음, 이광래 옮김《말과 사물》, 민음사, 1987, 427쪽.
2   이광래·심명숙,《미술의 종말과 엔드게임》, 미술문화, 2009, 11쪽.

그러므로 엔드게임과 그 전략을 역사의 현장에서 발견하기란 어렵지 않다. 하버드 대학교 비지니스스쿨의 클레이튼 크리스텐슨C. Christensen 교수가《혁신기업의 딜레마*The Innovator's Dilemma*》에서 주장하는 '파괴적 혁신'도 그 방식과 크게 다르지 않다. 하이엔드high end에 도달한 선도적 기업들이 존속적 혁신만을 고집하다 결국 로엔드low end에서 파괴적 기술로 파괴적 혁신을 시도하는 후발 기업들의 전략에 추월당하는 사례들이 그것이다.

그는 하이엔드의 병리적 징후를 로엔드 시장으로 과감하게 내려올 수 없는 탄력성의 저하나 결단성의 부족에서 찾는다. 고혈압 환자의 동맥경화증처럼 가치 네트워크를 로엔드로 쉽게 이동할 수 없는 하이엔드에서는 엔드게임을 전개할 수 없기 때문이다.[3] 막혀버린 동맥은 혈액순환에 장애물일 뿐 생리적으로 이미 동맥이 아니라는 사실을 깨닫지 못하는 것이다. 크리스텐슨이 결국 엔드게임의 전략을 자기 파괴에서 구하려는 이유도 여기에 있다.

한편 파괴적 혁신을 요구하는 병리현상과 엔드게임은 인간사에서도 마찬가지다. 존속적이거나 파괴적인 혁신과 엔드게임은 인생의 크고 작은 굴곡들이 결정되는 계기이자 방식이다. 그러나 인간사에서 하이엔드의 존속적인 병적 징후들, 예컨대 배타적 이기심, 과대망상, 의기양양, 기고만장 등뿐만 아니라 로엔드의 비파괴적인 병적 징후들, 예컨대 우유부단과 의지 마비, 회피 욕구와 활력 저하, 열등감과 패배주의, 무감동과 우울증, 과거 부정과 미래 불안, 허무망상과 피독망상, 절망감과 자살충동 따위도 자기 파괴적인 엔드게임이 아니면 그 병적 징후들을 치유할 계기를 만들기 쉽지 않다.

---

[3] 클레이튼 크리스텐슨 지음, 이진원 옮김,《혁신기업의 딜레마》, 세종서적, 2009, 130쪽.

신체의 통증은 이미 생리적 감각이 아니므로 병리적으로 인지해야 하고 의학적으로 치유하지 않으면 안 된다. 죽어버린 세포도 생리적으로 이미 세포가 아니므로[4] 수술과 같은 의학적 처치가 필요하다. 인간사에서 겪게 되는 심리적 통증이나 심적 네트워크의 상실도 마찬가지다. 자가치유가 불가능할 때는 가치 네트워크를 달리하는 자기 파괴적 혁신이 필요하다. 전문적인 철학상담을 통한 치료와 처치가 그것이다.

## 비상 시대와 철학치료학

엔드게임은 아이덴티티 게임이다. 의학적 엔드게임이 불가피한 폐쇄나 괴사가 신체적 아이덴티티의 훼손에서 비롯되었듯이, 정신적 하이엔드나 로엔드에서 발생하는 병적 징후, 이상 현상들도 자기동일성의 결핍이나 균열에서 야기된다. 그것은 무엇보다도 외부 환경의 급격한 변화에 적응하지 못해서 생기는 내외적 자아의 불일치나 충돌, 혼란, 갈등의 심화가 낳은 결과다. 특히 정상에서 비상으로 시대적, 문화적 상황이 잇달아 전환되면서 비자발적 비상 이민자들emergency immigrants을 적응 불능 증후군에 시달리게 한다. 게다가 비상 상황이나 비상 문화의 장기 지속은 자발적 이민자나 비상 원주민emergency natives조차 비상 중독이나 비상 최면에 깊이 빠져들게 한다.

---

[4] 조르주 캉길렘 지음, 이광래 옮김, 《정상과 병리》, 한길사, 1996, 111쪽.

## 비상 시대와 다중의 병기

지금은 비상 상황이다. 더구나 비상을 느끼지 못하기 때문에 더욱 비상인 상황이다. 비상 상황은 꽤 오래 전에 시작되었다. 그래서 우리는 비상을 비상으로 느끼지 못한다. 비상에 무감각해져 있기 때문에 그것을 정상과 구분하지 못할 지경이다. 비상의 장기 지속을 우리는 도리어 현대라고 부르기까지 한다. 현대의 문화가 더욱 비상 문화인 까닭도 마찬가지다. 현대는 비상의 자화상이나 다름없다. 비상의 지속이 그리고 비상의 자가당착과 최면 상태가 비상한 문화를 지속시켜왔기 때문이다. 비상을 코드로 삼아 시대와 문화를 읽어야만 오늘이 보이는 이유도 여기에 있다.

지금은 왜 비상 상황인가? 지금의 문화현상은 왜 정상이 아닌 비상인가? 한마디로 말해 그것은 이동성mobility 때문이다. 정지에 길든 욕망이 움직여야 하기 때문이다. 본래 정주민에게 이동은 정지보다 불안정하고 불안하다. 그래서 유목민에게 정주가 비상이듯 정주민에게는 이동이 곧 비상이다. 붙박이 삶을 사는 현대인에게 이동은 표류와 일탈이다. 그것은 궤도 이탈이자 탈선이나 다름없다. 그렇기 때문에 이동하는 순간 우리는 긴장한다. 정지가 안정을 가져오듯 이동은 긴장을 동반한다.

오늘날 다중多衆의 삶은 마치 군대의 비상 훈련을 닮아간다. 비상의 일상화가 다중의 문화마저 비상화하고 있다. 현대인의 의식주를 보라. 이제는 옷과 음식 그리고 집 모두 이전의 모습을 그대로 간직하고 있지 않다. 정주민의 예전 같은 삶의 모습은 어디에서도 찾아보기 힘들다. 예컨대 청바지는 어디든 정주하려는 일상인의 의사 군복이 된 지 오래다. 인종과 민족에 관계없이 현대인은 누구나 정장 대신 진짜 군복보다 더 질기고 편리한 사계절용 비상 복장으로 갈아입은 것이다. 오늘날 젊은이들은 '캐주얼casual'이라는 임시 근로자의 복장으로 비상조차도 즐기며 살아가고 있다. 이제는 여성의 비상 패션인 '바지차림'마저도 전혀 낯설지 않다. 비상이 복장의 성별 구분도 불필요하게 만들고 있다. 심지어 가짜 군복military look이 유행할 정도로 현대인은 비상 패션을 즐기고 있다.

음식 또한 마찬가지다. 비상非常은 항상恒常이나 보통이 아니라는 뜻이다. 그것은 평상平常이나 통상通常의 의미와도 거리가 멀다. 그러므로 비상시에는 제대로 된 식생활이 이루어질 리 없다. 비상 음식의 특징은 무엇보다도 정상적인 시공간성을 무시한다는 데 있기 때문이다. 평상이 아니면 때와 장소에 어울리는 음식 문화를 기대할 수 없는 이유도 마찬가지다. 늘 이동해야 하는 현대의 유목민에게는 모든 음식이 패스트푸드로 대치될 수밖에 없다. 그들은 다양한 인스턴트식품의 개발로 비상식량화하고 있다. 오늘날 가공식품이 넘쳐나는 까닭도 거기에 있다. 음식뿐만 아니라 그것을 담는 용기도 비상화해가고 있다. 반복 사용이 가능한 정상적인 용기 대신 일회용 용기가 널리 쓰이는 이유도 마찬가지다. 정주민의 삶이 어느 사이 유목민을 흉내내고 있는 것이다.

비상시에는 먹는 방식도 변할 수밖에 없다. 정상적인 식사는 기본적으로 상대와 더불어 하는 공생의식이고 공동생활이다. 같은 식탁에서 여럿이 함께 먹는 상리공생 행위다. 그것은 비상시처럼 아무 데서나 이루어지는 개별 행동이 아니다. 거기에는 상대에 대한 이해와 배려, 공감과 공익이 수반되는 예절이 필요하다. 그러나 컵라면, 햄버거, 피자, 케밥 같은 인스턴트식품과 패스트푸드, 다름 아닌 길거리 식사의 광풍은 동서양을 막론하고 전통적인 식탁 예절 시대에 마침표를 찍었다. 문화적 퇴행의 병기가 보편화되고 있는 것이다.

또한 비상으로 둔갑해가기는 오늘날의 주거문화도 다를 바 없다. 전 국토를 비정상적으로, 무차별적으로, 무계획적으로 비상 배치하고 있는 아파트는 아무리 고급화하더라도 정주민의 정상적인 주거공간이 아니다. 강남의 타워펠리스처럼 그것을 아무리 높이 올리고 고급스럽게 짓더라도 아파트는 병영의 숙소나 군대의 막사와 다를 게 없다. 오늘날 한국의 도시와 농촌을 가릴 것 없이 여기저기서 자고 나면 출현하는 조립식 주택들도 잠재의식화된 정주민의 비상성과 광기를 반영하기는 마찬가지다. 조립은 애초부터 해체를 위해 그리고 재조립을 위해 만들어지기 때문이다.

그것은 붙박이 의식의 산물이라기보다 떠돌이 의식의 결과다. 아파트뿐만 아니라 형태가 다양한 칸막이 문화가 만연하는 까닭도 마찬가지다. 지상이 아닌 가상공간에서도 홈페이지나 싸이월드, 심지어 페이스북 같은 가상의 쪽방들이 문화생활의 일상이 된 지 오래인 것도 이 때문이다. 자폐적 사고와 욕망에 사로잡혀 있는 유목민들의 군상이야말로 이율배반적인 한국인의 병기, 그 모습이다.

## 새로운 패놉티콘 증후군

오늘날 정주민의 또 다른 비상 징후는 패놉티콘 panopticon 불안증후군이다. 비상 연락망이나 다름없는 개인별 통신체계의 구축은 모든 사람들을 위치 추적이 가능한 GPS Global Positioning System 체계 안에 가둬두고 있다. 현대인을 모두 관찰망상이나 추적망상 속에 빠뜨릴 지경이다. 그러면서도 망상증후군은 휴대전화기 같은 비상 통신체계에 길든 정주적 유목민, 즉 디지털 이민자들digital immigrants로 하여금 도리어 그 체계에서 이탈하거나 추방되는 것을 두려워하게 만든다. 거의 모든 광인들처럼 비상중독증(광기)이 정상(정기) 공포증을 지니게 한 것이다. 그러나 이민자들에게는 그 불안과 공포만 있는 것이 아니다. 그들은 새로운 패놉티콘에 대한 애증이 병존하는 양가감정에 빠져 있다.

오늘날의 일상이 원형감옥인 이유는 이것만이 아니다. 수많은 잠금장치, 즉 비밀번호들로 잠겨버린 일상의 조건도 우리의 삶이 자유로운 생활환경 속에서 평범하게 이루어지고 있지 않음을 시사한다. 전쟁터와 마찬가지로 우리는 자신의 각종 비밀번호를 모르고는 하루도 정상적으로 살 수 없다. 매일매일이 비밀스런 비상의 연속이다. 개인마다, 가족마다, 집단마다 수많은 비밀번호들로 갇혀 있다. 우리는 요람에서 무덤까지 비밀번호와 더불어 살아가야 한다. 자기의 비밀번호만은 자신의 몸보다도 더욱 은밀하게 지켜야 한다.

비상시에는 적 앞에서 몸을 숨기는 것보다 더 중요한 자기보호 수단이 없듯이 오늘의 일상에서도 우리는 자기존재를 비밀번호로 은폐해야 한다. 거대한 집단적 히키코모리 증후군이 문화병으로서 대유행하고 있기 때문이다. 그러므로 비상 구조의 삶에서는 누구나 고유번호 속에 숨어야 한다. 더구나 또 다른 주된 삶터인 가상공간으로 진입할 때마다 아직까지는 비밀번호보다 더 중요한 신분 확인 수단이 없다. 심지어 비밀번호가 우리 삶의 질과 방식을 결정할 정도다. 개인에서 가족 그리고 사회에 이르기까지 우리가 살고 있는 사회구조는 비밀번호 없이는 자유로운 소통과 왕래가 불가능하다. 우리 사회는 이른바 '창 없는 사회windowless society'가 된 지 오래다. 이처럼 우리의 일상은 지상에서도 현실에서도 이미 거대한 원형감옥이 된 지 오래다. 우리는 부지불식간에 솔제니친이 고발한 것과는 또 다른 수용소군도 안에서 생활하고 있는 것이다.

더구나 이제는 비상한 사회구조 속에 살고 있는 사람이라면 자신의 병기를 타자의 것과 차별화하지 않으려 한다. 모두가 공유하고 있기 때문이다. 그런데도 그 안에는 자신의 병기를 비출 수 있는 거울이 없다. 우리의 일상은 이제 정상인지 비상인지도 분간하기 힘들 만큼 비상과 그 병기에 익숙한, 심지어 그것을 즐기기까지 하는 거대한 시뮬레이션 구조 속에 놓여버린 것이다. 동일성의 실조identity dyscrasia가 자기동일성의 확인을 어렵게 하고 있는 것이다. 그래서 엔드게임이 불가능한 것이다.

그렇지만 현대인의 잠재의식 속에는 정상의 권태와 불만이 갈수록 심해진다. 동질과 같음(정상)에 대한 진저리가 이질과 다름(비상)의 유혹을 마다하지 않는 것도 그 때문이다. 금기보다 위반이 더 유혹적인 것도 마찬가지 이유다. 그러나 비상에의 유혹에는 늘 긴장과 불안이 수반되기 마련이다. 비상의 장기지속이 개인뿐만 아니라 집단에게도 비상강박증이나 우울증을 일으키는 이유가 거기에 있다.

비상이 시대의 징후이듯 그 병기들도 오늘의 '비상한 군상'을 상징하고 있다. 비상 시대와 사회 상황이 갈수록 집단적 강박관념이나 정신이상 징후들을 드러내고 있는 것이다. 정신적 불안정이 낳는 각종 사고와 병적 증후군인 엽기적 범죄 등 전례 없이 비상한 사회적 일탈 현상의 빈발이 그것이다. 비상 구조 속에 순치된 다중의 병적 징후들이 점점 더 자주 일어나고 있음에도 도리어 구성원의 여러 가지 불감증들만 깊어지고 있을 뿐이다. 그것은 수용소군도나 정신병동에서 자율적이고 정상적인 의식과 삶을 기대할 수 없는 것과 다를 바 없다.

오늘날 이처럼 최악인 로엔드에서 자기 파괴나 자기혁신 같은 자가치료를 기대하기 힘든 이유도 마찬가지다. 현대인은 '아마도 종말에 가까워지고 있는 존재일 것이다'라는 푸코의 예견이 틀리지 않은 것이다.

## 철학치료학은 시대의 요청이다

'죽음이 곧 지식 일반의 출발점'이라는 푸코의 주장은 엔드게임이 지식 생산과 상관관계에 있음을 시사한다. 시대와 상황의 변화에 따른 새로운 게임 전략이 새로운 지식의 생산을 요구하기 때문이다. 죽음, 종말, 단절, 해체, 파괴 등이 상징하는 20세기의 엔드게임들이 새로운 인식과 지식들을 생산할 수밖에 없었다. 불확실성이 더욱 증폭되고 있는 21세기 증강현실Augmented Reality 속에서 살아가야 할 신인류에게는 더욱 그렇다.

### 새로운 치유법으로 등장한 철학치료학

치유나 치료는 철학적 엔드게임의 새로운 전략이자 인식소認識素다. 비상 시대의 다중은 어느 때보다도 다양하고 새로운 정신적 실조, 특히 스트레스와 우울증에 시달리고 있기 때문이다. 다중은 집단적으로나 개인적으로나 어느 시대보다도 '다중적' 강박감으로 우울하다. 정신의학, 심리생물학, 임상심리와 같은 응용 분과들의 단선적, 단층적 치유법이 한계에 이른 이유도 거기에 있다. 증세만 누그러뜨릴 뿐인 화학약물요법이나 상황 분석적 심리상담이 인간의 본성과 삶의 목적, 나아가 존재 이유에 대한 철학적 사유의 병기들을 근본적으로 치유할 수 없기 때문이다.

1973년에 이미 스카일러와 캐츠는 《우울증 The Depressive Illness》에서 현대인 가운데 전문적인 치료를 받아야 할 정도로 심한 우울증을 경험했거나 경험할 것으로 예상되는 환자가 미국의 전체 인구 중 적어도 12퍼센트가 될 것으로 추정한 바 있다. 같은 해 미국 국립정신보건기구가 발표한 보고서를 보면 모든 정신과 입원 환자의 75퍼센트가 우울증 환자이며 진료비도 한 해 9억 달러에 이른다.

이런 사정을 반영하듯 우울증의 생물학적 기초에 대한 연구, 뇌내 생화학물질에 대한 연구, 화학물질요법에 대한 생물의학적 연구, 정신적 표현형 phenotype에 대한 유전자 연구 등 다양한 연구논문이 홍수처럼 쏟아져 나오고 있다. 국내외를 가릴 것 없이 정신병원의 증가나 항우울제 신약 개발 역시 마찬가지다. 화학약물요법이 우울증 발병을 감소시킨다는 증거를 찾기란 쉽지 않다. 가계조사를 통해 표현형질의 계통을 작성하는 유전자 연구나 화학물질이 뇌에 어떻게 작용하는지 파악해 고분자 양을 조절하는 약물요법이 효과적이라는 증거는 없다.

오히려 연구자들을 당혹스럽게 하는 것은 우울증의 지표로 간주되는 자살률이 매년 빠르게 증가하고 있다는 사실이다. 슬픔, 우울함, 죽고 싶음으로 이어지게 하는 삶의 스타일이 사람마다 천차만별이므로 그 치료법이 화학적으로 공식화될 수 없다.

경찰청 통계를 보면 우리 나라의 자살자는 1997년 인구 10만 명당 13명이던 것이 2007년에는 27.3명으로 OECD 국가 가운데 증가율 1위를 기록했다. 2008년 OECD 통계에서도 우리 나라의 자살율은 10년 동안 4위에서 1위로 급상승했다. 2008년 국민건강보험공단이 내놓은 자료를 보면 우울증과 조울증 등을 진단받은 환자가 2년 만에 48퍼센트나 증가했다. 경제성장률을 훨씬 앞지르는 이런 통계는 정부의 각종 자살방지 대책을 비롯해 항우울제 개발과 임상연구자들의 노력이 한계에 이르렀음을 의미한다. 대책과 노력이 절망감에 빠진 자살 환자들의 자발적 회심에, 즉 파괴적 혁신에 도움을 주지 못하고 있다. 신체의 구조와 능력을 화학적으로 조절하려는 것만으로는 정신의 구조와 능력에서 일어나는 비정상적이거나 병리적인 현상을 정상으로 되돌릴 수 없기 때문이다.

인지심리학자 아론 벡Aaron Beck도 "광범위하게 항우울제를 사용해도 자살률이 감소하지 않았다는 사실은 약물치료가 일시적으로 자살 위기를 해소해줄지는 몰라도 언젠가 있을 자살 기도에 저항하는 힘을 길러주는 지속적 효과는 없는 것으로 보인다. 연구에 따르면 자살 환자들에게 핵심적인 문제는 곧 '절망'(혹은 일반화된 부정적 기대)이다."[5]라고 말한다. 이것은 절망감과 좌절감을 약물로 치료하는 것보다 삶에 대한 긍정적 기대와 희망을 심어주는 철학치료가 적극적으로 요청되어야 하는 이유이기도 하다.

---

5  아론 벡 지음, 원호택 옮김, 《우울증의 인지치료》, 학지사, 1996, 17쪽.

이미 실존철학자 키르케고르도 절망이 곧 '죽음에 이르는 병'이라고 주장해 실존철학적 엔드게임을 역설한 바 있다. 그가 선택한 게임 전략은 신에 대한 절대적 신앙이다. 절망의 치유는 '신에게로 귀의하는 것'을 결단할 수밖에 없을 만큼 절박하다고 생각했기 때문이다. 확실한 실존에 도달하는 것은 지성의 문제가 아니라 신앙과 기투企投[6]의 문제라는 것이다. 그러나 그것은 철학치료의 마지막 대안에 지나지 않는다. 절망감에 대한 '파괴적 기술'로서 기독교적 죄책감(원죄 신앙)을 선택한 그의 엔드게임 전략은 자기 파괴적 혁신의 임계점, 즉 실존의 3단계(심미적, 윤리적, 종교적) 가운데 마지막 단계에서 제시한 엔드게임의 철학적 대안이기 때문이다.

## 파괴적 기술인 철학치료

크리스텐슨이 제시한 기존 질서를 파괴하는 새로운 기술이나 신규 사업 모델 가운데 다음과 같은 것이 있다.

| 존속적 기술 | 파괴적 기술 |
| --- | --- |
| 의사 | 전문간호사 |
| 종합병원 | 외래환자 클리닉, 자체 환자 치료 |
| MRI/CT | 휴대용 의료기기 |

그는 파괴적 기술을 통한 혁신을 시도한다면 미래가 달라질 것이라고 확신

---

[6] 현재를 초월해 미래로 자신을 던지는 실존의 존재방식.

한다.[7] 그러나 이것은 신체의 병기에 관한 파괴적 기술에 지나지 않는다. 정신적, 심적 병기에 시달리고 있는 엔드게임 실패 가능자들, 사고장애나 사고진행장애, 지각장애, 의식장애나 행동장애, 즉 사고 주입을 비롯해 강박신경증, 함구증, 경조증, 우울증이나 자살충동증, 과대망상증, 피해망상, 조정망상,[8] 관계망상, 이인증, 감정표현 불능증, 무쾌감증, 감정둔마, 각종 중독증(약물, 알코올, 쇼핑, 게임, 채팅, 명품, 성형 등) 등을 겪는 환자의 파괴적 혁신을 위한 전략으로 쓰일 수 있는 기술은 보이지 않는다.

그러나 크리스텐슨처럼 외재적 엔드게임에 파괴적 혁신을 요구하는 비즈니스 전문가가 제시한 대안보다 더 중요한 것은 내재적 엔드게임에 파괴적 혁신을 요구하는 철학자의 대안이다.

| 존속적 기술 | 파괴적 기술 |
| --- | --- |
| 일방 진단 | 상호 공감 |
| 심리상담 | 철학상담 |
| 화학요법치료 | 철학치료(불교 철학, 유학 사상, 요가, 명상 등 보조 요법) |
| (고분자 농도 조절법) 또는 미적 단계 | 윤리적 단계 (종교적 단계로 유도 요법) |
| 현상적 치료 | 본질적 치료 |
| 단층적 치료 | 다층적, 종합적 치료 |

위와 같은 철학치료를 위한 새로운 파괴적 기술과 모델의 제시가 필요하다.

---

7   클레이튼 크리스텐슨,《혁신기업의 딜레마》, 34~35쪽.
8   조정망상(influential delusion)은 자신이 다른 사람의 생각이나 행동을 조정하거나 조정당하고 있다는 믿음.

이미 정신적, 심적 병기의 치료에 대한 한계상황에 이른 존속적 치료 기술의 극복을 위해서는 치료 기술도 파괴적이어야 자기혁신적인 성형을 기대할 수 있기 때문이다.

## 철학치료의 프로세스

철학치료의 입구는 공감compassion/sympathy[9]에 있다. 정신적, 심적 병기는 공감을 상실한 상태를 의미하기 때문이다. 본래 고통과 고뇌를 본유적本有的 조건으로 하여 태어난 인간, 즉 호모 파티엔스homo patiens(신체적 고통과 정신적 고뇌를 겪는 의료 대상인 인간)가 누군가와 정감pathos을 공유하는 것은 인간의 본성에 충실한 것이다. 우울증이나 자살충동증 또는 각종 중독증도 공감의 희박이나 상실, 나아가 회복 불능과 같은 인간 본성에 관한 병기이기 때문이다.

예컨대 간저증후군ganser's syndrome(성희와 성도착증 같은 성중독 증세) 증세를 보인 골프 황제 타이거 우즈나 2010년 1월 26일 갑자기 투신자살한 삼성전자 부사장이 그렇다. 또한 우울증을 앓아온 영국 출신의 세계적인 패션 디자이너 알렉산더 맥퀸이 2월 11일 자택에서 자살한 이유도 마찬가지다. 다행히 우즈는 미시시피 주 해티스버그에 있는 파인글로브 성중독 클리닉센터에서 치료를 받았다. 우즈는 공감치료를 통한 뉘우침과 파괴적 자기혁신, 즉 정신과 마음의 새로운 철학적 성형을 시도하고 있지만, 다른 사람들은 삶의 진정한 의미에 대해 어떤 타자와도 파토스를 공유하고 공감을 통해 새로운 철학적 성형

---

[9] 'com+passion'과 'sym+pathy'는 모두 공통과 종합을 의미하는 접두어와 그리스어 'pathos'를 어원으로 하는 단어들이다.

을 시도조차 하지 않았다. 엔드게임을 포기함으로써 삼성 신화를 만들어낸 천재성마저 희생시켰는가 하면 '올해의 세계 디자이너'라는 명성도 무의미하게 만들어버리고 말았다.

이처럼 인간의 내재적 엔드게임은 어떤 것일지라도 인간의 본성 그리고 존재 이유와 벌이는 진지한 철학적 성형 놀이여야 한다. 철학적 성형 놀이에는 당연히 약물요법보다는 진정한 파괴적 기술로서 사고방식에 대한 철학치료적 성형요법이 개입한다. 다시 말해 치료적 접근을 위해서는 인간의 본성과 존재 이유에 대해 환자와 상담치료자 사이에 근본적인 공감대 형성부터 시작해야 한다.

한편 철학치료의 출구는 삶에 대한 진정한 만족과 안주에 있다. 환자와 상담치료자의 공감에서 출발한 철학치료가 환자의 만족과 회심에 이르면 파괴적 혁신의 출구에 도착한 것이나 다름없기 때문이다. 그러나 철학적 성형요법의 마지막 절차는 양자의 상호 감동으로 확인된다. 본래 인간의 사회적 본성인 공감은 상호 부조와 상호 지지의 전형이다. 표트르 크로포트킨은 동물사회에서는 생존경쟁보다 상호 부조mutual aid가 더 본질적이라고 말한다. 약탈을 잘해서 서바이벌 게임에만 몰두하는 독수리는 그 숫자가 날로 줄어드는 반면에 상호 부조를 잘하는 독수리는 번성한다. 공동 수렵이나 식사가 조류세계에서는 일반적인 방식이기 때문이다. 크로포트킨은 상호 부조야말로 조류를 포함한 동물세계의 법칙일 뿐만 아니라 나아가 자연의 법칙이라 말한다.[10]

그것은 인간에게도 마찬가지다. 인간에게 상호 이타성은 도덕의 기반이자

---

10  Peter Kropotkin, *Mutual Aid: A Factor of Evolution*, William Heinenmann, 1919, p. 14.

사회적 본성, 다시 말해 '진화된 본성'이다. 그러므로 공감에서 감동에 이르는 치료의 철학적 토대, 다시 말해 파괴적 혁신을 위한 엔드게임의 전략은 인간의 진화된 본성인 호혜적 이타주의를 밑바탕으로 해야 한다. 무엇보다도 다중의 건전한 삶이 미들게임middle game지역에서 이루어질 수 있는 계기가 여기에 있기 때문이다.

## 철학치료의 두 극장

파괴적 혁신에는 저마다 드라마틱한 계기가 있기 마련이다. 그것은 의미 또한 '파괴적'이라는 단어와 '혁신'이라는 극적인 단어들이 중첩되어 있기 때문이다. 또한 그 엔드게임은 극적인 동일성 게임이므로 공감만으로도 감동하기 쉽다. 사고방식에 대한 철학적 성형 요법의 효과도 그만큼 높다. 예컨대 극단적인 로엔드에서 엔드게임을 치러야 하는 출소자들과 북한 이탈자들이 그렇다. 다시 말해 장기간 수감생활을 마친 출소자들의 갱생이 그렇고, 생명을 걸고 사선을 넘은 북한 이탈주민들의 이중 엔드게임double endgame은 더욱 그렇다. 그래서 이들을 위한 철학치료소가 극장, 극적 장소일 수밖에 없는 것이다.

## 패놉티콘에서 디아스포라로

북한은 거대한 패놉티콘이다. 매년 수많은 아사자들이 속출하는 이 동토는 어떤 원형감옥보다 더 처참하다. 목숨 걸고 감행하는 주민들의 탈북 러시는 영화 〈빠삐용〉보다도 더 필사적이고 〈쇼생크 탈출〉보다 더 극적이다. 그러나 더욱 놀라운 것은 이 거대 수용소 안에는 지상에서 가장 참혹한 미니 패놉티콘인 정치범 수용소가 여섯 개나 있다는 사실이다. 그 가운데 요덕 15호 수용소를 제외한 다섯 곳은 수감되면 죽을 때까지 나올 수 없는 지옥 같은 감옥이다. 2010년 1월 20일 국가인권위원회가 요덕 수용소를 탈출한 사람들의 증언―공개 처형을 1년에 20에서 30회 정도 한다, 1992년에는 임신한 여성이 몸에 삽자루가 박힌 시신으로 목격되었다 등―을 토대로 발표한 수용소의 참상은 말로 표현할 수 없을 정도다.

북한에는 현재 20만 명이 수용소에서 비참하게 죽어가고 있다. 또한 2010년 1월 21일 자유아시아방송도 국제 기독교선교단체인 오픈 도어스Open Doors를 인용해 지난해 북한에서 기독교인 수십 명이 고문받다 사망하거나 처형되었다는 사실을 발표했다. 또 다른 국제 기독교단체인 순교자의 목소리Voice of Martyrs도 지난해 산하 단체의 지원으로 북한에서 선교활동을 하던 기독교인들이 비밀리에 처형되거나 실종되었다고 보도한 바 있다.

현재 1990년대 중반부터 북한을 탈출해 한국에 온 사람은 2만 명 정도다(아직도 약 10만 명은 한국에 입국하지 못한 채 제3국을 떠돌고 있다). 한국 정부는 전국 각지에 일정한 생활공간을 마련해 이들이 한국 사회에 빠르게 적응할 수 있도록 돕고 있다. 한국판 디아스포라가 생겨난 것이다. 2만 명은 패놉티콘에서 감행한 필사적인 파괴적 혁신의 보상으로 디아스포라로 생활해야 하는 셈이다.

그러나 이곳에 살고 있는 북한 이탈 주민들 대부분은 사선을 수차례 넘으며 생긴 극도의 공포감으로 외상후 스트레스장애에 시달리고 있다. 통일부에서는 2010년 1월 26일 처음으로 이들의 정신적 치유를 위해 북한 이탈자 출신 일곱 명을 포함한 전문 상담자 30명을 이들의 생활공간에 배치했다. (강원대학교 인문치료사업단에서도 국내 최초로 지난해 5월 정부와 양해 각서를 작성하고 5단계 '새터민 사회적응 프로그램'을 운영하고 있다.)

물론 한국에 온 북한 이탈자들의 몸은 자유롭다. 하지만 마음은 아직도 자유롭지 못하다. 그들의 정신상태는 목숨을 건 탈출이라는 필사적 엔드게임의 후유증에서 벗어나지 못한 채 새로운 공간에서 제2의 엔드게임, 즉 또 다른 파괴적 혁신 앞에서 방황하거나 표류하고 있다. 그들은 아직도 주변에 대한 과도한 경계심을 나타내고, 과잉반응을 보이다가도 사고와 감정을 감추려 한다. 특히 불확실한 미래에 대한 불안감으로 수면장애나 집중력장애를 호소한다. 그들의 마음속에 갑자기 생긴 자유, 자율, 해방감 등이 억압, 규제, 감금, 공포, 죽음 등의 흔적과 상처들을 해소하고 치유하지 못하고 있기 때문이다.

그러나 화학약물요법이나 심리치료로도 어느 정도의 효과를 기대할 수 있는 정신적 갈등과 장애는 그것으로 끝나지 않는다. 외상후 스트레스장애는 겉으로 이들에게 자본주의 체제에 적응하지 못하게 하는 장애물이 되는가 하면, 속으로는 남한의 한국인native에 대한 주변인marginal man이거나 이주민immigrant이라는 차별의식을 심어줘 그들을 예상하지 못한 자괴감과 스트레스, 즉 이차 외상후 스트레스에 빠져들게 한다.

무엇보다도 그들 대부분은 전혀 다르고 새로운 환경에 대한 적응의 어려움과 고통, 즉 지남력장애指南力障礙를 호소하고 있다. 예컨대 그들에게는 처음 보는 길거리 간판들이 가장 난해한 텍스트로 다가온다. 공간적 인지장애보다도 문화적 인지장애가 하루 아침에 극복할 수 없는 더 큰 난관이기 때문이다. 북한 이탈주민의 자녀들이 각급 학교에서, 특히 학년이 올라갈수록, 영어나 수학보다 사회 과목을 가장 어렵게 느끼는 이유도 마찬가지다.

나아가 장애나 이차 외상후 스트레스의 심화에서 비롯되는 자괴감은 개인적으로는 그들에게 인간의 본성과 자기 존재를 부정적으로 생각하게 할 뿐만 아니라 사회적으로는 남한인과 북한인 사이에 갈등구조까지 만들어낼 수 있다. 그렇기 때문에 북한 이탈주민들에게 무엇보다도 먼저 외상후 스트레스나 이에 대한 현상적 화학약물요법, 심리치료와 같은 대중치료 이상의 근본적인 근원치료, 즉 인간의 존재 문제에 관한 철학치료가 시급하다. 이미 그들은 현상적 문제를 넘어서 인간의 본성과 존재 이유에 대한 깊은 회의와 실망감에 빠져 있기 때문이다. 또한 거시적으로 보면 이것이야말로 (한반도 전체가 파괴적 혁신을 해야 하는) 통일 이후 한국 사회의 거대한 갈등 구조화를 막는 예비 훈련이기도 하다.

## 패놉티콘에서 보호소로

현재 강원대학교 인문치료사업단의 철학치료팀이 진행하고 있는 또 다른 철학적 성형치료의 현장은 피치료자들의 사회 적응을 돕기 위해 법무부가 운영하는 갱생복지공단이다. 이곳은 인생의 로엔드에서 엔드게임에 실패를 경험한 피치료자들이 자발적으로 파괴적 혁신을 통한 마음성형을 희망해 모여든,

갱생 의지의 현장이다.

하지만 그들의 갱생은 그 의지만큼 쉽지 않다. 내가 만난 이들은 이미 이차 외상후 스트레스장애로 이른바 '공감피로 증후군compassion fatigue syndrome'에 깊이 빠져 있었다. 또한 소망과는 반대로 장기간 수감되어 경력 소진을 경험해야 했던 그들의 잠재의식 속에는 고립감이나 사회적 소외감이 자리잡은 지 오래다. 그래서 그들은 타자와 공감하려 하기보다 어떤 인물, 장소, 활동도 기피하거나 멀리하려 한다. 수감자들은 자신의 생각과 감정을 표현하지 않으려 한다. 정신의학적으로 보면 그들은 대부분 감정부전장애나 함구증 환자들이다. 그들의 부정적 분단증이나 우울증, 강박사고나 강박 행동도 조정망상, 관계망상, 피해망상 등 각종 망상에서 비롯된 것이다.

그러나 그들에게 필요한 것은 의학적 치료가 아니다. 뇌신경계의 반응을 약물로 조절해야 하는 기질성 뇌 장애나 정신분열성 장애가 아닌 한 거의 모든 출소자들에게는 정신의학적 진단과 그에 따른 화학약물요법보다 얼어붙은 마음을 녹일 수 있는 인정 어리고 인간애적인 치유와 성형이 절실하다. 눈에 보이는 질병, 즉 병원병iatrogenesis[11]이 아니라 보이지 않는 병기, 즉 마음 앓이에는 약물적 치료보다 언어적 철학 치유가 더 효과적이기 때문이다. 더구나 마음이 아프고 우울한 이들에게는 의학적 권위와 권력보다 인간 존재는 존엄하다는 보편적 이해와 주체의 실존적 상황에 대한 공감대 형성을 우선하는 철학적 성형요법이 필요하다.

그럼에도 좀처럼 공감하려 하지 않는 고질화된 공감거부증이 출소자들에

---

11 오늘날 병기 대부분은 병원과 의사가 질병으로 양산한 것이다. 의료제도가 병원병을 유행시키는 것이다. 의료제도는 이미 독점적인 권력 기제power mechanism가 되어버렸다.

대한 철학적 성형을 어렵게 만든다. 출소 뒤 가족, 친지, 동료들과 관계가 끊어졌음을 확인하며 겪은 이차적 외상과 그 스트레스만으로도 이들의 갱생 의지, 즉 파괴적 혁신을 위한 의기가 소침되기 때문이다. 게다가 경력 소진처럼 이들의 사회 진입을 막는 각종 장벽들이 공감 피로 장애를 넘어 그들을 공감 피로 골절상태에 이르게 한다. 이 정도로 극한적인 로엔드에 이르면 그 장벽들은 결국 재범 충동과 유혹을 이겨내지 못하게 한다. 그들은 또다시 심한 우울증, 자살충동, 알코올중독에 쉽게 빠져들 뿐만 아니라 절도나 강도 등 엔드게임의 고질적 실패를 반복하게 된다. 다시 말해 갱생을 위한 파괴적 의지와 혁신을 미처 시도해보기도 전에 이차 외상후 스트레스가 재범의 원인으로 작용하는 것이다.

그래서 우리 철학치료팀이 2008년과 2009년에 실시한 상담치료 프로그램의 주제도 공감 만족도를 진단하고 시험하는 '우리의 행복을 위한 내 열정'(2008)과 '행복한 만남'(2009)이었다. 그것은 일차적으로 우리 속에서 나(자아)의 발견, 즉 공동체와 단절된 지 오래된 자아를 재발견하고 스스로 다시 연결해주는 공감의식 훈련과정이다. 여기서 중요한 것은 피치료자들을 철학치료의 입구에 자발적으로 들어서게 해야 한다는 점이다. 이 과정에서 많은 피치료자들은 잃어버린 자아를 발견하기 시작한다. 그들은 비로소 타자 속에서 자아를 확인하고 반성하는 자기동일성 게임을 진행한다. '공감 피로/만족 진단 테스트CF/C Test'도 이 과정에서 자연스럽게 진행된다.

그다음 치료과정은 만남의 기쁨과 상호 부조의 정신을 훈련하는 과정이다. 인간에게 행복의 실마리가 '행복한 만남'에 있다는 의식의 훈련을 통해 상호 부조와 상호 지지의 생존법칙을 공감하고 실천하게 하는 과정이다. 이것은 그들의 자발적인 사회 진입과 원만한 사회 적응을 돕기 위한 과정이다. 다시 말해 그들 스스로 사회적으로 진화된 본성을 발견하고 실천함으로써 만족과 회심, 즉 자기 파괴적 혁신의 계기로 삼게 하는 프로그램이다. 치료자의 입장에서 보면 이것은 철학치료의 출구를 나서는 피치료자들의 만족감과 삶에 대한 새로운 각오를 확인하는 과정이기도 하다.

결국 이 프로그램들은 공감하고, 만족하고, 회심하는 과정을 지나 상호 감동으로 철학치료의 목표 달성을 확인하기 위한 작업이다. 이 과정은 좀처럼 탈피하기 어려운 삶의 질곡에서 반복해온 부정적이고 배타적인 엔드게임을 끝내고 많은 피치료자들의 일상이 긍정적이고 친화적인 미들게임 지역에서 이루어지기를 바라는 호혜적 이타주의의 실천이기도 하다.

# 에필로그

이 글은 시론試論이다. 그것도 철학치료법이 마음치료학으로 왜 필요한지 그리고 철학치료학을 철학적 엔드게임으로 볼 수 있는지를 다룬 시론이다.

시대정신과 철학의 관계에서 보면 철학은 시대정신을 반영하는가 하면 진단하고 예후하기도 한다. 그러나 이제까지의 서양철학은 시대정신에 대한 진단과 예후를 게을리하지 않았음에도 주로 기초의학적이었다. 아르케에서 절대정신에 이르기까지 존재의 근원을 탐구하려는 이른바 수직존재론[12]이 그것이다. 동양철학도 마찬가지다. 고집멸도苦集滅道나 팔정도八正道가 가리키듯 속세의 욕망과 번뇌로 고통받는 인간의 본성에 대한 내성적 자기 제어를 요구하는 불교철학이 병리학적이고 치료 의학적이었다면, 솔성率性이나 신독愼獨, 사단칠정론四端七情論처럼 주로 인성론과 수양론에 치우친 유학사상은 생리학적이고 예방의학적이었기 때문이다.

그러나 오늘날의 정신적 상황은 동양철학, 서양철학을 막론하고 철학의 기능과 책임의 변화를 요구한다. 철학도 임상의학적이어야 한다는 것이다. 그래서 철학은 이제 현실에 대해 보수적이거나 권위적이지 않아야 한다. 지知에 대한 과도한 욕구와 부단한 의지가 철학자들로 하여금 더는 지적 권좌만을 향유하려는 시대착오적 오만과 독단에 빠져들지 않게 해야 한다. 철학자들은 지에 대한 편집증적인 식탐을 자제해야 한다. 뿐만 아니라 지에 대한 관조theoria와 프락시스praxis의 우선순위도 바꾸어야 한다.

시대는 철학도 이제 임상臨床으로, 즉 삶의 현장으로 나와주기를 바란다. 그리스어 'κλίνικός'[13]가 의미하듯 환자가 누워 있는 침대를 찾는 의사처럼 철학의 임장성이 어느 때보다 절실하다. 책 속에만 안주해온 이론철학이 아니라 임상철학clinical philosophy으로서 치료현장에서 책임과 구실을 다해주길 바라

---

[12] 세상에 존재하는 만물은 논리적으로 직립의 구조를 이루고 있다. 논리적 직립이 만물의 존재방식인 것이다. 이을 위해 그것의 토대나 근원이 되는 것이 무엇인지를 밝히는 것이 필수적이다. 그 때문에 철학자들은 저마다 그 토대로서 이데아, 형상, 절대정신 들을 내세워 존재의 직립구조를 만들어낸다. 이광래 외, 《미술관에서 인문학을 만나다》, 미술문화, 2010, 89쪽 참조.

[13] 영어 'clinic'(임상)은 본래 그리스어 'κλίνικός', 즉 '침대를 향해for a bed'나 '자신의 환자가 누워 있는 침대를 찾는 의사a physician who visits his patients in their beds'를 뜻한다.

는 것이다. 무엇보다도 다원화, 다양화, 다층화된 복잡계인 현실 속에서 다중이 겪는, 보이지 않는 마음의 병기들을 정신의학의 화학약물요법이나 상담심리요법의 주된 치료인 구체적 증세치료, 즉 대증치료에만 의존할 수 없는 오늘날의 치료적 한계 때문이다.

그러므로 철학자들은 철학의 임장성을 시대적이며 현실적인 요청으로 이해해야 한다. 실제로 지금이야말로 소크라테스 이래 앙가주망engagement에 소극적이었던 철학자들도 자기 파괴적 혁신에, 다름 아닌 철학적 엔드게임에 나서야 할 때다. 소피스트들이 더럽힌 사고의 유행병을 임상적으로 치료하려 했던 소크라테스의 시대적 사명감이 오늘날의 철학자들에게도 요청된다. 정보의 과잉공급과 지식의 초과라는 새로운 유행병이 현대인의 정체성을 혼란시키거나 빼앗아갈 뿐만 아니라 사유와 정서에서도 각종 장애에 시달리게 하고 있다. 그러므로 오늘날처럼 실조된 조화와 장애의 시대, 즉 물질적 풍요와 정신적 빈곤이 문화와 개인 속에 공존하는 시대에는 어느 때보다도 몸과 마음의 실조와 장애에 대한 증세 완화적 치료보다 인간의 존재문제에 대한 근원적 성형치료를 위한 전문가가 필요하다.

특히 오늘날 한국 사회와 한국인은 물질적인 풍유로움이 정신적 빈곤을 가속하면서 일으킨 병기들로 신음하기 시작한 지 오래다. 비상의 장기 지속으로 비상의 최면상태나 정상에 대한 기억상실증에 빠진 현대사회에서 철학이 감당해야 하는 새로운 과제가 임상과 치료라는 인식의 전환이 필요한 이유도 여기에 있다. 이 기회에 이 땅의 철학자들은 하이엔드에서 존속적 혁신만을 고집해온 철학의 가치 네트워크를 파괴적 의지를 품고 임상치료학, 즉 임상철학 또는 철학치료학으로까지 확장해야 한다.

토머스 매카시T. Macathy도 《철학 이후: 종말인가 변형인가?*After Philosophy: End or Transformation?*》를 묻는다. 그는 종말이 곧 변형임을 주장한다. 오늘날 철학이 벌이는 엔드게임은 끝내기 게임처럼 보이지만 실제로는 바꾸기 게임이기 때문이다. 플라톤에서 헤겔에 이르기까지 수많은 철학자들이 지어놓은 낡은 철학 건물들을 해체하려는 탈구축 작업은 철학의 종말이 아니라 그 자체가 변형이라는 것이다. 그러나 기형화되고 변형된 현대인의 마음과 정신을 마음성형으로 치료하려는 철학의 변신은 그것과는 비교할 수 없을 만큼 굉장한 엔드게임이다. 구축에서 탈구축으로 변형하는 것은 존속적 혁신에 지나지 않는 데 반해 기초에서 임상으로 전환하는 것은 파괴적 혁신이기 때문이다.

- 이 글은 일본 오사카 대학에서 열린 임상철학 국제 워크샵 '철학치료학과 임상철학'(2010. 2. 17~18)에서 발표한 논문을 수정 보완한 것이다.

제2부

# 철학치료, 치료 패러다임의 전환

# 5장 뇌에서 의식으로, 약물에서 대화로

# 모든 정신질환은 두뇌 장애로 설명할 수 있다?

## 자살, 죽음의 넷째 원인

현대인의 삶은 마음의 고통과 고통에서 생긴 상처로 얼룩져 있다. 현대인의 삶이 치열해질수록 현대인들 사이에 놓인 간극은 그만큼 멀어진다. 그들은 함께 일하지만 함께 살지는 않는다. 그들 사이에 일을 위한 대화는 많아도 삶을 나누는 대화는 적다. 따라서 현대인은 자신의 문제를 홀로 안고 살아간다. 그들의 문제는 자신의 생각 속에 감금되고, 생각은 다시 마음속에 감금되어 안으로, 안으로 움츠러들어 마침내는 마음의 병이 된다.

이와 같은 현상이 초래한 비극적 현상 중 하나가 자살률의 급신장이다. 대한민국은 2008년 OECD 국가 가운데 자살률과 자살 증가율이 1위인 비극적 상황에 직면해 있다. 세계보건기구WHO는 자살을 "죽음에 대한 의지를 지니고 자신의 생명을 해쳐서 죽음이라는 결과에 이르는 자멸 행위"로 정의하고 있다. 자살은 암, 뇌혈관 질환 그리고 심장 질환에 이어 죽음의 넷째 원인에 속한다. 과연 사람을 자살로 이르게 하는 것은 무엇인가? 사람의 마음을 이토록 병들게 하는 것은 무엇일까? 마음의 병 중에도 우울증은 일상생활을 위협할 뿐 아니라 가장 비극적일 때는 자살까지도 초래하는 심각한 것이다.

최근까지도 우울증은 '마음의 병'이 아닌 '뇌 질환'으로 간주되고 있으며, 현재까지 밝혀진 우울증의 원인 또한 유전적 요인, 신경전달물질 이상, 호르몬 등 신경전달물질의 불균형 등으로 밝혀졌다. 이와 같은 원인 진단은 치료의 대상 규정을 마음이 아니라 뇌 중심으로 한정하게 한다. 그래서 치료를 위해 필요한 것은 약물이라는 생각을 널리 퍼뜨린다. 그렇다면 현대의 모든 우울증 환자들의 치료는 약만으로 가능한가? 새롭게 부각되고 있는 우울증의 사회적, 심리적 요인을 예방하고 치료하려면 우리는 어떤 대책을 세워야 하는가? 새로운 약물 개발과 처방 그리고 복용인가? 과연 우울증으로 상징되는 현대인들의 마음병을 뿌리째 치료할 방법은 무엇인가?

인문학의 다양한 학문 영역 중에서도 인간의 삶의 문제를 고유한 과제로 삼는 철학에서 어쩌면 우리는 현대인들이 고민하고 있는 마음의 병에 대한 예방적, 치료적 지혜를 발견할 수 있지 않을까? 나는 인문학의 치료적 차원의 연구를 위한 토대를 마련할 일차적인 영역을 철학에서 찾아보고자 한다. 그리고 치료를 위한 매체의 발견을 철학의 오래된 방법인 철학적 대화를 통해 살펴보고자 한다. 이를 위해 우선 20세기에 들어서 마음의 병에 대한 진단과 치료에서 선구적인 공헌을 한 프로이트의 현대적 수용을 정신의학과 심리학을 중심으로 비판적으로 살펴본다. 의학화와 심리학화에 대한 비판적 접근은 미국에서 철학실천의 대부로 불리고 있는 루 매리노프Lou Marinoff의 철학적 견해를 바탕으로 전개하고자 한다.

## DSM에 감시당하는 현대인

매리노프는 일상의 문제에 철학을 적용해 현대인의 불편한 마음을 해소하고자 했다. 그는 주저서 《철학으로 마음의 병을 치료한다*Plato Not Prozac*》에서 정신의학과 프로이트의 관계를 분석하면서 모든 정신적 문제, 특히 신경증과 정신병이라고 불렸던 것을 결국 신체적인 문제로 설명한 프로이트의 주장을 비판한다. 정신질환에 대한 프로이트적 주장이 지니는 위험성은 정신치료를 약물 중심으로 한정할 수 있는 위험에 있다. 매리노프는 정신의학적 시선으로 미국인들이 정신병 환자로 분류되어가는 속도가 빨라지는 동시에 약물 복용량 또한 심각하게 증가하고 있는 현상에 대해 깊은 우려를 나타낸다. 결국 '미국인의 정신'이라는 범주는 치료의 대상인 동시에 제약업계와 의료계가 부단히 업그레이드시키는 소비 대상으로 전락해가는 것은 아닌가 하는 의혹이 제기된다. 그는 이것을 증명하는 극단적인 사례가 바로 미국정신의학협회가 만든 '정신장애 진단과 통계 매뉴얼DSM(Diagnostic and Statistical Manual of Mental Disorder)'의 비대화라고 지적한다.

매리노프는 다음과 같이 주장한다. DSM에 수록된 거의 모든 정신질환이 두뇌 장애가 아님에도 제약계와 그 약을 처방하는 정신과 의사들은 가능하면 많은 종류의 '정신질환'을 DSM 속에다 기재하고자 한다. 1980년대에 정신과 의사들은 미국인 열 명 중 한 명을 정신병자로 추정했지만, 1990년대에 들어와서는 두 명에 한 명꼴로 증가한다. 그들은 정신의학 실험실 이외의 모든 곳에서 '정신병자'를 발견하고, 환자의 보험회사가 지불하는 한도 내에서 가능한 한 많은 약물을 처방한다.[1] 그러나 자해를 하거나 사람을 다치게 해 정말 약물 처방이나 구금 조치를 해야 하는 정신병 환자는 100명 중 한 명도 되지 않는다. 매리노프는 DSM에 분류된 많은 정신질환, 예를 들자면 '개인적 불행, 집단 갈등, 지나친 무례, 부끄러워할 줄 모르는 뻔뻔스러운 혼음, 전염성 범죄, 광란의 폭력'과 같은 것들의 원인은 개인의 정신이나 뇌 혹은 신경계의 문제가 아니라 오히려 사회를 도덕적으로 혼란에 빠지도록 조장한 정치가들의 비전 부재와 도덕의 부족에서 비롯하는 시스템의 결과로 진단한다.

 삶의 모든 순간들을 정신병이란 의혹 아래 진단하고 처방하는 이와 같은 경향성을 매리노프는 정신과에서 전해지는 오래된 농담을 통해 재치 있게 예시하고 있다.

> 약속 시간보다 빨리 병원에 도착하는 환자는 불안정하고, 늦게 도착하는 환자는 적대적이며, 정시에 도착하는 환자는 충동적이다.[2]

이 예는 정신의학의 순기능을 분명히 왜곡하는 측면이 있을지라도 정신과에 가는 환자들이 지닌 불안감을 잘 대변해주는 농담이라고 할 수 있다. 근대

---

1 루 매리노프 지음, 이종인 옮김, 《철학으로 마음의 병을 치료한다》, 해냄, 2000, 41쪽 참조.
2 루 매리노프, 앞의 책, 51쪽.

의 인간들이 도덕에 감시와 위협을 받고 있다면 현대인들은 DSM에 감시받고 위협받고 있다. 이와 같은 현상은 대단히 아이러니한 실태를 폭로한다. 즉 프로이트의 환자들이 과도하게 도덕이나 관습에 억압되어 초래된 정신질환의 치료에 커다란 기여를 했다면, 이제 현대인들은 어쩌면 이렇게 우리 삶에 다가온 정신의학의 시선에 의해 정신질환이 강화되는 것은 아닐까 하는 우려를 뿌리칠 수 없다.

매리노프의 예에서 볼 수 있듯이 1987년 미국 아동 50만 명이, 1996년에는 520만 명이 주의력 결핍 과잉행동장애ADHD(Attention-Deficit Hyperactivity Disorder)로 진단되었다. 미국 전체 아동의 무려 10퍼센트가 ADHD로 진단된 것이다. 이 병을 치료하기 위해 처방된 리탈린의 생산과 매출은 하늘로 치솟았다. 매리노프는 두뇌의 특정 장애를 야기한다는 어떤 의학적 증거도 없음에도 병명 하나만으로 아동을 정신병 환자로 진단하고, 강제로 투약하고, 병력카드에 정신병이라는 진단을 적어 넣는 현대의 비극적인 상황을 예리하게 지적하고 있다.

이처럼 미국정신의학협회가 작성한 DSM은 삶의 문제를 지나치게 심리장애로 진단해 실제로 정신 병리로 볼 수 없는 심리적 증상인 행동도 장애로 분류해 질병으로 만드는 역기능을 지니고 있다. 이와 같은 실태를 통해서 우리는 소위 '정신질환'이라고 불리는 것들뿐만 아니라, 새롭게 우리의 일상생활에서 직면하는 마음의 고통을 예방하고 치료하기 위해 약물을 대신할 치료가 절실함을 실감한다.

문제의 해결책을 강구하기 위해서는 정신질환을 과학화, 의료화하는 데 중심적 구실을 한 프로이트의 발자취를 추적해볼 필요가 있다. 그러나 프로이트가 시작한 정신의 의학화나 의료화는 그것의 순기능 외에도 그것의 역기능으로 비판받을 여지가 충분히 있다고 할지라도, 프로이트가 "모든 정신질환이 두뇌 장애로 설명될 수 있다"라고 주장했다는 매리노프의 생각을 다시 검토해볼 필요는 없는가? 만약 있다면, 매리노프는 왜 이런 생각을 했을까? 어쩌면 우리는 프로이트의 후예들이 부각시킨 모습, 또는 그것의 역기능에 투사된 프로이트만을 봄으로써 프로이트의 또 다른 모습을 망각하고 있는 것은 아닌가? 그러나 루슈만Eckart Ruschumann의 우려대로 정신치료라는 용어를 철학자나 철학상담가가 쓸 때 사실상 주로 논의되고 비판되는 대상은 고전적 정신분석에 국한되는 것은 아닌가 하는 의혹은 있을지라도[3] 이와 같은 시대적 비극의 원인을 분석하고 그것에 대한 새로운 대안을 모색하는 일이야말로 우리 시대에 긴급하게 해결되어야 할 과제라고 하겠다.

## 치료 전환의 두 축: 뇌에서 의식, 약물에서 대화로

### 프로이트의 정신분석학에서 치료 전환의 양면성

그렇다면 프로이트와 그의 후예들이 치료의 핵심적 매체로 사용한 것은 과연

---

[3] Eckart Ruschumann, "Foundations of Philosophical Counseling", *Inquiry* Vol. 17, No. 3, Spring 1998, p. 28.

무엇인가? 약물인가? 아니면 대화인가? 그리고 치료할 대상으로 본 것은 무엇인가? 과거로 거슬러 가보면 프로이트는 당시 지배적이었던 뇌 중심의 정신질환 이해에 새로운 관점을 제시한 학자로 보는 것이 마땅하다. 1886년 프로이트가 정신의학계에서 두드러진 활동을 하고 있을 무렵 그는 뇌가 아니라 정신을 중심으로 정신질환에 접근했고 이것의 결과가 그의 정신분석이라는 독자적인 이론이라고 할 수 있다.

신경학자로 훈련받은 프로이트가 자신의 연구 대상을 뇌에서 정신으로 이행하는 과정에 주목하는 것은 현대인이 앓는 마음의 병에 대한 탐구에서 의미 있는 부분이다. 1885년에 그는 신경병리학 강사로 임명되어 뇌의 연수延髓에 대한 중요한 연구를 마친 후, 그해 말 신경병리학을 계속 연구하기 위해 빈을 떠나 파리의 살페트리에르Salpêtrière 병원으로 간다. 그곳에서 프로이트는 장 마르탱 샤르코Jean-Martin Charcot 밑에서 연구했다. 프랑스에서 지낸 19주간의 경험은 그의 일생의 전환점이 된다. 당시에 샤르코는 히스테리의 원인을 유전적인 요인으로 보았고 히스테리를 정서적 문제가 아니라 신체적인 문제로 파악한 반면에, 프로이트는 이와 같은 경험을 통해 심리적인 질환의 원인을 뇌보다는 마음과의 연관성 속에서 살펴보기 시작했다. 이것은 히스테리의 원인이 신경계에서 정신으로 확장되었다는 의미있는 지점이다.[4]

히스테리의 원인에 대한 상이한 견해는 그것의 치료에서도 상이하게 나타났다. 샤르코는 히스테리를 치료할 때 유전의 지배력이 불가피하다고 믿었기

---

[4] 17세기 이후 의학이 발전함에 따라 히스테리의 원인은 자궁에서 뇌와 신경계로 이동했다. 19세기 중엽 이래로 히스테리에 대한 논의는 히스테리와 신체의 연관성에서 점차 자유롭게 되었다. 줄리아 보로사 지음, 홍수현 옮김, 《히스테리》, 이제이북스, 2002, 16~27쪽 참조.

때문에 치료과정에서 환자의 말 자체에 귀를 기울이지 않았다. 이에 반해 프로이트는 환자의 말 자체와 말하는 활동 자체를 중요하게 여겼다. 그는 정신분석학자 요제프 브로이어Josef Breuer와 공동 저술한 사례 연구집 《히스테리 연구》에서 이와 관련해 세 가지 중요한 사항을 언급한다. 여기서 특히 셋째 부분, 즉 정화catharsis적 특성을 지닌 히스테리치료가 치료적 관계라는 맥락 안에서 외상에 대한 기억을 떠올려 언어적으로 표현함으로써 가능하다는 생각은, 환자의 말하기 활동 자체가 치료에서 무의미한 것에서 의미있는 것으로 전환되는 중요한 계기가 된다.[5]

그래서 치료적 관계에서 나타나는 말하기의 중요성이 브로이어의 '대화치료talking cure'에서 명료하게 그 모습을 드러낸다. 브로이어가 안나 O를 치료하는 과정에서 안나 O 자신이 치료과정을 '대화치료'라고 이름 붙였다. 그녀는 장난삼아 '굴뚝 청소chimney-sweeping'라고 부르기도 했다. 안나 O 덕분에 브로이어는 최면술에 버금가는 새로운 치료법을 발견한다.[6] 그러나 이와 같은 대화의 중요성은 대화 자체의 정화적 기능을 드러내는 동시에 히스테리 환자들이 겪고 있는 고통의 원인에 대한 규명을 근거로 한다. 프로이트는 말하기와 회상이라는 원리를 통해 에미 폰 N 부인을 대화치료함으로써 이와 같은 사실을 밝혔다.[7]

1899년 프로이트는 마침내 정신분석의 또 다른 전환점을 마련할 《꿈 해석 Die Traumdeutung》을 완성한다. 그는 인간의 정신을 최면 상태나 자유연상이 아

---

[5] 줄리아 보로사, 앞의 책, 37~39쪽 참조.
[6] 지그문트 프로이트 지음, 김미리혜 옮김, 《히스테리 연구》, 열린책들, 1997, 46~47쪽 참조.
[7] 줄리아 보로사, 앞의 책, 40~41쪽 참조.

난 꿈을 해석함으로써 분석하기 시작한다. 그의 이론을 지지하는 사람들의 모임이 전 세계에서 열리기 시작한 1900년대 초에 그의 사무실에서 미래의 정신분석학 운동의 지도자들이 참석한 가운데 뇌학회가 아닌 심리학회, 즉 수요심리학회Psychological Wednesday Circle가 창립되기에 이른다. 프로이트가 국제정신분석협회International Psychoanalytic Association를 설립하기 한 해 전인 1909년에 매사추세츠 주 우스터에 있는 클라크 대학교에서 행한 연설 또한 뇌가 아닌 정신분석에 관한 것이었다는 점은 뇌와 약물을 중심으로 한 현대 정신의학의 치료적 접근에 의미있는 시사점을 제시한다.

그러나 프로이트가 관심의 축을 뇌에서 정신으로 의미있는 전환을 이루었다고 할지라도 프로이트가 표준적인 치료를 위해 정신분석의 의학화를 시도한 것은 정신분석의 과학화와 더불어 많은 것을 얻은 동시에 많은 것을 잃게 했다. 정신분석의 의학화는 1910년 카네기 재단이 발간한 플렉스너Flexner 보고서가 미국 의사들을 난처하게 만든 상황과 연관된다. 이 시기는 개인적 분석이나 정신분석적 훈련이 부족함에도 불구하고 자신을 정신분석가로 자처하는 사람들이 넘쳐나는 상황이었다.[8] 이와 같은 상황에서 프로이트는 정신분석을 학문으로 정립하기 위해 표준적인 정신분석 치료의 기준을 규범화하는 것, 즉 의학화가 필요했다.

이 과정을 통해 정신분석은 내적으로는 정신분석가의 자질과 관련된 문제를 해결할 수 있고, 외적으로는 정신분석을 공인된 의학 분야로 자리매김함으로써 정신분석의 위상을 정립하는 데 기여했다. 하지만 그것의 역기능 또한

---

[8] 낸시 맥윌리엄스 지음, 권석만·이한주·이순희 공역,《정신분석적 심리치료》, 학지사, 2007, 24~26쪽 참조.

적지 않았다. 즉 과학적 신뢰를 얻고자 했던 미국 의사들의 절박함 속에서 정신분석 이론이 무책임하게 사용되는 것에 대한 프로이트의 염려와, 정신분석에 비판적인 사람들에게 공격거리를 제공하지 않으려는 확고한 의지가 합쳐져서, 정신분석이 미국 의료계에 양도되는 의도하지 않은 상황이 연출되었다. 이제 미국 의료계는 정신분석적 수련과정을 장악하는 동시에 정신분석을 의료학적 치료법, 즉 공인된 외과적 수술법처럼 표준화된 기법으로 규정하려는 노력을 기울여야만 하게 되었다.

미국에서 정신분석이 의학화됨에 따라, 즉 정신분석이 수술과 같은 치료적 기법으로 규정됨으로써 생기는 희생은 매우 컸다. 낸시 맥윌리엄스가 열거한 다섯 가지 희생은 다음과 같다.

첫째, 이렇게 정신분석을 규정함으로써 정신분석이 의과대학과 몇몇 사립 연구소에 고립되는 결과를 초래했다. 둘째, 의학적 전문가로서 누릴 수 있는 높은 지위 때문에 정신분석적 수련과정은 다른 사람을 돕고자 하는 소명이나 관심보다는 지위와 인정에 대한 욕망이 강한 사람들이 더 강한 매력을 느끼게 만들었다. 셋째, 정신분석적 치료의 효과가 임상적 경험을 통해 입증되었다는 섣부른 확신 탓에 많은 분석가들이 자신의 생각을 과학적으로 검증하는 일에 소홀하게 되었다. 넷째, 소위 전성기에 누렸던 정신분석의 특권으로 정신분석적 용어가 관습적인 사회적 규범을 정당화하는 데 이용되었다. 다섯째, 20세기 중반에 미국에서 시행된 정신분석적 치료가 의료계에 의해 주도된 주요한 수련기관에서 표준적인 기법이라고 간주한 정신분석의 형태로 이루어졌다.[9]

---

[9] 낸시 맥윌리엄스, 앞의 책, 27~30쪽 참조.

정신분석적 치료방법에 대한 정형화는 정신분석적 입장의 바탕이 되는 핵심을 배제한 채 형식적 규칙들을 과도하게 중시하는 부작용을 수반하게 된다.

이는 인간의 정신이 의학의 손에 점령되었다는 것을 의미한다. 정신분석이 의료화되는 과정은 정신분석을 의사들의 손으로 넘김으로써 정신질환의 원인을 뇌에서 정신으로, 치료를 물리치료에서 심리치료로, 치료의 수단을 수술이나 약물 중심에서 대화 중심으로 전환한 의미를 퇴색시키는 결과를 초래했다.

## 스스로 문제를 찾아가는 인본주의적 상담

그러나 우리는 이와 같은 정신분석의 의료화 속에서 프로이트의 치료적 전환의 의의가 완전히 소멸된 것은 아님을 확인할 수 있다. 프로이트가 뇌가 아니라 의식을 물음의 핵심에 놓았을 뿐만 아니라 치료에서도 의술이 아니라 대화를 중요하게 생각한 점은 기존의 정신의학 방법과 변별점을 이룬다. 18세기 말의 피넬Philip Pinel과 튜크William Tuke에 이어서 19세기에 샤르코Jean Matin Charcot도 다리의 마비나 히스테리와 같은 육체적 증상들을 신경계가 아니라 정신상태를 연구하면서 접근하기 시작했다. 이와 같은 정신치료의 전환점은 프로이트를 만나 또 한 번 획기적으로 발전한다. 이 발전은 신경증의 원인을 정신 혹은 마음에서 찾고 있으며, 따라서 뇌나 신경계가 아니라 환자의 마음, 정신 혹은 의식을 알아내는 데 총력을 기울이는 실마리를 마련한다.

이와 같은 문제를 치료하기 위해 뇌가 아니라 최면요법, 자유연상 그리고 꿈의 해석이 중요한 영역으로 새롭게 인식된다. 나아가 환자와의 대화가 치료의 또 다른 수단으로 인식되기 시작한다. 이뿐만 아니라 대화가 단지 치료를 위한 수단, 즉 환자의 문제 영역을 드러내는 진단도구로 사용되는 데서 한 걸음 더 나아가 그 자체가 치료적 효과를 지닌다는 사실을 알게 된다. 이는 프로이트의 동료이자 제자였던 브로이어가 저 '안나 O의 굴뚝 청소'를 통해 증명한 바로 그것이다. 이로써 뇌와 신경계를 연구하던 프로이트나 브로이어와 더불어 심리적 질환의 원인과 치료에 대한 새로운 인식이 자리잡게 되었고 이것의 결실이 바로 1940년 이래 미국의 심리상담을 관통하는 축을 이루게 된다.

그럼에도 프로이트와 나중에 발전하게 될 상담치료 사이에는 결정적인 차이가 드러난다. 프로이트에게 대화는 치료자와 환자 사이의 대화가 아니라 환자가 일방적으로 보고하는 이야기를 중심으로 전개되며, 환자 자신이 보고하는 과정이 치료적 과정이자 진단의 수단이 될 수 있었다. 이때 이야기하는 것이 치료로 이어질 수 있는 것은 전의 상태, 즉 말할 수 없었던 것을 무의식 상태에서 말함으로써 가능하다. 이는 나중에 상담에서 상담자와 내담자 사이에 오가는 의식적인 대화의 성격이나 대화를 통해 내담자가 스스로 문제의 해결점을 찾아가는 대화와는 다르다.

1942년 칼 로저스가 《상담과 정신치료Counseling and Psychotherapy》를 출판했을 때, 이 책의 기념비적 의미는 당시에 널리 확산되어 있던 의학의 세례를 받은 정신분석을 근간으로 한 분석적인 관점에서 과감하게 탈피해 비의학적이고 비분석적인 관점에서 상담과 심리치료를 이해했다는 점이다.[10] 로저스에게 카운슬링은 내담자의 언동을 판단하거나 평가하는 것이 아니라 수용하는 비지시적non-directive 상담이었다. 이것이 그 유명한 내담자 중심 상담/치료Client-

---

10  Carl R. Rogers, *Counseling and Psychotherapy*, Boston: Houghton Mifflin, 1942.

centered Counseling/Therapy다.

새로운 인간관이 새로운 상담을 낳은 것이다.[11] 이와 같은 상담의 근저에는 인본주의가 자리한다. 인간 중심의 치료나 상담 이론은 인간에 대한 신뢰를 기반으로 하는 인본주의를 실현한 훌륭한 예다. 이와 같은 흐름은 미국의 인본주의적 심리학humanistic psychology 정신에서 발원한다. 인본주의적 상담은 인간에 대한 신뢰를 기저로 하기에 내담자 자신의 생각을 중시한다. 그렇기 때문에 내담자는 대화라는 새로운 매체를 중심으로 내담자 자신의 문제를 풀 방법을 스스로 찾아간다.

1940년대에 로저스가 인간에 대한 신뢰 그리고 이를 바탕으로 한 대화를 통한 상담의 힘을 인식한 이래 또 다른 상담이론이 1960년대에 탄생한다. 이 이론은 현재 미국 뉴욕에 있는 앨버트 엘리스 연구소의 소장인 앨버트 엘리스Albert Ellis에 의해 제시된다. 그는 시술이나 약물이 아니라 대화를, 뇌가 아니라 의식을 치료의 중심 영역으로 하여 상담과 치료를 하고 있다. 엘리스가 발전시킨 성격이론이자 심리치료인 합리적 정서적 치료RET(Rational-Emotive Therapy) 또는 합리적 정서적 행동치료REBT(Rational-Emotive Behavior Therapy)의 기본 가정은 인지, 정서, 행동은 통합되고 전체적이라는 것이다.[12] 내담자의 비합리적인 생활태도, 사고방식, 철학이 정서적 증상이나 문제의 기저에 깔려 있는 것으로 평가한다.

이제 상담이나 치료는 뇌나 무의식의 차원이 아니라 바로 내담자의 사고를

---

11  칼 로저스 지음, 오제은 옮김,《칼 로저스의 사람-중심 상담》, 학지사, 2007, 56~57쪽 참조.
12  앨버트 엘리스·캐서린 매클래런 지음, 서수균·김윤희 옮김,《합리적 정서행동치료》, 학지사, 2007, 11쪽 참조.

대상으로 이루어지게 된다. 비합리적 사고를 합리적인 것으로 바꾸어줌으로써 합리적인 행동을 유도하고자 하는 REBT는 인간을 스스로 통제할 수 있는 존재로, 사고가 감정에 강한 영향을 끼치는 것으로 이해한다.[13]

프로이트가 히스테리 사례집에 마지막으로 넣은 엘리자베스 폰 R의 사례에서 볼 수 있듯이 히스테리 환자의 다리 통증은 터부시된 형부에 대한 사랑과 동시에 언니가 죽을 때 '형부는 이제 내 차지야'라고 생각했던 자신을 인정할 수 없었던 데서 기인한다고 밝혀졌는데, 이는 육체적인 증상조차 그 원인이 정신적인 것에 있을 수 있음을 드러내며, 나아가 그것이 인간에게 각인되어 있는 도덕적 담론에 기인하고 있음을 드러낸다. 원인에 대한 이와 같은 규명은 그것의 치료에도 역시 철학적인 힘이 필요하다는 사실을 제시한다.

초창기부터 REBT는 사고, 감정, 욕망, 행동을 상호 작용하는 것으로 보았으며 인지와 정서를 통합적으로 보았기에 정신과 신체 또는 사고, 감정, 소망과 행동을 모두 중요하게 여겨서 성격 변화가 양방향에서 일어날 수 있음을 강조했다. 따라서 REBT에서 치료자는 대화를 통해 내담자의 마음을 변화하게 함으로써 행동을 변화시키는 것을 돕거나 이와는 반대로 내담자의 행동을 변화하게 함으로써 사고를 바꿀 수 있도록 돕고자 했다.[14] 이들의 선구자인 아들러는 인간의 행동이 바로 관념에서 나옴을 역설했다. 이런 인지행동 모델은 고대 스토아학파의 에픽테투스Epictetus의 철학, 즉 인간이 고통스러운 이유를 세상이 아니라 세상에 대한 인간의 관념에 둔 철학에 기원한다.

---

[13] 이장호·정남운·조성호,《상담심리학의 기초》, 학지사, 2005, 393쪽 참조.
[14] 레이몬드 코시니·데니 웨딩 편저, 김정희 옮김,《현대 심리치료》, 학지사, 2000, 257~258쪽 참조.

# 대화의 르네상스

## 그렇다면 상담이란 무엇인가

심리학은 그 출발에서나 발전 과정에서나 철학과 그렇게 분리된 학문 분야가 아니었다. 심리학은 태생적으로 철학에 많은 신세를 지고 있다. 매리노프가 기술하고 있듯이 1879년 빌헬름 분트가 실험실을 개설하면서 독자적인 학문 분야로 심리학을 정립했을 당시에도 심리학자들이 사용한 관찰과 통찰은 철학의 그것이었다. 뿐만 아니라 1900년까지 하버드 대학교에서 심리학과 철학 양쪽 교수직을 겸임한 윌리엄 제임스나 1940년까지 런던 대학교에서 두 학과의 교수를 겸임한 시릴 조드에게서 볼 수 있듯이 심리학과 철학은 20세기 중반까지도 완전히 분리된 분야는 아니었다.

이와 같은 상황으로 볼 때, 정신의학계가 인간을 DSM화하는 것과 이러한 현상과 밀접한 연관성을 지닌 약물치료는 프로이트의 일방적인 영향이라기보다는 정신의학의 선택이었다고 할 수 있다. 프로이트는 정신의학 못지않게 심리학 영역에 지대한 영향을 끼쳤다. 그러나 20세기에 들어와 심리학이 철학과 절연함으로써 독자적인 길을 택해 자연과학으로 넘어가면서, 심리적인 현상을 실험의 대상으로 보고 인간의 본성을 실험실에서 찾아내는 데 주력하기에 이르렀다. 이 순간 이미 인간은 자유로운 영혼을 지닌 존재가 아니라 행동주의 심리학behavioral psychology에서 가장 잘 드러나듯이 자극하면 반응하는 기계적 존재로 이해되기 시작했다. 행동주의 이론이 지닌 한계는 인간 행동의 가능성을 인위적으로 제한해 인간의 행동을 특정한 자극-반응으로만 기계화시킨다는 데 있다.

이것은 조작 과정에서 인간이 지닌 창의성을 기계화 과정 속에만 제한할 위험성을 내포하고 있다. 이는 심리학의 핵심 대상인 정신, "인간의 인간성, 나아가 인간다움"[15]에 대한 편협한 이해를 바탕으로 한다. 실험실화된 심리학으로는 인간이 지닌 윤리성이나 심미성에 대해 어떤 설명도 불가능해진다. 단지 개나 고양이나 쥐와 같은 동물을 대상으로 실험한 결과로 인간의 행동을 이해하려고 한다는 것은 동물의 눈으로 인간을 보려는 것이나 다름없다.

인간 발달에서 학습의 중요성을 제안한 사람이고 행동주의 심리학파를 창시한 사람이라고 할 수 있는 미국의 존 왓슨John B. Watson은 쥐를 대상으로 실험했다. 개를 실험 대상으로 삼은 소련의 생리학자인 파블로프I. Pavlov의 조건반사설 이론, 고양이 실험을 통해 얻은 미국의 심리학자 손다이크E. L. Thorndike의 시행착오설 이론 등에서 볼 수 있듯이 인간의 정신과 행동을 이해하기 위해 동물을 분석하고 그 결과를 다시 인간의 정신과 행동을 이해하는 데 적용한다는 것은 인간을 동물로 퇴화시키는 위험한 발상이다. 쾨슬러 Aarthur Koestler가 형태심리학ratomorphic psychology의 위험성을 지적하기 위해 사용한 '쥐 형태 심리학'이라는 용어가 주는 시사성을 형태심리학의 후예들은 간과하지 말아야 한다.

인간의 정신영역이 지닌, 동물과는 다른 영역 또는 실험이나 약물에 의존하려 하지 않는 독특한 치료 영역이 의학 영역의 외부에서 발전하게 되는데, 이

---

**15** 루 매리노프, 《철학으로 마음의 병을 치료한다》, 43쪽.

것이 바로 20세기 들어와서 시작된 심리상담이다. 상담이라는 용어는 1900년경, 진로상담career counseling의 창시자인 프랭크 파슨스Frank Parsons가 처음으로 사용했다고 한다. 미국에서 공식적으로 상담심리학이 출범한 것은 1952년 미국 재향군인회에서 상담심리학자를 위한 조직을 공식적으로 결성한 것과 이듬해 미국 심리학회가 제17분과의 명칭을 상담심리학으로 변경한 것에서 시작되었다. 1952년 미국 심리학회에서 발표한 상담심리학자의 역할과 기능에 대한 공식적인 보고를 보면, 상담심리학자의 직업적인 역할은 개인의 심리적 발달을 촉진하는 것이다.[16]

그러나 칼 로저스가 심리치료를 위해 센터를 열고자 할 때 이 영역은 이미 정신과 의사들의 고유 영역에 속하는 것이었다. 따라서 그는 심리치료 대신에 심리상담이라는 용어를 사용해서 자신의 독자적인 영역을 확보할 수밖에 없었다. 그러나 이와 같은 외적인 상황 외에도 심리상담이라는 새로운 영역의 출현은 인본주의라고 하는 새로운 인간관에 신세를 지고 있다. 무엇보다도 심리적인 문제의 원인과 관련해서 뇌가 아니라 의식이나 사고의 차원으로 확대하고 전환하는 데 커다란 기여를 했다. 문제의 원인 영역의 확대는 그것의 치료 방법의 확대 또한 수반하는데, 이는 바로 약물 외에 인간의 자기 치유능력에 대한 신뢰를 근거로 한 사유와 대화의 힘을 새롭게 발견하는 것이다.

그렇다면 이제 문제의 핵심으로 등장한 상담이란 무엇인지 살펴보자. 한국에서도 심리상담의 활동은 어느 나라 못지않게 활발하다. 최근에 철학 프락시스, 철학상담, 철학치료, 임상철학과 같은 철학의 새로운 시도들이 본격적으로

---

[16] 이장호,《상담심리학》, 박영사, 1999, 16~17쪽 참조.

전개되고 있는 시점에서 기존 한국의 상담이론가들의 견해를 중심으로 상담에 대한 이해를 살펴보는 것은 의미있는 일이다. 대체로 상담이론가들은 상담을 정의 내리는 것이 어렵다고 한다.

그 첫째 이유는 상담이 무엇인지를 정의하기 위해서는 인간의 삶이 지닌 문제의 본질을 나름대로 설명할 수 있어야 하는데, 일단 인간에 대한 통일된 관점을 제시하기 어렵기 때문이다. 둘째 이유는 상담에 종사하는 전문가들 사이에도 상담의 본질에 대한 생각에 서로 차이가 있다는 것에 기인한다. 그렇다면 상담의 정의를 내리는 것은 불가능한가? 가능한 방법 중 하나는 상담에서 공통적으로 존재하는 구조의 측면에 의거해 상담을 정의하는 것이다. 상담 상황의 구조를 구성함으로써 정의한다면, 상담이란 도움을 구하는 내담자, 도움을 주는 상담자 그리고 이들 간의 관계인 상담관계, 바로 이 세 가지가 상담에서 일반적으로 관찰되는 요소다.[17]

그럼에도 상담 개념 없는 상담 활동이란 불가능하다고 할 수 있다. 한국의 상담심리학자들 중 이장호는 상담을 "도움이 필요한 사람(내담자)이, 전문적 훈련을 받은 사람(상담자)과 대면 관계에서, 생활과제의 해결과 사고, 행동, 감정 측면의 인간적 성장을 위해 노력하는 학습과정"[18]이라고 정의했다. 또한 홍경자는 "상담이란 상담자가 내담자와의 관계에서 촉진적인 의사소통을 통해 내담자가 개인적인 문제에 대한 자기 이해와 자기 지도력을 터득하도록 도와주는 과정이다. 그러므로 현재의 문제를 효과적으로 해결하고 장차 일어날 수

---

**17** 이장호 · 정남운 · 조성호, 《상담심리학의 기초》, 14~18쪽 참조.
**18** 노안영, 《상담심리학의 이론과 실재》, 학지사, 2008, 18쪽에서 재인용.

있는 삶의 문제에 대한 조망과 해결능력을 갖게 되어 자기 효능감과 자족감을 느끼도록 인도하는 학습과정"[19]이라고 했다. 그리고 노안영은 "상담이란 전문적 훈련을 받은 상담자와 조력이 필요한 내담자가 상담활동의 공동 주체로서 내담자의 자기 확장을 통해 문제 예방, 발달과 성장, 문제 해결을 달성함으로써 그의 삶의 질을 향상하기 위해 함께 하는 조력과정"[20]이라고 한다. 또한 이장호, 정남운, 조성호는 "상담이란 전문적인 방법을 통해 인지, 정서, 행동의 변화를 가져옴으로써 내담자의 문제 해결과 성장을 도와주는 여러 가지 치료적 과정과 활동"[21]이라고 정의한다.

## 대화와 철학상담

철학상담은 이들과 어떤 차이가 있을까? 매리노프가 지적했듯이 철학상담의 출발 인식은 인생은 질병이 아니라는 점이다. 철학상담은 사람들이 정상인지 비정상인지, 정신병자인지 아닌지를 판가름하는 것이 아니라, 사람들이 이 세상을 생산적인 방식으로 바라볼 수 있도록 도와주고, 그렇게 해서 하루하루를 보람 있게 살아갈 수 있도록 포괄적인 계획을 제시하는 데 있다.[22] 피터 라베 Peter B. Raabe는 철학상담과 정신치료의 관계를 변증법적으로 이해한다. 라베가 쓴 책을 보면 이와 같은 변증법적 과정이 바바라 헬드 Barbara S. Held와 철학

---

19 노안영, 앞의 책, 18~19쪽에서 재인용.
20 노안영, 앞의 책, 19쪽.
21 이장호 · 정남운 · 조성호, 앞의 책, 386~387쪽 참조.
22 Peter B. Raabe, *Philosophical Counseling: Theory and Practice*, Westport: Connecticut, 2001.

치료의 선구자라고 할 수 있는 게르트 아헨바흐Gerd B. Achenbach의 견해를 통해서 드러낸다. 심리학자인 바바라 헬드는 오늘날 임상의 3분의 1에서 2분의 1 정도가 특정한 치료학파와 제휴하지 않고 대신에 '절충적'이라는 분류표를 더 좋아한다는 점을 지적한다. 아헨바흐는, 우리는 철학적 실천 개념에 대해 아직 말할 수 없는데, 왜냐하면 그것은 충분히 전개되지 않았을 뿐 아니라 명확히 정의되고 있지 못하기 때문이라고 말한다. 또한 정신치료에 대해서도 명료하고 단일한 개념을 더는 내놓을 수 없다는 점을 지적한다.[23]

사실상 1986년에 집계된 정신치료학파만 해도 400개 이상으로 서로 상반되거나 별다른 학파로 존립해 있었다.[24] 아헨바흐는 정신치료의 개념은 인식하기 어려울 정도로 불분명해졌다고 경고한다. 왜냐하면 "어떤 기술 가능한 내용도 그 분야에 존재하는 상호 모순적이며 경쟁하는 가정들에 용해되어왔기 때문이다". 정신분석가인 에론슨Morton Aronson과 샤프만Melvin Scharfman은 프로이트 세대와 그의 직접적 계승자 사이에서 우리는 정신분석을 구성하는 주요 요소에 대한 관점상의 일치를 찾아보기 어렵다고 기술하고 있다. 그들은 미국 정신분석협회가 몇 번 자율적으로 위원회를 구성해 정신분석과 정신분석적 정신치료를 구분하는 데 힘쓰게 했음을 술회한다.[25]

이와 같은 맥락에서 본다면 모든 치료들을 단일한 정의나 방법 하나로 구분하는 것이 사실상 어려운 만큼 공통점과 차이점 또한 지니고 있기 마련이

---

[23] Barbara S, Held, *Back to Reality: A Critic of Postmodern Theory in Psychotherapy.* New York. W. W. Norton, 1995, 13쪽. Peter B. Raabe, 앞의 책, p. 80.

[24] Karasu, T. B. "The Specificity Versus Nonspecificity Dilemma: Toward Identifying Therapeutic Change Agents." *American Journal of Psychiatry.* 143, pp. 687~696. Peter B. Raabe, 앞의 책, p. 80.

[25] Peter B. Raabe, *Philosophical Counseling: Theory and Practice*, pp. 80~81.

다. 그들은 뫼비우스 띠처럼 서로 연관되어 있다. 그렇다면 그들이 만나는 지점과 헤어지는 지점을 철학상담을 중심으로 살펴보자. 이 과정에서 현대인들이 지닌 마음의 병을 가장 적절히 치유할 수 있는 대안이 무엇인지 염두에 두고 살펴보자.

철학상담의 적절한 영역이 무엇인지에 대해서는 다소 불일치가 있어왔음에도 엘리스는 적지 않은 유사성이 철학상담과 인지행동치료 사이에서 발견된다고 보았다. 엘리스는 인지행동치료로 알려져 있는 일반적인 영역이 과거 지향적임에도, 즉 심리적 문제를 어린 시절에서 발견한다고 하더라도, 문제는 현재 상황 속에서 재주입 과정을 거침으로써 영속된다는 주장을 견지해, 한 개인을 혼란에 빠뜨리는 주범이 자신의 신념 체계임을 지적했다. 따라서 상담자는 내담자를 고통스럽게 만드는 잘못된 가정들이나 잘못된 개념들을 대상으로 한다. 그는 자신의 상담의 접근방식을 프로이트의 정신분석이 아니라 철학에 통합시켰다.[26]

엘리스는 자신의 접근방식이 토대를 두고 있는 것들과 유사한 원칙들을 사실은 수천 년 전에 그리스와 로마의 스토아 철학자들이 그리고 고대 도교 신자들과 불교 사상가들이, 게다가 많은 현대 철학자들이 이미 언급해왔다는 사실을 인정한다.[27] 그러나 1950년대에 철학을 실천적으로 접목시킬 준비가 되어 있는 철학자는 없었기 때문에, 엘리스는 주저하지 않고 철학을 그의 정신치료 방법의 일부로 만들었다.[28]

---

26 Peter B. Raabe, *Philosophical Counseling: Theory and Practice*, pp. 83~84.
27 Albert Ellis, *Reason and Emotion in Psycotherapy*, New York: Lyle Stuart, 1970. p. 35.
28 Peter B. Raabe, 앞의 책, p. 84.

그러나 여기서 그와 같은 공통적 기반에도 주지해야 할 것은 철학치료와 REBT의 차이점이다. 이 둘 사이의 결정적인 간극은 심리치료와 철학치료의 차이라고 할 수 있는 부분으로서, 철학치료의 목적은 정서적 문제의 해결이 아니라 정신적 문제의 해결이라는 점이다. REBT의 목적이 정서적 문제의 해결인 것에 비해 철학치료의 목적은 정신적 문제의 해결에 있다. REBT가 정서적 문제를 해결하는 수단으로 인지를 사용하는 것에 반해, 철학상담은 매리노프의 PEACE에 명시되듯이 인식의 문제, 즉 사유의 문제나 개인의 철학 자체를 대상으로 한다. 철학상담에서는 사고 혹은 인지가 합리적 정서적 행동치료에서처럼 수단이 아니라 목적에 해당된다.

그러나 이와 같은 임의적인 구분에도 불구하고 REBT와 철학상담 사이에 유사성 또한 적지 않다. 이유는 주지하다시피 기존의 정신치료가 그 과정에서 이미 철학적 요소들을 자신의 치료를 위해 차용한 것에서 기인한다. 이런 상황을 염두에 두자면 내담자 중심 치료, 실존적 치료, 논리적 치료, 정신 역동적 치료 또는 다른 정신치료 형식에 가이드 구실을 하는 현실감 치료 등과 같은 접근법들은 이미 철학적인 요소를 갖추고 있기 때문에 기존의 정신치료와 완전히 구분되는 철학치료의 영역을 확보한다는 것은 불가능한 일이다.

# 철학상담의 대상과 철학상담자

## 철학상담의 고유한 영역

주지하다시피 현재 한국은 마음병에 지독히 시달리고 있는 나라 중 하나다. 당면한 이 문제를 우리는 어떻게 풀어갈 것인가? 더 강한 프로작을 준비할 것인가? 아니면 또 다른 심리치료법을 개발할 것인가? 마음병은 약물과 더불어 대화로 치료한다. 약으로 치료할 수 있는 것이 있는가 하면 대화라는 새로운 치료제로 더 잘 예방하고 치유할 수 있는 것이 있다. 철학상담이 사용하는 예방제와 치료제는 성찰과 대화다.[29] 대화 중에서도 다양한 성찰을 가능하게 하는 철학적 대화는 자신의 삶에 대한 성찰을 출발점으로 한다. 이를 통해 자신의 행복과 더불어 공동체의 행복을 추구한다. 바로 이 점이 기존 심리치료와 철학치료가 변별되는 점이다.

매리노프는 성찰과 대화에 의존한 철학상담을 시도한 대표적인 철학상담가다. 그는 철학적 성찰과 철학적 대화를 실천함으로써 현대인들이 지니고 있는 마음의 병을 다루고자 한다. 그의 철학상담 모델인 'PEACE'에서 P는 상담해야 할 문제Problem, E는 정동Emotions으로서 문제에 대한 정서적 반응, A는 분석Analysis으로서 선택 가능성에 대한 철학적 분석, C는 정관Contemplation으로서 편견에서 벗어나 내면적 자유와 거리를 두는 전체 관찰, E는 평정

---

[29] 김선희, 〈철학치유를 위한 서언: 철학치유의 세 축으로서 자기 인식, 자기 배려, 대화〉, 《철학연구》 107집, 대한철학회 2008, 130~135쪽 참조.

Equilibrium으로서 다양한 주장을 관찰해 도달한 마음의 상태를 의미한다. 특히 분석의 단계에서 철학상담자와 내담자는 자신이 지니고 있는 철학적 지혜와 더불어 철학의 오래된 보고에 쌓여 있는 철학적 지혜를 활용함으로써 자신이 당면한 문제를 풀어나간다.

그렇다면 이와 같은 철학상담의 대상은 무엇일까? 그는 우울증의 원인들과 치료들에 대한 예를 통해 기존의 치료 영역과 구분되는 철학상담의 고유한 영역들을 제시한다. 그는 우선 철학상담의 대상에서 제외되는 경우를 제시한다. 이는 뇌에 이상이 있을 때, 즉 유전적 문제가 있어서 신경화학적 전달물질이 분비되고, 이것이 두뇌 기능의 정상적 범위를 간섭할 때이다. 이와 같은 우울증은 신체적 질병에 해당하는 분야로서 약물치료와 같은 정신의학의 도움이 필요하다. 철학상담이 다룰 수 없는 또 다른 예는 유도된 뇌의 상태가 원인일 때 생물학적이기는 하지만 유전적인 것은 아닌 상태다. 암페타민과 같은 각성제나 알코올 등의 부작용으로 유도된 상태로서 신체적, 심리적 의존 상태다. 이럴 때도 정신의학의 치료가 필요하다. 셋째 경우는 해결되지 못한 어릴적 트라우마나 과거의 어떤 문제가 원인으로서 이것은 심리적인 문제일 뿐 의학적인 문제는 아니다. 이럴 때는 심리치료와 철학상담이 필요하다. 마지막은 철학상담이 가장 적절히 다룰 수 있는 것으로서 일상생활에서 벌어지는 고민스러운 사태가 원인으로서 신체적이나 심리적인 원인이 전혀 개입되지 않을 때다. 이럴 때는 철학이 그 어떤 치료나 상담 영역보다도 문제를 더 잘 해결할 직접적인 통로를 제공해줄 수 있다.[30]

---

[30] 루 매리노프, 《철학으로 마음의 병을 치료한다》, 32~34쪽 참조.

이렇게 치료 영역을 구분했지만 정신의학과 심리치료의 바탕에 철학적 힘이 없다면 공허할 수밖에 없다. 비록 치료를 위해서 프로작이 신체 기반의 뇌 이상에서 오는 우울증을 일시적으로 회복시켜준다고 할지라도 여기에 철학이 결여해 있다면 신체적 우울은 정신적 우울로 빠르게 확산될 것이다. 인간의 육체적 건강은 행복한 삶의 필요조건이지 충분조건은 아니기에 인간의 행복은 정신적 건강을 온전히 수반할 수 있을 때 비로소 가능해진다. 따라서 철학이나 철학상담은 건강하고 행복한 삶의 필수 조건이라고 할 수 있다.

매리노프가 지적한 것처럼, 자신이 전혀 통제할 수 없는 신체적 질병으로 기능부전hypofuntion인 사람들, 가령 조울증 환자들은 약물이 필요하다. 그러나 현대인이 지니고 있는 문제가 자신의 정체성, 가치관, 윤리관 등에서 유래하는 것이라면, 약물 복용은 본질적인 문제 해결책일 수 없다. 왜냐하면 자기 정체성을 발견하고 목표를 성취하고, 올바른 일을 하도록 유도해주는 약물은 없기 때문이다. 현재의 개인적인 문제를 참되고 지속적으로 해결하는 방법은 그 문제를 스스로 진지하게 검토하고, 해결하고, 배우고, 그래서 그 배움을 미래에 다시 활용하는 것뿐이다. 이것이 매리노프가 주장하는 철학상담의 특징이다. 삶에 대한 철학적 성찰을 기반으로 하는 철학적 대화는 현대인에게 그 어느 때보다도 시급히 요청되는 철학 실천이다.

## 철학상담자는 묻는 자다

현대인이 일상생활에서 부딪히는 아픔들을 인간에 대한 철학적 물음과 철학적 실천을 통해 해소하고 행복을 되찾고자 하는 철학상담은 철학의 새로운 모습이라기보다는 이미 철학의 시초부터 있었던 아주 오래된 유산이다. 기원전 5세기경 소크라테스는 사람들이 붐비는 거리에서 다양한 대화를 통해 아테네 시민들의 삶에서 빚어지는 수많은 물음에 구체적으로 대답하려고 했다. 이것이 바로 삶의 기예the art of living를 찾아가는 철학하기의 고유한 과제라고 할 수 있다. 모든 철학적 앎의 근저에는 삶에 대한 물음, 즉 삶의 목적과 방법에 대한 물음이 자리한다.

인간이 세계 속의 삶에서 지속해온 생각하기, 그 중에서도 인간 자신에 관한 생각과 성찰의 힘이 맺은 결실이 바로 철학이다. 그래서 철학은 삶의 기예에 대한 지혜를 다룬다. 소크라테스를 거쳐 에피쿠로스학파나 스토아학파 등 헬레니즘 철학에서는 철학이 바로 '인간의 비참과 씨름하는 기예'이자 '인간 삶에서 가장 고통스런 문제를 다루는 방식'이었다. 그래서 그 시대에 철학자들은 자신들을 '인간 삶의 의사'라고 보았다.[31] 하지만 중세와 근대를 경유하면서 망각되었던 삶에 대한 철학의 실천적 면모를 1981년 독일의 철학자 아헨바흐가 철학 프락시스philosophische Praxis라는 개념을 통해 상기시키기 시작한다. 이듬해인 1982년에 그는 철학프락시스학회GPP(Die Gesellschaft für philosophische Praxis)를 창립해 본격적으로 강단철학을 비판적으로 성찰함으로써 철학의 중심축을 이론에서 실천으로 이동시키는 작업을 시도한다. 이것이 국제적으로 확대된 것이 최근 철학상담이나 철학치료의 근간을 이루는 국제철학프락시스학회다.

이처럼 현대의 철학하기를 철학의 기원으로 거슬러 올라가 삶을 위한 소크

---

31 Peter B. Raabe, *Philophical Counseling: Theory and Practice*, p. 4.

라테스의 실천철학적 의의에서 다시 시작한 철학상담의 목적을, 라베는 내담자 개인에 대한 철학적 이해를 도모하는 것과 내담자가 자기 자신에 대해 더 나은 철학적 이해에 도달하도록 도와주는 것으로 설명한다. 라베는 철학상담의 두 가지 중요한 측면을 내담자 중심적이라는 점과 상담 과정의 대화적 속성에서 찾는다.[32] 전자와 관련해 보자면 전통 철학에서는 일반적으로 개인의 삶보다 기존 철학을 철학적 사유의 대상으로 간주했다는 점에서 차이점이 있다. 따라서 개인의 생각보다 철학 대가들의 생각을 배우는 데 초점을 맞췄다. 그러나 철학상담에서 중요한 것은 자신의 삶에 대한 자신의 생각이다. 어떤 상담보다도 내담자와 상담자 사이의 대화의 중요성을 강조하는 철학상담은 마음의 병을 예방하고 치료하는 것이 가장 잘 실현될 수 있다고 본다. 이 점이 철학상담의 근본을 이루는 부분이다.

철학상담에 소크라테스의 산파법이 주는 제1의 명제는 무엇보다도 산파법의 정수에 대한 키르케고르의 통찰에서 명료하게 드러난다. 그는 왜 상담자는 대답하는 사람이 아니라 묻는 사람으로 머무를 때 가장 훌륭한지를 명확하게 제시하고 있다. 즉 키르케고르는 산파로서의 소크라테스를 높이 평가하는 이유를 그는 산파였으며 끝까지 산파로 머묾으로써 신이 낸 시험에 합격했기 때문이라고 한다. 키르케고르는 다음 문구에 주목한다.

신은 나에게 분만시키는 일을 강요했다. 그러나 낳는 일은 허락하지 않았다.

《테아이테토스》150c

---

[32] Peter B. Raabe, 앞의 책, pp. 10~13.

즉 대답을 주는 자가 아니라 물음을 던지는 자로 머물렀기 때문에 소크라테스가 산파로서 위대했다고 말한다. 따라서 모든 물음의 궁극적 뜻은 물음을 받는 사람 자신 속에서 발견되어야 하며, 그것을 자기 자신의 힘으로 얻지 않으면 안 된다.[33] 물음을 받은 자, 즉 내담자 스스로 답을 찾을 때 비로소 그 답이 참될 뿐만 아니라 실천적일 수 있다는 것이다.

소크라테스가 《메논》 80e에서 '논쟁적 명제'라고 한 난문, 즉 자기가 알고 있는 것은 이미 알고 있으므로 그것을 구하는 일이 없을 테고, 또 자기가 아직 모르고 있는 것은 무엇을 구해야 할지 모르기 때문에 그것을 구하는 일이 없을 것이기 때문에, 사람은 자기가 이미 알고 있는 것을 구하지 않을 것이고, 마찬가지로 자기가 모르고 있는 것도 구하지 않을 것이라는 점을 지적한다. 그러나 우리의 앎에 대한 무지를 인식함과 그 인식을 전제로 알고자 하는 열정이 바로 철학상담에 설정된 내담자의 기본 출발점이라고 할 수 있다.

소크라테스의 대화법의 현대적 형태라고 할 수 있는 철학상담에서는 내담자 자신이 지니고 있는 철학에서 출발해 그 철학을 확장, 심화, 발전시킬 수 있어야 한다. 따라서 이와 같은 목적을 실현하기 위한 방법 또한 일방적인 주입식보다는 내담자의 철학을 중심으로 내담자와 상담자의 상호 작용을 강화할 수 있는 대화를 중시해야 한다. 심리상담이 내담자의 심리적인 면을 상담의 중심에 두고 대화를 진행한다면, 철학상담은 내담자의 철학적인 면을 상담 중심에 둔다. 결국 대화의 중심적인 내용은 내담자의 심리상태가 아니라 내담자의 철학이다. 그렇다고 심리상담이 철학적 사유를, 그리고 철학상담이 심리

---

[33] 키르케고르 지음, 표재명 옮김, 《철학의 부스러기》, 프리킹아카데미, 2007, 25쪽 참조.

상태를 부정한다는 것은 아니다. 다만 철학상담에서도 내담자의 정서나 심리적인 문제가 다루어지지만 그 중심에는 내담자의 철학적 사유가 자리잡고 있다는 점에서 심리상담과 차이가 있다는 것이다.

이와 같은 철학상담이 지향하는 것은 '닫힌 대화'가 아니라 '열린 대화'다. 철학상담이 열린 대화를 지향하는 것은 철학상담이 '닫힌 사유'가 아니라 '열린 사유'를 지향하기 때문이다. 그리고 이는 다시 내담자의 철학을 '닫힌 철학'이 아니라 '열린 철학'으로 보려는 철학의 근본적인 태도를 근거로 한다. 따라서 철학상담의 인간 또한 '닫힌 인간'이 아니라 '열린 인간'이다. 이처럼 철학상담은 닫혀 있던 것을 여는 과정이자 활동이고 이를 통해 서로 소통하는 철학 실천이다. 닫혔던 것을 개방함으로써 나와 나의 소통, 나와 타인의 소통 그리고 나와 세계의 소통이 가능하게 된다.

철학상담의 알파와 오메가는 철학을 철학하기이다. 즉 삶에 대한 성찰과 그것에 대한 대화를 특징으로 하는 철학하기philosophizing이다. 철학 실천으로서의 철학상담은 현대인의 마음병에 대한 진단과 치료를 그들 자신이 지닌 철학의 성찰과 대화 속에서 심화, 확장, 발전시킴으로써 삶의 질을 향상시키는 것을 목표로 하는 치료적 과정이자 활동이다. 따라서 자신의 삶에 대한 철학적 성찰과 대화가 결핍되어 생긴 현대인의 마음병을 진단하고 치료하고자 하는 것이 바로 철학치료와 철학상담이 추구하는 것이다.

'나와 나', '나와 타인', '나와 세계' 사이에 놓인 벽을 뚫고 원활하게 소통케 하기 위해 대화라는 매체를 철학적으로 활용하는 철학상담은 최근에 대두된 신생 치료 담론인 인문치료의 치료적 토대 연구에서 중요한 구실을 할 수 있다. 철학상담은 현대인의 마음병을 치료하기 위해 단지 약물을 처방하는 대신에 자신의 삶에 대한 철학적 성찰과 대화를 권한다. 사람은 단지 물질적인 것에 규정되는 형이하학적 존재가 아니라 추상적인 관념 하나에도 삶 자체가 뒤흔들리는 형이상학적 존재다. 인간에 대한 형이상학적 이해는 현대인들이 넘쳐나는 물질 속에서도 왜 마음의 병을 앓고 그것으로 고통스러워하는지를 드러낸다. 때문에 우리 인간들은 동물과는 달리 의식주 외에도 따뜻한 말 한마디가 절실한 법이다.

서로 오가는 따뜻한 대화 속에 인간은 자기 존재의 의미를 발견하고 삶의 가치를 깨닫는다. 그리고 이 과정에서 인간은 비로소 인간의 전유물인 행복에 도달할 수 있다. 현대인이 지닌 형이상학적 갈증의 증상이라고도 할 수 있는 마음병을 약물로 해결하려고 하는 것은 너무도 형이하학적인 발상이기에 그 것의 한계는 현대에 만연해 있는 마음의 고통을 더욱 강화할 뿐이다. 대화가 필요한 사람에게 시간과 관심 대신 약물 한 봉투를 건네는 순간 마음의 상처는 더 깊어질 수밖에 없다. 마음이 골병든 우리에게 절실히 필요한 것은 약이 아니라 대화다.

- 이 글은 필자의 다음 논문을 수정, 보완한 것이다.
〈마음 치료, 철학적 대화인가 프로작인가?: 인문치료적 관점에서〉,《동서철학연구》, 제53집, 한국동서철학회편, 2009. 9. 31, 225~248쪽.

# 6장 철학치료의 가능성에 대한 물음

# 새로운 치료의 등장

## 물질 중심에서 정신세계로

세계보건기구는 건강의 범위를 '신체적' 영역에서 '정신적·사회적' 영역으로 확장하고 있으며, 그 상태 또한 '질병이 없는' 소극적 상태가 아니라 '안녕한' 적극적 상태로 정의하고 있다. 최근에는 일상생활에서든 치료나 상담에서든 전반적으로 병이 없는 상태에서 한 걸음 더 나아가 건강이나 행복과 같은 적극적인 영역에 대한 관심이 높아지고 있는 추세다. 이처럼 건강 패러다임이 변하는 것은 무엇보다도 현대인의 삶이 단지 신체적 차원의 건강이나 부정적 차원의 건강이라는 관점으로 해결하기에는 역부족인 심각한 문제들을 안고 있는 현상에 기인할 것이다.

이와 같은 건강 진단이나 치료와 관련된 패러다임의 전환은 점차적으로 육체를 대상으로 하는 의학적 차원의 치료, 뇌나 심리적 영역을 중심으로 하는 정신질환 치료 그리고 심리적인 장애나 부조不調·부적응 치료와 같은 기존의 치료 영역과 더불어 이들의 외부로 눈을 돌리게 만든다. 이와 같은 현상은 기존의 치료 영역이 자신의 외연을 지속적으로 확장해가고 있는 데서 발견할 수 있다.

현대인들의 행복한 삶을 위한 조건은 신체적인 차원의 건강이나 물질적인 차원의 부에서 정신적이고 사회적 차원으로 급진적으로 확장되고 있다. 이는 현대인들의 삶을 좌우하는 중심 영역이 기존의 신체와 물질 중심에서 점차로 정신적이고 사회적인 차원으로 이동한 것에서 연유한다고 할 수 있다. 그러나 정신적, 사회적 차원의 건강과 이에 상응하는 문제나 불편함 또는 병의 원인에 대한 탐구와 그것의 해결이나 치료에 대한 탐구는 기존 신체 중심의 질병과 치료에 비해 상대적으로 소홀하게 다루어져 왔다. 이와 같은 영역은 최근까지 주로 종교와 더불어 정신의학, 심리학 또는 사회복지의 영역에서 중심적으로 다루어져 왔다.

그렇지만 인문학은 근본적으로 기존 정신의학이나 심리학적 관점에서 수립된 인간 이해 이론과 상당히 독립적인 관점에서 출발한다. 그 출발점에 있는 인문학적 인간 이해가 어떤 단일한 이론으로 획일화될 수는 없을지라도 분명한 사실은 이들이 심리학이나 정신의학적 접근과 많은 부분에서 변별성을 지닌다는 것이다. 이와 같은 점에서 볼 때 인문치료가 전제하고 있는 인간 이해 또한 일정 부분 기존 치료 영역들과 중첩되는 부분이 있다고 할지라도 근본적으로 이들과 다른 독자적인 영역을 지니게 될 것이다. 물론 최근에 출현한 문학치료나 예술치료의 여러 영역들이 매체의 독자성에도 불구하고 치료 대상을 규정할 때는 상당 부분 심리학적 전제에 신세를 지고 있기에, 이들을 포함하고 있는 인문치료가 심리학적 전제에서 완전히 독립적인 문제 영역을 확보하기는 힘들 것이다.

이런 점에서 근자에 새롭게 등장한 많은 치료 영역들이 특유한 방법이나 매체이면서도 독자적인 인간관이나 문제 영역을 확보하지 못했다는 점이 아쉬움으로 남는다. 이와 같은 치료법이 주로 다루고 있는 영역은 기존 심리치료의 대상 영역이기 때문이다. 물론 그렇다고 심리치료의 대상 영역이 유의미하지 않다는 것은 아니다. 다만 문학이나 예술 이론 속에 잠재해 있는 독자적인 문제나 대상 영역이 본격적으로 조명되거나 발굴되지 않았다는 아쉬움이 있다. 따라서 인문치료는 이와 같은 영역과 활동을 같이함과 동시에 인문학이 지니고 있는 고유한 치료적 잠재성을 발굴하는 것이 의미있는 과제일 것이다. 이 작업은 심리학이나 정신의학이 상정하고 있는 인간 이해의 지평 확장과 동시에 문제 해결과 치료 영역 확장을 가능하게 함으로써 건강 개념 영역에서 확장된 의미의 정신적·사회적 안녕에 기여하게 될 것이다.

따라서 인문학의 여러 학문들 중에 심리학적 전제에서 자유로운 철학이 지니고 있는 철학의 고유한 방법을 철학, 상담, 치료, 정관이라는 개념들을 축으로 모색해보는 것도 의미있는 일이다. 이 장에서는 첫째, 철학 프락시스 활동이 상담을 넘어선 치료로 어떻게 가능한지 최근 논의들을 살펴볼 것이다. 둘째, 철학치료의 기본으로서 소크라테스적 치료를 정립하기 위해 우선 소크라테스적 치료란 무엇인지 정의하고 철학치료의 기본 활동으로서 소크라테스의 자기 인식으로 어떤 치료적 내용과 함의를 담을 수 있는지 살펴본다. 셋째, 타자의 인식으로 확장되는 자기 인식의 상호 통섭적 힘을 우선 소크라테스적 대화의 특징을 짚어보면서 개진하는 동시에 소크라테스적 대화가 지니고 있는 목적적 함의를 단순한 인식 차원을 넘어서 배려의 차원으로 확장시키는 상호 통섭적 소통을 살펴본다. 넷째, 자기 인식과 자기 배려의 구체적인 인식방법으로서 관조와 정관이 지니고 있는 치료적 함의를 살펴볼 것이다. 그리고 마지막으로는 정관이 지니고 있는 치료적 함의를 실제로 철학상담에 적용한 사례를 루 매리노프의 철학상담이론으로 짚어볼 것이다.

## 철학치료, 가능한가

삶의 문제 상황에 대한 철학의 직접적인 관심과 실천의 시작은 주지하다시피 1981년 독일의 아헨바흐가 철학 프락시스라는 개념으로 사용하면서부터다. 철학 프락시스는 큰 틀에서 보자면 이론을 중심으로 한 철학에 대한 비판이라는 철학 내재적인 비판과 약물 중심인 기존 마음치료 영역에 대한 외재적 비판을 그 근저에서 실천하고 있다.

그렇다면 철학 프락시스, 철학상담, 임상 철학 그리고 철학치료는 이들과 어떻게 다른 것일까? 그리고 이들의 견해는 어떤가? 일단 철학 프락시스와 철학상담 간에는 별 마찰이 없다. 또한 임상 철학도 대체로 많이 다루어지고 있지 않아서 아직 정체성에 대한 검증이 그다지 활발하게 벌어지고 있지는 않다. 그러나 철학 프락시스와 철학상담, 이 두 영역과 철학치료 사이에는 격론이 벌어지고 있다. 나는 철학 프락시스나 철학상담이론가들이 철학치료에 대해 주장하는 바를 비판적인 견해, 절충적인 견해, 적극적인 견해로 나누어 살펴볼 것이다.

우선 비판적인 견해부터 살펴보자. 기존 철학이 지니고 있던 이론 중심 경향성과 더불어 기존 치료 영역들에 대한 비판적인 견해에서 출발한 철학상담가들은 철학상담이 상담을 넘어서 치료적 목적과 효과를 시도할 때 발생할 수 있는 문제들과 위험들을 지적하고 있다. 게르트 아헨바흐, 랜 라하브Ran Lahav, 벤 미유스코비치Ben Mijuskovic, 충잉 첸Chung-Ying Cheng, 쉴로밋 슈스터Shlomit Shuster, 마이클 러셀Michael Russell, 데이비드 조플링David Jopling과 같은 철학 실천가나 철학상담사들은 치료를 자청하는 영역들이 수반한 부작용에 대한 비판적 태도를 견지함으로써 철학상담이 치료적 이상을 목표로 하는 것에 대해 분명하게 거리를 두고 있다.[1]

그러나 이들 중에 철학상담 과정에서 치료적 효과가 발견될 수 있다는 점을 인정하는 절충주의적인 견해가 존재한다. 물론 라하브는 이렇게 수반되는 치료적 효과가 철학상담의 주된 목표가 아님을 명시한다. 슈스터도 철학상담사가 지니는 치료적 효과는 인정하지만 철학상담을 치료로 묘사함으로써 수반될 부작용에 대한 지적 또한 잊지 않는다. 즉 이와 같은 치료적 기능이 "철학적 실천가의 개방적이고 중립적인 위치"를 불필요하게 제한할 수 있다고 경고한다. 그녀는 자신의 접근법을 "초치료적trans-therapeutic" 접근법으로 규정하면서 "치료는 아니지만 그럼에도 건강과 행복을 유도할 수 있는 행위들"로 구성된다고 한다.[2]

---

**1** 피터 B. 라베 지음, 김수배 옮김,《철학상담의 이론과 실제》, 시그마프레스, 2010. 54~59쪽 참조.

**2** Shlomst Schuster, "Philosophical Counseling and Humanistic Psychotherapu" *Journal of Psychology and judaism* Vol. 20, No. 3, Fall 1996. 248. 피터 B. 라베, 앞의 책, 59쪽 재인용.

이들과는 달리 철학 프락시스나 철학상담이 지니고 있는 치료적 특징을 강조하는 적극적인 견해를 내놓는 이론가들도 있다. 드리스 뵐레는 철학상담이 '부분적으로 치료적'임을 인정한다. 즉 "부정적인 어떤 것을" 제거하는 일이라는 의미에서, 또 "철학적인 기술을 동원해 장애와 괴로움"을 덜어준다는 의미에서 부분적으로 치료적임을 설파한다.[3] 철학상담이 치료의 한 형태임을 주장하는 이론가들도 있다. 라베는 "현대의 철학상담 개념과 고전적인 철학 개념 사이에 공시성이 있음"에 주목한다. 특히 그는 마사 누스바움Martha Nussbaum과 피에르 아도Pierre Hadot를 예로 들고 있다. 누스바움은 철학자가 "온갖 치명적이고 인간적인 고통을 치유할 수 있는 기술을 지닌 공감적 의사"임에 주목하는 대목을, 아도는 그리스와 고대 로마 세계에서 공유되었던 정서인 에피쿠로스 철학이 지닌 "정념의 치료술"을 예로 제시한다.[4]

이외에도 라베는 비트겐슈타인이 "철학이란 우리 사고의 매듭을 푸는 일"이라고 말할 때, 칼 파이퍼가 이 매듭을 '지적인 병'이라는 병리학적인 증상으로 간주한 점과 더불어 철학적 방법을 그 증상들을 푸는 '치료'로 본 것임을 강조한다. 스티븐 시걸Steven Segal 또한 에세이 〈치료 활동으로서의 철학〉에서 철학이 개인과 세계가 관계하는 방식을 형성하는 텍스트나 담론을 반성적으로 해체함으로써 그 개인이 세계를 경험하는 방식을 변화시키기 때문에 사실상 반성적인 치료 활동이라는 의미에서 철학은 이미 "치료"라고 주장한다.[5]

---

**3** Dries Boele, "Experimental Wisdom and Art of Living", In van der Vlist, 161. 피터 B. 라베, 앞의 책에서 재인용.

**4** 피터 B. 라베, 앞의 책, 59쪽 참조.

**5** Steven Segal, "Philosophy As a Therapeutic Activity" Inquiry, Vol. 17, No. 3, Spring 1998. pp. 36~47.

철학상담의 치료성에 대해 라베는 "철학상담은 단순히 치료 효과만 있는 것이 아니다. 철학상담사가 내담자를 도와 자기 향상과 자기 계발의 길에 들어서게 해준다는 의미에서 그것은 사실상 '치료다'라고 말하는 데에 논란의 여지가 없어 보인다"라고 단언한다.[6]

볼프람 쿠르츠Wolfram Kurz는 저서의 제목을 '돕는 직업을 위한 철학 Philosophie für helfende Berufe'이라고 정했다. 그가 처음에 구상한 제목은 '철학자로서 치료사Der Therapeut als Philosoph'였다고 한다. 그러나 그는 저술 과정에 철학적 식견은 정신 치료사뿐만 아니라 모든 돕는 직업의 대표자, 즉 의사, 삶의 상담자, 정신 치료사, 심리학자, 신부, 교육자, 교사, 간병인, 법률가, 교육자, 목회자 등에게 의미있는 것이라고 생각해 제목을 수정했다고 한다. 그는 이 책에서 철학과 치료의 관계를 다음과 같이 논하고 있다.

> 철학의 주체는 질문하는 사람homo quaerens이다. 치료의 주체는 치료하는 사람homo curans이다. 철학의 객체는 대답하는 사람homo respondens이다. …… 치료의 객체는 고통스러워하는 사람homo patiens이다.[7]

그는 여기서 한 걸음 더 나아가 철학이 지니고 있는 기능 중 하나인 상담과 치료의 대상을 다음과 같이 구분한다.

---

[6] 피터 B. 라베, 앞의 책, 61~62쪽.
[7] Wolfram Kurz, *Philosophie für helfende Berufe*, Tübingen/Wien: Verlag Lebenskunst, 2005, pp. 31~32.

치료는 중요한 장애들에 집중된다. 순수하게 육체적인 병인 신체질환Somatosen, 순수하게 정신적 병인 정신질환Psychosen, 생물학적인 토대와 두드러진 정신적 영향들을 지니는 장애인 심신 상관 질환Psychosomatosen 그리고 소위 인격 장애들이 있다. …… 치료는 정신적이거나 육체적으로 중요한 장애들과 관계한다. 상담은 삶의 문제와 관계한다.[8]

그러나 그는 상담과 치료가 중첩적인 이유를 세 가지로 제시하고 있다. 우선, 삶의 문제는 병에서 발생할 수 있거나 삶의 문제가 병을 수반할 수 있다. 둘째, 오랫동안 이어온 삶의 문제는 병이 될 수도 있다는 점이다. 셋째, 둘째 이유와 관련된 것으로서 상담자는 삶의 문제뿐만 아니라 정신적 장애의 여부에 대해서 제때에 알아야만 하며, 반대로 치료사는 특정한 장애가 삶의 문제를 근거로 한 것이어서 치료가 아니라 상담의 소관으로 돌려야 하는지의 여부를 알아야만 한다. 상담과 치료의 중첩성과 변별성에 대한 이와 같은 조명은 상담에서는 치료적 지식의 중요성을 그리고 치료에서는 상담적 지식의 중요성을 환기시키고 있다.

철학상담의 치료적 가능성은 철학치료의 성립을 위한 기본 조건이다. 삶과 철학의 연관성은 인간이 생각하는 존재, 실존하는 존재 그리고 형이상학적 존재인 한 나뉠 수 없다. 개인의 철학이 개인 삶의 물질적 토대에 못지않은 중요성을 지닌다는 사실은 아무도 부인할 수 없는 자명한 사실이다. 우리 삶은 철학적이고, 우리의 철학은 우리 삶이 겪는 희로애락의 근거다. 따라서 철학과

---

8  Wolfram Kurz, 앞의 책, pp. 31~32.

삶의 떼려야 뗄 수 없는 관계는 철학이 삶에 미치는 결정적인 영향력을 의미한다. 이는 결국 우리 삶의 다양한 문제에서 발생된 치명적인 슬픔, 좌절, 고통, 절망, 방황, 갈등, 시기, 질투, 분노, 걱정, 쾌락, 근심, 공포, 자만, 열등감과 같은 다양한 현상과 더불어 이들의 근저에 놓여 있는 문제를 해결하기 위해 필요한 것은 바로 우리 자신이 지닌 철학 자체에 대한 성찰임을 의미한다.

철학적 성찰은 삶에 결정적인 역할을 한다. 이는 우리의 삶이 치명적인 위기에 처해 있을 때 철학적 성찰이 결정적인 역할을 할 수 있음을 의미한다. 따라서 치료는 그것 없이는 죽을 수도 있거나 치명적인 위협이 되는 일상적 삶의 문제나 마음의 고통까지도 다루어야 한다는 의미에서 치료적이어야 하며 치료적일 수 있다.

육체적 병을 치료해 건강을 회복하려면 의학적 치료가 필요하듯이, 마음과 영혼의 기초를 이루고 있는 정신의 건강을 위해 우리는 철학적 치료가 필요하다. 삶에 대한 철학적 성찰은 삶의 행복을 위한 필수 조건이다. 따라서 삶의 건강이나 행복을 위해서는 의학적 치료나 심리치료 못지않게 철학치료에 대한 관심과 연구가 요청된다.

# 철학치료의 토대들

## 소크라테스적 치료

넓은 의미에서 철학치료란 철학이 고유하게 지니고 있는 치료적 요소를 통해 현대인의 문제나 마음병을 치료하는 데 활용하는 새로운 치료법이다. 철학이 지니고 있는 고유한 치료적 요소란 소크라테스가 실천한 자기 알아차림인 자기 인식과 그것의 목적인 자기 챙김이라고 할 수 있는 자기 배려를 기본으로 한다. 소크라테스적 활동과정은 자기 인식을 통한 자기 배려에 있다. 이 둘을 연결하는 좋은 매체가 바로 대화다. 대화를 통해 자기 인식은 타자에 대한 인식으로 확장된다. 고립된 주관성으로서 자기 인식의 한계를 넘어 존재와 존재의 소통을 촉진하는 상호 주관성의 차원으로 확장된다.

이처럼 소크라테스적 대화를 통해 존재와 존재의 상호 주관성을 촉진함으로써 삶에서 발생하는 문제나 고통을 해결한다. 무엇보다도 자기 인식의 과정은 자아를 상실하고 살아가는 현대인의 일상에서 현대인이 다시 자아를 만나게 함으로써 자기 성찰을 촉진하는 것을 돕는다. 그리고 대화가 지니는 상호 주관적 활동에 의한 존재자들 간의 교감은 현대인의 삶에서 망각되어가는 존재와 존재 간의 소통을 강화한다. 철학치료는 사람과 사람, 사람과 세계가 조화롭게 공존하는 법을 알고 실천하는 것을 돕는다. 철학치료의 기본요소라고 할 수 있는 소크라테스 철학이 지니고 있는 치료적 요소는 철학치료가 지닐 다양성과 전문성의 출발점이며, 철학치료의 토대라고 할 수 있을 것이다.

## 철학치료의 출발점, "나 자신을 알자!"

소크라테스는 신이 인간에게 자신의 뜻을 전한다는 신탁장소인 델포이 신전의 전실 벽에 새겨진 고대 칠현인의 격언들 중에서 '너 자신을 알라gnôthi seauton'를 자신의 기본 명제로 생각했다. 고대 그리스에서 신녀 피티아에게 아폴론의 예언과 신탁을 받기 전에 방문자가 지녀야 할 마음가짐 중 하나이기도 한 '나 자신을 아는 일'은 철학과 더불어 철학치료에서 자기 인식이 지니는 본질적 중요성을 설파하는 중요한 이슈다.

철학치료의 기본 형태는 우선 자신의 무지에 대한 인식에서 출발하여 자기 자신을 인식하는 과정으로 해석할 수 있다. 내담자는 일차적으로는 무지의 자각이라는 절차를 통해 외부 세계로 향해 있는 인식을 중지하고, 이제 그 인식이 만들어지는 자신의 내부에 대한 성찰로 향하게 된다. 즉 세상에 쏟아부었던 온갖 판단들과 감정 작용을 멈추고 자신의 내부에 대한 성찰을 수행하게 된다.

이와 같은 활동의 동력은 참된 지혜에 대한 부단한 사랑이다. 철학이 자기 자신과 세계에 대한 지식을 꾸준히 추구하는 과정인 것처럼 철학치료는 당면한 문제와 관련된 자기 자신과 타자를 알아가는 과정이다. 앎의 과정은 편견과 오만으로 가득 찬 폐쇄적인 과정이 아니라 무지의 자각을 바탕으로 부단히 열리는 진행형 개방성이어야 한다. 무지의 자각과 지혜에 대한 사랑으로 이루어진 자기 인식을 통해 내담자는 단순히 기계적으로 살아가는 대신에 살고 있는 자기 자신을 되돌아보는 자기 인식의 시간을 갖게 된다.

이처럼 자기 인식을 통한 자기치료의 과정인 철학치료는 대화로 진행된다. 대화는 철학치료사가 내담자의 자기 인식을 유도하는 활동을 기본으로 한다. 철학적 대화에서 철학적 산파 역할을 수행하는 치료사에게 내담자의 생각과 대화를 촉진하는 것 못지않게 내담자가 생각하고 이야기하는 동안 함께하며, 기다리며, 경청하는 것 또한 중요하다. 왜냐하면 비록 자기 인식 과정에서 대화가 중요하긴 하지만 대화에는 시간과 인내를 요구하는 고된 과정인 인식활동이 전제되기 때문이다. 자신을 직접 탐색할 수 있는 유일한 존재인 내담자 자신은 이 탐색으로 비로소 자기 자신과 대면하게 된다. 이 과정은 철학적 대화를 통해 심화되고 강화된다.

내담자는 자기를 탐색한 결실인 자기 인식 내용을 대화를 통해 치료사나 다른 집단 구성원들과 공유할 수 있다. 적절한 자기 탐색은 철학치료에서 핵심적인 과제다. 철학치료의 성공 여부는 근본적으로 자기 인식 또는 자기 성찰에 달려 있다. 대화는 자기 성찰을 위한 좋은 도구다. 자기 인식이 희박한 대화는 공허할 수밖에 없다. 따라서 철학상담은 자기 인식에 대한 중요성을 자각하고 그것을 실행하는 데 집중해야 한다. 수술이나 약물에 의한 치료와는 달리 철학치료는 내담자의 적극적인 참여를 전제로 한다. 그리고 치료사는 때에 따라서는 바로 내담자의 적극성을 이끌어내는 전문적인 능력을 발휘해야 한다. 이렇게 산파와 같은 치료사의 도움으로 내담자는 문제 자체를 스스로 탐색하고 그 과정에 스스로 참여함으로써 자신의 문제를 스스로 관찰하고 통찰하고 해결해나가게 된다.

# 소크라테스적 대화, 자기 인식에서 상호 통섭적 인식으로

## 소크라테스적 대화의 특징

어쩌면 소크라테스는 지금 우리가 언급하고자 하는 소크라테스적 대화를 하지 않았을 수도 있다. 엄밀히 보자면 그는 오히려 논쟁과 반박으로 점철된 대화에 능했다고 할 수도 있다. 나에게 소크라테스적 대화란 소크라테스가 대화 자체에서 행했던 변증술적인 과정의 특징보다는 오히려 플라톤의 《대화》편에서 펼치는 그의 철학, 즉 무지에 대한 자각, 자기 인식, 자기 배려, 지혜에 대한 사랑, 상기론 그리고 산파술과 같은 중심 인식소를 바탕으로 한 것이다. 소크라테스적 대화는 일방적으로 자신의 의견을 타인에게 설득시키거나 타인의 의견을 반박함으로써 자신의 사유의 정당성만을 설파하거나 이를 강제로 촉진시키는 과정이 아니다.

소크라테스적 대화에서 가장 중요한 것은 이해지 논증이 아니다. 따라서 핵심은 화자의 말이 참인지 거짓인지를 가려내는 것보다는 화자가 말하고자 하는 바를 청자가 가장 잘 이해하기 위한 부단하고 진정한 대화다. 철학상담사나 철학치료사는 내담자의 말이 진실한지 밝히는 것보다 내담자가 자기 자신을 성찰하고 이해하는 데 집중해야 한다.

이와 같은 철학적 대화와 기존 논쟁이나 토론의 관계는 마치 생식과 양육의 관계와 같다. 철학적 대화는 생각의 임신과 출산 과정, 즉 생각의 생식에 초점을 둔다. 이에 반해 철학적 토론이나 비판은 태어난 생각을 어떻게 키울 것인지를 중심으로 진행된다. 양자의 관계에서 본다면 철학적 대화는 비판이나 토론의 토대다. 생각의 참과 거짓이나 결론을 이끌어내기 위해 선행되어야 할 것은 생각 자체에 담긴 풍부한 내용들이다. 생각을 풍요롭게 하기도 전에 자신의 생각의 참과 거짓을 구별하거나 결론을 이끌어내게 하는 것은 생각을 빈곤하게 하거나 일반적이고 강제적이고 잘못된 결론에 도달하게 하기 쉽다.

우리 생각의 모든 내용이 참과 거짓으로 나뉠 수 있는 것도 아니고 꼭 나뉠 필요가 있는 것도 아니다. 우리 생각을 이루는 내용들 중에 가치적 내용들은 그것 자체의 참과 거짓보다는 그것 자체를 명료하면서도 풍요롭고 다양하게 하는 훈련이 필요하다. 현대는 정보 과잉과 사유 빈곤의 시대다. 모든 정보에 접근할 수 있기에 정보를 사용 설명서대로 사용하는 데는 익숙한 반면 그것에 대한 실천적 지혜는 점점 결핍되고 있다. 철학적 대화는 생각의 양육 이전에 환기되어야 할 생각의 임신과 출산을 통해 사유를 풍요하게 하는 것과 더불어 판단하기 이전에 이해하는 것의 중요성을 환기시킨다.

## 소크라테스적 상담의 치료적 힘

소크라테스적 치료의 가장 기본적이고 핵심적인 과정인 성찰을 매개하고 촉진하는 대화는 일방적 말하기가 아니라 양방향으로 대화하는 상호 통섭通涉적 소통 과정이다. 정신적이고 심리적인 고통을 만드는, 우리 사회의 갈등은 소통의 단절에 있다. 물론 우리 사회에도 통상적인 소통이 작동하고 있다. 그러나 이 소통은 거의 일방적인 소통이다. 마치 다리를 놓을 때와 같다. 다리는 양쪽의 필요와 동의를 얻어 만들어지기보다는 한쪽의 필요와 의지에 따라 일방적으로 건설되곤 한다. 그리고 완성된 다리는 건너편을 지배하기 위한 수단으로 전락된다. 상호 작용도 마찬가지다. 일방적인 상호 작용이자 일방적인 상호 주관성일 때가 비일비재하다. 마치 표면적으로는 소통을 위한 것처럼 보이는 다리가 실은 지배를 위한 수단에 지나지 않은 것처럼, 일방적인 소통은 결국 문제나 갈등을 초래하게 된다.

나는 일방적 소통이 지니는 역기능을 인지한 소통 형태를 상호 통섭적 소통이라고 부르고자 한다. 상호 통섭적 소통은 외로운 섬으로 떠도는 현대인의 고독한 삶을 연결하는 징검다리가 될 것이다. 이 징검다리를 통해 현대인은 진심으로 만나고 사귀면서 갈등을 해소하고 외로움을 극복해 조화와 행복을 이루어가게 될 것이다. 소크라테스적 치료나 소크라테스적 대화 그리고 소크라테스적 프락시스 과정은 바로 이와 같은 상호 통섭적 소통의 강화를 목적으로 한다. 소크라테스적 대화의 과정 자체는 자신과 자신 그리고 자신과 타인의 상호 통섭적 관계 맺기다. 소크라테스적 치료는 과정 자체만으로도 우리 자신으로 하여금 소속감이나 연대감과 더불어 자신의 존재감을 강화시킨다.

# 관조와 정관 그리고 평정

## 관조적 삶이 누리는 지혜와 행복

그렇다면 자기 인식이나 타자 인식 그리고 이를 통한 상호 주관성의 활성화를 이루는 근본적 힘인 인식은 구체적으로 어떻게 작용할까? 이 물음에 대한 답을 철학활동의 출발이라고 할 수 있을 관조theoria라는 개념에서 시작해보자.

인간은 누구나 행복을 추구하기 마련인데 이 행복에 이르는 길을 철학은 때로는 이론theory의 어원이기도 한 관조의 힘을 통해, 때로는 실천praxis의 힘을 통해 실현하고자 했다. 플라톤이 행복의 조건으로서 관조와 실천의 일치를 강조했다면, 아리스토텔레스는 실천을 도구로 한 관조적 삶을 중시했다. 우리가 철학 프락시스 속에서 현대인의 진정한 행복의 모티브를 찾고자 한다면 우리는 적어도 행복의 화두와 관련해 프락시스와 더불어 관조가 지니고 있는 힘을 활용하는 것에 관심을 집중해야 할 것이다.

철학의 근원적인 작용처라고 할 수 있는 관조의 치료적인 힘을 살펴볼 때 근대의 이성 개념과 비교하는 것도 의미있는 작업일 것이다. 근대에 인식작용이 '진리 또는 지식을 획득하는 것'에 초점을 둠으로써 인식작용이 지식 획득의 수단으로 머물렀다면, 고대에는 인식의 과정, 즉 진리에 이르는 길에서 지성nous의 관조적 활동은 수단이자 목적이었다고 할 수 있다. 인식의 과정 자체가 독자적인 중요성을 지니고 있으며, 이 자체가 치료적 과정이기도 했음을 알 수 있다. 즉 관조로 사람들은 앎의 획득 못지않게 마음의 평온을 얻었던 것이다. 아리스토텔레스가 《니코마코스 윤리학》에서 관조적 삶을 행복과 연결시킬 때 그곳에서 우리는 단지 인식의 확보뿐만 아니라 마음의 평온을 발견하게 된다.

따라서 현대인의 마음치료를 철학이 시도하고자 할 때 우리는 인식작용의 산물과 더불어 인식작용 자체의 가치에 주목할 필요가 있다. 특히 지성과 그것의 활동인 관조에 대한 주목은 중요한 치료적 함의를 지닌다고 할 수 있다. 눈으로 보이는 것을 믿는 데 익숙한 현대에, 보이지 않아서 주목받지 못한 인식활동인 관조에 주목하는 것은 철학이 지니고 있는 심오한 치료적 차원을 활성화하는 데 중요한 몫을 할 것이기 때문이다. 관조, 좀 더 일상적으로 표현하자면 사유를 단지 지식을 획득하는 수단으로 접근함으로써 그 과정을 고달프고 번거로운 것으로 생각하고 있는 우리 현대인에게 사유의 과정 자체에서 체험할 수 있는 평온함과 즐거움에 대한 환기는 철학의 이미지를 힘든 과정이 아니라 평온하고 즐거운 과정으로 전환하는 중요한 모티브를 제공할 것이다.

여기서 한 걸음 더 나아가 관조는 그 평정의 힘을 통해 우리로 하여금 "사건과 사건의 인과적 연쇄를 면밀히 관찰하고, 거기에서 어떤 이성적인 패턴과 질서를 읽어내며, 이 질서 안에 자신의 삶이 한 위치를 차지하고 있음을 인식"[9]하게 함으로써 인식적 통찰력과 동시에 실천적 지혜의 위력을 촉진시킨다. 이처럼 가시적 세계를 응시함과 더불어 그 이면에 있는 보이지 않는 세계에 대한 응시인 관조를 꾸준히 하면 그 체험을 특수한 대상에 대한 특정 주체

---

[9] 이창우, 〈관조와 복된 삶: 고대 스토아 윤리학의 신학적 기초〉, 《서양고전학연구》, 26권, 한국서양고전학회, 2006. 1, 212~213쪽 참조.

의 경험이 아니라 우리 자신을 주체로 하는 동시에 우리 자신의 일상을 대상으로 할 수 있다. 관조의 주체와 대상의 일상화는 철학치료나 상담에서 사유작용이 지니고 있는 치료적 힘이 문제의 증상을 일시적으로 망각시키거나 완화하는 것을 넘어서 문제 자체의 원인에 대한 근본적 접근을 시도한다는 점에서 치료적 의미를 지닌다고 할 수 있다.

따라서 관조적인 삶은 단지 현실과 동떨어진 세계 응시나 수동적인 체념이 아니라 삶에 대한 관찰과 통찰을 통해 삶을 지혜롭고 행복하게 조형할 수 있는 적극적이고 능동적인 활동으로 재평가될 수 있다. 관조의 적극적 면모는 현대인이 회의적인 시선으로 보는, 본성을 따르고 이와 일치하는 삶을 강조하는 스토아적인 최고선이 지니는 새로운 의미 영역을 환기시킨다.

## 평정에 이르는 법

원래 테오리아라는 말은 피타고라스가 인간의 영혼이 모든 편견이 없는 순수한 상태에서 대상을 있는 그대로 바라보는 관조 정신을 지칭하기 위해 사용한 용어에서 출발했다. 테오리아를 통해서 나타내고자 했던 인식의 작용이나 그것의 효과는 철학치료의 중요한 연구 영역 중 하나일 수 있다. 특히 현대인의 마음병이 지니고 있는 인식적 차원에 대한 접근에서 관조에 대한 연구가 기여할 수 있는 바가 클 것이다. 이와 같은 문제의식에서 나는 관조나 정관에 대한 물음을 시작했다. 그리고 이 과정에서 특히 주목할 만한 연구 영역이 바로 매리노프의 정관과 그것의 효과에 대한 통찰이다.

최근 철학상담이나 철학 프락시스를 일반인들에게 널리 알리는 데 공헌한 인물 중에 두각을 나타내는 사람이 바로 미국 철학실천가협회APPA 회장 루 매리노프다. 매리노프는 저서《철학으로 마음의 병을 치료한다》에서 철학을 마음의 평화를 가져오는 중요한 학문으로 평가한다. 5장에서 언급했듯이 이와 같은 과정을 그는 PEACE 단계, 즉 문제Problem, 정동Emotions, 분석Analysis, 정관Contemplation, 평정Equilibrium 이 다섯 단계를 통해 구현하고자 한다.[10] 여기에서 우리는 철학상담에서 정관이 지니는 상담적 위상을 발견할 수 있다. PEACE의 마지막 두 단계인 정관과 평정 단계는 철학상담에서 정관의 위상과 그것의 효과인 평정의 위상을 명시적으로 드러내는 부분이라 할 수 있다.

매리노프의 철학상담의 단계는 인식론적 면모가 굉장히 강하다. 첫 단계인 문제 단계에서 중심적인 구실을 하는 것은 인식이다. 문제가 야기한 정동情動을 평가하는 2단계에서도 대상은 정동이지만 그것을 다루는 주체는 정동에 대한 분석인 인식적 과정이다. 문제를 해결하기 위해 대안을 열거하고 평가하는 단계인 3단계 분석에서도 철학상담이 지니고 있는 인식적 힘은 점점 강화되고 구체화된다.

특히 분석에서 당면한 문제를 해결하는 대안을 생각해내기 위해 매리노프는 유추라는 인식방법을 택했다. 내담자가 삶에서 직접적으로나 간접적으로 겪은 모든 경험들이 참고자료로 사용되는 유추는 다른 상황과의 공통점을 찾음으로써 현재의 당면 문제를 이해하고 대안을 찾는 과정이다. 그러나 여기서 중요한 자원은 자신의 내부에 있는 지식이자 그것을 이끌어내는 사고 작용이다. 그리고 이와 같은 과정은 자신 속에 있는 것 속에서 물음에 대한 답을 찾

---

10 루 매리노프 지음, 이종인 옮김,《철학으로 마음의 병을 치료한다》, 해냄, 2000, 32~44쪽 참조.

아내는 과정인 소크라테스의 상기anamnesis가 수반하는 인식작용과 유사한 모습을 지닌다. 분석 단계에서 행해지는 당면 문제의 원인과 발생 경위에 대한 통찰 그리고 가능한 반응의 생산에 대한 조력은 우리가 지니고 있는 인식적 힘의 도움으로 행해진다. 그리고 이것은 다음 단계인 정관 단계에서 자신의 세련되고 심화된 모습을 드러낸다.

삶의 평화를 추구할 때 이와 같은 매리노프의 인식을 중심으로 한 철학상담의 절정은 4단계다. 3단계에서 분석 차원의 인식 도구를 사용했다면 4단계에서는 이와 차별되는 인식 도구를 사용하는데, 이것이 바로 정관이다. 이 단계에서 철학상담은 전체적 상황을 정관한다. 4단계에서 강조되는 표현들은 'contemplate', 'perspective', 'outlook', 'look at', 'a way of regarding'과 같이 보는 활동 자체가 중심을 이루는 단어들이다. 3단계 분석에서 사용된 인식 매체와 4단계 통합 과정에서 사용되는 인식 매체의 상이성을 드러내는 부분이라고 할 수 있다. 상호 관계에 대한 고려가 상대적으로 약할 수밖에 없는 3단계를 구획하는 단계라 한다면 4단계는 통합하는integrate 단계로 전반적인 상황을 관리하는 철학적 통찰, 시스템, 방법이 고려된다.

정관의 도움으로 어떤 관점을 확보한 4단계인 C단계는 지금까지 수집한 모든 정보를 통합하는 과정으로서 '뇌'와 관련된 단계 또는 '개념적' 단계라고도 표현된다. 이 단계는 고려하는contemplate 단계이자 뇌와 관련cerebral되면서도 개념적인conceptual 단계라는 점에서 C의 다의적인 특징을 지닌다. 특히 매리노프는 'cerebral'이라는 단어의 사용과 관련해 의미있는 설명을 추가하는데, 이 단계에서 우리는 단지 우리의 지성만이 아니라 정동, 즉 우리 뇌의 부분이 아니라 전체 뇌를 다루는 것임을 역설한다.

또한 매리노프는 이 단계에 개념 작용이 필요한 이유를 모든 것들이 조응하는 방법의 차원에서 언급한다. 즉 상황을 이루고 있는 요소나 세계를 이루는 요소들 또는 철학을 이루는 요소와 같은 것들이 서로 조응하는 방식에 접근하기 위해 우리는 개념이라는 것이 필요하다. 만약 우리가 어떤 문제에 방해받고 있다면, 우리에게 필요한 것은 바로 개념적 돌파라는 사실이다.

이 단계는 전반적 상황에 대한 경향, 즉 태도나 주목 방식의 채택을 목적으로 하는 단계로서 매리노프는 이 개념을 '철학적 보기 방식'이라고 규정한다. 4단계에서 무엇보다도 중요한 과제인 어떤 경향의 발견을 위해서는 문제의 직접성이나 정서의 힘 그리고 분석의 논리에서 한발 뒤로 물러서는 것이 필요하다.

이때 결정적인 한 걸음은 이것을 가능하게 하는 정관이 맡는다. 정관을 통해서 철학적 내담자는 전체적 상황을 철학적으로 조망하는 체험을 하게 되는 것이다. 철학적 경향과 만나고 문제에 대한 기존 철학적 경향의 영향력을 어떻게 평가하는지에 따라서 기존 경향은 유지되거나 변화된다.

철학상담의 핵심적 요소인 매리노프의 '철학적 경향'이라는 개념은 철학상담이나 철학치료에서 내담자의 '핵심 문제'를 내담자와 함께 진단하고 치료하는 핵심 대상으로서 '철학소哲學素'이자 '철학적 소인哲學的 素因'에 해당된다고 볼 수 있다. 당면한 문제나 마음의 고통과 연결되어 있는 내담자의 철학적 경향을 탐색하고 해결하는 것은 철학상담이나 치료의 핵심적인 과제가 될 것이다. 이 책에서는 철학적 경향성이라는 개념이 지니고 있는 철학치료적 차원을 좀 더 분명하게 하기 위해 내담자의 철학적 경향성을 이루고 있는 철학적 요소를 '철학소'로 그리고 철학소들 중에서 문제와 관련된 직접적인 철학적 요인을 '철학적 소인'으로 구분하고자 한다.

매리노프는 인간의 내면에서 발견되는 특정한 철학적 경향이 문제를 해결하는 것을 도울 수 있는 동시에 더욱 악화시킬 수도 있음을 주목한다. 문제가 있을 때 우리는 문제와 관련된 철학적 경향이나 철학적 소인을 검토함으로써 당면 문제를 해결할 수 있을 것이다. 매리노프는 문제가 있을 때 정말 필요한 것은 문제에 대한 습관적 반응이 아니라 문제와 관련된 철학적 경향을 개념화하여 당면 문제를 개념적(지적)으로 돌파하는 것이라고 생각한다. 개념적 돌파는 바로 내담자가 지니고 있는 핵심 문제와 관련된 철학소를 탐색하고 성찰함으로써 철학적 소인을 발견하는 일일 것이다. 이와 같은 과정에서 내담자가 기계적인 인과 계열에서 벗어나 개념적으로 문제 상황에 접근하는 것 자체가 분석과 정관이라고 하는 인식적 절차를 이미 전제하는 것이다.

마지막 단계는 바로 매리노프의 철학상담의 목표 제시와 더불어 정관의 효과를 드러내는 중요한 부분이다. 그의 철학상담 목표는 평정이다. 평정이 가능한 것은 바로 이전 단계인 정관의 도움을 얻어 자신의 철학적 경향에 직면하고 이를 바탕으로 철학적 경향을 변형하였기 때문이다. 정관의 힘으로 새롭게 획득된 철학적 경향은 우리의 문제 상황을 풀 가장 좋은 대안을 찾고, 실천하고, 또 습득한 사항을 구체적으로 생활에 적용하는 것을 돕는다. 이와 같은 철학적 경향의 힘은 문제 상황이 지니고 있는 정서적 문제와 인지적 문제를 동시에 해결하는 방편을 우리에게 제공한다.

매리노프가 경험을 다루는 방법과 평정을 유지하는 방법을 배우는 데 핵심으로 생각한 '유익한 경향' 또는 '철학적 보기 방식'이라는 개념의 중심에는 바로 분석과 정관의 힘이 들어 있다. 만약에 우리가 이들을 좀 더 자유롭게 사용할 수 있다면 우리는 우리 외부에 있는 문제의 본질뿐만 아니라 문제와 연루된 우리 자신의 본질적 사항도 이해하게 된다. 이때 내적이고 외적인 상황의 본질에 대한 이해에 도달한다는 점에서 5단계인 평정은 또 다른 E, 즉 'Essence'의 단계다. 이와 같은 양의적인 이해는 결국 우리 자신과 화해하고 타자와 화해함으로써 개인적이고 내적인 평화PEACE는 물론 사회적이면서도 외적인 평화를 얻게 한다. 이 부분은 개인의 외적인 관계에서 생기는 문제에 별로 관여하지 않고 개인의 내적인 심리적 차원이나 정서적 차원의 문제 해결을 중심으로 한 치료나 상담과 구분되는 철학상담이나 치료의 고유한 영역이라고 할 수 있다.

문제 상황 속에서 분석과 동시에 정관력이 강화되고 그것이 철학적 경향으로 체화되고 유지된다면, 이것은 약물과는 달리 '어디로 가지도 않고 아무리 써도 탕진되지 않'게 되는 것이다. 문제 상황에서 우리에게 필요한 것은 우리가 획득한 이 유익한 경향을 상기하는 것이자 상기함으로써 얻은 철학적 지혜를 재사용하는 것이다. 우리는 철학적 경향의 도움으로 물질이나 약물 의존성에서 자유롭게 될 것이다. 물론 이렇게 정적인 철학상담이나 철학치료가 모든 마음의 병에 적용되는 것은 아닐 것이다. 게다가 마지막 단계인 평정은 인간 삶의 영원한 평정을 의미하는 것이 아니라 내담자의 핵심 문제와 관련된 불편함에 상응하는 평정이다.

인간의 삶이 수반하는 문제나 불편함 또는 고통은 그 자체로 문제는 아닐 것이다. 다만 그것이 상담이나 치료가 필요할 정도로 심각한 상태일 때 해당하는 것이며, 그것의 대상 또한 삶 자체 또는 삶 일반의 문제가 아니라 우리의 삶을 위태롭게 할 정도로 심각한 특정 문제에 제한될 것이다. 이것이 바로 철학이 우리 일상에 늘 필요한 근본적인 것인 반면에, 철학상담이나 철학치료는 삶의 특정한 문제와 관련해 특정한 순간에만 제한적으로 필요한 특수한 것인 이유이기도 하다.

우리 몸이 60조 개가 넘는 수많은 세포들로 구성되어 있는 것처럼 우리의 생각 또한 수많은 개념들, 철학소들로 이루어져 있다. 이 철학소들은 우리 사유의 원자들이다. 우리가 지니고 있는 철학소와 이들의 역동적 총체인 철학은 우리의 행동, 습관, 성격뿐만 아니라 인격과 더불어 삶 자체에 결정적인 영향력을 행사하는 동시에 이들에게 영향을 받는다. 결국 철학적인 실천 속에서 분석이나 정관과 같은 인식의 도움으로 문제를 발견하고, 이 문제와 관련된 철학소들과 철학소인을 이끌어내고 자신이 지니고 있던 철학소를 확장하거나 심화하거나 변형함으로써 당면한 철학적 요인이 수반한 문제나 마음의 불편함을 치료하고자 하는 활동이 바로 철학상담이자 철학치료 활동이다.

- 이 글은 일본 오사카대학에서 열린 임상철학 국제워크샵 '철학치료학과 임상철학'(2010. 2. 17~18)에서 발표한 다음 글을 수정 보완한 것이다. 〈철학, 상담, 치료, 정관: 인문치료의 이론적 정초를 위한 철학적 시론〉《동서사상》, 동서사상연구소, 2010. 8)

7장 실존의 고통과 실존치료, 절망과 불안을 품고서

## 실존의 근본 조건으로서의 '절망'

### 실존치료가 필요하다

고통의 출처가 육체일 때, 고통을 겪는 사람은 의사의 진단과 치료를 필요로 한다. 이와는 달리 고통의 출처가 마음일 때 우리는 진지하게 그것을 진단이나 치료 대상으로 간주하지 않는다. 몸이 다치는 것처럼 우리 마음도 다치고 상처를 입고 고통을 호소하지만, 호소는 관념적이거나 주관적인 것으로 간주되어 방치되기 십상이다. 학문 중의 학문인 철학의 긴 역사에서도 삶에서 가장 심각한 문젯거리인 고통의 문제는 다른 경험들에 비해 매우 인색하게 다루어졌다.

이런 경향성이 프로이트를 전후로 혁명적인 전환을 맞이했다. 인간의 마음병이 심리학이나 정신의학 또는 정신분석학 분야에서 학문적으로 연구되는 대상으로 바뀌어 전문적인 진단과 치료의 대상으로 자리매김하게 된 것이다. 그러나 고통이 육체적인 영역에서 정신적인 영역으로까지 확장되어 의료화되는 의미심장한 진전과 더불어 이에 수반되는 문제 또한 적지 않았다. 이 가운데 긴급하게 짚고 넘어가야 할 것은 인간의 자연스러운 마음의 문제나 고통조차도 병으로 분류해 의학적 진단과 치료 대상으로 삼는다는 점과 진단과 치료의 주체를 과도하게 의사에 의존한다는 점이다.

이와 같은 문제를 해결하기 위해 선행되어야 할 것은 현대의 마음병에 대한 새로운 조명이다. 점차적으로 철학과 마음치료의 한 분야로 자리잡고 있는 철학치료라는 새로운 움직임은 철학이 그 오랜 전통 속에서 함유하고 있는 지적 자산을 삶의 현장에서 활성화하려는 시도를 담고 있다. 일상의 삶을 풍요롭게 하기 위해 철학치료는 외부의 세계나 자기 자신과의 관계 맺음에서 발생되는 사실적 문제 상황과 이것에 수반되는 심리적, 정서적, 감정적, 정신적 고통을 다룬다. 인간의 건강은 짐승이나 식물과는 달리 물질적 조건뿐만 아니라 정신적 조건에 영향을 받는다. 모든 물질적 조건이 구비되어 있다 하더라도, 말 한마디에 살고, 죽고, 즐겁고, 괴롭고, 자존심 상하는 존재가 인간이다. 우리는 모든 것이 생각하기 나름이고 느끼기 나름이라는 말이 지닌 위력을 무시할 수 없다. 동일한 말이나 대상조차 때로는 불쾌함을 야기하고 때로는 유쾌함을 야기하는 이유 가운데 하나가 그것과 마음의 움직임의 관계다. 우리 마음을 다치게 하고 상하게 하는 것 한가운데 우리의 마음이 자리잡고 있다.

실존의 건강과 병에 대한 관심은 육체적인 부분보다는 정신적인 문제인 마음의 고통 또는 마음의 병에서 연원한다. 기존 심리치료나 상담이론 가운데 그 자체의 한계를 실존주의를 도입해 해결하려는 경향이 실존주의 심리치료나 상담이론, 실존주의적 정신의학의 형태로 나타난다. 실존주의의 사상을 심리치료나 정신의학 방면에 적용한 학자들로는 메이Rollo May, 프랭클Viktor E. Frankl, 얄롬Irvin D. Yalom, 빈스방거Ludwig Binswanger, 메다드 보스Medard Boss 등이 있다. 정신 병리학과 실존철학을 융합해 자신만의 독특한 진단과 치료를 시도한 야스퍼스[1]는 철학의 사명이 실존의 위기에 대한 진단이나 분석에서 한 걸음 더 나아가, 진단을 토대로 한 치료를 고민해야 함을 역설했다.[2] 그는 삶의 병리적 현상들을 진단하고 처방하는 철학으로서 임상 철학의 필요성을 강조했다. 실존의 병리현상에 대한 야스퍼스의 관심은 무엇보다도 키르케고르와 철학적으로 대면하면서 이루어진다. 야스퍼스는 실존철학의 위력을 "그들과 더불어 서구의 철학함에 충격이 일어났고 그들의 최종적인 의미는 여전히 경시될 수 없는 것"[3]으로 평가했다.

  야스퍼스에 선행해 실존철학의 초기 3인방이라고 할 수 있는 쇼펜하우어Arthur Schopenhauer, 키르케고르, 니체Friedrich W. Nietzsche와 같은 철학자들은 그들 자신이 이미 지독하게 마음의 고통을 겪고 고통을 탐구하고 고통을 이해한 철학자들이다. 그들은 실존을 이해함으로써 인간이 처해 있는 세계와 그곳의 실존적 삶 그리고 그에 수반되는 온갖 정신적이고 심리적인 고통을 수반하는 삶의 위기를 진단하고 이에 대한 대안을 모색하는 데 자신들의 철학적 열정을

---

[1] K. Jaspers, *Der Arzt im technischen Zeitalter:Technik und Medizin. Arzt und Patient. Kritik der Psychotherapie*, München, 1999.

[2] 김정현,《니체, 생명과 치유의 철학》, 책세상, 2006, 361쪽 참조.

[3] K. Jaspers, William Earle(trans.) *Reason and Existenz:five Lectures*, London, 1956, p. 24.

쏟았다. 아도Pierre Hadot와 같은 철학자는 철학사에서 철학과 삶의 긴밀한 연관성을 고대 철학에서, 그것의 단절을 근대 철학에서, 그리고 이와 같은 단절의 재결합을 다시 쇼펜하우어나 니체의 철학에서 발견한다.

철학의 궁극 목적은 인식 자체라기보다는 행복eudaimonia이다. 고대의 헬레니즘 철학자들이 철학에 부여한 과제는 물질적 풍요 속에서도 여전히 정신적 고통에 시달리는 현대 사회에서 철학이 결코 간과할 수 없는 부분이다. 이런 맥락에서 보자면 철학하는 것의 중심 동기를 인간 고통의 절박함으로, 그리고 철학의 목적은 인간의 행복이라는 데 동의하는 헬레니즘 철학의 메시지는 우리 시대의 철학에 중요한 의미를 전한다.

우리는 현대인의 육체에 생기는 병과 구별되는 마음병의 진단과 치료 문제에 대한 연구를 키르케고르의 실존의 병에 대한 접근을 통해서 살펴볼 것이다. 이를 위해 한편으로는 실존의 '절망'과 그것의 의미를, 다른 한편으로는 실존의 또 다른 중요한 마음병이라고 할 수 있는 '불안'과 그것의 의미를 고찰해본다. 마지막으로 현대의 실존들에게서 새롭게 출현한 마음의 병으로서 고통 기피와 불편 기피라는 특이한 현상을 '고통 기피증'과 '불편 기피증'이라는 용어를 통해서 진단해보고 이에 대한 치료적 방법을 키르케고르의 실존 조건에 대한 긍정적 의미 부여 속에서 모색해보자.[4]

---

[4] '고통 기피증'과 '불편 기피증'이라는 용어를 현대에 과도하고도 광범위하게 나타나는 마음의 병을 부르기 위해 사용하고자 한다.

## 심리적 실존철학자 키르케고르와 절망이라는 병

그리스도교적인 것은 모두 그 서술 방식이 마치 임상강의와도 같은 것이어야만 한다. 비록 그 강의는 의학을 알고 있는 자만이 이해할 수 있다고 할지라도, 그 강의가 병상 곁에서 진행되고 있다는 사실을 결코 잊어서는 안 된다.[5]

철학은 때로는 이성만을, 때로는 이것과 더불어 감성을 인간의 전유물로 생각한다. 인간 존재에 대한 후자적인 이해는 이성적 사고뿐만 아니라 감성의 작용을 주시해 육체적 고통과 더불어 마음의 고통을 느낄 수 있는 능력을 인간만의 고유한 것으로 간주한다. 마음의 고통에 대한 감응 능력은 이성 못지않게 인간의 존엄성을 보장하는 기준이 된다. 크게 육체의 고통과 마음의 고통으로 나누어볼 때 마음의 고통에 대한 문제화는 고통에 대한 기존의 육체 중심적인 패러다임에 전환점을 마련한다.

고대 철학에서 마음의 고통에 대한 주목은 주로 에피쿠로스학파나 스토아학파에서 진지하게 다루어졌다. 에피쿠로스학파가 인간 영혼이 겪는 고통의 핵심에서 주목한 것은 불안이다. 그들은 사람들이 지니고 있는 불안의 가장 치명적인 대상을 죽음, 미래, 우연으로 보았다. 인간은 고통을 회피하고 쾌락을 추구하기 마련이다. 인간이 추구하는 쾌락은 육체적 고통과 더불어 마음의 고통이 없는 상태. 특히 죽음에 대한 불안으로 마음의 고통에 사로잡힌 인간에게서 알 수 있듯이 마음의 고통은 아직 도래하지 않은 미규정된 고통에

---

5   쇠얀 키르케고르 지음, 임춘갑 옮김, 《죽음에 이르는 병》, 다산글방, 2007, 10쪽.

대한 막연한 두려움에서 유래한다. 인간이 추구하는 영혼의 가장 좋은 상태는 고통에서 자유로운 마음의 평정이다. 에피쿠로스는 인간이 느끼는 마음의 고통을 대상 자체가 지니고 있는 객관적인 것이 아니라 인간 영혼이 그것에 대해 주관적으로 느끼는 결과물로 파악했다. 따라서 마음의 최고 고통인 불안을 데모크리토스의 원자론을 근거로 한 존재론적 해석을 통해 그것의 근거 없음을 역설함으로써 불안에서 자유로운 인간 영혼의 상태를 추구했다.[6]

이성이나 객관적 경험을 중시하는 '차가운 과학'이 지배한 시대인 근대의 철학적 흐름 속에서 예외적으로 실존철학자들이 주목한 것이 바로 마음의 고통이다. 심리적 실존철학의 아버지라고 할 수 있는 키르케고르는 인간 영혼의 고통과 관련된 심리 영역을 철학의 핵심 대상으로 삼았다. 키르케고르의 사상은 소크라테스와 강한 지적 혈연관계에 있다. 키르케고르는 많은 저서를 익명으로 출판하여 자신을 숨겼지만 《순간Augenblick》에서 그는 그의 참된 가면을 소크라테스적 역설 자체라고 명시해 자신의 유일한 닮은꼴을 소크라테스로 볼 뿐만 아니라 자신의 임무를 소크라테스의 임무와 동일시하고 있다. 그는 소크라테스적 방법을 '간접 화법indirect communication'이라는 방식으로 자기화했다. 참된 교육의 방식으로서 소크라테스적 방법에 대한 상기는 니체에게도 마찬가지로 주목되는데, 그는 "교육자는 결코 그 자신이 생각하고 있는 것이 아니라 항상 그가 교육하는 이들의 요구들과의 관계 속에서 사물들에 대해 생각한 것만을 말한다"라고 했다. 안티 클리마쿠스라는 가명으로 1849년에 간행된 《죽음에 이르는 병: 건강과 각성을 위한 기독교적이고 심리학적인 논술 하

---

[6] Epikur, übersetzt, ausgewählt und mit einem Nachwort versehen von Bernhard Zimmermann, *Philosophie des Glücks* München, 2006, pp. 45~56.

나》에서 키르케고르는 마음이 지닌 병 가운데 가장 지독한 병이라고 할 수 있는 '절망'에 대해 날카로운 심리적 성찰을 시도한다.

그는 마음의 상태 가운데 하나인 절망을 병, 그것도 인간을 죽음으로까지 유인할 수도 있는 치명적 병으로 표현했다. 그러나 그의 절망론은 극적인 반전을 내포하고 있다. 그는 절망이라는 증상을 삶의 마지막 지점이 아니라 진정한 삶과 조우하는 핵심적 계기, 그것을 통해 삶이 온갖 허위적인 것에서 자유롭게 자신의 실존을 체험하는 계기로 본다. 절망을 통해 인간은 자기 자신의 실존이 지닌 한계와 대면한다. 이 대면은 절망과 관련된 우리의 삶을 진단하고 절망이 삶에 부여하는 긍정적 관점을 개방함으로써 실존의 심리적 고통에서 자유롭게 한다. 그는 인간의 삶과 죽음의 문제를 물질적 차원에서보다는 정신적 차원에서 생각한다. 그는 진정한 생명의 의미를 육체의 건강보다는 정신의 건강에서 발견하고자 했을 뿐만 아니라 이성의 시대에 실존의 심리 차원의 위상이 지니는 의의를 당당히 설파했다.

키르케고르는 현대인의 삶에서 DSM을 통해 지속적으로 확장되고 있는 마음의 병에 대한 이론화와 의료화에 선행해 마음의 문제를 실존의 중심적인 부분으로 파악했다. 뿐만 아니라 마음치료를 의사에게 일방적으로 떠맡기지 않고 스스로 진단하고 치료하고자 했다. 스스로 자신의 정신적 카운슬러이자 의사이기를 시도한 셈이다. 이런 의미에서 키르케고르의 철학은 자기 진단적, 치료적 특징을 지닌다.[7]

인간이 죽는 원인을 육체적인 병이 아니라 마음에서 찾는 키르케고르에게

---

[7] Kresten Nordentoft, *Kierkegaard's Psychology*, Pittsburgh, 1978, p. 349.

인간은 중간적 존재다. 중간자로서 실존은 유한한 까닭에 육체적인 고통과 더불어 정신적인 고통을 피해갈 수 없다. 특히 정신적인 고통은 실존의 운명과도 같은 것이다. 중간 이상 존재인 신이나 중간 이하인 동물은 인간만큼 마음의 병에 시달리지 않는다. 마음의 고통이나 병은 오로지 중간자이자 실존만이 지니는 독특한 것이다. 몸이 건강하다고 해도 인간은 아플 수도 죽을 수도 있다. 마음 때문에 죽을 수도 살 수도 있는 존재가 바로 인간이다. 그렇다면 인간은 중간자로서 진정 무엇과 무엇 사이에 존재하는가?

> 인간이란 유한과 무한의 종합, 시간적인 것과 영원한 것의 종합, 자유와 필연의 종합, 요컨대 하나의 종합이다. 종합이란 두 개의 것 사이의 관계다. 이런 식으로 본다면 이른바 인간이란 아직 자기는 아니다.[8]

인간을 중간자로 보고 이 중간자를 관계적 존재로 이해하는 키르케고르에게 인간은 정신이고, 정신은 자기다. 아직 자기가 아니라 중간자인 인간, 즉 관계 방식에 따라 달라질 수 있는 실존이다. 그렇다면 실존은 어떻게 자기가 되는가? 키르케고르의 인간관에서 자기란 자기 자신에게 관계하는 관계, 즉 자기에 대한 관계의 관계를 통해서 가능해진다. 두 개 사이의 관계에서 볼 이 관계는 소극적인 통일로서 제삼자다. 즉 영혼이라는 규정 아래에서는 영혼과 육체의 관계는 소극적 관계다. 이에 반해 관계가 자기 자신에게 관계하게 되면, 이 관계는 이제 적극적인 제삼자다. 이 적극적인 제삼자가 바로 자기다.

---

[8] 쇠얀 키르케고르, 《죽음에 이르는 병》, 24쪽.

중간자로서 인간은 육체적인 고통을 겪을 수도 정신적인 고통을 겪을 수도 있다. 이때 인간은 고통과 소극적이거나 적극적인 관계를 맺어갈 수도 있고, 기계적이거나 창조적 관계를 맺을 수도 있다. 소크라테스와 마찬가지로 인간을 중간적인 존재로 본 키르케고르는 인간을 능력 면에서 유한성과 무한성 사이에 있는 중간자적 존재로 그리고 그 존재의 지속과 관련해서도 시간성과 영원성 사이에 존재하는 중간자적 존재로 이해한다. 그는 중간자적·존재의 의미를 실존의 문제로까지 확장한다. 중간적 존재인 인간이 인간 이상인 존재, 즉 신적인 속성을 지닐 수 있는 동시에 동물보다도 못한 존재로 전락할 수도 있는 근거는 바로 자기 자신과 관계 맺는 방식에 있다. 자신과 맺는 관계 그리고 타자와 맺는 관계에서 인간은 비로소 자기일 수 있게 된다. 중간자적 존재인 실존이 상승하고 몰락할 수 있는 두 가지 가능성은 실존이 자기 자신과 맺는 관계로써 자신의 유한성을 무한성으로 이행하는 돌쩌귀를 마련하게 된다.

절망을 정신 안에, 자기 안에 생긴 병으로 보는 키르케고르는 절망을 세 가지 형태로 구분한다. 첫째 형태는 절망하여 자기가 있음을 자각하지 못하는 것이고, 둘째 형태는 절망하여 자기 자신이려고 하지 않는 것이다. 그리고 마지막 형태는 절망하여 자기 자신이려고 하는 것이다. 키르케고르는 본래적인 의미에서 절망이란 절망하여 자기 자신이려고 하지 않을 때와 절망하여 자기 자신이려고 할 때에 해당된다. 마음의 병에 대한 기존의 학문은 절망을 결코 어떤 긍정적 함의도 지니고 있지 않는 부정적이고 파괴적인 것으로 보았다. 그러나 키르케고르의 절망론에서 절망은 실존이 자기 자신과 만나는 절체절명인 계기다. 절망이 인간을 파멸로 이끄는 치명적인 병이 되는 것은 절망하여 자기가 있음을 자각하지 못하는 것이자 자기 자신이려고 하지 않는 것이다. 그러나 절망하여 자기 자신이려고 하는 절망은 허위적인 삶에서 참된 삶으로 넘어가는 돌쩌귀 구실을 하는 심리적 경험이다.

> 절망은 자기가 자기에게 관계하는 하나의 관계에서의 잘못된 관계다. 그러나 종합은 잘못된 관계가 아니라, 그것은 단지 가능성 또는 종합 속에서 잠재해 있는 잘못된 관계의 가능성일 뿐이다.[9]

인간이 그 관계의 종합이 아니었다면 인간은 결코 절망할 수 없었을 것이다. 이 때문에 인간은 절망을 통해 자기를 포기하는 죽음에 이르는 대신에 비로소 참된 자기 자신이려고 한다. 그러므로 키르케고르의 날카로운 심리적 통찰은 인간이 절망이라는 병에 걸릴 수 있는 이 가능성을 인간이 다른 동물보다 뛰어나다는 증거로 제시한다.

키르케고르는 절망에 대한 인간의 경험 속에서 인간과 동물의 차이를 역설하는 데서 한 걸음 더 나아가, 인간이 이 병을 주목하고 있는 점에서 자연인보다 그리스도인이 더 뛰어난 존재라고 생각한다. 그는 이 병에서 고침을 받는다는 사실을 들어 자연인에 견주어 그리스도인이 축복받았음을 역설한다. 절망이 죽음에 이르는 병이라는 말의 의미를 아는 것은 절망과 우리 삶의 연관성을 포착하는 핵심적인 사건이 될 것이다.

키르케고르의 절망론은 그의 사상의 극치를 보여준다. 그는 절망에 대한 심오하고 심리적인 통찰을 통해 실존의 최대 사건인 절망에 도전한다. 그에게

---

9   쇠얀 키르케고르, 《죽음에 이르는 병》, 25쪽.

"절망은 죽음에 이르는 병"이라는 말은 "고민에 가득 찬 모순"이다. 이는 "자기 자신 안에 있는 병이고, 영원히 죽는 것이고, 죽는 것이면서 죽지 못하는 것, 즉 죽음을 죽이는 것"이다. "죽음을 죽인다는 것은 죽음을 몸소 겪어보는 것"[10] 이다. 키르케고르에게 육체의 죽음은 가능하지만 자기는 인간 안에 있는 영원한 것이므로 그것의 죽음은 불가능하다. 죽음에 이르는 병으로서 절망이란, 푸코의 말을 빌린다면, 살아서 죽음을 관통하는 것이다.[11]

그렇다면 인간은 왜 절망하는가? 인간이 진실로 절망하는 근거가 그 '무엇'에 있다고 생각할 수 있지만 그것은 본래적인 의미의 절망이 아니다. 인간은 어떤 무엇 때문에 절망하기보다는 자기 자신에 절망한다. 키르케고르는 다음과 같이 절망의 심층을 해독한다.

어떤 젊은 처녀가 사랑 때문에 절망하고 있다. 즉 사랑하는 사람이 죽었거나, 혹은 배반했으므로, 사랑하는 사람을 잃은 사실에 관해 처녀는 절망하고 있다. 이 절망은 정체가 드러난 절망이 아니라, 그 처녀가 자기 자신에 관하여 절망하는 바로 그 사실이 그 정체인 것이다.[12]

---

10 쇠얀 키르케고르, 《죽음에 이르는 병》, 33쪽 참조.
11 M. Foucault, Daniel Defert und François Ewald(Hg.) *Schriften in vier Bänden, Dits et Ecrits(Band I, 1954-1969)*, Frankfurt a/M., 2001, p. 688 참조.
12 쇠얀 키르케고르, 앞의 책, 36쪽.

## 불안, 실존의 가장 훌륭한 교사

키르케고르가 주목한 실존의 조건은 심리적 현상이라고 할 수 있는 불안이다. 인간의 영혼을 갉아먹는 불쾌한 심리적 증상인 불안은 '좁다'를 의미하는 라틴어 'angustiae'에서 유래했다.[13] 키르케고르는 아무도 반길 리가 없는 불안이란 개념을 중간자인 인간 존재의 미결정성, 결정되지 않은 미래를 향한 존재 자유의 가능성에 대한 실존의 심리적 표현으로 이해한다. 불안은 실존의 가능성에 앞선 가능성으로서 실존이 지닌 자유의 현실성이다. 키르케고르는 심지어 불안을 가장 훌륭한 교사로 이해한다. 그는 "불안함을 제대로 배워본 적이 있는 사람은 궁극적인 것을 배운 사람"[14]이라고 말한다. 따라서 키르케고르에게 불안은 인간을 파괴하는 것이 아니라 인간을 성숙시키고 창조하는 매체 구실을 한다.

이와 같은 불안에 대한 키르케고르의 심오한 철학적 접근은 불안을 인간만이 지닐 수 있는 인간의 고유한 것으로 규정할 때 그 극점에 달한다. 그에 의하면 불안은 자연에서 정신성으로 규정되어 있지 않은 동물에게선 결코 발견할 수 없다. 오직 정신성을 특징으로 하는 실존의 특권적인 경험으로 이해된다. 그는 인간이 불안해하는 이유를 다음과 같이 이해하고 있다.

---

[13] 1844년에 키르케고르는 불안에 대한 연구에 착수한다. Sören Kierkegaard, *The Concept of Anxiety: A simple Psychologically orienting Deliberation on The dogmatic Issue of hereditary Sin*, Princeton, 1980.

[14] Sören Kierkegaard, *The Concept of Anxiety: A Simple Psychologically orienting, Deliberation on The dogmatic Issue of hereditary Sin*, p. 155.

만일 인간이 짐승이거나 천사였다면, 그는 불안해할 수 없을 것이다. 인간은 종합이기 때문에, 그는 불안할 수 있다. 인간이 더 깊이 불안해하면 할수록 인간은 더 위대하다. 그러나 그것은 일상적으로 우리가 이해하는 어떤 외적인 것이나 인간의 밖에 있는 어떤 것에 대한 불안을 의미하는 것이 아니라 인간 자신이 산출한 의미에서의 불안이다.[15]

자유로울 수 있는 가능성으로 교육받은 자만이 유한성이 아니라 무한성에 따라서 절대적으로 교육을 받는다. 왜 그런가? 그것은 불안은 철두철미하게 자신의 유한성을 탐색하고 그 탐색의 자리에서 실존에 대한 성찰을 수행하기 때문이다.

어떤 종교재판소장도 불안이 하는 것처럼 그렇게 무서운 고문을 할 준비를 갖추지 못하고, 어떤 첩보원도 불안만큼 교활하게 그의 피의자를 가장 허약한 순간에 공격하는 방법이나 매혹적인 함정을 파놓는 방법을 알지 못한다. 그리고 어떤 명민한 판사도 불안만큼 피고를 심문하는 방법을 알지 못한다. 불안은 즐길 때나 소음 속에서나 일할 때나 낮이나 밤이나 결코 피고를 도망치게 놔두지 않는다.[16]

이와 같은 불안을 키르케고르는 실존을 옭아매는 구속으로 이해하는 대신에 실존이 자유로울 수 있는 가능성으로 이해한다. 왜냐하면 불안만이 모든

---

[15] Sören Kierkegaard, 앞의 책, p. 155.
[16] Sören Kierkegaard, 앞의 책, p. 156.

유한한 목적을 없애버리고 그들의 현혹을 모두 폭로할 것이기 때문에 신앙을 통해서 절대적으로 교육적이게 되기 때문이다. 키르케고르에게 불안은 실존의 위기가 아니라 기회다. 불안으로 교육받은 자는 누구나 가능성으로 교육받고 이와 같은 사람만이 그의 무한성에 따라서 교육받는다. 그러므로 모든 범주 중에서 가장 무거운 범주는 가능성이다. 실존의 진정한 짐도 희망도 바로 이 가능성에 있다. 사람들은 흔히 가능성을 매우 가벼운 것으로 보는 반면 현실성은 매우 무거운 것으로 생각하곤 한다. 그러나 키르케고르의 실존의 심리에 대한 통찰은 정말 무거운 것은 현실성이 아니라 가능이라는 점을 깨우쳐준다. 왜냐하면 그것이 아무리 중대한 현실성일지라도, 그 사람 자신이 만들어내는 가능성에 견주면 그다지 무거운 것이 아니기 때문이다.

이처럼 키르케고르는 수동적이고 소극적인 불안에서 적극적이고 진실한 불안을 변별한다. 그는 유한한 불안이 음악을 연주할 때, 유한한 제자들은 분별과 용기를 잃겠지만, 불안을 제대로 배운 자는 춤을 출 것이라고 말한다. 건강염려증hypochondria에 걸린 사람은 어떤 사소한 일에도 불안해하지만, 진작 중대한 일이 닥쳐오면 더 수월하게 숨쉬기 시작한다. 그렇기 때문에 건강염려증 환자를 키르케고르는 불완전한 독학자로 묘사하면서 이에 견줘 참된 독학자를 내세운다.[17]

부분적으로 육체적인 것에 의존하고 있어서 결과적으로 우연적인 건강염려증 환자에 견줘 참된 독학자는 가능성에 의해 교육받은 자다. 참된 독학자는 무거운 가능성이라는 실존을 등에 짐으로써 무한성에 따라 교육을 받은 자

---

[17] 쇠얀 키르케고르 지음, 임춘갑 옮김, 《불안의 개념》, 다산글방, 2007, 324~325쪽.

이기에 키르케고르는 이 참된 독학자를 하느님의 가르침을 받은 제자와 동일시한다. 참된 독학자는 자진해 철학을 연마하는 자이자 신에게 귀 기울이는 자다.

인간이 불안에 사로잡히게 되는 것은 자신의 허물 때문이지만 '허물과의 관계에서 불안이 교육한 자는 구원에서 비로소 안식하게 된다'. 그는《불안의 개념》의 마지막을 다음과 같이 마무리한다.

> 여기서, 이 숙고가 시작되었던 곳에서, 이 숙고는 끝난다. 이제 심리학이 불안에서 손을 떼자마자, 그것은 교의학으로 인도될 것이다.[18]

이렇게 키르케고르가 실존의 불안에 접근함에 따라 불안은 실존에 부정적이고 소모적이라기보다는 긍정적이고 창조적인 것으로 파악된다. 인간은 불안에 대한 경험 속에서 가능성에 의해 교육받고 진정한 독학자가 된다. 마치 인간의 육체적인 고통 증상이 병이 있다는 신호를 보내어 그것의 진단과 치료를 요구함으로써 보이지 않는 병의 원인이 치료되듯이 마음의 고통 또한 마음의 병을 징후로 표현함으로써 마음에 있는 병의 원인에 대한 관심을 촉구한다. 그러므로 마음의 고통이라는 징후를 통해서 우리는 보이지 않는 우리 마음의 문제를 알고 치료하는 계기를 얻게 된다. 만약 마음의 병이 고통의 증후를 드러내지 않는다면, 인간은 그 병을 자각하지도 치료하지도 못한 채 죽음에 이르고 말 것이다. 따라서 불안 자체가 인간에게 주는 고통이 아니라 그 불

---

**18** Sören Kierkegaard, *The Concept of Anxiety: A Simple Psychologically orienting, Deliberation on The dogmatic Issue of hereditary Sin*, p.162.

안을 안내자로 드러나는 고통의 원인과 그것의 치료가 진정한 문제다.

마음의 문제 자체를 해결하거나 해소하는 대신에 그것을 덮어둔 채 짧은 심미적 쾌감이나 망각으로 마음의 고통만 제거하는 것은 본질적인 해결책이 아니다. 이뿐만 아니라 고통이 정신적인 것이든 육체적인 것이든 그것에 대한 과도한 두려움과 기피는 그 자체로 다른 고통을 야기하며, 고통의 가능성을 회피하기 위한 과도한 정신적, 육체적, 경제적 희생을 요구한다. 고통과 관련해 의약품이나 의학 기술에 일방적으로 의존하는 것은 불행하게도 실존이 지니고 있는 자기치료 능력을 점점 약화시켜 마음의 고통에 대해 실존이 지닌 자기 치료력을 약화시키는 결과를 초래할 것이다.[19]

이와 같은 상황과 관련해 가다머는 고통을 호소하는 환자들이 의약품을 생산하는 기업의 독점 아래서 화학적 진통제에 의지하게 되면, 결국 환자는 실제로 자신과 자신의 삶에 책임을 져야 한다는 사실을 깨닫지 못하게 되는 상황이 도래할 것이라고 지적한다. 고통에 대한 가다머의 이와 같은 통찰은 키르케고르나 니체와 지적 연대를 이루고 있다. 키르케고르가 인간의 심리적인 고통을 생산적이고 창조적으로 해석하고 있듯이 니체에게서도 고통을 수반하는 인간의 비극적 삶과 관련해 꿈이나 도취 속에서 삶의 고통을 망각하기보다는 그것과 대결할 것, 즉 디오니소스적 삶을 살 것을 강조한다.

---

[19] 한스 게오르크 가다머 지음, 공병해 옮김, 《고통: 의학적, 철학적, 치유적 관점에서 본 고통》, 철학과 현실사, 2005, 48쪽 참조.

# 고통 기피증과 불편 기피증

우리는 철학을 하는 체하면 안 되며, 실제로 철학을 해야 한다. 왜냐하면 우리가 필요한 것은 건강한 것처럼 보이는 것이 아니라, 진짜 건강한 것이기 때문이다.[20]

현대인이 겪는 삶의 고난과 좌절 그리고 마음의 치료는 철학의 오랜 과제 중 하나다. 현대인들이 사로잡혀 있는 것에 대한 이해는 현대인들이 지닌 마음의 고통을 파악하는 데 중요하다. 유한한 실존이 지닌 고통, 좌절, 병은 죽음, 자유, 고립, 무의미와 같은 실존의 조건이자 궁극적 관심들이 빚어내는 실존의 역동적 갈등에 기인한다.[21] 실존의 유한성에 대한 강조는 인간의 삶에 대한 부정적 의식을 부여한다. 삶 속에서 우리는 고통, 좌절, 병, 죽음을 일상적인 사건으로 경험한다. 그리고 우리는 이와 같은 사건을 무가치하고 소모적이고 무의미하고 파괴적인 것으로 간주하는 경향이 있다. 그러나 신경학과 정신의학 두 분야를 전공한 교수이자 철학 박사이면서 제2차 세계대전 때 강제수용소 네 곳에 수용되었다 살아나온 빅터 프랭클 V. Frankl은 자유라는 단어를 '조건으로부터의 자유'가 아니라 '그 조건에 대해 자기 주장을 취할 수 있는

---

[20] 에피쿠로스, 오유석 옮김, 《쾌락》, 문학과 지성사, 1998, 32쪽.
[21] 어빈 얄롬 지음, 임경수 옮김, 《실존주의 심리치료》, 학지사, 2007, 19쪽 참조. 얄롬은 죽음, 자유, 소외, 무의미와 같은 실존의 궁극적 관심을 실존주의 정신 역동의 본체로 봤다. 이 책에서 얄롬은 이 요소들의 철학적, 정신 병리적, 치료적인 함축적 의미를 탐험한다.

자유'라는 의미로 사용한다.[22]

로고테라피logotherapie로 유명한 빅터 프랭클은 정신치료법이 현대의 집단 신경증이라고 할 수 있는 실존적 공허를 극복하기 위해서는 인간을 '아무것도 아닌 존재'라는 가르침, 즉 인간을 생물적, 심리적, 사회적 조건의 결과물이거나 유전과 환경의 산물에 지나지 않은 존재로 보는 이론의 태생적 위험을 지적해야 한다고 역설한다. 그는 결정론적 입장을 결국 인간이 자유로운 존재라는 것을 심리요법에 따라 신경증적 숙명론의 형태로 조성하고 강화시키는 불행한 결과를 초래해 인간의 삶을 더욱 비극적으로 만드는 것으로 본다. 이처럼 실존의 진정한 의의는 실존의 유한적 조건 자체에서 해방되는 것이라기보다는 그것에 대한 부정적 해석과 태도에서 해방되는 것이라고 할 수 있다.

현대인의 삶에서 인간의 실존과 관련해 새롭게 등장하는 증상 가운데 주목할 만한 것은 '고통 기피'다. 현대인은 인간의 삶에 자연스럽게 생기는 현상인 고통을 과도하게 부정하고 두려워하고 기피하는 새로운 증상에 시달리고 있다. 고통 기피는 고통스런 현상이 나타나기 전에 고통을 피하게 하는 안전장치 구실을 할 수 있지만 과도한 고통 기피는 고통의 발생 못지않은 고통을 초래한다. 프랭클은 신경질환 환자에게 자주 나타나는 증상인 예기불안, 즉 자기가 실패할 것이라는 예감 때문에 생기는 신경증을 분석하면서 공포 때문에 진짜로 두려워하던 일이 일어나는 방식에 주목한다. 프랭클은 이러한 현상을 두고 "공포는 사건의 어머니"라고 표현했다. 두려움이 결국 두려움의 결과를 초래하는 원인이 되는 것이다. 이것을 그는 과잉투사라고 이름 붙이고 역투사

---

[22] 빅터 프랭클 지음, 이시형 옮김, 《죽음의 수용소에서》, 청아출판사, 2005, 209~210쪽 참조.

derleflected로 이것의 치료를 시도한다.

프랭클의 지적에서도 나타나듯이 아직 드러나지 않은 1차 고통에 대한 두려움으로 2차적 고통이 유발된다. 그것이 정신적인 것이든 육체적인 것이든 고통 자체가 아니라 고통이 나타날 가능성에 대한 공포는 1차 고통이 일어나기도 전에 2차 고통을 야기할 뿐만 아니라 고통이 유발되었을 때 고통을 극복하기 위해 반드시 겪어야 할 고통을 마주하는 것 자체에 대한 장애가 된다.

현대인의 또 다른 특이한 증상은 '불편 기피'다. 현대인은 고통은 고사하고 불편함도 견디기 어려워한다. 현대인은 과도하게 불편함에 대해 부정적인 관점에 사로잡혀 있다. 이것을 불편 기피'증'이라고 불러야 할 정도로 현대인은 불편함을 꺼려 한다. 적지 않은 경우에 인간은 고통스럽지 않기 위해 그리고 불편하지 않기 위해서만이 고통과 불편을 감수하는 경향이 있다. 어쩌면 현대인에게 유일하게 고통과 불편함의 감수가 의미있는 행위로 간주되는 것은 불편과 고통을 피하는 것과 관련된 것들일 것이다. 불편과 고통에 대한 과도한 기피 현상은 인간의 삶에 자연스럽게 수반되는 불편과 고통을 단지 소모적이고 무의미하고 수치스러운 것으로 간주한 결과 마음의 고통이 인간의 삶에 기여하는 생산적이고 창조적인 면까지 불식시키는 부작용을 초래한다.

어떤 것에 대한 술어로서 불편과 고통은 고정된 것이라고 보기 어렵다. 특히 물질문명이 매우 발전한 현대사회에서 불편하다거나 고통스럽다는 생각이나 느낌은 대상 자체나 사건 자체보다 우리의 관점으로부터 더 큰 영향을 받는다. 우리가 특정한 것을 불편한 것으로 생각하는 그 관점 때문에 우리는 그것을 불편하게 생각하고 느끼며, 우리가 무의미한 것으로 가치판단하기 때문에 우리는 그것을 무의미하게 생각하고 느끼는 것이다. 그러나 그와 같은 술어는 사물의 필연적 속성이 아니라 우연적 속성일 때가 허다하다.

인간의 관점 중에 가장 치명적인 관점은 뭐니 뭐니 해도 완전한 삶을 이상으로 간주해 평범한 인간의 삶을 비루하고 누추하고 하잘것없는 것으로 보는 관점이다. 인간의 삶으로부터 오는 온갖 풍요로운 은유의 속삭임을 신 중심적·이상적 관점으로 해석할 때, 그 세상은 암울하고 살 가치가 없는 것으로 판독되고 만다. 그러므로 인간의 관점 가운데 신이라는 거품을 뺀 인간 자체와 세계 자체에 대한 관점은 매우 가치있는 관점이다.

인간은 신 중심주의의 그늘이 우리에게 선사한 '신보다 못한 존재'도 아니고, 인간 중심주의가 선사한 '신만큼 우수한 존재'나 '동물보다 우수한 존재'도 아니다. 인간은 본질이 아니라 실존이듯이 인간은 결정되어 있는 존재가 아니라 부단히 변화하는 존재다. 때문에 인간은 현실성과 가능성 사이에 있는 중간자적 존재다. 중간자로서 인간은 완결되지 않은 부단히 이행하는 존재이자 가능적 존재다. 가능적 존재로서 인간의 삶은 육체와 마음의 불편함과 고통을 겪게 된다. 그러나 우리는 실존적 한계에 대해 부정적인 가치 평가 대신에 긍정적이고 적극적인 마음가짐을 통해 고통의 수동적 대상이 아니라 능동적인 주체로 자리매김할 수 있다. 또한 마음의 고통 자체도 제거해야 할 위험하고 해롭기만 한 암세포 같은 것이 아니라 삶에 자연스럽고 긍정적이고 건강한 신호로 해석할 수 있다. 이처럼 고통을 적극적으로 대하는 태도는 마음의 고통에서 자유로워지는 기초를 우리에게 제공한다.

우리는 청년기에 철학하기를 머뭇거려서는 안 되고 노년기에 철학하기에 싫증을 내서도 안 된다. 그 까닭은 영혼의 건강을 위해 무엇인가를 하기에 너무 이르거나 너무 늦은 때란 없기 때문이다. 철학할 때가 아직 오지 않았다거나 이미 지나가버렸다고 말하는 사람은 행복을 위한 적절한 시점이 아직 없다거나 다시 없을 것이라고 하는 사람과 같다.[23]

철학상담이 현대의 삶에 던지는 의의는 자신의 삶에 대한 관심에 있다. 1980년 저널 《휴머니스트Humanist》에 〈상담하는 철학자The Counseling Philosopher〉라는 논문을 실으며 처음으로 현대에 철학상담에 대한 논의를 시작한 허시Seymon Hersh는 철학상담자는 자신의 고객을 아프거나 노이로제 치료를 기대하는 개인이 아니라 삶에 투자해 훨씬 더 많은 이익을 얻고자 하는 지적인 투자자들로 간주하는 전문가라고 본다.[24]

기존의 마음치료가 주로 전문가가 일방적으로 실행한 것이었다면 철학치료는 자기 자신이 하는 자기치료, 즉 치료의 주체와 객체로서 주체의 이중적 의미를 띤 자기치료를 근간으로 한다. 이렇듯 철학의 한 갈래로서 실존철학은 인간의 고통에 관심을 기울임으로써 실존적 삶의 위기를 극복하려 한다. 그리고 철학적 과정에서 주목할 점은 자신의 실존 문제를 의사에게 모두 맡기는 대신 실존이 철학적 사유를 함으로써 스스로 문제를 해결하는 데 주력하는 자기치료라는 점이다. 기존의 마음치료사들이 주로 마음의 병을 부정적인 것으로 간주했다면 철학자들은 그것을 삶의 자연스럽고 적극적이고 긍정적인 것으로 확장해 생각했다.

---

23 〈Brief an Menoikeus 122〉, in: Epikur, übersetzt, ausgewählt und mit einem Nachwort versehen von Bernhard Zimmermann, *Philosophie des Glücks*, München 2006, p. 9.
24 Seymon Hersh, *Humanist*, v40 n3 p32~33, 60 May~Jun 1980.

나는 실존이 지닌 마음의 병을 키르케고르의 사상에 내재해 있는 절망과 불안에 대한 철학적 성찰을 통해 진단해보고 가능성을 모색해보았다. 그리고 키르케고르의 진단과 치료적 사유에 대한 탐색을 통해 그의 사상이 현대 사회에 나타난 마음의 병에 대한 통찰에 기여할 수 있는 지점을 살펴보았다. 이와 같은 결실을 나는 현대에 새롭게 등장한 실존적 병이라고 할 수 있는 고통 기피증과 불편 기피증이라는 새로운 마음의 병과 연결해보았다. 병들의 집이라고 할 수 있는 실존에 대한 부정적인 관점을 이해하고 보듬고 확장하고 심화하고 변형함으로써 자기치료의 가능성이 열린다. 이 과정을 가능하게 하는 것은 철학적 사유라는 삶의 고유한 방법이다.

- 이 글은 필자의 다음 논문을 일부 수정, 보완한 것이다.
  〈실존의 고통과 실존 치료: 키르케고르를 중심으로〉,《동서철학연구》, 제49집, 한국동서철학회편, 2008. 9. 30, 347~366쪽.

ര장 철학치료, 고통에게 묻다

## 삶이 괴롭다?

우리 나라는 지금 수많은 사람들이 자살을 시도하는 비극적 상황에 처해 있다. 한편에서는 삶을 포기하는가 하면, 다른 한편에서는 살고자 치열하게 몸부림친다. 죽으려는 의지와 살려는 의지. 이 갈림길을 좌우하는 것은 무엇일까? 삶을 포기하는 사람들이나 살아내는 사람들이나 모두 지독한 사연이 있기 마련이다. 우리는 무엇으로 살고 무엇으로 죽는가? 우리를 죽음에 이르게 하는 것, 스스로 삶을 포기하게 하는 이유는 무엇일까? 오늘날 자살의 주요 원인으로 새롭게 등장한 것이 우울증이다. 우울증은 삶에 대한 비관주의, 염세주의 그리고 권태주의와 같은 철학적 진단과 밀접히 연결되어 있다. 그렇다면 우리를 우울하게 하는 것은 무엇일까? 우리는 언제 우울해질까?

우울은 삶이 우리에게 주는 고통일 것이다. 삶의 고통은 육체적 원인에 기인할 수도 있고 정신적 원인에 기인할 수도 있다. 그러나 비록 시작은 이들 중 어느 하나일 수 있겠지만, 과정에서 이 둘은 긴밀히 연결되기 마련이다. 고통의 원인이 뫼비우스 띠처럼 연결되어 있듯이 우리의 삶 또한 다양한 요소들로 이루어져 있다. 순도 100퍼센트짜리 기쁨이 불가능하듯이 순도 100퍼센트짜리 슬픔도 불가능하며, 완벽한 건강이 불가능하듯이 완벽한 병도 불가능하다. 이렇듯 삶은 희로애락이 뒤섞인 비빔밥이자 삶과 죽음의 변주곡이다. 그런데 이 삶을 죽음으로 유인하며 삶의 위험 수위를 결정하는 것은 무엇일까?

## 고통스러운 삶을 관통한 철학자 쇼펜하우어

쇼펜하우어는 고통과 대면해 죽음 대신에 삶으로써 고통스런 삶을 관통한 철학자다. 그의 철학은 고통의 철학인 동시에 삶의 철학이라고 할 수 있다. 과연 그를 고통의 철학으로 인도한 것은 무엇이며 다시 삶의 철학으로 인도한 것은 무엇일까? 죽음이라는 지독한 유혹으로부터 현대인의 삶을 지키기 위해 쇼펜하우어의 고통의 철학을 탐구하는 것은 이 시대에 의미있는 작업일 것이다.

현재 한국의 40대와 50대를 이루고 있는 386세대, 즉 1990년대 후반에 만들어진 '30대, 80년대 학번, 60년대 생인 세대'들이 '빨리빨리 신드롬'에 시달린다면, 신세대를 상징하는 X세대나 밀레니엄 세대인 Y세대에서는 '귀찮아 신드롬'이 두드러져 보인다. 과거 세대가 과도한 의욕이나 의미 추구로 몸살을 앓았다면, 요즘 세대를 괴롭히는 것은 과도한 의미 결핍이다. 사회는 급속도로 빨리빨리 신드롬에서 귀찮아 신드롬으로 전환되고 있다. 정신없이 질주한 결과로 망연자실해 있는 빨리빨리 신드롬을 치료하는 데 필요한 것이 평온과 느림이라면, 귀찮아 신드롬에 필요한 것은 역동성과 속도다.

그러나 문화가 다른 세대들에서 뚜렷하게 나타나는 대비는 고통의 진단과 치료에서도 나타난다. 세계를 단지 삶에의 맹목적 의지의 산물로 진단하는 쇼펜하우어는 그 의지를 비판적으로 본다. 기존의 빨리빨리 신드롬이 추구하는 과도한 삶의 의지는 과도한 맹목적 의지의 발현이기에 그것은 단지 인간의 고통을 가속화하는 촉진제일 뿐이다. 따라서 쇼펜하우어라면 의욕의 굴레에 묶여 있는 빨리빨리 신드롬을 치료할 처방으로 의지 부정을 권할 것이다. 그러나 오히려 바로 이 지점에서 니체와 같은 철학자는 삶의 병인病因을 발견하기도 한다. 그는 의지의 부정에 따른 의지의 죽음을 바로 삶의 퇴폐주의나 허무주의의 근원으로 파악한다. 이와 같은 무의지나 무기력에서 유래된 현대적 증후군이 바로 '귀찮아 신드롬'이다.

이처럼 우리 사회는 맹목적 욕망에 시달리는 현대인의 과도한 의미 추구 증세와 과도한 무기력증에 빠져서 무의미를 추구하는 신퇴폐주의의 막다른 길목에서 점점 더 깊은 허무주의의 늪으로 빠져들고 있다. 따라서 오늘날 허무주의의 병리적 현상에 대한 대안을 찾는 것은 우리 시대의 시급한 사안이다. 이런 맥락에서 볼 때 현대의 고통 담론에서 의미 과잉과 의미 결핍의 분기점을 잘 드러내주는 쇼펜하우어의 고통론을 진단과 치료라는 두 개념을 중심으로 살펴보는 것은 의미있는 작업이다.

쇼펜하우어 사상의 중심축을 이루는 세계의 근거로 사유와 관련 있는 표상과 본능과 관련 있는 의지는 얼핏 보면 충돌하는 것처럼 보인다. 그러나 이런 현상을 우리는 고통에 대한 진단적 차원에 대한 접근인 '고통의 해석학'이라는 용어로 제대로 파악할 수 있다. 그리고 이념에 대한 인식을 중심으로 예술과 정관을 통해 실현되는 그의 치료적 사상을 '치료의 해석학'이라는 상위 개념으로 접근할 것이다. 이로써 쇼펜하우어 사상이 우리에게 일반적으로 알려져 있는 것처럼 삶을 염세적으로 진단하는 차원에서 멈추는 것이 아니라 그것의 탈출구를 모색하는 데까지 확장되어 있음을 드러냄으로써, 지금까지 소홀히 다루어진 쇼펜하우어 사상의 치료적 차원을 조명하고자 한다.

## 고통을 보면 삶이 보인다

사람마다 삶의 중심 물음이 다르듯이 철학자들마다 철학의 중심 물음이 다르다. 쇼펜하우어를 사로잡았던 중심 물음은 고통의 근원이었다. 이 물음에서 쇼펜하우어가 발견한 것은 의지이자 성욕이었다. 쇼펜하우어의 철학적 문제의식은 스탠퍼드 대학교의 명예교수인 어빈 얄롬이 잘 그려냈다.

얄롬이 2005년 발표한 소설《쇼펜하우어 집단심리치료 The Schopenhauer Cure》를 보면 심리치료사 쥴리어스가 죽음을 두려워하는 모습과 철학상담사 필립이 섹스 중독에서 자신을 치유하는 과정을 섬세하게 그려나가는 동시에 철학자 쇼펜하우어의 삶과 철학의 구체적인 면면들을 흥미롭게 전개시키고 있다. 집단치료라는 독특한 상황과 쇼펜하우어의 일생을 교차해 서술함으로써 얄롬은 쇼펜하우어의 사상과 현대 정신의학의 고질적인 화두인 죽음과 성욕이 삶 속에서 펼치는 고통의 진단과 치료의 길을 담담하게 보여주고 있다.

삶의 불쾌한 방문자인 번뇌에서 벗어나 마음의 평정을 얻는 것, 이것이야말로 고통의 철학자 쇼펜하우어가 궁극적으로 추구한 것이다. 이 목적을 실현하기 위해 그는 우리가 시달리는 온갖 고통의 정체를 해부하기 시작했다. 이에 대한 쇼펜하우어의 중심 저술이 바로《충족이유율의 네 가지 뿌리에 관하여 Über die vierfache Wurzel des Satzes vom zureichenden Grunde》와《의지와 표상으로서의 세계Die Welt als Wille und Vorstellung》그리고 우리에게는 인생론이라는 제목으로 많이 알려진 책이자 그를 하루아침에 유럽의 스타로 떠오르게 한《소품과 보유집Parerga und Paralipomena》이다.

쇼펜하우어의 업적의 근원에는 쇼펜하우어의 '고독'이 존재한다. 현대인이 제일 두려워하는 혼자 있기와 이에 수반되는 고독에 그는 새로운 위상을 부여했다. 그는 고독이라는 실존의 독특한 상태를 주목하게 해 자기 자신에 대한 자신의 관계가 중요하다는 사실을 환기시킨다. 쇼펜하우어에게 고독이란 인간이 꺼리는 불편한 손님이 아니라 인간이 마침내 자기 자신과 대면할 수 있는 특이한 순간을 제공하는 내적인 분위기다. 단지 고독이 제공하는 자신과의 대면으로 인간은 비로소 자신의 문제에 직면하는 동시에 자신을 보듬는 시간을 내게 된다. 고독이라는 사건은 쇼펜하우어의 삶을 유지시킨 원리이자 그의 철학을 완성시킨 근본적인 계기라고 할 수 있다.《쉽게 읽는 쇼펜하우어: 의지와 표상으로서의 세계Schopenhauer für Anfänger: Die Welt als Wille und Vorstellung: Eine Lese-Einführung》에서 수잔네 뫼부스Susanne Möbus는 이와 같은 고독을 쇼펜하우어의 고유한 감수성으로 평가한다. 이 때문에 고독은 사회성의 결여가 아니라 전적으로 의식적인 개별화이자 자신의 고유한 인격에 집중하는 것으로 평가된다. 따라서 고독은 인간 실존의 파괴자가 아니라 구현자로 새롭게 평가되는 것이 마땅하다.

그는 고통의 근원에 대한 물음을 자신의 일생에 수반된 고독을 통해 성공적으로 추구한 고독한 고통의 전령사였다. 삶의 고통에 대한 그의 생생한 연구는 우리 삶의 고통을 이해하는 가장 해박한 철학서를 만들어냈다. 이 때문에 우리는 그를 상아탑 속에서 이론을 즐기는 기존 강단 철학자들과는 달리 철학적 시선을 예리하게 삶의 현장으로 던진 현장 철학자로 평가해야 마땅하다. 그는 인식론이 난무하던 근대에 놀랍게도 고통의 철학자가 되었다. 그가 던진 인식론적 물음조차도 인간의 고통이 생기는 출처와 치료에 대한 물음에서 유래한 것이었다. 이것이 기존의 철학적 물음과 쇼펜하우어의 철학적 물음의 근본적인 차이다.

## 삶은 왜 고통일까

삶을 고통으로 정식화한 쇼펜하우어의 진단은 고통의 근원이 무엇이냐는 물음과 더불어 고통에서 해방되는 방법을 찾아야 하는 과제를 안고 시작된다. 형이상학이나 미학 그리고 인식론을 비롯해 윤리학적 통찰의 중심에 놓여 있는 그의 화두는 고통이다.[1] 쇼펜하우어가 지적한 바 있듯이 흔히 고통의 해석학의 유명한 예들 중 하나를 우리는 성서에서 찾을 수 있다. 성서는 고통의 원인을 인간 자신이 스스로 범한 죄에서 찾는다. 즉 인간의 고된 삶은 인간 자신이 범한 타락과 죄의 대가다. 이처럼 고통의 원인에 대한 도덕적 해석은 고대

---

1 쇼펜하우어는 그의 중심 물음인 고통과 연관해 'Leiden', 'Leid', 'Schmerz'를 사용하는데 이 책에서는 'Leiden'을 고통으로, 'Leid'를 고뇌로, 그리고 'Schmerz'를 아픔으로 번역했다.

인들에게 일반적으로 나타나는 해석 양태 중 하나다. 주지하다시피 자연의 현상, 특히 재해나 재앙을 인간의 잘못에 대한 처벌, 즉 도덕적 차원에서 파악하는 것은 우리에게 익숙한 사실이다.

인간의 삶에서 고통은 당연한 것이 아니라 근거를 제시해야 할 무엇이었다. 고통을 겪을 때 누구도 그것을 당연하고 자연스러운 것으로 받아들일 수만은 없다. 오히려 근거를 따지게 되고, 왜 자신이 당해야 하는지 이유를 묻게 된다. 고통의 근거에 대한 물음은 단지 인간이 형이상학적 존재이기에 지니는 탐구적 열정의 결과라기보다는 고통을 회피하는 인간의 본능적 시도라고 할 수 있다. 이 물음은 고통에서 자유로울 수 있는 가능성에 도전하는 물음이다. 쇼펜하우어의 고통의 해석학은 굉장히 형이상학적이면서도 종교적인 모양새를 취하고 있는 동시에 그 속에 은폐되어 있는 생물학적 차원을 폭로하면서 진행된다. 그는 고통의 근원으로 해석되곤 하는 성서적 죄와 그것의 배후에 놓여 있는 욕망의 은밀한 결합 관계를 날카롭게 드러냄으로써 고통의 근원을 형이상학적 차원에서 생물학적 차원으로 확장한다. 언제부터인가 철학의 영역에서 사라졌다가 쇼펜하우어가 비로소 환기시킨 고통의 근원에 대한 철학적 물음은 사실 인간의 역사 이래로 존재론, 인식론 그리고 윤리학 못지않게 중요하게 제기되어온 인간의 근원적 물음이다.

## 내 고통의 원인은 나의 표상이다

고통에 대한 쇼펜하우어의 철학적 주장을 이해하려면 먼저 세상이 고통스럽고 염세적일 수밖에 없는지에 대해 쇼펜하우어가 어떻게 묻고 답했는지 알아야 한다. 어째서 삶의 다양한 현상들은 그토록 고통으로 가득 차 있단 말인가? 무엇보다도 쇼펜하우어가 고통의 근거에 대한 탐구의 핵심적인 사상으로 제시한 두 개념이 표상과 의지다. 그는 우선 세계를 인간과 별개로 존재하는 객체가 아니라 인식작용의 주관적 산물인 표상으로 간주한다. 따라서 세계는 우리 자신과 밀접히 연관되어 있다.

선험적 관념론자인 칸트가 세계를 인간 일반의 선험적 표상, 즉 '우리'의 표상으로 간주한 것과는 달리 쇼펜하우어는 세계를 '나'의 표상으로 보았다. 《의지와 표상으로서의 세계》를 쇼펜하우어가 "세계는 나의 표상이다Die Welt ist meine Vorstellung"라는 문장으로 시작했을 때, 우리는 세상이 바로 나의 표상임을 알게 된다. 이는 세계란 바로 나의 세계이고, 나의 세계란 나의 생각의 산물임을 명시한다.

그렇다면 나의 표상은 나의 세계의 유일한 근원인가? 대답은 '아니요'다. 세계는 비록 나의 표상이지만 나의 표상은 다시 그 자신의 원인을 지닌다. 쇼펜하우어의 세계관을 이 문장 하나로 이해하려는 것은 치명적인 실수다. 쇼펜하우어가 서문에서 강조했듯이 그의 사상을 이해하기 위해서는 적어도 이 문장이 들어가 있는 책 한 권 정도는 정독해야 한다. 그는 표상을 가능하게 하는 우리의 인식을 직관, 즉 어떤 개념적 작용도 아직 포함되어 있지 않은 상태와 연관시키고, 이와 같은 직관의 출처를 다시 의지와 밀접히 결합되어 있는 육체를 통해 설명한다. 이런 차원에서 표상의 문제는 의지의 문제로 넘어간다. 이때 표상은 다시 두 종류로 구분해서 이해해야 한다. 즉 개념 작용이 포함되어 있는 추상적 표상과 그것이 없는 순수한 직관적 표상으로 구분된다. 이들 중에 고통의 근거와 관련된 탐구에서 표상에 대한 논의를 의지에 관한 논의로 이행하게 하는 것은 엄밀히 보자면 표상 중에서도 직관적 표상이다.

쇼펜하우어가 칸트에게서 물려받은 가장 큰 정신적 유산은 코페르니쿠스적 전환으로 익히 알려진 바 있는 인식의 객관 중심주의, 즉 세계의 모습은 세계가 그렇게 우리에게 보이기 때문이라는 주장에서 주관 중심주의, 즉 우리가 그렇게 세계를 보기 때문이라는 주장으로 전환한 것이다. 이와 같은 전환은 쇼펜하우어의 사상 형성에 직접적인 영향을 주었다. 그것의 일차적 영향은 우리가 경험하는 세계를 쇼펜하우어가 대상 세계를 근거로 보기보다는 주관, 즉 나에 의한 표상으로 파악할 때 잘 드러난다. 쇼펜하우어는《의지와 표상으로서의 세계》제1판 머리글에 자신의 책을 이해하는 데 칸트, 플라톤 그리고 베다의 사상이 큰 도움이 될 것임을 밝히고 있다. 그러나 쇼펜하우어의 사상은 이들 사상과 비슷하기도 하지만 다르기도 하다. 한 예로서 그는 칸트의 인식론에서 그의 표상 이론의 실마리를 마련했지만 그의 의지론은 칸트의 인식론과 대척점을 형성한다. 이 점을 염두에 두면서 보자.

세계란 나의 표상의 산물이기 때문에 나의 세계를 바꾸기 위해 필요한 것은 나의 표상이다. 그렇다면 이와 같은 표상이란 도대체 무엇인가? 쇼펜하우어는《의지와 표상으로서의 세계》제2권을 표상의 본질에 대한 연구에 할애한다. 지금까지 우리가 일반적으로 다루어온 표상은 추상적 표상으로서 개념의 지배를 받고 있는 표상의 일반적 형식에 따라 관찰된 것이다. 그러나 표상은 그것의 실질적 내용과 의미를 추상적 표상이 아니라 단지 직관적 표상과의 관계 속에서만 얻을 수 있다. 모든 표상의 근원은 직관적 표상이다. 추상적 표상 역시 직관적 표상의 부수물일 뿐이다. 따라서 직관적 표상 없는 추상적 표상은 어떤 참된 내용도 없고 가치도 없다. 이로써 추상적 표현과 직관적 표상에 대한 전통 형이상학적 관계는 역전된다.

따라서 세계나 고통의 실질적인 내용과 의의를 파악하기 위해 꼭 필요한 대상은 단지 표상이 아니라 직관적 표상이다. 우리는 직관적 표상을 참조해서만 우리의 세계와 그곳에서 일어나는 삶의 희로애락이 어디서 오는지 파악할 수 있다. 그러나 이 직관적 표상은 개념적으로 포착되는 것이 아니라 개념 없이 우리 눈앞에 나타나고, 느낌으로 우리에게 다가오는 것이다. 이 직관적 표상은 쇼펜하우어에게 우리의 모든 것을 주어서라도 얻을 만한 흥미로운 것이자 그것 자체 또한 우리에게 이해를 바라며 말을 걸어오는 어떤 것이다.[2]

## 세계의 원인에 대한 기존 물음의 한계

쇼펜하우어는 세계의 원인을 탐구하는 다양한 학문인 원인학Ätiologie을 살펴본 결과, 원인학은 현상의 근원적인 원인을 다루고 있는 것이 아니었음을 깨닫는다. 그것은 우리에게 보이는 세계라는 표상과 그것의 원인에 관한 것이라기보다는 단지 상태들이 공간과 시간 속에 나타날 때 따르는 다양한 법칙인 질서를 알려주고, 모든 사례에 관해 어떤 현상이 특정한 장소에서 생길 수밖에 없는 표상적 근거를 보여준다. 이런 점에서 볼 때 원인학은 특정한 법칙에 따라 갖가지 상태에 그것이 시간과 공간에서 점령해야 하는 위치를 정해주는 것이다. 그러나 이때 그 법칙의 일정한 내용은 경험으로 가르쳐진 것인 반면에, 그것의 보편적인 형식과 필연성은 경험과 관계없이 우리가 의식하고 있

---

[2] Arthur Schopenhauer, *Die Welt als Wille und Vorstellung*, München: dtv, 2008, p. 145 참조.

는 것이다. 결국 기존의 원인학은 표상의 근원을 알려주는 것이 아니라 어떤 표상을 가능하게 하는 다른 표상을 알려주는 것이다. 따라서 원인학은 표상의 원인이 아니라 표상들 간의 관계를 알려주는 것이다.

결국 원인학은 인과율처럼 현상과 현상 질서에 대한 설명에 그친다는 것이 쇼펜하우어의 통찰이다. 원인학이 아무리 설명한다고 해도, 이 현상들의 원인은 여전히 단순한 표상이기에 저 표상들의 근본적 의의, 즉 표상들의 존재 근거를 이해하는 데까지는 도달하지 못한다. 따라서 원인학의 대표적 학문인 자연과학은 현상들 간의 관계를 설명하는 것이지 현상들 자체의 원인이나 의미를 설명하는 것이 아니다.[3]

인류 역사 이래 표상들의 원인에 대한 물음, 즉 다양한 형이상학적 물음은 철학의 물음이었고 그 대상은 철학의 대상이었다. 따라서 그것의 대답 또한 철학만이 획득할 수 있다. 철학이 제시하는 존재의 근거에 대한 물음은 자연과학이 제시하고 있는, 우리에게 보이는 존재들의 관계, 즉 표상들 간의 관계에 대한 물음과 구분된다. 논의에서 보면 우리는 쇼펜하우어가 얼마나 형이상학적인 철학자였는지 알 수 있다. 그는 칸트가 고심한 형이상학적 물음을 다시 제기한다. 칸트가 모든 개별 학문들의 단초 학문으로서 인식론을 그의 《순수이성비판》에서 선험철학을 통해 전개했다면, 쇼펜하우어는 모든 개별적 이유들의 원인을 의지와 표상으로서의 세계에 대한 탐구 속에서 밝혀내고자 했다. 데카르트의 "나는 생각한다. 고로 나는 존재한다"라는 명제가 칸트에게 "나는 인식한다. 고로 세계는 존재한다"라고 표현될 수 있다면, 쇼펜하우어에

---

3  Arthur Schopenhauer(1819), 앞의 책, pp. 146~147.

게는 "나는 의지한다. 고로 세계는 존재한다"라고 명제화될 수 있을 것이다.

## 나는 의지한다, 고로 고통스럽다

나의 표상으로서의 세계는 직관의 도움을 통해서만 직접적으로 체험될 수 있다. 그렇다면 이와 같은 표상의 근거는 무엇인가? 즉 표상의 참된 충족이유율은 무엇인가? 이와 같은 물음은 쇼펜하우어에게 세계의 근거에 대한 물음을 표상에 대한 물음에서 표상의 근거에 대한 물음으로 심화시킨다. 결과적으로 세계의 근거에 대한 물음의 1차적 답변인 표상은 다시 그 자신의 근거에 대한 물음을 제기받는다. 이 물음으로 "세계는 나의 표상이다"라는 명제는 '나의 표상'과 '나의 의지'의 연관성을 천명하며, 이를 통해 결국 "세계는 나의 의지다"[4]라는 명제로 귀결된다.

현상들의 원인을 다른 현상으로 설명하는 것이 아니라 그것의 근원적 원인을 밝힘으로써 제시하고자 한 쇼펜하우어는 의지에 대한 물음을 통해서만이 비로소 그것의 진정한 충족이유율을 얻게 되는 것이다. 세상의 모든 현상들, 즉 표상들의 배후에는 바로 의지가 존재한다. 이로써 쇼펜하우어에게 의지는 바로 칸트가 우리의 인식으로는 결코 밝혀낼 수 없는 것으로 명시한 물 자체 Ding an sich의 모습으로 명시된다. 따라서 세계의 궁극적인 원인에 대한 충족이유율의 탐구는 바로 의지에 대한 탐구로 집중된다.[5] 쇼펜하우어 사상의 뿌

---

4 Arthur Schopenhauer, 앞의 책, p. 33.
5 김진, 〈쇼펜하우어와 초기불교의 존재 이해〉, 《동서철학연구》, 한국동서철학회논문집, 제30호, 2007, 171~174쪽.

리이기도 한 그의 박사 학위 논문인《충족이유율의 네 가지 뿌리에 관하여》에서 시도되는 세계의 근거에 대한 탐구인 인식에 대한 탐구는《의지와 표상으로서의 세계》에서 세계와 고통의 필연성과 더불어 그것의 근거에 대한 인식에 도달한다.

칸트에게는 세계를 능동적으로 파악하는 오성의 형식인 열두 범주가 쇼펜하우어에게는 충족이유율로 압축된다. 모든 존재하는 것, 즉 세계는 반드시 존재하는 충분한 이유가 있다. 그는 이 세계가 우리에게 특정한 방식으로 표상되는 이유를 충족이유율로 설명한다. 따라서 존재의 방식을 규정하는 것은 표상의 방식이다. 그리고 모든 존재가 지니는 자신의 의지는 존재의 상이한 종류에 따라서 다른 모습으로 드러난다.

세계의 근원인 의지는 원인이나 자극 그리고 동기를 통해 운동한다. 원인은 무기질적 요소를, 자극은 식물적 요소를 그리고 동기는 동물적 요소를 운동시킨다.[6] 이 세 요소로 이루어져 있는 인간의 의지는 원인에 의해서도, 자극에 의해서도 그리고 동기에 의해서도 운동한다. 그러나 의지가 단지 외적인 원인이나 자극에 따라서만 운동하게 되면 인간의 활동은 자기 목적 없는 단순한 활동으로 전락한다. 그러나 인간은 외적인 자극에 의해서뿐만 아니라 내적인 자기지각에 의한 행동, 즉 인식에 의한 행동이 가능하다. 이때 의지는 바로 원인이나 자극과는 달리 동기에 의해서 운동한다. 이것이 의미하는 바는 인간의 의지는 단순히 외부의 자극에 기계적으로 지배되는가 하면 또한 그것에서 자유로울 수 있다는 사실이다.

---

[6] Arthur Schopenhauer, 앞의 책, pp. 52~53.

이처럼 세계 속에 존재하는 모든 존재는 의지의 지배를 받지만 의지의 상이한 운동에 따라서 무기물 세계의 의지, 식물 세계의 의지 그리고 동물세계의 의지로 구분된다. 이들 의지들 중에서 유일하게 동물세계의 의지만이 인식적이다. 동물세계의 의지는 다른 두 세계의 의지를 포함하기에 외적인 원인이나 자극으로도 운동할 수 있지만 동시에 내적인 자기 지각에 따라 운동하는데 그것은 인간의 운동이 의지와 표상의 연관성 하에 있음을 드러낸다.

의지와 표상의 관계는 의지와 인식의 관계로 표현될 수 있는데, 이 둘의 관계는 고정된 것이 아니라 유동적인 것이다. 즉 의지가 인식을 지배할 수도 있고, 인식이 의지를 지배할 수도 있다. 이때 전자의 인식은 의지의 노예일 뿐이다. 따라서 우리의 세계인 표상 세계는 의지에 따라 기계적으로 작동한다. 세계의 희로애락을 바로 의지가 결정한다. 고통의 근거 또한 의지의 지배하에 있는 표상에 의해 지배된다.

그렇다면 인간의 삶은 의지의 맹목적인 운동에 따라서 움직이는가? 그렇지 않은 예를 쇼펜하우어는 의지에서 자유로운 인식에서 발견한다. 의지의 구속에서 인간의 삶이 자유롭다는 것은 바로 인과율의 구속으로부터의 자유로움을 의미한다. 그렇다면 인간은 어떻게 인과율에서 자유로울 수 있는가? 이를 위한 수단을 쇼펜하우어는 바로 예술 그리고 이념을 좇아 수행되는 인식에서 찾는다.

쇼펜하우어는 마치 식물이 자극을 받아 운동하는 것처럼 동물적인 육체는 인식을 통해 동기를 부여받는다고 본다. 동물은 모두 대상을 인식하고, 이 인식이 동기가 되어 동물의 운동을 규정하기에 가장 불완전한 동물이라도 오성을 지니고 있다. 오성은 모든 동물과 인간에게 같이 나타나기에 이들은 인과 관계뿐만 아니라 결과에서 원인으로 그리고 원인에서 결과로 이행되는 과정을 인식한다. 그러나 이들이 지니고 있는 오성의 예민성 정도나 인식 범위가 모두 동일한 것은 아니다.

오성의 결핍인 '우둔'이란 것은 인과관계 법칙을 응용하는 데 둔감하다는 것, 즉 원인과 결과, 동기와 행위의 연쇄를 직접 파악할 수 없다는 것을 의미한다. 따라서 우둔한 존재는 인과관계 법칙을 응용하는 힘이 결여되어 있다. 특히 인간이 고통에 빠져 있을 때, 인간은 바로 자신의 고통이라는 결과와 그것의 원인이 어떤 인과관계에 있는지 파악하지 못한다. 삶이 고통이라는 것, 그것에 묶여 있다는 것은 삶이 고통일 수밖에 없는 원인에 대한 인식이 없다는 것을 의미한다. 개별화의 원리에 따라 기계처럼 운동하는 삶에서 희로애락은 자연의 우연한 산물이지 자신이 자유롭게 획득한 것이 아니다. 인식이 의지에 구속되면 이런 일이 벌어진다. 이와 같은 경우에는 인식이 이성적인 것이든 직관적인 것이든 근원적으로는 단지 의지에서 나온 것으로서 의지에 봉사하기 위한 것, 즉 개체 유지나 종의 번식을 위한 수단에 지나지 않는다. 이럴 때 인식은 단지 의지가 목적을 실현하도록 도와주는 수단이라는 사명을 지니고 태어났을 뿐이다.

# 어떻게 고통에서 자유로울 수 있는가

## 맹목적 의지에서 해방되기

쇼펜하우어는 우리를 불안하게 하고 괴롭히는 것을 피할 수 없는 악도 아니고, 도저히 수중에 넣을 수 없는 재물도 아니라고 생각했다. 그것은 인간이 피할 수 있거나 수중에 넣을 수 있는 것들의 정도 문제와 관계한다. 쇼펜하우어는 행복을 우리가 욕망하는 것과 우리가 얻은 것 사이의 균형에 바탕을 둔 것으로, 고통을 그 둘 사이의 불균형에서 생기는 것으로 본다.[7] 그러나 소유에서 오는 기쁨은 단지 오류와 망상의 자식일 뿐이다. 왜냐하면 우리의 요구와 그것의 충족이라는 관계는 쇼펜하우어에게 "우연에게서 잠시 빌려온 것이기에 우리는 언젠가 우리도 모르는 때에 이것을 반납해야 할 수도" 있기 때문이다.

모든 고통은 망상이 사라졌을 때 나타나는 증상이다. 쇼펜하우어는 오류와 망상의 원인을 불완전한 인식에서 찾는다. 따라서 잘못된 관계는 인식과 관계하며, 이는 더 높은 식견으로 없앨 수 있다. 현자에게는 고통도 항상 멀리 떨어져 있을 뿐만 아니라 마음의 평정을 방해하는 일도 일어나지 않는다. 마음의 어지러움은 불완전한 인식에서 생긴다. 이처럼 고통에 대한 쇼펜하우어의 진단과 치료적 해석은 스토아철학과 많이 닮아 있다.

스토아철학의 창시자인 제논은 가장 좋은 것, 즉 최고선이라고 할 수 있는 '행복에 넘침'에 도달하는 데 가장 중요한 방법은 자기 자신과 합치되는 삶이

---

7 Arthur Schopenhauer, 앞의 책, pp. 137~138.

라고 했다. 즉 철저히 '이성적으로', 즉 '개념으로 자기 규정'함으로써 변화하는 여러 인상과 일시적인 기분에 휘둘리지 않는 것이다. 성과나 외부 사정을 우리가 어찌할 수는 없지만 우리의 행동 준칙은 우리가 구사할 수 있다.[8] 이와 같은 윤리학적 통찰에서 쇼펜하우어는 인간의 생활에 항존하는 고통을 초월해 인간의 품위를 향유하게 하는 지침을 발견한다.

스토아철학에 대한 쇼펜하우어의 지대한 관심은 그의 철학이 니체와 변별되는 지점을 명시하는 부분이기도 하다. 니체가 적대자로 삼고 있는 철학, 즉 플라톤이나 그의 후예인 스토아철학을 극찬했을 뿐만 아니라 칸트 철학에 대한 비판과 더불어 칸트 철학의 철학적 물음을 더 완숙한 경지에 도달하게 한 것이 바로 쇼펜하우어의 철학이다. 이런 경향은 고통의 해석학을 넘어 치료의 해석학으로 이동하는 지점에서 더욱 명료하게 드러난다. 즉 니체가 신세 지고 있는 쇼펜하우어의 고통의 해석학은 비이성주의, 생물학적 인간 이해, 기계적 인간관에 많은 신세를 지고 있다. 그러나 쇼펜하우어의 치료의 해석학이 풀어내는 인간에 대한 접근은 니체와 대립적으로 바로 전통 철학에서 형이상학이나 합리주의가 주장하는 인간 이성과 인식의 힘을 강하게 환기시키고 있다.

## 고통을 치료하는 도구로서 예술과 인식

두루 알듯이 쇼펜하우어는 인간의 고통이 표상과 밀접하다는 점을 지적했다. 쇼펜하우어는 고통의 근원인 표상과 의지의 문제를 고통에 대한 진단적 해석

---

8   Arthur Schopenhauer, 같은 책, p. 139.

에서는 고정된 것으로 간주하지만 치료의 해석학에서는 유동적인 것으로 생각한다. 삶의 고통을 야기하는 표상과 의지의 생물학적이고 기계적인 관계를 변화시킬 수 있는 가능성에 대한 물음은 쇼펜하우어 철학이 지니는 염세주의적 색채의 이면을 발견할 수 있는 의미있는 물음이다. 그는 단호히 이 가능성에 도전한다. 이 도전은 자신의 염세적인 삶에 대한 도전이기도 하다. 염세주의에 몰락하지 않고 낙천주의로 전환할 수 있는 가능성에 대한 집요한 탐구는 삶에 대해 갖추어야 할 마지막 예의이자 의무이기도 하다.

그렇다면 과연 인간은 어떻게 표상과 의지의 그 집요한 기계적 인과관계에서 자유로울 수 있는가? 그리하여 고통에서 놓여날 수 있는가? 단도직입적으로 말하자면 그것은 바로 이데아에 대한 인식이다. 동사 'idein'(보다, 알다)의 파생어인 이데아라는 개념은 서양철학사의 근원에서 등장한 진정한 형이상학적인 개념이었지만, 단지 오묘하고 낯선 단어로 다가오곤 했다. 그러다 모던과 포스트모던의 논쟁 속에서 다시 신랄하게 허구성이 비판받았던 철학의 중심 개념들 중의 하나이다. 이처럼 미묘한 단어를 쇼펜하우어는 바로 고통에서 우리를 해방하는 중심 개념으로 상정한다.

문제의 이데아를 인식하는 것은 일반적인 각 사물을 인식하는 것과는 다르다. 그러나 그는 인과관계에 충실한 일반적 인식에서 이데아의 인식으로 이행하는 것은 단지 예외적인 방식으로만 가능함을 강조한다. 이 예외적인 방식에 해당되는 것은 "인식이 의지에 봉사하는 데서 해방되고, 주관이 단지 개체적인 주관이 아니라 의지가 없는 순수한 인식 주관이 된다."[9]라는 것을 의미한

---

9  Arthur Schopenhauer, 앞의 책, p. 243.

다. 쇼펜하우어의 말을 들어보자.

만약 우리가 정신의 힘이 고양되어 사물에 대한 관습적인 관찰 방식을 단념하고, 즉 이유율의 여러 형태를 가지고 자신의 의지에 대한 관계를 궁극적인 목표로 하는 사물 상호간의 관계만 추구하는 것을 그만둔다면 …… 독일어 표현법에 대상 속에 자신을 완전히 '잃는다'는 표현이 있는데, 그것은 자신의 개체, 자신의 의지를 잊고, 오직 순수한 주관으로서 객관을 비치는 거울로 존재하는 것이다. 따라서 거기에 존재하는 것은 대상뿐이며, 대상을 지각하는 사람은 없는 것처럼 생각된다. 그래서 직관하는 사람과 직관은 이미 구별될 수 없으며, 둘은 하나가 되는 것이다. 왜냐하면 의식 전체가 오직 직관적인 상 하나로 채워지고 점령되어 있기 때문이다.[10]

**예술**

예술은 쇼펜하우어에게 인간이 의지의 구속에서 자유로워질 수 있는 일차적 매체다. 예술은 자신이 지니고 있는 세계와의 독특한 연관성 속에서 인간을 개체화의 원리에서 벗어나게 하는 힘을 지니고 있다. 예술이 지니는 독특한 위상은 쇼펜하우어가 예술을 물 자체와의 관계 속에서 고찰할 때 명료하게 드러난다. 쇼펜하우어에게 '예술'은 물 자체, 즉 세계의 직접적이고 적절한 객관성인 '의지'를 고찰하는 방식이다. 주로 천재의 작업에서 매개되는 예술이 재현하는 것은 순수 직관이 파악한 영원한 이데아, 즉 세계의 모든 현상에서 본질적인 것과 연속적인 것이다. 예술은 재현할 때의 소재에 따라 조형예술이나

---

[10] Arthur Schopenhauer, 앞의 책, p. 244.

시 또는 음악이 된다. 쇼펜하우어에게 예술의 유일한 기원은 이념의 인식이며, 예술의 유일한 목적은 이와 같은 인식의 전달에 있다.[11]

과학이 개체를 대상으로 이유율과 개별자의 원리에 지배된다면 이념은 이와 같은 과학의 힘으로 포착할 수 없다. 과학은 네 가지 형태에 따라 원인과 결과가 끊임없이 변함으로써 개별적인 목적에는 도달하나 궁극적인 목적에는 도달하지 못한다. 그러나 예술은 그 정관의 대상을 세상만사의 물결 속에서 끄집어내어 자기 앞에 고립시키기 때문에 곳곳에서 목적에 도달한다. 그렇기 때문에 예술에서 개별적인 것은 전체의 대표이자 공간과 시간 속의 무수한 것들의 등가물이 된다. 예술의 대상은 오직 본질적인 것, 즉 이데아다. 이런 까닭에 경험과 과학의 길은 완전히 이유율에 따르는 고찰이지만, 예술은 사물을 이유율과 관계없이 고찰한다.

쇼펜하우어는 이데아를 대상에 몰입하는 순수 정관으로만 파악할 수 있는 것으로 이해했다. 천재의 정관은 자신과 그의 관계에 대한 망각을 통해 가장 완전한 객관성으로서 자기 자신, 곧 의지를 향하는 정신의 주관적인 방향과는 아주 다른 정신의 객관적 방향으로 향한다. 이와 같은 활동을 통해 천재는 모든 사람들이 이념을 인식할 수 있는 동기를 제공한다. 예술가는 바로 이념 인식의 중요한 매개자다. 예술가가 매개한 덕분에 우리는 이념을 인식할 수 있는 통로를 발견할 수 있다.

그러나 이것은 무감각 상태나 과잉된 감각을 의미하지 않는다. 쇼펜하우어에게 삶은 다른 현상과 마찬가지로 의지가 객관화된 것이지만, 의지는 목표도

---

[11] Arthur Schopenhauer, 앞의 책, pp. 251~252.

없고 결말도 없는 노력인 까닭에 현실적인 삶은 세 가지 형태를 취한다. 이론적으로 극단화하자면 이것은 폭력적인 의욕, 순수한 인식 그리고 지나친 무감각으로 구분된다. 특히 지금 논의하고 있는 부분은 삶의 둘째 형태인 순수한 의식과 관련된 것으로서, 이것은 첫째 형태인 폭력적인 의욕이나 거대한 정열과 구분되는 동시에 셋째 형태인 무감각, 즉 권태나 공허한 동경과도 구분된다. 그러나 개인의 삶은 진단적 차원에서 볼 때 이 세 가지 형태 중 어느 형태 하나에 고정되기보다는 그것들 사이를 약하게 동요하면서 접근해 자신의 지루함이나 고통을 모면하고자 한다.[12] 그러나 치료적 차원에서 보자면 폭력적인 의욕과 더불어 무감각 상태는 쇼펜하우어가 바라는 치료의 목표가 아니다.

비록 진단적 차원에서 현실적인 삶이 이 세 가지로 구분되지만 치료적 차원에서 보자면 강렬한 의욕과 무감각 상태는 지향해야 할 상태가 아니다. 강렬한 의욕에 일정한 진정 작용이 필요하다면 무감각에는 자극제가 필요하다고 할 수 있다. 예술이 맡은 몫과 관련해서도 쇼펜하우어는 모든 예술을 긍정하는 것이 아니라, 그가 예술의 기원이라고 한 이념의 인식과, 예술의 유일한 목적이라고 한 이 인식의 전달을 전제로 한 예술만을 긍정한다. 따라서 예술의 기능을 자극과 진정이라는 두 축으로 볼 때, 쇼펜하우어에게 자극적인 차원은 예술의 기원에 상응하는 부분이 아니다. 이런 예술은 쇼펜하우어가 추구하는 예술이 아니다. 그러나 여기서 비록 그가 강렬한 욕구의 진정과 더불어 무감각 상태에서 자유로워지는 것을 추구함으로써 그의 예술관과 충돌하는 것처럼 보이지만, 사실 무감각을 살려내는 것 또한 정관을 이용한 이념의 인

---

12 Arthur Schopenhauer, 앞의 책, p. 418.

식을 매체로 한다.

이념 인식의 하위 개념 또는 하나의 도구로서 예술은 인간의 미적 경험을 격동으로 몰아넣어 인간으로 하여금 자아를 망각하게 하는 파토스의 세계가 아니다. 이 세계는 존재에 대한 이념의 정관을 통해 평온해진 세계다. 희로애락의 근원인 이유율의 구속에서 자유롭게 하는 것이 바로 예술이다. 인간이 의지의 노예 상태에서 자유로워지는, 특히 쇼펜하우어가 익시온의 수레바퀴[13]에 비유한 성욕에서 자유로워지는 중요한 수단이 바로 예술이다. 예술을 통해서 인간은 의지의 세계와 개체화 원리의 고통으로부터의 정화를 경험한다. 이런 까닭에 예술의 세계가 우리에게 선물로 주는 세계는 바로 금욕의 세계다. 이 세계는 쇼펜하우어가 의지의 발현체와도 같은 욕망의 세계가 수반하는 고통의 세계에서 마침내 도달하고자 했던 세계다. 그러나 이때 의지 부정의 단기적인 수단이 예술이라면, 장기적인 수단은 금욕이다.

쇼펜하우어의 금욕은 의지의 지배나 성욕의 지배에서 자유로운 것을 의미할 뿐만 아니라 이 자유가 바로 그 성욕 자체의 부정, 즉 무화를 의미하는 것이다. 푸코 또한 공히 금욕을 주장하지만 이 금욕의 목적은 자기 고행을 통한 적절한 성욕, 욕망, 쾌락의 활용에 초점을 맞춘다. 즉 쇼펜하우어의 금욕이 성욕, 욕망, 쾌락 자체를 부정한다면, 푸코의 금욕은 쾌락을 활용하는 자기 고행이라고 할 수 있다. 둘 다 자기 통제가 포함되어 있지만 그것의 목적은 다르

---

**13** Arthur Schopenhauer, 앞의 책, p. 266.
그리스 신화에 나오는 라피타이의 익시온은 헤라의 미모에 흑심을 품었다. 제우스가 구름으로 헤라의 형상을 만들어 가까이 가게 했더니 익시온은 헤라로 착각하여 그 구름을 덮쳤다. 이에 노한 제우스는 익시온을 바로 지옥에 떨어뜨리고 영원히 멈추지 않는 수레바퀴에 매달아버렸다.

다. 특히 인간의 욕망이나 쾌락 자체의 가치에 대한 견해 차이가 선명하다. 쇼펜하우어는 그것을 인간의 존재를 위협하는 것으로 간주하지만, 푸코는 인간이 추구해야 할 중요한 가치로 간주한다. 따라서 푸코는 활용방법을 찾는 것이 고행이나 금욕의 중요한 목적이지만, 쇼펜하우어는 금욕을 지속할 방법을 찾는 것이 주요 과제다.

**인식과 동고**

그렇다면 과연 쇼펜하우어의 의지설이나 표상설과 어긋나는 것처럼 보이는 이념에 대한 인식이나 동고同苦의 개념은 어떻게 이해할 수 있는가? 쇼펜하우어의 표상과 의지에 관한 이론은 인간의 희로애락이 출현한 이유를 바로 생에 대한 의지의 긍정 원리인 개체화 원리를 실현하는 데 있다고 설명한다. 개체화의 원리에 빠져 있는 사람들의 특징은 개별적인 사물과 그 자신에 대한 사물들의 관계만을 인식하는 데 머문다는 점이다. 이와 같은 과정 속에서 사물들은 부단히 의욕에 새로운 동기를 불러일으키고 이것은 인간에게 부단히 고뇌와 고통을 야기한다.

그렇다면 이 상태에 처해 있는 우리 삶은 이 상태에서 어떻게 거리를 취하거나 빠져나올 수 있는가? 거리 두기에서 가장 중요한 절차가 바로 이념에 대한 인식의 예라고 할 수 있는 개체화 원리를 간파하는 것, 즉 모든 현상에서 의지의 그와 같은 동일성에 대한 직접적인 인식을 뚜렷하게 하는 것이다. 자기에 대한 의식 과정을 통해 우리 눈을 가리고 있는 '마야의 베일'이 걷히게 된다. 이렇게 개체화 원리가 느슨해짐으로써 자기와 타자에 대한 이기적인 구별 또한 사라지게 된다. 이 구별의 소멸은 인식의 차원에서 뿐만 아니라 정서적 차원에서도 발생한다. 그러므로 타자의 고뇌와 자신의 고뇌를 구분하지 않게 됨으로써 타자의 고뇌를 자신의 고뇌처럼 대하게 된다. 동고는 모든 존재자 중에서 자신의 가장 깊고 참된 자기를 인식함으로써 가능해진다. 이 인식을 바탕으로 타자의 고뇌도 자신의 고뇌로 생각하고, 전체 세계의 아픔을 자신의 것으로 생각하는 경지에 도달하게 된다. 어떤 고뇌도 자기와 무관하게 인식되지 않는다.[14]

개별화 원리에 대립되는 인식으로서 전체를 인식하면, 즉 물 자체의 본질을 인식하면 인식은 모든 의욕의 진정제 구실을 한다. 즉 인식의 차원이 정서의 차원에 그대로 영향력을 행사한다. 진단적 차원에서 표상을 좌우하는 것, 즉 인식을 좌우하는 것이 의지였다면, 치료적 차원에서 인식이 의지를 좌우하게 됨으로써 의지와 인식의 관계가 역전된다. 바로 이 순간에 우리는 자발적인 단념, 체념, 참된 평온과 완전한 무의지 상태에 도달하게 된다.

그러나 인식의 매체뿐만 아니라 고통이라는 매체를 통해서도 이런 현상을 경험할 수 있다. 마치 동병상련처럼 마야의 베일에 가려져 있는 평범한 사람조차도 때때로 자신이 겪은 고통을 매개로 자기의 고뇌 못지않게 타자의 고뇌를 생생하게 인식하고, 생의 공허함과 쓰라림에 접근할 때가 있다. 매체를 통해 우리는 동고를 경험하게 된다. 즉 일상적인 경험으로도 우리는 욕망에서 자유로워져 고뇌의 통로를 차단하고, 자기를 정화하고 성스러워질 수 있는 기회를 잡게 된다.[15]

그러나 사라진 마야의 베일은 언제든지 다시 나타날 수 있다. 의지는 육체

---

14 Arthur Schopenhauer, 앞의 책, p. 488.
15 Arthur Schopenhauer, 앞의 책, pp. 488~489.

가 존재하는 한 항상 존재하는 것이므로 의지가 잠시 활동을 멈추고 있을 뿐이지 의지 자체가 사라진 것은 아니다. 어떤 순간에 우리는 곧 다시 현상의 망상에 현혹되어 인식이 아니라 의지에 지배될 수 있다. 우리는 의지 자체에서 결코 헤어나올 수 없다. 표상과 의지가 세계와 접속하는 순간 인간은 언제든지 다시 의지의 세계, 즉 개별화 원리에 포박될 수 있다. 특히 예술이라는 매체는 임시방편적인 요소가 강하기 때문에 예술작품을 감상하는 순간이 끝나고 나면 인간은 다시 개별자 원리에 지배받게 될 수 있다.

예술의 순간성이 지닌 한계에 대한 쇼펜하우어의 통찰은 이 순간성을 연장할 수 있는 매체의 발견으로 관심을 확대한다. 쇼펜하우어의 문제의식이 도달한 곳이 바로 금욕이다. 예술을 통해 잠시나마 개별화 원리의 본색을 파악한 사람은 예술이 주는 짧은 위안으로 만족하지 않는다. 덕德 또한 마찬가지다. 덕이 인간의 의지와 욕망을 열어놓은 상태에서 문제의 순간에 대한 대처라면 이제 이 욕망의 작용 자체를 문제 삼는다는 의미에서 '덕에서 금욕으로 이행'된다.[16] 자발적인 금욕이 인간을 의지에서 해방시키고 동고가 지속될 수 있게 한다. 바로 금욕은 생에 대한 의지 부정의 첫걸음이자 마지막 걸음인 셈이다. 물론 이와 같은 의지의 부정 상태도 한 번 금욕을 시도하는 것으로 완결되는 것이 아니다. 금욕의 지속만큼 의지의 부정이 지속되고 이를 통해 평온에 머물 수 있게 된다.

그러나 쇼펜하우어가 금욕이나 이념의 인식을 중시했다고 할지라도 그에게 인식의 위상은 다른 이성주의자들과 명백한 차이를 지닌다. 그 자신이 주

---

16 Arthur Schopenhauer, 앞의 책, pp. 489.

시했듯이 추상이나 개념이 아니라 직관으로 이념을 인식한다는 점이다. 이와 더불어 칸트에 견주면 쇼펜하우어는 인간의 윤리적 힘의 원천을 추상적 인식이 아니라 동고라는 감정에서 찾았다는 점이다. 칸트는 진실한 선과 덕을 추상적 반성이나 의무의 개념 그리고 정언명법에서 추상함으로써 감정에서 유래한 것을 부정적으로 다루었지만, 쇼펜하우어는 단순한 개념을 진짜 예술에서와 마찬가지로 진짜 덕에서도 효력이 없는 것으로 보고, 오히려 추상적 반성에 대립되는 감성인 동고를 중시했다.[17]

그렇다면 타자의 고통이 내 고통이 되는 동고가 정관한 사람에게 어떻게 일어날 수 있는가? 이미 각성하여 정관의 상태에 들어서서 의지의 굴레에서 벗어난 상태라면 마땅히 고통이란 없을 것이다. 그런데 어떻게 타인의 고통을 함께 느낄 수 있는가? 이 동고는 무엇을 의미하는가? 쇼펜하우어에게 동고는 타자의 고통을 자신이 직접 느낀다는 것을 의미하지 않는다. 이미 밝혔듯이 의지의 노예에서 해방되어 개체를 지배하는 원리에서 자유로워진 자에게 희로애락은 존재하지 않는다. 그러나 자신의 사물들, 사건들, 세계에 대한 이유율의 고리에서 해방되었다고 세상 사람들도 모두 고뇌의 굴레에서 해방된 것은 아니다. 세상은 여전히 그 고리에서 벗어나지 못했고 이와 같은 상황에서 세계 속의 타자들이 겪는 고통의 존재를 그는 자신의 옛 경험에 비추어 알고 연민을 느낄 수 있다. 연민과 더불어 그들이 인과율의 고리에서 벗어나지 못한 상태에서 겪는 고통의 실체를 자각할 수 있다.

인간은 정관을 통해서 비로소 동고를 경험하게 된다. 인과율의 고리에서 해

---

**17** Arthur Schopenhauer, 앞의 책, pp. 484~485.

방된다는 것은 그 순간 존재하던 것이 사라진다는 의미가 아니다. 세상은 여전히 그렇게 굴러갈 것이다. 그러나 정관 이후에 존재를 덮고 있던 베일은 벗겨질 수밖에 없다. 정관을 통해 베일과 사물의 관계를, 그리고 베일이 없는 사물을 볼 수 있게 되는 것이다. 그것은 마치 해석이 빠진 직관적 대상과 같다.

　마음의 병은 표상이라는 매체를 통해 자기를 실현하고자 하는 의지가 만든다. 그것은 의지의 육체적 표현이라고 할 수 있는 의욕이 부여한 과도한 술어들이나 의미들을 발생시킨다. 이렇게 과도한 의미세계를 정화하는 정관에 의해서 동고가 가능하고 이 과정 속에서 인간은 마음의 평온을 획득한다. 정관 상태에서는 삶의 이치에 따라서 이해 작용이 이루어진다. 존재가 지니는 생로병사가 인간의 삶에서 불변하는 진리, 즉 이치임을 깨달음으로써 인간은 그것에서 벗어나고자 하는 과도한 집착에서 해방될 수 있다. 자연의 이치를 거스르면서 버티려는 순간에 인간은 고통에 직면한다. 삶과 죽음이라는 명료한 사실, 즉 인간은 살고 언젠가 죽을 것이라는 사실을 인정하고 삶의 이치를 그대로 정관하고 받아들일 때, 즉 표상들이 수반한 인과율의 결과인 욕구를 체념할 때 인간은 마음의 평화를 얻을 수 있다.

## 의지 긍정과 의지 부정, 치료의 양면성

쇼펜하우어의 고통론 또는 고통의 해석학에서 기존에 간과했거나 무차별적으로 수용되어온 많은 부분이 쇼펜하우어의 사상을 크게 왜곡하는 데 기여했다. 이제 우리는 고통의 해석학과 치료의 해석학의 연관성과 치료의 해석학이 지니는 고통론의 위상에 적절히 다가갈 수 있다. 흔히 쇼펜하우어 하면 떠올리는 것이 의지 부정설이다. 그러나 고통의 해석학과 치료의 해석학에서 우리가 보았듯이 의지의 부정이라는 용어는 신중하게 다루어져야 한다. 쇼펜하우어는 사실로서 또는 존재론적인 차원으로서 의지 자체를 물 자체처럼 확고한 것으로 자리매김한다.

쇼펜하우어는 명백히 의지 긍정론자다. 이것은 주로 고통의 근원에 대한 물음이 주를 이루는 그의 고통의 해석학을 보면 알 수 있다. 그러나 그는 치료의 차원에서는 의지 또는 삶에의 의지를 부정하라고 강력하게 주장한다. 그러나 이 부정은 존재론적인 부정이 아니라 그것의 가치와 의의에 대한 부정이다. 그것은 의지가 존재하지 않는다는 것을 의미하지 않는다. 쇼펜하우어에게 의지의 부정은 과제 혹은 도덕적 요구와 같은 것이다. 그것은 존재하는 것, 즉 진단적인 차원이 아니라 아직 존재하지 않는 것, 우리의 과제 수행을 통해 비로소 존재하게 될 어떤 것이거나 상태를 의미한다.

따라서 쇼펜하우어에게는 천재나 부처가 아닌 다음에야 인간의 삶에 늘 의지가 명백히 존재하고 긍정된다. 단지 예술에 의해 의지가 잠시 부정되거나 금욕의 도움으로 조금 더 지속적으로 부정될 수 있을 뿐이다. 따라서 평범한 인간의 삶은 끝없는 의지들 사이의 갈등이 빚는 고통을 피해갈 수 없다. 의지 부정은 고통을 치료하기 위해 불가피한 조건이다. 그러나 의지 부정은 삶 자체를 부정한다기보다는 삶의 과잉된 의지 작용을 부정하는 것을 의미한다고 보는 것이 적확할 것이다. 이와 같은 의미의 의지 부정을 통하여 인간의 삶은 고통에서 자유로워질 수 있다.

의지의 부정과 관련해 쇼펜하우어를 비판한 니체는 존재론적 차원과 가치적 차원을 혼용해 사용한다. 따라서 비판의 적확성은 근본적으로 다시 논의되어야 할 필요가 있다. 엄밀히 보자면 쇼펜하우어가 진단적 차원의 의지 개념을 긍정했음에도 불구하고 치료적 차원의 의지를 부정한 것이 의미하는 바는 인간의 삶이 배태하는 고통에서 자유롭기 위해 존재론적 차원에서 명백히 존재하는 의지를 당위적 차원에서 부정한 것이다. 니체는 무의욕, 허무주의, 권태와 같은 실존적 병을 치료하기 위해서 의지를 긍정하고 삶에의 의지를 긍정하는 것을 과제로 하는 반면, 쇼펜하우어는 의지, 개별화 원리로 발생된 인간의 실존적 병이 수반하는 고통을 치료하기 위해서는 무엇보다 의지의 부정을 선행 과제로 제시한 것이다.

- 이 글은 필자의 다음 논문을 수정, 보완한 것이다.
  〈인문치료, 감성에게 묻다: 관점치료를 중심으로〉,《호남문화연구》, 제45집, 전남대학교 호남학연구원, 2009. 9. 3, 411~443쪽.

제3부
# 사상과 문화치료학

овнA# 9장 사상과 문화는 치료할 수 있는가

## 사상과 문화는 활물이다

문화는 활물活物이다. 문화는 살아 있는 생물과 같다. 생명체가 태어나 생장과 발육, 죽음이란 과정을 돌듯이, 문화도 생장하고 발육하고 퇴화한다. 극한에 달해서는 사라지기도 하고, 다른 문화에 기생해 새로운 문화를 만들어내기도 한다.

문화는 특정 사람들이 공유하는 특정한 문화 공간으로 나타나기도 한다. 예를 들어 유신시대 때부터 시작된 민주화 운동은 '운동권 문화'를 만들어냈고 '모래시계' 세대도 만들어냈다. 베이비붐세대, 4·19세대, X세대, M세대Mobile Generation, Y세대 등 각 시대를 지칭하는 용어의 등장은 그런 문화적 공간이 존재함을 보여주는 것이다. 사람이 집단으로 모여 마을을 형성하고 도시를 형성하는 것과 유사하다.

이처럼 'OO세대'라는 말이 존재하는 것은 그 세대에게만 있는 독특한 문화 때문이다. 특정한 세대는 특정한 세대를 구성하는 사상이 있다. 이것을 우리는 각 시대를 지배하는 지배 담론이라 부른다. 어느 시대를 막론하고 그 시대를 지배하는 시대정신이 있다. 고려 시대에는 불교가 그 시대의 정신사를 지배했고, 조선시대에는 유교가 그 시대의 정신사를 지배했다. 불교는 대승불교와 소승불교로 나뉘고, 다시 천태종, 정토종, 선종 등 수많은 종파로 갈라진다. 유학도 그렇다. 선진 유가에서 주자학, 양명학, 조선의 실학파나 일본의 고학파들이 분화되는데, 이 사상들은 모두 각 시대의 시대정신을 대표한다. 시대정신은 곧 사상이 되고 문화가 된다. 사상과 문화는 그 문화 속에 살고 있는 사람들이 자기를 형성하는 도구가 된다. 사회에는 시대정신을 담는 문화 공간이 존재한다.

사상은 인류의 사유물이 집적된 것이며, 문화란 인류가 생존하기 위한 욕망이나 행동, 사상이 창조한 일정한 체계를 특정 시대에 공동체가 서로 공유하는 공유체다. 인간 삶의 다양한 표현 방식이 문화이며 사상이다. 그것은 본능적인 것이 아니라 일정한 의식과 의도, 방식을 갖추고 있으며 행동이나 행위로 표출된다. 예를 들어 생존을 위해 옷을 입는 것을 문화라고 하지는 않는다. 어떤 의도와 목적으로 옷을 입는가, 즉 의도와 방식이 개입될 때 문화가 되는 것이다. 이처럼 사회적으로 인정되는 의도와 방식이 문화를 결정한다고 할 수 있다.[1] 역사적으로 보면 문화를 보는 대표적인 관점으로는 정신작용의 모든 것은 물질의 작용을 기초로 한다는 유물론과 인간의 의식이 존재를 규정한다

---

1  한국철학사상연구회, 《문화와 철학》, 동녘, 1999, 34쪽.

는 관념론이 있다. 인류의 지성사는 관념론과 유물론의 기나긴 전쟁터였다.

문화는 변용되기도 하고 문화 융합을 만들어내기도 한다.[2] 인도에서 들어온 불교가 중국, 한국, 일본을 거치면서 각각의 문화에 적합한 불교로 변용되고, 유교가 조선과 일본에 전래되는 과정에서 조선과 일본의 유교로 변용되었다. 예를 들어 일본에 불교가 전래되었을 때 본지수적설本地垂迹을 내세워 신도神道와 불교가 습합한 것이 그렇다. 수준 높은 기술 문명과 함께 등장한 불교에 위협을 느낀 일본의 신도는 불교와 습합함으로써 상생을 모색한다. 신도의 신은 방황하는 존재로서 부처의 구제가 필요하다거나 신이 불교를 수호한다, 신은 부처가 중생을 구제하기 위해 모습을 바꾸어서 세상에 나타난 것이라는 관념이 생겨난 것이다. 또한 신사에 부속된 절인 신궁사神宮寺의 출현은 일본에서 불교가 어떤 방식으로 활로를 모색해갔는지 잘 보여주는 사례일 것이다. 신도는 살아남기 위해 불신습합을 선택했지만 불교는 신불습합으로 자생력을 확보한 것이다.

조선과 일본 사회에 침투한 유교도 마찬가지다. 예를 들어 서당이나 서원, 향교, 성균관 등 교육기관이 건립되면서 유교는 조선 사회에서 자생력을 키웠으며 과거제도를 통해 유교적 이념을 전파했다. 유교적으로 생각하고 유교적으로 행동하고 판단하는 유교적 인간이 탄생한 것이다. 이처럼 유교는 조선시대를 통해 사람들의 의식에 침투해 유교적 세계관을 형성했다. 마찬가지로 일

---

2  "문화는 순종이 있을 수 없고 본질이 잡종화(hybridization)에 있다. 문화는 처음부터 순수한 것이라기보다는 복잡하고 복합적일 수밖에 없으며 이러한 의미에서 문화융합(cultural metamorphis), 혹은 문화의 수용은 곧 변용이다". 이광래,《한국의 서양사상수용사》, 열린책들, 2003, 13쪽.

본에 전파된 유교도 데나라이주크手習塾³와 번교藩校, 막부에서 설치한 창평판학문소昌平坂學問所⁴ 등을 통해 유학적 세계상을 형성하고 유학적 인간을 만들어냈다. 유교는 조선에서 일본에서 새로운 문화로 성장해갔다. 조선과 일본은 유교에 공생할 문화적 공간을 내어준 것이다. 이처럼 문화는 수용 과정에서 토착 문화와 융합하기도 하고 변용되기도 하면서 뿌리줄기가 번져가듯이 사회 속으로 침투해 새로운 줄기를 내린다. 살아 있기 때문이다.

문화는 문화적 헤게모니를 장악하려고 한다. 사이드는 《문화와 제국주의》에서 문화를 "온갖 정치적, 이념적 명분들로 서로 뒤섞이는 극장 같은 곳"이라 하면서 "대의명분을 백주에 드러내놓고 싸우는 전장"이라 표현한 바 있다. "다른 나라의 고전보다는 자국의 고전을 먼저 읽도록 하면서 자기 나라와 자기 전통을 수용하면서도 타국의 문화나 전통은 격하시키는 싸움터"가 될 수도 있다는 것이다.⁵ 그 싸움에서 승리한 문화는 살아남고 패배한 문화는 도태된다. 송·명 대에 완성된 주자학은 불교에 의해 병리화된 문화를 몰아내고 동아시아의 문화적 헤게모니를 장악해갔다. 조선과 일본이 배워야 할 학문으로 주자학을 수용한 것은 주자학이 문화와 사상의 헤게모니를 장악했기 때문이다.

조선은 중국에 연행사를 파견해 중국 문화를 수입해 조선화했으며, 조선화한 문화는 일본에 파견한 통신사를 통해 '조선적' 유학 사상과 '조선적' 문화 공간을 만들었다. 조선 통신사와 일본 지식인들의 필담 자료들은 통신사가 일

---

3  데나라이주크(手習塾)는 습자(문자를 쓰는 것)를 가르치는 일종의 글방.
4  창평판학문소(昌平坂學問所)는 에도막부의 직할학교로 쇼헤이코(昌平黌)라고도 한다. 1691년 쇼군 도쿠가와 츠나요시가 에도의 우에노 시노부가오카에 있는 성당과 함께 하야시 가문의 가숙을 유시마로 옮겨 관학화한 것이다.
5  에드워드 사이드 지음, 김성곤·정정호 옮김, 《문화와 제국주의》, 창, 1995, 24쪽.

본을 떠나기도 전에 바로 오사카 등의 서사에서 간행되기도 했다. 때로는 조선화한 유학이 중국에 역수출되기도 했으며 일본화한 유학이 조선에 들어오기도 했다.[6] 명청 교체기에는 소중화의식이 조선에 형성되었으며 일본에도 일본형 화이의식이 출현했다.

"하늘은 사람 위에 사람을 만들지 않고 사람 아래 사람을 만들지 않았다고 한다"라는 유명한 말을 남긴 근대 일본의 대표적 지성 후쿠자와 유키치도 탈아론을 내세워 일본이 아시아와 연대를 끊고 서구와 손잡아야 함을 역설했다. 우수한 문명국만이 살아남는다고 한 후쿠자와는 미개한 아시아를 일본이 지배해야 함의 당위성을 탈아론으로 주장한 것이다. 후쿠자와의 탈아론은 아시아의 문화적 헤게모니를 일본이 장악해야 함을 보여준 것에 지나지 않는다. 후쿠자와의 열망은 일본이 제국주의화의 길로 노선을 변경하면서 아시아를 식민지화하는 것으로 나타났다.

이런 현상은 문화의 장이 문화의 헤게모니를 장악하기 위한 전장임을 보여준다. 이처럼 문화는 끊임없이 진화하면서 발전하거나 변용, 융합해간다. 그 과정에서 문화적 헤게모니 싸움을 벌인다. 사상과 문화는 계속해서 자기 변용과 융합을 반복하기 때문이다.

---

6  후마 스스무 지음, 정태섭 외 옮김, 《연행사와 통신사》, 신서원, 2008 참조.

## 사상과 문화는 병든다

건강한 몸과 병든 몸이 있는 것처럼 문화도 건강한 문화와 병든 문화가 있다. 문화도 병들 수 있다. 예를 들어 《논어》는 〈학이〉 편으로 시작하는데 그 첫 문장은 "배우고 때때로 그것을 익히니 또한 즐겁지 아니한가? 學而時習之, 不亦說乎"다. 이것은 학문함의 즐거움을 표현한 공자의 말이지만 이 말에서 당시의 사회가 '배움'에 대한 근본적인 문제를 노정하고 있었다는 것을 읽을 수 있다. 《사기》〈공자세가〉를 보면 공자는 문인들에게 시서예악을 가르쳤는데, 문인이 3,000여 명에 이르렀으며 육예에 조예가 깊은 자가 72명이나 되었다고 한다. 공자가 제자들에게 가르친 것은 예와 의의 실천이었다.

공자가 35세 무렵, 노나라 소공이 삼환씨(맹손, 숙손, 계손)와 충돌해 제나라로 쫓겨간다. 공자도 노나라를 떠나 제나라로 갔는데, 제나라 경공이 공자에게 정치란 무엇인지 묻는다. 이에 공자는 "군주는 군주답고, 신하는 신하답고, 아버지는 아버지답고, 자식은 자식다워야 합니다"라고 하는 유명한 정명正名을 말한다. 정명은 사사로움에 빠져서는 안 되며 예에 바탕을 두는 것이다.

> 천하에 도가 없으면 예악정벌이 제후로부터 나온다. 예악정벌이 제후로부터 나오면 10세 안에 망하지 않는 경우가 드물고 대부로부터 나오면 5세 안에 망하지 않는 경우가 드물고 신하가 국권을 장악하면 3세 안에 망하지 않는 경우가 드물다.《논어》〈계씨〉 편)

공자의 이 말은 춘추시대의 사회상을 적나라하게 보여준다. 주나라 때에는 예악정벌의 권한이 천자에게 있었지만, 동주 시대가 되면서 황실의 권한이 쇠약해지자 제후나 대부가 그 권한을 행사하게 되었다. 급기야 대부의 가신들이 권한을 장악했다. 공자는 예악질서의 붕괴를 목격하면서 인에 바탕을 둔 문화의 회복을 가장 중요하게 여겼던 것이다.

맹자도 마찬가지였다. 양나라 혜왕은 맹자를 만나자마자 "어떻게 하면 나라를 이롭게 할 수 있겠는가?"라고 질문한다. 이에 맹자는 "왕은 어찌 이로움을 말하십니까? 인과 의가 있을 뿐입니다"(《맹자》〈양혜왕상〉)라고 답한다. 맹자의 대답에서 당시의 정치가 나라의 부국강병술에만 몰두했지 사회의 근본적인 문제를 해결하려 하지 않았다는 것을 짐작할 수 있다. 전국시대는 도덕 가치나 시대정신은 무너졌고 문화적 이상은 암담한 시대였다. 도덕 가치의 표준을 새롭게 세워야 하는 시대였다. 맹자는 "사람의 마음을 바로잡아 사악한 학설을 종식시키고 잘못된 행실을 몰아내며 음탕한 말을 추방"(《맹자》〈등문공하〉)해야 함을 주장한다. 맹자가 말하는 "사악한 학설"이란 다름 아닌 양주와 묵적을 지칭한다. 맹자가 보기에 이들은 위아설과 겸애설을 유포해 세상 사람들을 타락시키고 있었다.

《논어》〈계씨〉 편에 "작록을 주는 권한이 공실에서 떠난 지 오대가 되었다"라는 말이 있다. 이것은 제후와 귀족의 붕괴를 보여주는 대목이다. 공자가 인을 부르짖고 맹자가 의를 더해 인의를 부르짖은 것은 춘추전국시대에 인과 의라는 인륜적 기초가 무너졌기 때문이다. 이처럼 사회의 전환기에는 기존 세력이나 전통적 가치관 등이 사회의 전환이라는 변동기를 맞아 그 효용성을 상실하기 마련이다. 공자와 맹자는 인의를 기초로 한 사회가 도래하기를 열망했다. 세상에 도가 시행되기를 바랐지만, 뜻대로 되지 않자 물러나 제자를 양육하면서 책을 쓰다 일생을 마쳤다. 수많은 사람들이 공자와 맹자를 스승으로 삼은 것은 병든 문화를 치유할 방법을 배우기 위해서였다.

유가도 그렇지만 노자도 마찬가지였다. 노자가 살던 시대 또한 주나라의 통치가 무너진 상태였으며, 귀족계급이 붕괴하고, 정치와 사회의 질서를 유지하는 기능이 상실된 시대였다. 서복관은 《노자》에 상常이나 장구長久라는 글자가 자주 쓰이는 이유를 "변하지 않는 상 하나를 찾음으로써 인생의 발판을 삼을 수 있을 것인가? 개인과 사회의 장구한 안정을 확보할 수 있을 것인가"에 대한 열망이라 지적한다. 예를 들어 《노자》에 "하늘은 넓고 땅은 유구하다天長地久", "능히 오래살 수 있다故能長生", "가히 장구할 수 있다不可長久", "명을 회복하는 것을 상이라 하고 상을 아는 것을 명이라 하고 …… 도는 유구하니 몸이 다하도록 위태롭지 않다復命曰常, 知常曰明, 道乃久, 沒身不殆" 등은 모두 급격한 사회 변동 과정에서 언제 죽을지도 모르는 위태함의 표출이다. 노자는 "만물의 근원에서 만물을 창조하고 허무를 본체로 삼는 상도常道를 발견"해낸 것이다. 서복관은 '우환 의식'에서 인문 정신이 태동했다고 했다.[7]

주자학은 어떤가. 당 중기 유학 부흥 운동을 주도하며 맹자 이후 끊긴 도통을 부활시킨 한유는 《논불골표論佛骨表》를 저술해 불교를 강력하게 비판한다. 한유는 "부처는 오랑캐 사람으로 …… 입으로는 선왕의 모범적인 말씀을 말하지 않고 몸에는 선왕의 모범적인 의복을 입지 않으며 군신간의 의리와 부자간의 정도 모른다"라고 했다. 한유에게 불교는 중국 사회와 문화를 망친 이민

---

[7] 서복관 지음, 유일환 옮김, 《중국인성론사》, 을유문화사, 1995, 44~45쪽.

족 문화일 뿐이었으며, 중국에 해로운 사상, 문화였던 것이다. 그는 부처의 유골을 물과 불에 던져버려 영원히 근본을 없애야 할 뿐만 아니라, 불교 경전을 불태우고 사원의 재산을 몰수하고 승려를 강제로 환속시켜야 한다는 과격한 상소를 할 정도였다.[8] 당대에 융성한 불교는 대토지와 노동력을 소유하고 면역과 면세를 특권으로 누렸다. 불교는 요역의 회피처를 제공하기도 했다. 한유를 시작으로 한 중국 유학의 과제는 불교로 무너진 중국 문화의 기초를 다시 세우는 작업이었다. 중국의 사회 문화 속에 유학의 확고한 지위를 회복하는 것이 유학 부흥 운동에서 가장 중요한 과제였다. 주자학은 이런 문화적 위기에서 출현한 것이다.

양명학 또한 비슷한 이유로 출현했다. 양명학을 심학이라 하는 것에서 알 수 있듯이 '마음' 문제를 해결하기 위해 성립한 학문이다. 양명학은 송나라 주자학과는 대립된 명나라 학문의 특징을 보여준다. 양명학은 진헌장陳獻章(1428~1500)에서 시작되어 왕수인王守仁(1472~1528)에 이르러 확고한 위치를 확립했다. 양명학은 주자학을 극복하는 것이 시대적 사명이었다. 명나라 초기의 학문적 분위기를 보면 자율적이고 지적인 탐구보다는 이의 실천만을 강조하는 경향을 띠었다. 박학博學이나 격물치지格物致知와 같은 지적 노력이 둔한시되고 교조주의에 빠져 급기야 "선배 학자들의 기성 학설을 답습할 뿐 자신에게 돌이켜 이해함으로써 지극히 은미한 내용들을 탐색하려는 경향을 보이지 않고 주자를 조술하는"[9] 매너리즘에 빠져버리고 만 것이다.

---

8  진래 지음, 안재호 옮김, 《송명성리학》, 예문서원, 1997, 54쪽.
9  최재목, 《동아시아 양명학》, 예문서원, 1996, 72쪽.

왕수인은 용장에서 크게 깨달은 뒤 주자학의 '성즉리性卽理'에서 '심즉리心卽理'로 나아갔으며 심즉리에서 지행합일知行合一, 치양지致良知로 발전해간다. 주자는 모든 사물에는 겉과 속, 정밀함과 거침이 있고 풀 한 포기, 나무 한 그루 모두 지극한 이치를 담고 있다고 해 격물궁리格物窮理 할 것을 제시했다. 그러나 왕수인은 주자의 격물궁리로는 사물의 이치를 발견할 수 없음을 깨닫는다. 왕수인은 "성인의 도리는 내 본성만으로 충분하며 바깥의 사물에서 이치를 구한 것은 잘못이다"《양명집》〈연보〉37세조)라고 해 주자의 격물궁리를 정면에서 반박했다. "내 마음이 곧 이"라는 심즉리는 여기에서 제기된 것이다.

이처럼 새로운 사상과 문화의 출현은 이전 시대의 사상과 문화가 건강하지 못하다는 것, 즉 병든 문화였다는 것을 방증한다. 병든 문화와 사상은 치료하지 않으면 쇠퇴해 끝내 생명력을 상실하게 된다. 이것은 한국의 역사를 들여다보면 알 수 있다. 조선 후기 실학의 거목인 정약용丁若鏞은 주자학적 방법으로는 새로운 시대를 열 수 없음을 깨닫고 시대를 치유할 방법론을 구상했다. 그가 강진 유배 시절 집대성한 유교 경전에 대한 주석서가 그것이다. "머리카락 하나도 병들지 않은 것이 없으니 지금 고치지 않으면 반드시 나라가 망할 것이다."라는 경고는 정약용 사후 100년이 채 지나지 않아 현실로 나타났다. 수천 년 찬란한 문화를 자랑하던 나라가 한순간에 사라지는가 하면 이를 대신해 출현한 문화가 헤게모니를 장악하는 현장을 우리는 수없이 지켜봤다. 모두 병든 문화를 치료하지 않아 발생한 병리현상이다.

## 병든 사상과 문화는 치료해야 한다

그렇다면 병든 사상과 문화는 어떻게 치료할 수 있는가? 새로운 사상이나 문화는 이전 시대에 등장한 사상이나 문화를 병리라 간주한다. 주대 문화의 회복을 갈망했던 선진 유가에서부터 제자백가, 노장철학, 주자학, 양명학, 실학, 일본의 고학 모두 이전 시대의 방법에 문제의식을 품고 문제를 해결하기 위해 등장한 것이다. 따라서 새로운 사상의 출현은 그대로 시대의 문화와 사상의 치료술로 바꾸어 이해할 수 있는 것이다.

예를 들어 육경 중 하나인《주역》을 보자.《주역》의 〈계사전상〉에는 "천지의 대덕을 생이라 한다. '낳고 또 낳음生生'을 역이라 한다"라는 문장이 있다. 주역은 우주와 사람들의 광대하면서도 항구적인 '역의 도易道'의 해명을 통해 고대 성인이 천지의 '생'에 따라 만물의 덕을 변화시킨 것을 보여주고 있다.《주역》이 발생한 것은 은나라 말기, 주나라 초기에 해당되는 시기다. 후에 주의 문왕이 되는 창昌이 그가 섬기던 은나라 주紂의 폭정에 시달리던 시기다. 주는 결국 문왕의 아들인 무왕에 의해 멸망한다.

문왕은 복희가 만든 괘에 설명을 붙여 괘사卦辭라 했는데,《사기》에는 당시 주가 폭력을 휘둘러 문왕을 유리羑里에 가두어 곤궁에 처한 문왕이 역을 가져와 풀이했다는 문장이 있다. 문왕이 주의 폭정으로 천하가 멸망할 위기에 처했음을 안타깝게 여기며 위기를 타개하기 위한 처방을 역에서 구했음을 알 수 있다. 문왕이《주역》에 해설을 붙인 것은 천하를 구하기 위한 '치료법 찾기'로 이해할 수 있다.《주역》은 음과 양의 관계 속에서 생명이 끊임없이 '생생하는'

원리를 찾고 그 원리가 사람들의 생생한 삶의 현장으로 이어져 있다는 것을 발견한다. 그 '생생하는' 원리를 잃게 되면 세상의 문화는 주와 같은 폭군에 멸망하게 된다는 원리를 제시한 것이다. 다시 말하면 《주역》은 문화의 정체된 원인을 찾아 그것을 열어줌으로써 무너진 사회의 정상화를 도모하기 위한 방법을 발견하는 것이라 할 수 있다.[10] 이런 원리는 "궁리하고 본성을 다해 천명에 부합되도록 한다"는 천인합덕을 기초로 한다.

춘추시대의 문화 붕괴를 목격한 공자는 선후본말적 구조에서 중용을 추구하는 방법을 제시한다. 그것은 도덕적 자기 실현이다. 모든 현상에서 어느 것을 먼저 하고 어느 것을 나중에 해야 하는지, 무엇이 근본이고 무엇이 말단인지 잘 분간하고 판단해 실천할 수 있다면 문제는 쉽게 해결된다. 마음은 항상 중용인 상태를 유지해야 한다. 이때 중용은 내적으로는 인을 갖추어야 하며 외적으로는 예악을 실천해야 한다. 공자가 이렇게 주장한 이유는 당시 사회가 형식에만 치우치고 내적 조건은 겸비하지 못했다는 것에 있다. 맹자가 도덕적 주체성 회복과 도덕의 확충을 위해 주장한 배의여도配義與道, 전국시대 말기의 사회적 혼란을 살았던 순자가 문화적 혼란의 원인을 "인성 속에 객관적 판단과 행위의 기준이 없다"라고 하고 객관적 행위 기준이 되는 예악을 사회 문화 속에 규율화하는 데 목적을 둔 화성기위化性起偽를 주장한 것 등도 사상과 문화의 치료를 위한 방법들인 것이다.[11]

노자도 그렇다. 노자는 인류가 문명의 발달이라는 진화론적 욕망에 사로잡

---

10 林義正著·松村健一訳,〈中国哲學の文化治療觀緒論〉,《モラロジ-硏究》44호, 広池學園出版部, 1997, 156~157쪽.
11 남상호,《중국철학방법사》, 강원대 출판부, 1997 참조.

힌 것에 문제의식을 느끼고 무위자연無爲自然을 주장했다. 예를 들어 "도를 잃은 후에 덕이 있고 덕을 잃은 후에 인이 있고 인을 잃은 후에 의가 있고 의를 잃은 후에 예가 있다"에서 알 수 있는 것처럼 도의 상실이 불러온 인위가 결국 모든 문제의 발단이 된다는 점을 부각하고 있다. 이 점은《노자》에 산재해 있다. 예를 들어 "백성을 다스리기 어려운 것은 그 지혜가 많기 때문", "지혜로써 나라를 다스리는 것은 나라를 망치는 일이요 지혜로써 나라를 다스리지 않는 것은 그 나라의 복" 등이 그것이다. 지혜가 많다는 것은 그만큼 욕심이 많다는 것이며 이것은 결국 위기로 나타난다. 그렇기 때문에 지혜를 사용하지 않는 것이 지혜로운 것이다.

유가의 도통을 잇는 주자학은 이기, 심성, 격물, 치지, 주경, 주정, 함양, 지행, 이발, 미발, 도심, 인심, 천리, 인욕, 천명지성, 기질지성 등 선진 유가에서는 중요하게 다루지 않았던 문제들을 논의의 중심으로 가져와 철저하게 이론화하는 작업을 거쳐 선진 유학의 도통을 계승한 사상과 문화를 만들어냈다.《대학》,《논어》,《맹자》,《중용》사서를 중핵으로 하는 경학의 틀이 완성된 것도 주자학 시대다. 천명지성과 기질지성의 이중 구조로 인성을 파악하면서 선천적인 악은 도덕수양(기질지성의 부정)을 통해 변화시킬 수 있다는 수양론을 내세운다. 하늘이 내린 기질이 탁하거나 편벽하면 악이 발생하는데, 이런 기질이 선한 본성을 가리지 않게 해 본연의 성을 회복할 수 있다면 성인이 된다. 성인이 다스린다면 세상의 문화는 저절로 회복된다. 주자학의 출현은 불교적 치료학에 대한 유교적 치료학이며 불교적 병리를 유교로 정상화할 길을 제기한 것이다. 마찬가지로 양명학은 주자학적 치료학의 모순을 발견하고 심즉리를 바탕으로 한 치양지론으로 사회 문화를 치료하려 했다. 양명학의 출현은 격물궁리로 대표되는 주자학적 치료학에 대한 반동이다.

　주자학을 수용한 조선은 주자학의 신체화 과정을 통해 불교적 세계관을 일소하고 유학적 세계관으로 전환했다. 조선에 주자학이 사상 공간을 형성해가는 과정에서 발생한 사단칠정론이나 예송논쟁, 인물성동이논쟁 등은 모두 주자학적 치료학을 이론화하는 과정이었다. 조선시대 양명학자로 알려진 장유張維(1587~1638)는 《계곡만필谿谷漫筆》에서 "조선에서는 유식한 사람이나 무식한 사람을 막론하고 책을 끼고 글을 읽는 사람이라면 모두 정주를 암기할 뿐 다른 학문이 있다는 말을 듣지 못했다"라고 했으며, 정인보도 《양명학연론》에서 "조선에는 양명학파가 없고 오직 주자학파만 있을 뿐"이라고 밝혔다.[12] 이런 사실은 조선에서 주자학이 이끈 문화사상치료 실험이 정밀하면서도 충실하게 이루어지고 있었다는 사실을 말해준다.

　하지만 임진왜란 이후 실학의 태동은 주자학적 치료학을 부정한 것으로, 실학적 치료학을 정초하는 과정으로 이해할 수 있다. 일본의 고학파가 출현한 것도 같은 맥락에서 이해할 수 있다. 고학은 주자학적 치료학의 신뢰성에 정면에서 의문을 던진 것이다. 욕망이 분출하기 시작하는 에도 중기의 사회 문화를 직시하지 못한 주자학으로는 사회 문화를 치료할 수 없다는 것이 고학파들이 출현한 이유다.

　이처럼 새로운 사상의 출현은 지나간 시대의 사상을 병리라 간주하고 병리문화를 일소하기 위한 것으로 이해할 수 있다. 사상 문화의 치료학은 이처럼 지나간 시대의 사상사를 치료학이라는 관점에서 다시 해독하기 위한 작업

---

[12] 최재목, 《동아시아 양명학》, 99쪽.

이다. 10장부터는 유학에서 정상과 병리를 어떻게 설명하고 있는지 살펴보고, 한국과 일본의 사상과 문화사의 전개과정을 치료학이라는 관점으로 재해석하면서 다가올 시대를 전망해보려 한다. 그렇다면 이런 작업을 통해 무엇이 새롭게 보일 것인가? 이 글은 사상문화치료학에 대한 시론에 해당된다.

# 10장 유학에서의 정상과 병리

## 병리를 양산하는 사회

현대인은 수많은 마음병에 시달린다. 한국인들에게만 발견된다는 화병 또한 마음의 병이다. 한국인들이 흔히 쓰는 애가 탄다, 애끓는다, 가슴이 탄다, 속이 끓는다, 입술이 마르고 목이 탄다와 같은 표현은 모두 마음 상태를 나타내는 말인데, 정상적이지 않은 마음 상태를 표현하고 있다. 마음속에 응어리진 것들이 있고 그것을 말끔히 해소하지 못하면 이런 현상이 나타난다. 세계 의학계에서 화병이란 병명은 한국 문화에서만 발생하는 정신의학적 증후군의 하나로 분류되어왔다. 미국 정신의학협회는 화병이 분노의 억제로 발생한다고 간주한다. 이들은 화병을 한국 민속 증후군의 하나인 분노 증후군이라 보고 1995년 '화병hwa-byung'이란 단어를 정신의학 용어로 공식 등록했다.[1]

---

[1] 김혜경·박재용, 〈농촌 여성노인들의 화병 유병율과 관련요인〉, 《한국보건간호학회지》 18호, 한국보건간호학회, 2004.

마음의 병은 한국뿐만이 아니라 일본에서도 아주 심각한 사회문제화되어 있다. 대표적으로 히키코모리가 있다. 무라카미 류의 소설《지상에서의 마지막 가족最後の家族》은 히키코모리인 아들 히데키를 중심으로 펼쳐지는 가족 이야기를 다루고 있다. 히키코모리란 좁다란 생활공간, 주로 자기 방에서 거의 모든 시간을 보내고 학교나 회사에는 가지 않는 상태나 그런 사람을 일컫는 말이다. 히키코모리가 된 히데키는 다음과 같은 성격을 보여준다.

> 방에만 틀어박혀 지낸 지도 어언 일 년 반이나 되었다. 외출하는 것 자체가 고통이었다. 바깥은 보기도 싫어 창에 까만 켄트지를 발랐다. (중략) 바깥에서 나는 소리만 들어도 괴로워했다. 사람들은 현실에서 도망치지 않고 여러 부류의 사람들을 만나면서 인생을 즐기고 있다. 그런 당연한 생활을 하는 사람들의 목소리를 듣고 싶지 않았다.[2]

히키코모리의 일상을 묘사하고 있는 윗글에서 히키코모리들의 심정을 읽을 수 있다. 히데키는 "바깥에서 나는 소리만 들어도 괴로워할" 정도로 세상과 소통하는 것을 싫어했다. 히데키의 유일한 소통은 인터넷이었다. 히키코모리 사이트에 접속해 글을 남기거나 남들이 남긴 글들을 읽거나 하면서 위안을 삼는 정도였다. 히데키는 자기 몸에서 냄새가 나는 것 같다고 하루에 열 번 이상이나 샤워할 정도였으며, 나중에는 냄새를 풍기는 자신을 미워하기에도 피곤해 씻지도 않았다. 또한 옷에서 나는 세제 냄새 때문에 걷는 것도 두려워하는

---

[2] 무라카미 류 지음, 양억관 옮김,《지상에서의 마지막 가족》, 웅진닷컴, 2001, 7~8쪽.

결벽증까지도 보였다. 그는 아침 7시에 잠자리에 드는 버릇을 버리고 새벽 세시 전에는 반드시 잠자리에 들고, 어두워진 다음 집 주위를 산책한다거나 가족과 부드러운 대화를 나눈다는 목표까지도 세워보았지만 언제나 허사였다. 실행하지 못했다. 아니 실행할 수가 없었다.

대체로 "대인공포증이 있는 사람은 이상적인 자아를 추구하는 경향"이 있다고 한다. 대인공포증은 이상적인 자아와 현실적인 자아 사이에 간격이 발생할 때 생겨난다.[3] 그런데 히데키는 이상적인 자아와 현실적인 자아 사이에서 방황하는 대인공포증이 있는 것도 아니었다. 그가 방 안에만 틀어박혀 지내게 된 데에는 사연이 있었다.

히데키가 히키코모리가 된 것은 재수까지 해 대학에 들어간 뒤였다. 그것도 제1지망, 제2지망에서 모두 떨어지고 유명하지도 않은 사립대학에 들어간 직후였다. 대학에서 첫 수업을 듣는 날 친구들이 히데키에게 사는 곳이 어디냐고 물었다. 히데키는 사이타마 현 니시도코로자와라고 대답했는데, 친구들이 거기는 시골이라서 《소년 점프》가 도쿄보다 하루 늦게 나온다고 놀려댔다. 그 뒤로 히데키는 아무와도 말을 나누지 않게 되었다. 그런데 히데키가 히키코모리가 되는 결정적인 사건은 같은 애니메이션 동아리에 다니던 호리우치라는 여학생에게 친구가 되고 싶다면서 전화번호를 물어봤을 때 벌어진다. 호리우치는 히데키가 접근하면 도망쳐버렸고 급기야 학교에는 히데키가 스토커라는 소문까지 퍼뜨렸다. 그 뒤 히데키는 집에 틀어박히고 말았다.

히키코모리가 된 히데키에게 히키코모리 생활을 청산하고 벗어나려는 의

---

[3] 이소베 우시오 지음, 이성동 옮김, 《스타벅스로 간 은둔형 외톨이》, 대숲바람, 2004, 16쪽.

지가 생기게 된 것은 남편의 폭력에도 그 상황을 전혀 벗어나려 하지 않는 무기력한 이웃집 여자 때문이었다. 이웃집 여자 유키는 남편에게 거의 매일이다시피 가정 폭력에 시달리고 있었다. 히데키는 남편의 폭력에 시달리는 유키를 구하리라 마음먹었다. 히데키가 이웃집 여자를 통해 깨달은 것은 스스로 일어서지 않으면 아무런 도움도 받을 수 없다는 것이었다. 마침내 히키코모리에서 벗어난 히데키는 남을 도울 수 있는 변호사가 되기 위해 법률 공부를 시작한다. 이 과정에서 히데키는 자신이 진정으로 원하는 것이 무엇이었는지 깨닫게 된다. 자신이 원하는 것을 하기 위해서는 먼저 정신적으로 독립하지 않으면 안 된다고 생각한다. 그는 자기 방 창문에 바른 검은 종이를 모두 걷어내고는 이제 세상 밖으로 나온다. 세상과의 소통, 자신과의 소통이 시작된 것이다.

현재 일본에는 히키코모리가 163만 6,000명, 그중에 30세 이상인 성인은 130만 명이 넘는다고 한다(전국 히키코모리 KHJ부모의 모임 조사). 집 밖으로 외출하는 비교적 가벼운 히키코모리까지 포함하면 300만 명 이상이나 된다. 히키코모리의 남녀 비율을 보면 여성보다 남성이 훨씬 높아 76.4퍼센트에서 86퍼센트가 남성들이라고 한다. 이들의 증세도 다양한데 집 안에서 인터넷을 이용하면서 시간을 보내는 사람들은 약 10퍼센트 정도다. 히키코모리들은 대부분 방을 서성인다거나 술로 시간을 보내기도 하는데, 심한 사람들은 몇 주 동안이나 아무 일도 하지 않고 하루 종일 그냥 멍한 상태로 있다는 조사도 있다.

히키코모리의 발생 원인에 대해서는 다양한 견해가 있다. 예를 들어 사회 불안장애, 전반성 불안장애, 우울병, 강박성장애, 통합 실조증과 같은 정신적인 장애, 가족들의 과도한 간섭에서 오는 트라우마가 불러오는 자기 긍정감의 상실, 타자와 관계 맺는 것을 극도로 싫어하는 성격 등이 원인으로 뽑힌다. 한편으로는 현대 일본 자본주의 사회에 적응하지 못하고 혐오감을 지닌 사람들도 있다. 학대나 성적 폭력, 스토커 등에 따른 피해와 그 후유증 등도 원인으로 지목되고 있다. 특히 정신의학에서는 발달장애, 광범성 발달장애, 신경발달장애, 사회불안장애, 전반성 불안장애, 주의력 결핍, 과잉행동장애, 학습장애와 관련지어 설명하고 있다.[4] 물론 히키코모리는 망상형 정신분열증이나 자폐증으로 발전하기도 한다. 그러나 히키코모리는 정신질환이 아닌 것만은 확실하다. 예를 들어 히키코모리 대다수는 "인격이 편향되고 왜곡되어 있는 상태"[5]다. 이들은 감정의 기복이 심한 양상을 보여주는데 갑자기 불안감이나 초조감을 보이다가도 아무렇지도 않게 행동하기도 하고, 갑자기 폭력을 휘두르거나 가족을 구타한다거나 하는 이상행동을 보일 때도 가끔 있다.

일본에서 히키코모리가 발생하기 시작한 것은 입시 과열로 학생들이 피로 증후군을 느끼면서 등교를 거부하던 1970년대부터다. 입시 위주인 치열한 경쟁 교육에서 극도로 피로를 느낀 몇몇 청소년들이 등교를 거부하면서 사회문제로 불거진 것이다. 그런데 1970년대는 한편으로는 일본 경제가 고도성장하면서 거품경제로 진입하던 시기다. 거품경제로 진입하면서 경제적 불황 속에서 불안한 미래에 대한 패배 의식이 짙어졌다. 이 시기에 태어난 세대들은 사회적으로 성공하기 위해 명문대를 들어가야만 한다는 강박증이 강하게 작용했다. 이처럼 불황의 늪에서 벗어날 기미가 전혀 보이지 않자 경쟁에서 살아

---

[4] http://www.khj-h.com 참조. 일본에서는 자식이 히키코모리인 부모들이 모여 모임을 만들었는데 그것이 바로 '전국 히키코모리 KHJ 부모의 모임'이다. 여기서 'K'는 강박성 신경장애, 'H'는 피해망상, 'J'는 인격장애를 의미하는 단어 첫 글자를 로마자로 표기한 것이다. 히키코모리 홈페이지에서는 일본의 히키코모리 실태에 대한 다양한 정보를 얻을 수 있다.

[5] 이소베 우시오, 앞의 책, 35쪽.

남는 강한 자만이 살아갈 수 있는 사회적 분위기가 히키코모리를 확대, 재생산하는 원인으로 작용한 것이다. 그런데 현재는 입시 스트레스, 경제 위기, 취업난 등의 원인 외에도 히키코모리를 만들어내는 또 다른 중요한 요인이 지적되고 있다. 인터넷의 보급으로 늘어나는 사이버 폐인이 그것이다. 인터넷이 사람들로 하여금 외부 세계와 소통하지 못하게 하는 것이다.

현재 한국에서는 이들 히키코모리와 유사한 말로 '방콕족', '나홀로족', '귀차니즘'이란 신조어가 등장했다. 국어사전에도 등재된 '귀차니즘'이란 "귀찮은 일을 몹시 싫어하는 태도나 사고방식"을 의미한다. 매사에 의욕이 없고 자신이 해야 할 일조차도 그냥 하는 시늉만 해 적당히 때워 넘기려는 증상이다. '귀차니즘'에 빠져 있는 사람들을 '귀차니스트'라 부른다. 일선 교사들은 상당수 아이들이 '귀차니즘'에 빠져 있다고 보고 있다. 이들 귀차니스트들은 매사에 호기심이 없고 시험에 나오지 않는 것에는 일체 관심을 기울이지 않는다고 한다. 2005년 11월 30일자〈한국일보〉에는 히키코모리의 심각성을 알리는 기사가 실렸다.

A(17)군은 고1 때 자퇴했다. 그 뒤 7개월 동안 집 안에 틀어박혀 지냈다. 컴퓨터게임 때문에 낮과 밤이 뒤바뀌었다. 점차 감정 조절이 어려워졌다. 부모에게 침을 뱉고 욕을 하고 때리기도 했다. 잘 씻지도 않고 식사를 거르는 때가 많다. 유일한 취미는 오래 잠자기와 인터넷이다. A군은 이른바 '은둔형 외톨이' 청소년이다. 청소년위원회는 세종로 정부중앙청사 별관 3층에서 열린 '사회부적응 청소년 지원방안 국제심포지엄'에서 '은둔형 외톨이 위험군'에 속한 고교생 수가 4만 3,000여 명에 달하고 아예 학업까지 포기한 '고위험군'도 5,600여 명에 이를 것으로 추산했다. 이 같

은 결과는 청소년위가 한국청소년상담원과 동남정신과의원에 의뢰해 고교생 1,461명을 대상으로 1~21일 벌인 사회부적응 실태에 대한 설문 조사에서 확인됐다. 응답자 가운데 집 밖을 나가지 않은 경험이 있는 '은둔형 외톨이 잠재형' 학생은 137명(9.4퍼센트)이었고, 이 중 은둔 경험이 있고 대화 상대가 1명 이하인 '위험군'은 34명(2.3퍼센트), 학교까지 그만둔 '고위험군'도 4명(0.3퍼센트)이나 됐다. 이를 2005년 현재 전국 고교생 185만 5,000명에 대입하면 '위험군'은 4만 3,000명, '고위험군'은 5,600명에 달한다는 추계가 나온다.

이 기사를 보면 '은둔형 외톨이 위험군'(한국에서는 히키코모리를 은둔형 외톨이라 부른다.)에 속한 고교생이 4만 3,000여 명, 학업까지 포기한 '고위험군'도 5,600여 명에 달한다. 한국청소년상담원이 2006년 말 전국의 청소년 약 3,000명을 대상으로 위기청소년 실태조사를 실시한 결과 초등학생 2.1퍼센트, 중학생 3.3퍼센트, 인문계 고등학생 6.0퍼센트, 실업계 고등학생 8.7퍼센트, 학교 밖 청소년 12.9퍼센트가 은둔형 외톨이 성향인 것으로 파악되었다. 학령이 높아질수록 은둔형 외톨이 청소년이 증가하고 있다는 것을 알 수 있다.

최근 이들 히키코모리들과 관련된 범죄가 늘고 있다. 2008년 10월 20일 여섯 명의 목숨을 앗아간 강남 고시원 방화 흉기 난동 사건을 예로 들 수 있다. 서울 강남경찰서 등이 조사한 바로는 강남구 논현동 D고시원 3층에 사는 정모(31) 씨가 미리 준비해놓은 휘발유를 자기 방 침대에 뿌린 뒤 불을 질렀다. 고시원에는 69명이 투숙하고 있었는데 이들은 대부분 인근 영동시장과 식당 등에서 일하던 중국 동포였다. 범인은 고글을 쓰고 머리에는 야간 등산용 플래시까지 착용한 채, 불과 연기를 피해 뛰어 나오는 사람들을 흉기로 마구 찔렀다. 범인 정 씨는 경찰 조사에서 "세상이 나를 무시한다. 살기가 싫다"라고 진술했다고 한다. 정 씨는 중학교 시절에 자살을 시도한 바 있다고 하는데 이유가 무엇인지는 밝혀지지 않았다.

정 씨는 2008년 8월 경상남도 합천에서 상경해, 경기도와 서울시 강남 일대에서 식당 종업원, 대리주차 요원으로 근무했고, 이후 일정한 직업 없이 고시원에서 지내왔다. 그런데 고시원비와 휴대전화 요금, 예비군 훈련 불참으로 부과된 벌금 150만 원과 수배 등으로 금전적 압박을 받아왔다고 한다. 그는 경찰 조사에서 "다른 사람과 함께 죽으려는 마음을 먹은 적도 있다"라고 진술했다(《경인일보》, 2008년 10월 20일자 기사). 범인은 전형적인 히키코모리는 아니었지만, 히키코모리에게서 보이는 극도의 피해의식이 있었다. 그는 자신의 인생 실패를 사회에 원인을 두고 있었다. 피해의식으로 인해 결국 불특정 다수에게 복수심이 발동한 것으로 파악된다.

그런데 이 사건과 비슷한 살인 사건이 일본에서도 발생했다. 이른바 아키바 사건이 그것이다. 일본 도쿄 아키하바라 전기 상점가에서 신호를 무시하고 달려든 트럭이 횡단 보도를 건너는 사람들을 치고, 차에서 내린 범인이 근처를 지나는 사람을 등산용 칼로 찔렀다. 이 사건으로 일곱 명이 죽었다. 경시청 조사에서 범인 가토 토모히로는 "세상이 싫었다. 사람을 죽이기 위해 아키하바라에 왔다. 누구라도 괜찮았다"라고 진술했다고 한다. 범행 동기에 대해서는 "얼굴이 못생겨서 여자 친구가 생기지 않았다. 부모에게 억지로 공부하도록 강요당했다"라고 말했다. 한편 평소에 범인을 잘 알고 있던 사람들은 그를 착하고, 머리가 좋고, 진지하고, 운동을 잘하고, 안정되어 있고, 우등생이었다고 기억한다. 그러면서도 그는 갑자기 화를 낸다거나 친구들이나 어머니에게 폭력을 행사해, 좀처럼 가까이 하기 어려운 부분도 있었다. '묻지마 살인'으로 불리는 이 참사의 원인은 공동체 안에서 공동체 일원과 소통하지 못하는 이른바 히키코모리 현상에서 찾을 수 있다. '묻지마 범죄'의 특징 가운데 하나는 가해자 대부분이 히키코모리 경험이 있다는 것이다.

한편 2008년 8월 19일자 〈문화일보〉에도 히키코모리가 일으킨 살인 사건 기사가 실렸다. 불현듯 누군가를 죽이고 싶다는 생각이 들었다는 김모 씨가 동네 가게에서 부엌칼을 사서 초등학교 주변을 배회하다 혼자 걸어오는 오 씨를 뒤따라가 목을 찔러 살해했다. 김 씨는 "처음에는 초등학교 수위를 죽이려고 뒤따라 갔는데 그 사람과 눈이 마주쳐서 포기하고 근처를 지나던 다른 남자를 죽였다"라고 진술했고, 당시 상황을 묻는 질문에도 전혀 반성 없는 얼굴로 대답했다고 한다. 김 씨는 평소 정신분열증과 피해망상증을 앓아 정신병원에도 두 차례 입원한 적이 있다. 2년제 대학을 중퇴한 이후에는 5년 동안 집에서만 틀어박혀 지낸 전형적인 히키코모리였다.[6]

그런데 히키코모리들이 일으키는 것은 '묻지마 살인'뿐만이 아니다. 사이버 범죄를 일으키는 범죄자들 가운데에 상당수가 히키코모리와 관련되어 있다. 예를 들어 2009년 7월 1일자 〈중앙일보〉에는 히키코모리가 일으킨 사이버 범죄에 대한 기사가 실렸다.

경찰에 구속된 김모(34) 씨의 혐의는 정보통신망법 위반이다. 2005년 이후 여행사·대학·증권사 등 1000여 개 사이트를 해킹해 개인 정보를 빼내온 혐의다. (중

---

[6] 〈문화일보〉, 2008년 8월 19일자.

략) 현장 확인을 위해 그의 집을 찾은 경찰은 당황했다. 김 씨의 방문이 자물쇠로 잠겨 있었기 때문이다. 부모는 "우리도 10년 넘게 아들 방에 들어간 적이 없다"고 했다. 김 씨에게 열쇠를 받아 들어간 방은 쓰레기장을 방불케 했다고 한다. $7m^2$(약 2평) 남짓한 방바닥은 온갖 과자 봉지로 발 디딜 틈이 없었다. 방 가장자리에는 빈 맥주 페트병 200여 개가 장식품처럼 나란히 서 있었다. 바닥에 널브러진 옷가지에선 지린내가 심하게 났다. 이불 위에는 오래된 컴퓨터 프로그래밍 서적 네댓 권이 나뒹굴고 있었다. 경찰은 방에 있는 컴퓨터 두 대와 외장 하드디스크 두 개를 압수했다. 컴퓨터에선 그가 유출한 개인 정보 수백만여 건이 담긴 파일이 나왔다.

김 씨의 부모는 그 광경을 보고도 무덤덤했다. 경찰에 "아들이 내성적이라 원래 친구가 거의 없고 집에서만 지낸다"고 태연하게 말했다고 한다. 김 씨는 서울 중위권 대학 물리학과에 진학했지만 곧 중퇴했다. 취업을 위해 한두 차례 원서를 냈지만, 면접에서 떨어졌다. 이후론 사회생활을 포기한 채 방 안에만 틀어박혀 살았다. 결혼도 하지 않았다. 유일한 수입은 집에서 한 달에 한 번 받는 용돈 15만 원. 부모는 "PC방 갈 때와 2주에 한 번 빨랫감 내놓을 때 말고는 얼굴도 못 봤다"며 "밥 대신 과자를 많이 먹고, 가족이 같이 식사하는 일은 거의 없었다"고 경찰에 진술했다.

이 기사는 인터넷의 발달과 보급에 따라 "내성적이라 친구가 없고 집에서만 지내던" 히키코모리가 "사회생활도 포기한 채" 인터넷으로 접속하는 가상 공간이 현실적인 생활공간이 되었음을 보여준다. 또한 인터넷과 사이버 공간을 유일한 소통 수단으로 삼고 있다는 것을 짐작할 수 있다. 이처럼 한국에서도 히키코모리 현상은 이미 위험수위에 달해 있다. 그러나 히키코모리 실태에 대한 조사는 이제 시작 단계에 있을 뿐이다. 한국 사회에서 '은둔형 외톨이'가 전체적으로 얼마나 되는지 광범위한 조사가 필요한 시점에 있다.

　최근 일본의 공영 방송인 NHK에서는 일본 사회를 '무연사회無緣社會'라 규정했다. 무연사회라는 말은 공동체의 붕괴 현상을 단적으로 보여준다. 공동체는 공동체의 구성원들로 형성된다. 그것은 공동체에 속한 구성원들의 유대감과 연대감이 없이는 불가능하다. 그런데도 공동체가 무연사회라는 것은 공동체에 속해 있는 구성원들에게 공동체 구성원이라는 의식이 전혀 없다는 것을 말한다. 무늬만 공동체인 셈이다. 한국도 일본과 크게 다르지 않다. 어쩌면 한국도 무연사회가 되어버린 지 오래일지도 모른다.

　그렇다면 세상은 정말 NHK가 지적한 것처럼 무연사회일까? 히키코모리의 증가, 강남 고시원 사건, 아키바 사건 등 무차별적인 살인 행위는 무연사회의 징후를 단적으로 드러내는 예이다. 무연사회를 가속화하는 것으로 인터넷이 만든 가상세계와 현실세계를 혼동하는 현상도 무시할 수 없다. 세계는 점점 무연사회가 되고 있다. 그런데 이처럼 혼동 현상을 유발하는 원인 중 하나는 마음의 빈곤이다. 무라카미 류가 주인공 히데키를 통해 보여주려 했던 것은 바로 정신적 독립이 개인의 진정한 행복을 가져다준다는 것이었다. 비록 현실적인 가족은 해체되어가지만 정신적인 유대감은 더 강해진다는 것, 거기에 가족의 힘이 있다는 것을 무라카미 류는 말하고 싶었을지도 모른다.

　이처럼 히키코모리는 인간이 겪는 '마음의 위기' 상태 또는 '마음의 빈곤' 상태를 보여주는 극단적인 사례. 당시 일본에서는 히키코모리를 정신병으로 간주해 정신과 상담으로 치료하는 방법을 택했으나 오히려 히키코모리는 늘어났다. 마찬가지로 약물치료도 어느 정도 효과는 있을지 몰라도 완치는 불가능하다.

히키코모리는 정신질환, 즉 정신병자가 아니다. 앞에서 서술한 것처럼 히키코모리가 발생하는 원인은 다양하지만 그것은 결국 '마음의 위기', 즉 '마음의 빈곤'에서 생긴다. 자신이 마음의 주체가 되지 못할 때 마음은 빈곤해진다. 마음이 마음을 조정해 올바르게 판단하지 못하게 만드는 현상이 발생할 때, 다시 말하면 마음이 정상적으로 양육되지 못할 때 마음의 병은 발생한다. 마음이 영양실조에 걸린 상태라 한다면 이해하기 쉬울 것이다. 영양실조에 걸린 몸에 영양을 풍부하게 공급해 튼실하게 만드는 것처럼 우리 마음에도 필요한 영양을 공급해 마음이 혼란하지 않도록 해야 한다.

## 유학에서 말하는 정상과 병리

유학에서 말하는 정상적 인간이란 어떠한 인간을 말하는 것일까? 유학에서 다루는 인간의 문제는 맹자의 주장처럼 인간의 본성은 선하다는 성선性善에서 출발한다. 맹자가 활동하던 시대는 제자백가 시대로 불리는 데서 알 수 있듯이 다양한 학설들이 세상을 미혹하던 시대였다. 맹자는 양주와 묵적이 주장하는 무군무부설無君無父說을 없애지 않는다면 "인의의 도는 자취를 감출 것이며 그러면 짐승들을 거느리고 사람을 잡아먹고 사람끼리도 서로 잡아먹는"《맹자》〈등문공하〉) 세상이 될 것이라는 위기감을 느꼈다. 맹자는 이렇게 도덕이 타락한 상황을 끝내고 성인의 도를 회복하기 위해 인간의 본성이 선하다는 것을 논증한 것이다. 맹자의 성선설은 당시 문화의 타락과 붕괴를 막기 위한 문화 치료책이었다. 맹자는 다음과 같이 말하고 있다.

<u>스스로 자신을 해치는 사람</u>과는 더불어 말할 수 없고, <u>스스로 자신을 버리는 사람</u>과는 더불어 일할 수 없다. 인의를 비방함을 스스로 해침自暴이라 한다. 나는 인의를 따를 수 없다고 하는 것을 스스로 자신을 버린다自棄고 한다. 인이란 사람에게 가장 편안한 집이고 의란 사람에게 가장 올바른 길이다. 편안한 집을 비워두고 거처하지 않으며 올바른 길을 버리고 따르지 않으니 애처롭다. 《맹자》〈이루상〉

자포자기란 자신이 도덕적인 존재라는 것을 포기하는 것으로, 자신의 존재 가치나 의미를 깨닫지 못하는 것이다. 자기의 주체가 자기가 아님을 시인하는 사람이 자포자기자다. 자포자기한 사람은 인과 의까지도 포기한다. 가장 편안하고 가장 올바른 길을 버리는 상태가 위에서 말한, 마음이 빈곤한 상태이며 마음이 위기에 놓인 상태다. 인간의 마음에 인의라는 영양을 무한정 공급해야 마음의 빈곤이나 위기 상태에서 벗어날 수 있는데, 자포자기자들은 그런 공급을 받을 수 없다. 이미 자신의 존재 가치나 의미를 상실했기 때문이다. 인간은 인의를 실천함으로써 자신의 도덕성을 확인할 수 있고 자신의 존재감 또한 증폭된다. 이것은 자신이 자기의 주체라는 것을 깨달을 때 가능하다.

맹자는 사람이 인의를 실천할 수 있는 근거를 성선설에서 찾는다. 그리고 인간의 본성이 선하다는 근거는 인의예지仁義禮知와 사단四端에 있다. 인의예지는 마음에 뿌리를 두고 있다. 맹자는 인간에게 식욕, 색욕 등의 욕망이 있다는 점에서 금수와 다를 바 없지만, 인간과 금수가 근본적으로 다른 이유는 바로 인간에게 인의예지가 있기 때문이라고 했다. 선한 인의예지는 인간에게 본성으로 갖추어져 있다. 그리고 인의예지가 밖으로 드러난 것이 바로 사단이다. 여기서 단端이란 단서端緖를 의미하는데 어떤 것이 발생하는 원인에 해당한다. 인간이라면 누구나 사단, 즉 측은지심惻隱之心, 수오지심羞惡之心, 사양지심辭讓之心, 시비지심是非之心이 있다. 인간이라면 누구나 남을 불쌍히 여기는 마음, 자신이 저지른 잘못된 행위에 대해 부끄럽게 여기거나 악한 행위를 싫어하는 마음, 남을 공경하고 양보하는 마음, 사리판단을 할 줄 아는 마음을 갖추고 있다. 인의예지의 성은 인간의 본래심이며, 사단은 본심의 활동으로 드러난 것이다. 이런 마음은 학습해서 생긴 결과가 아니다. 욕망이 자연적이듯이 사단도 자연성에 속한다. 사단은 사물을 판단하는 도덕 기준이자 인간이 인간인 이유에 해당한다. 이런 이유로 맹자는 사단에 대해 불인지심不忍之心이라는 용어를 사용하는 것이다.

> 사람들이 모두 남에게 차마 하지 못하는 마음이 있다는 것은 지금 어떤 사람이 어린아이가 우물에 빠지려는 것을 갑자기 보게 되었다면 모두 깜짝 놀라서 두려워하고 측은해하는 마음이 생기기 때문이다. 그것은 어린아이의 부모와 친교를 맺으려고 하기 때문도 아니고 마을 사람과 친구들에게 칭찬을 얻으려고 해서도 아니며, 어린아이의 위험을 보고도 구하지 않았다는 나쁜 평판을 듣기 싫어해서도 아니다.
> 《맹자》〈공손추상〉

어린아이가 우물에 빠진 것을 보면 누구나 어린아이를 구하려 할 것이다. 어린아이를 구하려는 이유가 아이의 부모와 친분 관계가 있기 때문이 아니며,

사람들에게 칭찬을 받으려는 사심 때문이 아니다. 인간이라면 누구나 그런 마음을 품고 있다. 맹자가 주장하는 불인지심이란 인간에게는 자신의 욕망에 이끌려도 타인의 눈을 생각해 자기 마음대로 하지 않는 "측은한 마음", "차마 하지 못하는 마음"이 항상 존재한다는 것을 의미한다. 즉 자신의 행위로 타인이 불행해진다거나 아픔이나 상처를 받지 않게 하는 마음이다. 이것은 타인과 자기를 동일시해 자신을 미루어 타인의 사정을 생각하는 도덕심이 드러난 것이다. 즉 "도덕의 원칙과 규범을 자발적으로 수립하고 실천"하는 도덕심이다.[7] 이 불인지심은 사단지심으로 구체화된다.

> 측은하게 여기는 마음이 사람들에게 모두 있으며 불의를 부끄럽게 여기고 미워하는 마음이 사람들은 모두 있으며 공경하는 마음이 사람들은 모두 있으며, 옳고 그름을 가리는 마음도 사람들은 모두 있다. 남을 측은하게 여기는 마음은 인이고 불의를 부끄럽게 여기고 미워하는 마음은 의며 공경하는 마음은 예고 옳고 그름을 가리는 마음은 지다. 《맹자》〈고자상〉

사단지심은 인의예지의 발현이다. 인간의 선한 본성인 인의예지가 밖으로 드러나는 것이 바로 사단지심이 발휘되는 때다. 그런데 사단지심은 처음부터 그 분량이 완전한 형태로 드러나는 것이 아니라 마음이 도덕성을 자각해 실천하는 가운데 서서히 드러난다. 그렇기 때문에 맹자는 사단지심의 확충을 강조하는 것이다. 심성 내부를 사단지심으로 충만하게 만들면 도덕성이 충만해진

---

[7] 연재흠, 〈맹자의 심성론 연구〉, 《범한철학》 51집, 2008, 88쪽.

다. 그런 사람이 군자인 것이다. 따라서 사단지심을 확충하면 세상이 평안해지고 그렇지 못하면 자신의 부모조차도 봉양할 수 없다고 맹자는 말한다. 그러므로 끊임없이 반성하고 자각해 사단지심을 확충하는 노력이 필요하다.

맹자의 성선설은 당시 고자告子와 인간의 본성에 대해 벌인 논쟁에서 나왔다. 고자는 인간의 본성을 생지위성生之爲性, 즉 태어난 상태 그대로 간직한 자연적 성질이라고 보았다. 고자가 주장하는 타고난 자연적 성질이란 인간의 생리적 욕망이나 본능을 의미한다. 고자는 식욕과 색욕을 추구하는 것이 인간의 본성이라 생각했다. 인간의 욕망을 부정하는 것이 아니라 욕망 자체를 긍정하는 것이다. 이런 점에서 인간과 동물은 근본적으로 동일하다. 그러나 문제는 인간의 본성에는 도덕성이라는 것이 없다는 데 있다. 고자의 논리대로라면 도덕성이란 후천적인 것이다. 그런데 고자의 생각 속에는 처음부터 도덕성 같은 개념은 없었다고 보아야 한다. 맹자가 고자의 주장에서 문제 삼았던 것이 바로 이 부분이다. 맹자는 인간이 만들어낸 문화는 인간의 욕망이 작용한 결과이지만 그 속에는 문화의 보편성이 있다고 간주한 것이다. 문화의 보편성은 곧 인간의 보편성에 바탕을 둔다.

맹자는 동물과 인간은 근본적으로 차이가 있다는 점을 강조한다. 맹자가 인의예지를 인간의 본성으로 간주한 것은 동물과 인간의 근본적 차이를 각인시키기 위함이다. 앞에서 서술한 것처럼 인간에게 욕망이 없을 수는 없다. 인간에게 욕망이 있다는 것은 자연스럽지만 동물에게 없는 것이 있다. 그것은 바로 인간에게는 스스로 욕망을 다스릴 수 있는 이성이 있다는 점이다. 맹자는 이성적 사유를 인의예지로 봤다.

유학에서는 음과 양 두 기의 운동으로 마음이 형성된다고 본다. 기의 운동으로 만들어진 마음은 항상 움직인다. 고정되어 있지 않은 마음은 외부의 사물과 접촉하는 과정에서 외물의 유혹에 빠진다. 인간이 식욕이나 색욕과 같은 욕망이 있다는 것은 마음 또한 욕망에 노출되어 있다는 말이 된다. 마음이 활동하지 않는다면 아무런 문제도 발생하지 않겠지만 말이다. 언제나 인간의 마음은 욕망의 추구와 선한 본성의 추구, 이 둘 사이에서 갈등한다. 이 마음에 대해 맹자는 "잡으면 있고 버리면 없어진다. 출입도 없으며 그 향하는 바를 모르는 것은 오직 마음을 말하는 것인가?"라고 했다. 또한 《논어》에는 "칠십이 되어 마음의 욕구하는 바에 따라도 법도를 넘지 않았다", "공자가 말하기를 안회는 그 마음이 석 달이나 인을 어기지 않았다"라는 표현이 있다. 여기에는 마음을 일관되게 유지하는 것이 왜 중요한지 서술되어 있다.

또한 《맹자》는 마음의 유지 상태에 대해 "그 마음을 다하는 것은 그 성을 아는 것이다. 그 성을 알면 즉 하늘을 안다. 그 마음을 갖고 있고 그 성을 기른다는 것은 하늘을 섬기는 이유인 것이다", "마음을 기르는 데에는 욕심을 적게 하는 것보다 좋은 것은 없다"라고 했다. 마음을 다한다는 것이 인간이라면 타고난 성을 아는 것이며 그것이 사천事天의식으로까지 연결되어 있다. 즉 마음과 하늘을 연속선상에서 파악하고 있는 것이다. 따라서 맹자는 사단지심의 근원을 하늘에까지 확장하는 것으로 확고부동한 논리를 만들어냈다. 맹자가 천작天爵이라는 표현을 사용하는 이유도 여기에 있다.

이렇게 보면 인의예지의 성은 하늘이 인간에게 부여한 것으로 본성을 어떻게 보존할 것인가에 따라 선한 인간 또는 악한 인간이 된다. 이와 관련해 《중용》에서는 "하늘이 명한 것, 이것을 성이라 하고 성에 따르는 것, 이것을 길이라 하며, 길을 닦는 것, 이것을 가르침이라 한다"라고 했다. 하늘에서 부여된

성에 따라 살아가는 것이 길道이며 그 길을 닦는 것이 바로 교육教인 것이다. 성, 도, 교가 일관된 형태로 제시되어 있다. 따라서 선한 본성대로 사는 것이 유학에서 말하는 정상의 상태이며 그런 인간을 정상적 인간이라 규정한다는 것을 알 수 있다.

그러나 마음은 움직이는 것이고 마음의 운동으로 나타나는 것이 정(감정)이다. 정은《예기》에서 규정한 희노애락애오욕喜怒哀樂愛惡慾을 말한다. 마음에는 감정이란 것이 항상 꿈틀대고 있다. 감정의 표출은 때에 따라서 너무 넘치기도 하고 모자라기도 한다. 슬픔을 과도하게 표출한다거나 반대로 과도하게 절제한다거나 하는 것도 문제가 될 수 있다. 일본인의 장례식에 가본 한국인이라면 과도하게 슬픔을 억제하려 하는 일본인을 만나보았을 것이다. 일본인은 장례식에서조차도 최대한 자신의 감정을 억제하려 한다. 사랑하는 사람이 죽었는데도 그 슬픈 감정을 드러내지 않으려 애쓰는 모습을 보면 안타깝기까지 하다. 반면 한국인은 슬픈 감정을 너무나 자연스럽게 혹은 과도하게 표출한다.《효경》에 의하면 장례에서는 땅을 치고 발을 구르며 울어야 한다. 이런 이유 때문인지는 몰라도 한국의 장례식장은 슬퍼하며 큰소리로 우는 사람들로 가득 차 있다. 그런데《효경》에서 말하는 슬픔을 표현하는 방식은 과도하게 표현하는 것이 아니라 그 상황에 맞게 감정을 표현하는 것을 말하고 있다.《효경》에 비추어 본다면 장례에서 땅을 치고 발을 구르며 슬픔을 표현하는 것이 감정을 적절하게 표현하는 것인 셈이다.

마음은 항상 중용을 유지해야 한다. "때에 맞는 것" 즉 이른바 "시중時中"이 필요해지는 것이다. 어떤 행위를 할 때, 자신의 행위가 주위 사람들에게 문제가 되지 않는지 살펴야 한다. 이 때문에《중용》에서는 신독愼独을 중요한 덕목으로 제기하고 있다. 신독이란 홀로 있을 때도 자신을 늘 삼가 돌아보는 마음이다. 이것은 다름 아니라 늘 마음의 도덕성을 자각하고 실천하는 마음이다.

맹자의 인간학을 잇는 주자학은 모든 인간에게는 하늘에게서 부여된 본연지성이 있다고 본다. 그런데 기질의 맑거나 탁함에 따라(기질지성) 악한 인간이 출현한다. 인간은 기본적으로 선한 존재이기 때문에 근본적인 동일성을 지닌다. 기질의 다양성에서 형성된 인간의 차별이나 차이는 인간의 본래성이 아니기 때문에 부정된다. 인간이 지향해야 할 것은 기질지성의 다양성이 아니라 본연지성의 동일성 회복에 있다. 이런 이유로 주자학에서 인욕 등으로 맑거나 탁하게 된 기질의 성은 인성을 수양해 명덕明德, 즉 본연의 성으로 돌아가야 한다는 복초설復初說을 주장하는 것이다. 공자는 제자인 자로가 군자에 대해 물었을 때 "자기를 수양해 경건한 상태에 처한다"라고 대답했다. 공자는 자신의 마음을 항상 경건한 상태로 유지할 것을 말하고 있다.

하늘이 부여한 맑고 깨끗한 마음을 유지할 수 있다면 그 상태가 곧 정상인 것이다. 마음이 올바르지 않거나 혹은 편벽되어 있는 상태를 병리적 상태라 간주한다. 공자는 그 상태를 인으로 설명한다. 유학에서 인, 즉 사랑하는 마음은 인간이 가장 지향해야 할 덕목이며 가치다. 유학에서는 모든 인간의 본성이 선하기 때문에 그런 성을 보존할 수 있는지가 관건이다. 유학이라는 학문이 주로 수양론으로 향해 있는 것도 이런 인간관을 기초로 하기 때문이다.

# 정상의 확충과 병리의 치료

중국 고전 가운데 마음의 병心病을 최초로 기술한 것은《주역周易》〈설괘전說掛傳〉이다.《주역》에서는 '근심'하는 일, 염려하는 것이 마음의 병을 발생시키는 원인이라고 했다. 앞에서 말한 한국인의 화병 또한 근심, 걱정, 염려하는 마음을 수반한다. 이와 관련해 송 말 사람인 정역동丁易東은 "근심을 더한다는 것은 마음속이 험하기 때문에 근심을 더하는 것이다. 마음의 병이 된다는 것은 마음은 마땅히 텅 비어 있어야 하는데 마음속이 가득 차 있기 때문에 병이 되는 것이다"라고 주해하고 있다.[8] 여기서 말하는 마음속이 '험한' 상태란 여러 가지 잡념이나 욕망 등으로 염려하는 것이 점점 커지고 늘어나는 것을 말한다. 마음에 근심, 걱정, 잡념, 욕망 등이 가득찬 상태다.[9] 이처럼《주역》에서 보는 마음의 병이란 마음의 보존 여하에 달려 있다.

이와 같은 인식은《한비자韓非子》나《관자管子》등에서도 나타난다. 예를 들어《한비자》에는 "근심하면 병이 발생한다"라고 되어 있으며,《관자》에는 "우울하면 병이 생긴다. 병은 죽음의 원인이 된다"라는 문구가 있다.[10] 주희朱熹가 쓴《주자어류》에는 그가 문인들과 심병에 관해 토론한 내용이 실려 있다. 도부라는 문인이 주희에게 "심병이 생기는 건 항상 뜻이 서 있지 않았기 때문이 아닌가?"라는 질문을 한다. 이에 대해 주희는 마음이 병에 걸리는 이유는 독서

---

8 《周易象義》為加憂, 中險故加憂也, 為心病, 心宜虛中實則病也. 유권종,〈동양고전에서 사용되는 심병의 용례와 의미〉,《철학탐구》24집, 중앙대학교, 2008, 21쪽에서 재인용.
9 유권종, 앞의 논문, 21쪽.
10 유권종, 앞의 논문 참조.

와 궁리를 하지 않기 때문이라고 답한다.[11] 주희 역시 마음의 자세, 즉 뜻이 있고 없음에 따라 심병을 진단한다.

그런데 위에서 보듯이 인간이 선한 본성을 그대로 유지하는 것이 어려운 것처럼 마음을 올바르게 보존하는 것도 어렵다. 마음을 올바르게 보존하지 못하면 우울증이나 근심, 걱정, 욕심 등이 찾아오기 마련이며, 결국 병에 걸리게 된다. 《관자》에는 마음의 병에 걸리면 죽는다고까지 말했다. 공자도 마음의 병에 걸리면 위험하다는 것을 알고 있었다. 공자는 "잡으면 있고 버리면 없어진다. 출입이 없으니 그 향하는 바를 알지 못하는 것은 오직 마음을 두고 한 말인가?"라고 말했다. 이처럼 마음을 올바르게 보존하는 것이 어려운 이유는 마음은 외부의 세계에 유혹되기 쉽기 때문이다.

마음이 편벽되어 있다는 것은 결국 사단의 마음을 잃어버린 상태를 의미한다. 이 상태는 정의 과부족 상태라 할 수 있다. 정이란 사단과 칠정을 포함하는데 그것은 곧 마음의 작용이다.[12] 정의 과부족은 사단과 칠정이 균형 감각을 상실했을 때에 발생한다. 예를 들어 정의 과부족 현상을 사단지심에 대입해본다면 측은해하는 마음, 시비 판단력, 부끄러울 줄 아는 마음, 사양하는 마음을 상실했거나 도가 지나쳤을 때를 정의 과부족 상태라 한다.

앞에서 말한 것처럼 맹자는 자기를 다치게 하는 자를 일러 자포자自暴者라 하고, 자기를 버리는 자를 일러 자기자自棄者라 했다. 인의를 비방하는 것이 자포, 인의를 따르지 않는 것을 자기라 한다. 자포자기란 자신의 존재 가치와 의

---

**11** 유권종, 앞의 논문, 25쪽.
**12** 채인후 지음, 천병돈 옮김,《맹자의 철학》, 예문서원, 2000년, 60쪽.

미를 모르고 인격 형성의 주체인 자기를 포기하는 것이다. 자기에 대한 신용성이나 의지함이 없는 상태. 위에서 말한 마음이 근심이나 걱정, 우울함 등으로 가득 차 있는데도 그것을 그냥 방치해두는 것이 여기에 속한다. 여기서 맹자의 우산牛山의 비유는 시사적이다.

> 우산의 나무는 아름다웠다. 그러나 큰 나라의 교외에 있었기 때문에 도끼로 날마다 베어 가니 어떻게 아름답게 자랄 수 있겠는가? 밤낮으로 조금씩 자라고 비와 이슬이 적셔주어 싹이 나오지 않는 것은 아니지만 소와 양이 그곳에 방목되자 저와 같이 민둥산이 되고 말았다. 《맹자》〈고자상〉

원래 우산은 초목이 무성한 아름다운 산이었다. 그런데 초목을 벌목하는 사람이 늘어나자 초목이 점점 사라져버려 산의 아름다운 모습도 사라졌다. 그런데 비와 이슬이 영양분을 공급해 잘려나간 초목의 뿌리에서 싹이 돋아나게 되었다. 그러자 이번에는 소와 양이 이것을 먹어치웠다. 결국 우산은 초목이 사라진 민둥산이 되고 말았다. 우산의 비유는 원래 우산에 초목이 없었다고 말할 수 없는 것처럼 인간의 마음에 선한 본성이 없다고 말할 수 없다는 것을 보여준다. 이것은 곧 처음부터 인간의 마음은 사단과 칠정의 정상적 발현과 정상적 운용이 가능하고 있었는데 정의 과부족 등으로 마음의 정상적 기능을 상실했다는 점을 말하는 것이다.

인간의 마음도 마찬가지다. 처음에는 깨끗하고 도덕적인 상태를 유지하려 하지만 자신을 둘러싸고 있는 수많은 유혹 속에서 자신을 지키는 것이 쉽지 않다. 그래도 지키려고 노력하나 또 다른 방해꾼이 나타나 유혹하는 것이다.

결국 자신을 포기하기에 이른다. 자포자기 상태가 되는 것이다. 최근 한국에서 유행처럼 번지고 있는 연예인의 자살도 그렇다. 연예인들의 자살은 대부분 우울증 때문인데, 우울증 역시 마음의 자포자기 상태에서 온다고 할 수 있다.

사람의 마음에 어찌 인의가 없겠는가? 그 양심을 잃어버림이 도끼로 나무를 날마다 베어 가는 것과 같으니, 이렇게 하고서도 아름답게 되겠는가? 그것이 밤낮으로 자라나는 것과 새벽의 맑은 기를 좋아하고 싫어하는 것이 다른 사람과 서로 비슷하다 해도 그것을 유지하기가 쉽지 않다. 낮에 하는 행위는 새벽의 맑은 기를 질곡시키고 없애버린다. 그렇게 질곡하기를 반복하면 청명한 기가 보존될 수 없다. 청명한 기가 보존될 수 없다면 금수와 차별이 없어지게 된다. 사람들은 금수와 같은 행실을 보고 일찍이 그 재질이 없었다고 생각하는데 이것이 어찌 사람의 본래 실정이겠는가? 《맹자》〈고자상〉

다시 말해 인간은 원래 선한 본성을 소유하고 있었는데 밖의 사물에 유혹되어 마음을 빼앗겨 본성도 잃어버리게 되었다는 것이다. 맹자는 인간이 양심을 잃어버리게 되자 덕성의 아름다움까지도 함께 잃어버리게 되었다고 한다. 그러므로 맹자는 "그 마음을 잃어버리고는 찾을 줄을 모르니 슬프구나! 사람이 닭과 개는 잃어버리면 이것을 찾을 줄을 아는데 마음을 잃어버려도 찾을 줄을 모른다. 학문의 길은 다른 데 있는 것이 아니다. 그 잃어버린 마음을 찾는 것이다"라고 했다. 여기서 맹자는 방심放心, 즉 마음을 잃어버린 것이 인간성의 상실이라는 것을 강조하고 있다. 맹자는 "인은 사람의 마음이고 의는 사람이 가야 할 길이다. 그런데도 그 길을 버리고 가지 않으며, 그 마음을 잃어버리고도 구할 줄 모르니 애처롭다"라고 탄식한다. 그러므로 마음을 잃어버렸다고 할 때 "잃어버린 마음"이란 다름 아닌 인한 마음의 상실을 의미한다.

그렇다면 병리현상을 극복하기 위해서는 어떻게 해야 하는가? 맹자는 사단을 확충하는 것이 가장 좋은 방책이라 말한다.

> 자기에게 있는 사단을 넓혀서 다 채울 줄 알면 마치 불이 처음 타오르고 샘이 처음 용솟음치는 것과 같은 것이다. 진실로 이것을 채울 수 있다면 사해를 보호하는 것도 충분하지만 만약 채우지 못한다면 부모를 섬기기에도 부족하다. 《맹자》〈공손추 상〉)

측은지심, 수오지심, 사양지심, 시비지심은 모두 하늘이 내려준 것으로 사람이라면 다 지니고 있는 마음이다. 그것을 마음의 내부로 확충해간다면 끊임없이 샘솟듯 솟아나는 샘물처럼 어떤 곳, 어떤 상황에서도 사단의 마음이 발휘된다. 덕이 마음의 내부에서부터 가득 차게 되는 것이다. 그렇게 된다면 개인의 작은 일에서부터 천하의 정치까지도 올발라질 수 있다. 사단의 확충은 개인의 심성을 끊임없이 자각하게 함으로써 자존감을 각인시켜주며 나아가 사회, 문화, 풍습까지도 변화시킬 수 있다.

맹자가 마음의 수양에서 강조하는 것은 적게 욕심부리는 것, 즉 과욕寡欲이었다. 자기의 힘에 미치지 못하는 욕망은 문제가 된다는 것이다. 적게 욕망하면 본심을 잃는 일은 없을 것이다. 적게 욕망하는 과욕은 사단을 확충시킨다. 모든 인간은 불인지심, 즉 차마 하지 못하는 마음을 품는 것, 즉 자기의 내부에 불인지심을 확충한다면 자신에 대해서도, 타인에 대해서도 사랑(인)하는 마음이 싹트게 된다.

맹자는 과욕에 상지尙志, 즉 뜻을 높게 하는 것을 더한다. 상지의 지향은 인의이기 때문에 인의에 뜻을 두는 것이다. 뜻을 높게 한다는 것은 끊임없이 인간 내면의 도덕성을 확인하고 자신의 마음을 붙잡는 것이다. 이것을 공자는 "마음을 인에 두고 의를 따른다"라고 설명한다. 인을 실천하는 사람은 남이 아니라 자기 자신이다. 자신이 주체가 되어 자신의 마음을 단속하고, 자신을 신뢰하고, 그것을 행동으로 실천하는 것이다. 그렇게 될 때에 강한 자기가 형성된다. 유학은 이처럼 강한 자기를 표방하고 그것의 실천을 추구했다.

유학적 인간이 만들어내는 문화 또한 강한 마음의 주체성과 신뢰성을 바탕으로 형성된다. 그런데 이런 선진 유가의 인성론은 단순하게 인성의 수양에서 그치지 않는다. 그것은 당대의 정치, 사회, 문화와 풍속의 치료, 이른바 문화치료의 가능성을 가득 담고 있다. 예를 들어 맹자의 불인지심은 인정과 왕도의 실현으로 연결된다. 맹자는 다음과 같이 말했다.

> 사람들은 모두 차마 하지 못하는 마음이 있다. 선왕이 사람을 차마 마음대로 하지 못하는 마음이 있어 사람을 차마 하지 못하는 정치를 시행했다. 사람을 차마 하지 못하는 마음으로 사람을 차마 하지 못하는 정치를 시행한다면 천하를 다스림은 손바닥 위에 놓고 움직일 수 있을 것이다. 《맹자》〈공손추상〉

전술한 것처럼 차마 하지 못하는 마음이란 인한 마음이며 그 마음이 인심이다. 이 마음을 단지 자기 수양에서만 그치는 것이 아니라 정치 현장에서 시행한다면 천하를 자신의 손바닥 위에 놓고 다스릴 수 있다. "인심을 미루어 인정을 실행"할 수 있게 되는 것이다.[13] 불인지심은 불인지심의 정치로 계승된다. 불인지심의 정치란 "내 노인을 노인으로 섬겨서 남의 노인에게까지 미치며 내 아이를 아이로 사랑해서 남의 아이에게까지 미친다면 천하를 손바닥에 놓고 움직일 수 있다"라는 것으로, 적극적인 정치 참여와 실천을 통한 문화의 개입을 요구한다. 그런데 이 같은 맹자의 생각은 다름 아니라 사단지심의 확충이다. 결국 정치, 문화, 풍속을 바꾼다는 것은 곧 사단지심을 현실에 실천하는 것이라 할 수 있다. 자기에서 시작해 타인에게 이르는 과정, 그것이 곧 인정이며 왕도 정치의 출발이기 때문이다. 그렇기 때문에 군주에게 법으로 통치하는 법을 배우기보다도 인정을 베푸는 인덕을 닦을 것을 먼저 요구한 것도 이런 맥락 때문이다. 예를 들어 국가의 모든 행사나 업무를 관장하는 곳을 인정전仁政殿이라 한 것도 임금을 비롯한 모든 대신들의 강한 자기 수양이 정치로 이어져야 한다는 인식에서였다.

> 걸과 주가 천하를 잃은 것은 백성을 잃었기 때문이다. 백성을 잃었다는 것은 백성의 마음을 잃은 것이다. 천하를 얻는 데는 길이 있다. 바로 백성을 얻는 것이 천하를 얻는 것이다. 백성을 얻는 데는 길이 있다. 바로 백성의 마음을 얻는 것이 백성을 얻는 것이다. 《맹자》〈이루상〉

현실 정치에 성공하기 위해서 맹자가 강조한 것은 백성의 마음이었다. 그런데 백성의 마음을 얻으려면 백성이 싫어하는 것을 시행하지 말아야 한다. 백

---

[13] 채인후, 앞의 책, 174쪽.

성의 뜻을 존중하는 것, 즉 민의를 존중하고 민의를 따르는 것이 정치에 성공하는 열쇠다. 이처럼 인성의 자기 실천과 사회적 실천이 적절하고 유기적으로 결합되어 사회, 문화에서 정치, 제도, 풍습에 이르기까지 일관된 실천이 존재했으며, 대동 사회의 실현이라는 일정한 방향성을 지니고 있었다.

지금까지 유학에서 인간성과 사회 문화의 치료 가능성을 살펴보았다. 유학은 강한 자기 실천을 강조한다. 자기 실천에는 두 방향이 있다. 자신에 대한 실천과 이웃, 사회 공동체에 대한 실천이다. 자기에 대한 실천이란 사단을 인식함으로써 도덕성을 확인하는 것이며, 이웃, 사회 공동체에 대한 실천은 사회 문화 속에서 사단을 실천하는 것이다.

공자는 자기 실천과 사회 문화에 대한 실천을 충서忠恕라는 개념으로 설명하고 있다. 충이란 자기를 다하는 것인데 그것은 어떤 문제가 발생했을 때 먼저 자기의 중심을 찾는 것, 즉 "돌아보아 이것을 자기에게 구하는" 행위다. 따라서 자신을 이루는 것이 충이라 할 수 있다. 한편 서란 "미루어 사물을 생각하는" 것으로 "자기를 미루어 타인에게 미치는推己及人" 자세다. 곧 사물을 이루는 것에 해당한다. 즉 충서란 타인에 대한 배려이자 자기를 완성하고 만물을 완성하는 방법이라고 할 수 있다. 이 충서를 한마디로 한다면 "자기가 원하지 않는 바를 남에게 베풀지 않는 것"이며, "자신이 서고자 하면 남도 세워주고 자기가 달하고자 하면 남도 달하게 해주는 것"이 될 것이다. 자기가 하고 싶지 않은 일을 타인에게도 강요하지 않으며 자기가 남들 앞에 서고자 한다면 먼저 남을 세워준다. 또한 자기가 무엇인가를 이루고자 한다면 먼저 남을 이루게 해주는 것이다. 이것은 무관심이 아니다. 자기가 중요한 존재라고 생각하는 것처럼 타인 또한 중요한 존재라고 생각하지 않으면 안 되는 것이다. 여기에는 생명에 대한 존중이 강하게 배어 있다.

그런데 자기 실천을 제대로 시행하려면 환경의 문제도 생각해야만 한다. 여기서 말하는 환경이란 인적 환경을 말한다. 소인은 군자의 덕에 감화되어 도덕적인 인간이 될 수 있다. 올바른 사람이 주위에 있다면 주위는 그 사람 때문에 변화할 수 있다. 인적 환경의 토대를 어떻게 구성하느냐에 따라 가정뿐만 아니라 사회 공동체까지도 영향을 받는다. 그러므로 어떤 공동체를 만들 것이냐가 중요해지는 셈이다. 유학은 이런 면을 중요하게 여겼으며 그것의 실천을 위해 온 힘을 쏟았던 것이다.

- 이 글은 일본 오사카 대학에서 열린 임상철학 국제 워크샵 '철학치료학과 임상철학'(2010. 2. 17~18)에서 발표한 논문을 수정 보완한 것이다.

# 11장 사유구조를 성형하는 철학치료학 1

주자학과 고문사학적 사유

# 병리를 치료할 새로운 사유의 등장

## 주자학적 사유의 병리화

전국시대라는 전쟁 상황을 종식하고 250년 동안 평화를 누린 도쿠가와 막부德川幕府의 탄생을 '사유구조의 성형'이라는 관점에서 본다면 어떨까? 도쿠가와 막부의 성립을 사상사의 관점에서 보면 불교적 세계관에서 유교적 세계관으로 전환한 것이라 할 수 있다. 도쿠가와 막부는 전국시대의 혼란을 극복하고 사회 안정에 주력했는데, 전란으로 무너진 사회 기강과 신분 질서의 확립이 우선이었기 때문이다. 불교는 사회 안정에 필요한 오륜 질서를 만들어내지 못했다. 에도시대 초기의 유학자들은 신분 질서를 바로잡아 사회 질서를 확립할 사상적 토대를 주자학에서 찾은 것이다. 일본 사상사에서 불교에서 유교로 전환한 것은 불교가 시대를 치료할 소명을 완수하지 못했다는 것을 의미한다. 그런데 주자학적 사고에 균열이 생기기 시작하면서 출현하는 고학은 주자학 또한 병리화했다는 점을 말해준다. 이 글은 일본 사상사에서 주자학과 반주자학적 사유의 정점에 선 오규 소라이荻生徂徠(1666~1728)의 출현을 '사유구조의 성형'이라는 관점에서 볼 것이다.

먼저 소라이의 출현 이전 단계에서 이루어지는 반주자학적 사유의 출현을 살펴보자. 《도쿠가와 실기德川実紀》에는 다음과 같은 기록이 전해 내려온다.

> 말 위에서 무력으로 천하를 얻었지만 원래 태어날 때부터 신성한 자질을 갖추고 계셔서, 천하를 무력으로 다스릴 수 없다는 도리를 깨닫고 계셨다. 항상 성현의 도를 숭상하고 믿어 무릇 천하 국가를 다스리고 사람이 사람다운 도를 행하기 위해서는 성현의 도 외에는 다른 길이 없다는 영단을 내리고 세상을 다스리기 시작하면서 문도를 크게 장려했다.[1]

윗글에는 도쿠가와 막부가 유학을 수용한 이유가 서술되어 있는데, "사람이 사람다운 도를 행하기 위해서"라는 문장에서 도쿠가와 막부가 유학을 수용한 이유를 단적으로 알 수 있다. 그것은 세속 윤리의 확립이었다. 유학을 통한 질서의 유지가 무엇보다도 시급했음을 알 수 있다. 일본 주자학의 시조라 불리는 후지와라 세이카藤原惺窩(1561~1619)는 불교에는 없는 유교의 세속 윤리에 깊이 빠질 수밖에 없었다. 불교의 선승에서 유학자로 전향한 세이카에게 주자

---

[1] 미나모토 료엔 지음, 박규태·이용수 옮김, 《도쿠가와 시대의 철학사상》, 예문서원, 2000, 30쪽에서 재인용.

학이 인륜 질서의 보급을 통한 사회 질서와 안정이라는 정치적 목적에 부합했던 것이다. 막부의 유관이었던 하야시 라잔林羅山(1583~1657)은 주자학의 이 개념을 상하 '정분의 이定分之理'로 받아들였다.² 그는 "타고나지도 않은 부귀와 수명을 바라는 것은 이에 어긋난다"라고 하면서 "이루어지지도 않을 소원을 꾀하고 이루어지지 않을 희망을 품는 것은 악인이나 어리석은 자의 소행이다"라고 해 사회 신분의 차별을 타고나는 것으로 합리화했다. 전국시대의 혼란함이나 무질서 상황을 끝내고 사회 문화를 빠른 시일에 안정시킬 수 있는 가장 좋은 방책은 세속 오륜 질서의 확립이었다. 도쿠가와 막부가 시급하게 여겼던 정책의 첫째 과제가 세속 윤리의 정착과 안정된 질서의 확립이었다.

주희의 학문을 그대로 조술하는 것을 추구한 야마자키 안사이山崎闇斎(1618~1682)는 공부법으로 강석講釈을 대단히 강조했다. 안사이는 주희가 체험한 지와 동일한 경지에 도달하는 것이 학문적 목표였다. 주희와 동일한 지적 체험을 추구한 안사이는 주자학이 이룩한 진리의 세계를 일본어로 전달해야 한다고 생각했다. 그것이 안사이가 강조한 강석법이다. 강석이란 "경서를 모범적으로 읽기 위해 연출하는 독서 퍼포먼스" 같은 것이다.³ 그것은 경서의 본문을 읽을 때 방대한 주석서를 참고하면서 한 문장 한 문장을 올바르게 읽는 방법이다. 안사이는 주희의 해석을 철저하게 따랐으며 주희와 다른 해석이 있다면 잘못된 해석으로 여겨 받아들이지 않을 정도였다. 소라이가 사상적으로 극복할 인물로 여긴 사람 중 한 사람이 바로 안사이였는데, 소라이 문인 핫토

---

2  하야시 라잔의 학문적 성격에 대해서는 《도쿠가와 시대의 철학사상》, 衣笠安喜, 《近世儒學思想史の研究》, 法政大學出版局, 1976 참조.
3  쓰지모토 마사시 지음, 이기원 옮김, 《일본인은 어떻게 공부했을까?》, 지와사랑, 2009, 87쪽.

리 난카쿠服部南郭(1683~1759)는 안사이에 대해 이렇게 평가했다고 한다.

지금의 주자학자들은 참으로 주자가 쓴 집주의 의미를 모른다. 그 정도로 주자학을 알았다고 함은 우스운 일이다. 주자가 책을 주해하는 작업은 대학, 중용 등을 주해하더라도 거기에서는 간단하게 해두고 말하고 싶은 것은《사서혹문四書或問》에서 말했다. 그렇다면 주자학을 공부한다고 한다면《사서혹문》을 병행해서 충분히 보지 않으면 참된 주자학이 아니다. 야마자키 안사이는 일본의 주자학자로서는 이를 잘 이해한 인물이다. 《문회잡기文会雜記》

에도시대에 수용된 주자학의 위상이 어땠는지 짐작할 수 있는 글이다. 주자학을 공부하기 위해서는 반드시《주자집주》를 읽어야 한다는 것은 상식이다. 그러나 주자의 집주는 말 그대로 주희가 이전에 활동한 여러 선현들의 주석을 취사선택해 집성한 다음 거기에 자신의 견해를 제시한 것이다.《주자집주》는 주자의 해석이 응축되어 있기 때문에 주희가 왜 그렇게 해석했는지 알기 위해서는 그 과정을 알아야 한다.《사서혹문》이 그것을 잘 말해주고 있다. 그렇기 때문에《사서혹문》과《주자집주》를 함께 읽어야만 주자학의 정수를 꿸 수 있는 것이다. 윗글은 에도시대에 주자학을 제대로 이해한 지식인이 적다는 점과 그런 의미에서 안사이는 주자학을 정확하게 이해하고 있었다는 점을 짐작하게 한다.

이처럼 주자학은 에도시대 초기에 사회를 안정시키는 사회 통합 기제로 작용했다. 하지만 상품경제가 발달하는 에도 중기에 이르면 주자학은 시대를 통섭할 대안이 되지 못한다. 주자학에서 주장하는 본연의 성이라든가 인간의 욕망을 전부 없앨 수 있는가와 같은 고민들이 확장되어갔다. 주자학적 인간에 대한 회의가 시작된 것이다. 여기에는 세속 오륜 질서에 대한 반발과 도덕에 대한 재검토가 싹트고 있었다. 다시 말하면 중세의 불교문화로 병든 사상과 문화를 치료하기 위해 수용된 주자학에 회의가 시작된 것이다. 건강한 사회와 문화를 세울 새로운 사유가 요청되었다.

## 고학적 사유의 등장

일본 유학사에서 고학파의 출현은 주자학의 해체과정으로 이해할 수 있다. 고학파는 야마가 소코山鹿素行(1622~1685), 이토 진사이伊藤仁齋(1627~1705) 그리고 오규 소라이의 사상을 지칭하는 말로, 이토 진사이를 거쳐 오규 소라이의 고문사학古文辭學에서 정점에 달한다.[4] 고학은 주자학의 지나친 욕망 부정에 반기를 들고 인간의 욕망을 자연스러운 감정으로 보았다. 주자학의 극복과 해체의 끝에 출현한 학문이 소라이학이라고 볼 수 있다. 이들은 모두 주자학적 사유구조의 병폐를 발견하고 그것에서 벗어나야 한다고 하면서 고대 유학으로 돌아갈 것을 주장했다. 고대 유학은 인간이 욕망을 지닌 존재라는 것을 긍정하고 인정했다는 것이다. 예를 들어 야마가 소코는 《배소잔필配所殘筆》에서 당시에 유행한 주자학이 어떤 위험성을 지니고 있는지 지적한다.

우리는 어릴 때부터 장년에 이르기까지 정주학(주자학)만을 공부했다. 우리가 펴내

---

[4] 소라이의 고문사학에 대해서는 졸고, 〈오규 소라이의 고문사학〉,《일본사상》 16호, 한국일본사상사학회, 2009 참조.

는 책 또한 모두 정주학에 관한 것뿐이다. (중략) 대부분 쓸모없이 정주학을 섬겨 지경정좌에 빠져듦으로써 인품이 침묵에 젖은 감이 있다. (중략) 이런 연유로 나는 참된 학문이란 무엇인가를 고민하면서 두루 책을 섭렵하는 가운데 옛 학자들에게서 무언가 단서가 있으리라고 짐작하게 되었다. 하지만 여전히 내 의문은 풀리지 않았다. (중략) 그러던 중 한·당·송·명 학자들의 책을 읽었으나 마음에 들지 않았다. 그리하여 이번에는 주공과 공자의 책을 직접 읽어 학문의 길을 바로 펼 수 있으리라고 생각했다. 그로부터 나는 후세의 책은 제쳐놓고 성인의 책만을 주야로 독파해 비로소 성학의 도를 분명하게 깨달을 수 있었다.

소코의 짧은 글에서 당대의 학문이 주자학 일존주의였다는 사실을 알 수 있다. 소코가 보기에 한 대 이후 송·명의 학자들, 이른바 주자학자들의 학문은 '참된 학문'이 아니었다. 소코는 참된 학문을 찾아 방황하던 중에 직접 공자의 책을 읽으면서 비로소 참된 학문을 만나게 된 것이다. 소코는 욕망이 없는 자는 인간이 아니라고 하면서 주자학의 욕망 부정을 맹렬하게 비난한다. 소코는 인간이 욕망을 품는 것은 자연스러운 일로 욕망을 제거하는 것이 문제가 아니라 욕망에 미혹되는 것이 문제라고 봤으며, 욕망의 과불급에 빠지지 않으면 된다고 생각했다. 주자학적 수양론에 대한 반발이다. 주자학에서 수양론의 핵심이 되는 공부工夫, 지경持敬, 정좌靜坐 같은 개념은 소코가 주장하는 참된 학문에서는 찾아볼 수가 없다. 이처럼 고학적 사유는 소코가 참된 학문을 추구한 데서 시작되었다. 소코에게서 탈주자학적 요소가 보이기는 했지만 학문적인 방법론은 보이지 않았다. 탈주자학을 위해서는 주자학의 경전이 되었던 사서 중심주의에서 벗어나기 위한 탈사서학적 방법론을 구축해야 한다.

그런 조짐을 이토 진사이에게서 찾을 수 있다. 진사이 또한 주자학 필독서인 《근사록》, 《주자어류》, 《성리대전》과 같은 학습서로 주자학을 공부하면서 주자학에 몰두했다. 그러던 그가 반주자학자가 되었다. 진사이는 주희가 《대학》을 공자의 저술이라고 한 것에 의문을 품었다. 진사이도 소코와 마찬가지로 인간의 욕망을 부정하는 주희에 동조할 수 없었다. 진사이가 생각하기에 《대학》은 인간의 욕망이나 감정의 활동을 부정하는 언사로 가득 차 있지만, 공자는 인간의 욕망이나 감정의 활동을 부정한 적이 없다고 판단했기 때문이다. 진사이는 문헌을 연구해 《대학》이나 《중용》에 공자의 말이 아닌 것이 삽입되어 있다는 점을 밝혀냈다. 진사이학을 고의학古義學이라고 부르는 이유가 여기에 있다. 진사이의 고의학은 주자학에서 주장하는 이기론 같은 개념들이 공자와 맹자의 유학에는 없던 것이라는 사실을 문헌 연구로 밝히려 한 것이다.

진사이는 《논어》와 《맹자》를 자신의 학문적 근거로 삼았다. 그중에서도 특히 《논어》를 우주에서 가장 훌륭한 책이라고 극찬하기도 했다. 이런 행동에서 진사이가 공자를 학문의 대상으로 간주했다는 점을 읽을 수 있다. 진사이가 주자학을 비판한 주된 이유로 "주자학의 엄격주의와 위선"이나 "생활세계로부터의 이탈"이라는 견해가 존재하는 것처럼 인간의 욕망을 긍정하면서 현실세계에서의 삶의 문제를 제기했다.[5] 진사이가 관심을 둔 부분이 바로 인간 삶의 현장에 적용할 인도人道였다. 인도란 세속 윤리다. 진사이는 천도와 같은 우주론이나 천명론 같은 형이상학적 개념을 될 수 있는 한 배척했다. 진사이가 가

---

5  고희탁, 《일본근세의 공공적 삶과 윤리》, 논형, 2009, 62쪽.

장 중시한 것은 도덕론이었다. 진사이에게 중요했던 것은 현실에 적용할 실천 도덕, 즉 개인 도덕에 기초한 유교 윤리였다.[6] 진사이에게 유교 윤리의 출발은 공자와 맹자 시대의 유학이었다. 진사이는 공자와 맹자 시대의 유학으로 되돌아가 거기서부터 다시 유학지의 구축을 시도해야 한다고 주장한다. 그가 공자와 맹자의 유학에서 발견한 것은 주자학의 이기 개념이 아닌 공자가 제시했던 인仁의 정신이었다. 진사이는 다음과 같이 말하고 있다.

> 인이란 오직 사랑일 따름이다. 그것을 일러 군신 간에는 의, 부자 간에는 친, 부부 간에는 별, 형제 간에는 서, 붕우 간에는 신이라 말한다. 이 다섯 가지는 모두 사랑에서 나올 때에만 비로소 열매를 맺을 수 있다. 사랑에서 나오지 않는 것은 모두 허위다. (중략) 인이야말로 성학의 첫째가는 덕인 것이다.《동자문》

이처럼 진사이는 유교의 세속 윤리인 오륜 오상의 핵심을 인에서 찾고 있다. 그 인은 사랑이다. 사랑하는 마음에서 군신, 부자, 부부, 형제, 붕우 사이의 덕으로 발전해간다. 그런데 진사이가 강조하는 인은 자기 자신을 사랑하는 개인에만 한정된 개념은 아니다. 진사이는 교토에서 고의당古義堂이라는 가쿠몬주크學問塾[7]를 열어 후학을 양성했는데, 상업 경제로 돌입해 눈부시게 발전하고 있던 교토의 쵸닌町人 문화를 지탱해주는 개념으로 인을 제시한 것이다. 진사이는 사회 공동체를 유지하기 위해 서로 왕래하는 문화와 그 속에서 살아가

---

6 마루야마 마사오 지음, 김석근 옮김,《일본정치사상사연구》, 통나무, 1998, 164쪽.
7 가쿠몬주크(學問塾)는 학문(유학)을 배우는 곳으로 조선시대의 서원과 비슷하다.《일본인은 어떻게 공부했을까?》제2장 참조.

는 인간의 상호 소통에 관심이 많았다. 사랑을 통한 타자에 대한 배려와 사랑의 실천이 절실했다. 그는 "사랑이 배제된 형식적 도덕은 인간을 위선에 빠뜨린다"고 보았는데 주자학을 그런 형식적 도덕으로 간주했다.[8] 상업 경제와 돈의 유통과 그것에서 생기는 욕망이 분출하는 교토의 쵸닌 문화를 지탱하기 위해서는 실천 도덕이 무엇보다도 중요했던 것이다.

서로 사랑하라는 진사이의 언명은 휴머니즘에 바탕을 둔 언설이다. 휴머니즘이 보편화되기 위해서는 좀 더 성숙한 사회 문화와 그것을 지탱할 인간이 출현해야 했다. 진사이가 활동하던 무렵은 휴머니즘에 바탕을 둔 사회는 아니었다. 전 사회 문화와 사상을 통섭할 사상, 앞선 사상이 필요했다. 진사이 이후에 출현하는 고학파를 완성한 소라이가 그 과제를 지고 에도 중기의 학문과 사상의 세계에 등장한다.

소라이는 주자학의 사서 중심주의에서 벗어나 육경 중심주의를 표방하고 육경에 제시된 성인의 도를 예악으로 간주하면서 원시 유학으로 복고해야 한다고 주장했다. 소라이는 주자학적 사유 위에 출발한 도쿠가와 시대를 '제도 없는 시대'라 단정하면서 예법 질서 위에 정치, 사회, 문화를 포괄한 제도의 제정을 역설했다. 소라이학은 에도시대의 사상사를 구분하는 분수령이라 평가된다. 에도시대에 소라이학은 크게 유행했다.[9]

소라이가 원시 유학으로 복고를 주장하게 된 것은 이른바 '난소우南総 체험'과 깊이 관련되어 있다. 에도에서 태어난 소라이는 부친의 유배로 14세 무렵

---

8 나가오 다케시 지음, 박규태 옮김, 《일본사상 이야기 40》, 예문서원, 2002, 161쪽.
9 소라이학의 유행 양상에 대해서는 中村春作, 《江戸儒教と近代の知》, ペリカン社, 2002 참조.

에 난소우(지금의 치바 현)에서 13년 동안 어린 시절을 보냈다.[10] 소라이는 "13년을 지내고 에도로 돌아와보니 조카마치(에도)의 모습이 많이 변했음을 보고" 충격을 받았는데, "처음부터 조카마치에 살았다면 풍속은 자연히 변해가는 것이기에 마음이 들떠 아무런 생각도 들지 않았을 것이다"라고 해, 13여 년 동안 에도를 떠나 있던 것이 사상의 전환점으로 작용했음을 짐작할 수 있다.

에도시대는 농업 발달에 따르는 잉여 농산물의 상품화와 유통시스템의 확충 등으로 상품경제체제로 전환되어 도시를 중심으로 한 화폐경제가 발달했다. 발전에 힘입어 소라이가 살았던 17세기 말엽의 에도는 급격한 팽창을 이룬 거대도시로 성장했다. 그런데 소라이의 말처럼 만약 에도에만 있었다면 세상의 변화에 민감하지 못했을 것이다. 소라이는 에도 밖에 있었기 때문에 세상의 변화를 포착하고 그것을 계기로 주자학적인 세계관에서 벗어날 수가 있었다. 그는 이것을 '곽廓'이라 표현하고 있다. 주자학(신주)이라는 '곽'에서 나와 고문사학(고주)의 '곽'으로, 사서라는 '곽'에서 나와 육경이라는 '곽'으로 '유학 다시 읽기'가 시작된 것이다.[11] 난소우 체험이 가져다준 것은 주자학과 선진 유학 사이의 경계에 서서 유학사를 재검토할 수 있는 관점을 확보했다는 점이다. 그렇다면 소라이는 어떤 방법으로 주자학적 사유구조를 성형했고, 어

---

**10** 《정담》 1권, 290쪽에는 "나는 어렸을 때 시골에 내려가 13년을 카즈사(난소우의 별칭)에서 살았는데"라고 되어 있다. 《역문전제》에는 "나는 14세 때에 난소우에 가 25세 때에 사면되어 에도로 돌아왔다"라고 하면서 '중간 13년'이라는 표현이 나온다. 난소우에서 13년간 있었다는 의미다. 사료마다 부정확하게 기록되어 있기는 하지만 대체로 13년 정도를 난소우에서 살았던 것으로 보인다. 소라이는 1690년에서 1692년 사이(25세에서 27세 무렵)에 에도로 돌아왔다.

**11** 《태평책》에서 "모두 이 나라 사람들이 지금의 풍속에 물들어 마음 씀씀이, 지혜를 사용하지 않는 것은 모두 곽을 벗어나지 못했기 때문이다"라고 했다. 곽이란 성 주위를 둘러싸고 있는 성곽을 말한다. 이광래는 소라이가 '곽'을 발견한 것을 "밖으로의 사고실험"이라 지적한 바 있다. 이광래, 《일본사상사연구》, 경인문화사, 2005, 296~299쪽.

떤 사유구조 위에 에도시대를 열어가려 한 것일까?

## 사유구조를 성형한다

### 고문사학적 방법

송·명 대에 완성된 주자학은 동아시아의 보편학으로 자리잡으면서 학문의 헤게모니를 장악했다. 과거 시험의 주된 과목도 주자학의 이해도를 측정하는 데 지나지 않았다. 《사서대전》이나 《성리대전》 같은 대전판의 간행과 보급이 그렇다. 중국도 조선도 대전판을 철저하게 학습하는 것이 학문이었으며, 그것이 곧 입신양명의 지름길이었다. 이렇게 주자학이 보급된 이래로 경서의 독서란 주자주朱子注를 철저히 이해하는 것이었다. 이것은 《사서집주》의 주해를 바탕으로 사서를 이해하려는 것으로 원·명대에는 집주를 이해하기 위한 집주 주석서들이 다량 간행되었다. 《사서집주》와 집주 주석서를 바탕으로 주자학을 이해하고 그것을 정통으로 하는 학문관이 형성된 것이다.

그러면 과거제도가 없었던 일본에서는 어땠을까? 일본에서도 학문은 유학이었으며 그것은 주자학을 의미했다. 주자학이라는 거대한 학문의 틀을 벗어나면 이단이 되는 것이다. 예를 들어 전술한 것처럼 주자학자 야마자키 안사이는 주희를 절대적으로 숭상했다. 그는 책의 표지도 붉은색으로 했고 옷도 붉은색을 즐겨 입을 정도로 붉은색을 좋아했다. 주희朱熹의 주朱 자가 붉은색을 의미했기 때문이다. 그래서 안사이는 "주자를 배워 잘못된다면 주자와 함께 잘못되는 것이다"라고까지 할 정도였다. 그런 까닭에 안사이는 자신의 저술을 내놓지 않았다. 주희가 저술한 것으로 충분하다는 셈이다. 이처럼 에도 시대의 학문도 《사서집주》와 집주 주석서를 바탕으로 주자학을 이해하는 학문관이 주를 이루었다.[12]

소라이학을 복고학이라 한다. 복고학이란 공자와 맹자 시대의 유학으로 돌아가자는 것으로, 소라이는 유학이 이상적으로 생각한 사회, 문화, 정치를 그대로 도쿠가와 시대에 도입하려 했다. 그 방법의 발견이 바로 고문사학이다. 소라이가 생각하기에 유학의 이상적인 사회는 바로 육경, 즉《시경》,《서경》,《예기》,《악경》,《역경》,《춘추》에 들어 있다. 그렇기 때문에 육경을 해독하는 것이 가장 중요했다. 그래서 소라이는 주자학의 사서 중심주의를 버리고 육경 중심주의를 표방했다. 고문사학은 육경에 제시되어 있다고 보는 도를 정확하게 파악하기 위한 방법이다. 도의 실체가 무엇인지 해명하는 것이 관건이다.

그런데 도의 실체를 해명하기 위해서는 먼저 육경을 해독해야 한다. 육경은 고대 중국어로 쓰여 있어서 고대 중국어를 알아야 육경을 해독할 수 있다. 그런데 문제는 시대가 변천함에 따라 언어도 변한다는 것이다. 이 사실을 간과해서는 안 된다. 동일한 한자라도 고대에 쓰인 개념이나 의미가 송·명 대와는 차이가 나기 마련이다. 언어가 변천한다는 것은 고대와 현대 사이에 언어의 단절이 있다는 것을 의미한다. 하지만 언어의 변천 과정을 몰랐던 주희 등

---

[12] 辻本雅史,〈日本近世における〈四書學〉の展開と変容〉,《季刊日本思想史》70호, ペリカン社, 2007, 참조.

의 주자학자들은 당대의 언어 체계를 바탕으로 고대 중국어로 쓰인 육경을 읽을 수 있다고 판단했다. 그들은 고대 중국어를 알지 못했으며 단지 송 대 중국어로 육경을 읽었을 뿐이다. 송 대의 중국어로 고대 중국어로 쓰인 육경을 읽는다는 것은 육경을 제대로 읽는 것이 아니라 고대 중국어를 그 시대 중국어로 번역해서 읽는 것에 지나지 않는다.

소라이는 그렇게 생각했다. 그렇게 읽어서는 육경의 전체상을 온전하게 알 수 없다. 송 대 중국어로 고대 문헌을 해석한 결과 주자학자들은 이와 기라는 개념으로 세계를 해석하려는 잘못을 범하기에 이르렀다. 이기론을 고대 경서의 세계에 제시된 성인의 도의 전체상으로 파악한 것이다. 그러나 소라이가 보기에 고대 중국어로 쓰인 육경에는 주자학자들이 주장하는 이기론 같은 개념은 없었다. 그것은 주자학자들이 가공한 허구에 지나지 않았던 것이다. 세상은 결국 혼란해졌으며 병들 수밖에 없었다. 소라이가 주자학의 폐기 처분을 주장한 이유가 여기에 있다. 고문사학은 언어의 배후에 언어로 제시되어 있는 도의 세계를 찾기 위한 방법을 발견하는 것이 목적이었다.

소라이의 고문사학은 역학譯學과 고문사학이라는 두 구조로 되어 있다. 중국과 일본의 공간적 차이를 해소하기 위한 방법이 역학이며, 고대와 현재의 시간적 차이를 해소하기 위한 방법이 고문사학이다.[13] 역학은 번역을 말하며, 고문사는 고대 중국어를 지칭하는 표현이다. 고문사학은 언어의 체계가 중국과 다른 일본인들이 육경을 배울 수 있는 방법론을 제시하는 데 목적이 있다. 따라서 무엇보다도 경서를 읽기 위해 중국어를 배우는 것이 일차적 과제였다.

---

**13** 졸고, 〈오규 소라이의 고문사학〉 참조.

그렇다면 고문사로 된 고대 중국어를 어떻게 하면 배울 수 있을까? 소라이는 언어 체계가 서로 다른 중국어와 일본어의 간격을 해소하기 위한 방법으로 '기양의 학崎陽之學'을 제시한다. 기양은 지금의 나가사키를 말하는데, 나가사키의 통사들이 배우는 중국어학을 기양의 학이라 한다. 소라이는 중국어를 배우기 위해 다음과 같은 방법을 제시하고 있다.

> 먼저 기양의 학을 하는데 속어로 가르치며 화음으로 암송한다. 이곳의 속된 말로 옮기며 절대로 화훈회환의 읽기를 하지 않는다. 처음에는 간단한 것으로 시작해 두 자 세 자로 구句를 이루고, 후에 책을 읽게 한다. 기양의 학이 이루어지면 비로소 중화인이 될 수 있다. 후에 조금씩 경사자집經史子集 4부를 읽으면 파죽지세의 힘을 얻게 될 것이다. 이것이 최상이다. 《역문전제초편譯文筌蹄初編》

중국어로 경서를 읽게 된다면 중국인과 동일한 지적 체험을 할 수 있게 된다. 그렇게 되면 육경에 제시된 성인의 도를 일본인들도 정확하게 파악할 수 있다. 소라이는 기본적으로 주석 이전 상태인, 고문으로 쓰인 육경을 독서의 대상으로 보았다. 소라이는 육경을 읽기 위해 나가사키 통사였던 오카지마 칸잔에게 중국어를 배웠다. 뿐만 아니라 46세 때인 1711년부터 14년 동안 집에서 역사譯社라는 중국어 강습회까지도 열었다. 중국어 강습회는 5와 10이 들어간 날 모이기로 했기 때문에 5일, 10일, 15일, 20일, 25일, 30일에 모였다. 매달 5~6회 정도 강습회가 실시되었다. 결석은 원칙적으로 허락되지 않았고 출석자들의 복장이나 종자들 또는 음식 같은 것은 최소 간소하게 했다. 강습회는 오전에 시작해 때로는 늦은 밤까지 계속될 때도 있었다. 중국어를 모르면 육경을 읽을 수 없다는 원어독서주의의 실시가 중국어 강습회로 나타난 것이다.

소라이가 육경을 읽기 위해 중국어 학습을 시작한 것은 일본의 유학 학습법에 비추어보면 대단히 파격적인 사건이었다. 일본은 한문을 읽을 때 일본식 훈독법을 따른다. 일본식 훈독법이란 한문에 오쿠리가나와 가에리텐을 붙여 읽는 것을 말한다. 소라이가 보기에 이 훈독법은 한문을 한문으로 읽는 것이 아니라 일본어로 해석하며 읽는 것에 지나지 않았다. 중국어와 일본어에 차이가 있는 것처럼 한문을 훈독해 읽으면 중국어로 읽는 방법과 차이가 나기 마련이다. 원어독서주의를 표방한 소라이의 방법과 전혀 달랐다. 덧붙인다면 에도시대에는 하야시 라잔의 도슌텐道春点, 야마자키 안사이의 가텐嘉点, 가이바라 에키켄貝原益軒의 가이바라텐貝原点, 고토 시잔後藤芝山의 고토텐後藤点, 사토 잇사이佐藤一斎의 잇사이텐一斎点 등과 같은 다양한 훈독법이 있었다. 이 훈독법들은 모두 유학을 배우려는 초학자들을 위한 소독素讀 단계에서 쓰인다.[14] 물론 소독이라는 기초과정이 끝났다고 한문을 중국인처럼 위에서 아래로 음독하는 것은 아니다. 한문에 정통한 학자라도 한문은 반드시 훈독했다.

대체로 소독은 경서를 암송하는 것을 말한다. 경서는 다른 글과는 달리 성인의 언어가 실체적으로 제시되어 있는 것이다. 경서를 암송함으로써 성인의 가르침이 실체화되면서 자신의 내부로 내재화되는 기능이 있다고 한다. 그렇기 때문에 소독 과정은 본문 전체를 암송해 자신의 내부로 신체화될 때까지

---

[14] 졸고, 〈다자이 슌다이의 훈독을 통해서 본 소라이학파의 언어관〉, 《일본학연구》 28집, 2009 참조. 소독이란 문장의 의미를 이해하기보다는 우선 소리를 내어 문자를 읽는 학습으로 한문 학습의 초보 과정에 해당한다.

수없이 반복하는 과정을 거친다. 이것은 신체화 과정으로 이해할 수 있다. 신체화된 경서는 "구체적인 실천의 장에서 실감적으로 경서는 의미가 이해되며, 나아가서 도덕적인 실천 주체로서, 사람으로서 생활 속으로 구체화"된다.[15] 그렇다면 소독을 통해 경서가 그대로 자신의 내부로 신체화되는 한 신체화할 경서는 학파에 따라 다르다. 예를 들어 주자학을 그대로 조술하려 한 안사이학파는 주자의 《사서집주》가 그 경서였고, 소라이에게는 육경이었다.

   독서할 경서의 차이는 유학지의 차이로 나타난다. 주자학지와 조선의 실학지가 이질적인 것처럼 소라이학지 또한 다른 주자학지와 이질적인 지로 구성되어 있다. 이처럼 서로 다른 지는 서로 상이한 사유를 양산한다. 예를 들어 조선시대를 주자학의 시대라 규정하는 것처럼 특정한 사유는 특정한 사회 문화 풍속을 만든다.

## 여숙의 경계

소라이는 제도에 대해 예, 법, 예법, 예악, 제도, 예악 제도와 같은 표현을 사용하고 있다.[16] 이때 법으로 기능하는 제도는 소라이가 성인의 도를 예악이라 단정한 것에서 알 수 있듯이 예악이다. 그런데 소라이는 도쿠가와 이에야스 시대를 '제도 없는 시대'라 단정했다. 이 제도가 바로 예악을 기초로 한 제도를 의미한다. 도쿠가와 이에야스 시대는 예악을 기초로 한 성인의 도에 비추어

---

**15** 쓰지모토 마사시, 《일본인은 어떻게 공부했을까?》, 70~72쪽.
**16** 黒住真, 《近世日本社會と儒教》, ペリカン社, 2003, 385쪽.

봤을 때 제도 없는 시대였으며 무질서한 시대였던 것이다. 그것은 세이카와 라잔이 상하 정분의 이로서 도입한 주자학을 전면적으로 부정한 것을 의미했다. 소라이는 성인이 제정한 제도가 상실된 시대를 다음과 같이 표현했다.

> 제도라는 것은 법제, 절도를 가리킵니다. 옛 성인의 다스림은 제도라는 것을 세워 이것으로 상하의 차별을 세우고 사치를 누르니, (이것은) 세상을 풍족하게 하는 묘술입니다. 이 때문에 역대 모두 이 제도를 세웠는데 지금은 대란 후 무력으로 다스리는 세상이 되어, 옛날과는 시대가 너무나 멀기 때문에 옛 제도는 세우기 어렵고 또한 대란 이후라서 제도가 모두 사라진 지금, 잃어버린 세상의 풍속을 고치지 않고 그대로 내버려두었기 때문에 지금의 시대는 어느 것에도 제도가 없고 상하 모두 제멋대로인 세상이 되었습니다. 《정담》 2권)

윗글에서 소라이는 예악이 제정되어 있지 않은 시대를 "어느 것에도 제도가 없고 상하 모두 제멋대로인 세상"이라고 했다. 여기에는 "세상을 풍족하게 하는 묘술"인 성인의 도가 사라진 현실의 사회상이 적나라하게 묘사되어 있다. 전국시대라는 전쟁 상황이 종식되면서 오륜 질서를 구축할 것으로 기대된 주자학은 "세상을 풍족하게 하는 묘술"이 되지 못했다. 주자학은 "잃어버린 세상의 풍속"을 고치지 못한 채 사농공상으로 고정된 신분 질서의 확립에만 치중한 것이다. 소라이의, 조금은 과격해 보이는 발언인 "상하 모두 제멋대로인 세상"이 되도록 내버려둔 책임은 막부에 있었다. 주자학과는 다른 질서의 확립이 시급했다.

이처럼 소라이는 에도막부가 상업 경제의 발달로 난관에 봉착하고 사무라이들이 경제적 궁핍에 처하게 된 현실을 '여숙旅宿의 경계境界'라는 단어로 압축해 표현하고 있다. "젓가락 하나까지도 돈 주고 사야만 하는" 세상이 된 것이다.[17] 농업 경제에서 상업 경제로 발전한 에도시대의 생활상을 단적으로 표현하고 있다. 소라이는 세상이 곤궁해진 가장 큰 이유로 사무라이들의 조카마치城下町 집주를 지목했다. 도쿠가와 이에야스는 전국시대의 혼란한 사회를 빠른 시일에 안정시키기 위한 정책으로 사무라이와 농민의 거주에 제한을 두었다. 사무라이는 조카마치라는 도시에 집주시키고 그 외곽에 농민들이 살게 했다. 그런데 이 병농분리 정책은 백성의 공동체를 제대로 파악하지 못한다는 문제점을 안고 있었다. 병농분리 정책은 농민을 직접 지배하는 방식이 아니라 간접 지배하는 방식이었기 때문이다.

에도막부는 다이묘大名를 지배하는 수단으로 참근교대제參勤交代制라는 것을 만들어 다이묘들을 격년 교대로 에도에 거주시켰다. 참근교대제는 다이묘의 처자들에게도 해당된다. 지방에 있는 다이묘가 에도에 거주하기 위해서는 거주할 집뿐만 아니라 집에서 시중들 하인 등이 필요해 막대한 재원이 들었다. 소라이는 이처럼 비합리적인 제도가 초래한 사회적 현상을 여숙의 경계라 표현했다. 이것은 결국 나라에 제도가 없다는 것이고, 그래서 세상이 안정되지 못하고 무질서한 혼란에 처하게 된 것이다.[18] 소라이는 이 세 가지를 가장 큰 문제점으로 지적하고 있다.

---

**17** 《정담》에서는 여숙의 경계라는 표현이 자주 등장하는데 여숙이란 여관을 의미한다. 사무라이들을 비롯한 백성들이 자신의 영지에서 나와 전전하는 모습을 표현한 것이다.
**18** 辻達也, 〈政談の社會的背景〉, 《荻生徂徠》, 日本思想大系 36, 岩波書店, 1973, 741쪽.

최근의 물정을 보니 검약령이 심심찮게 내려 사치를 금지하는데도 사라지지 않고 도적을 처벌해도 도적이 사라지지 않으며, 뇌물이나 횡령죄를 엄벌하는데도 뇌물과 횡령이 끊이지 않습니다. 무예를 장려해도 무사는 날마다 약해져가고 무사들의 품행과 백성들의 풍속은 날마다 나빠져갑니다. 무엇보다도 물가가 춤추듯 올라가고 상하 함께 곤궁한데 이것을 안정시킬 방법이 없어진 것은 단지 호령 법도로 아래에 명령해 제재하려고 하기 때문입니다. 《태평책》

에도막부는 풍속을 교화하고 사치를 억제하기 위해 검약령을 자주 발령했다. 그러나 법령 같은 것은 문화와 풍속을 치료하는 근본책이 될 수 없다. 그런데도 막부는 촉서觸書 같은 임시변통책을 하달해 사회, 문화, 풍속을 고치려 했다. 임시변통책으로 하달되는 촉서로는 얼마 동안 효과가 있을지 몰라도 시간이 지나면 금방 원상태로 돌아가기 마련이다. 물가는 올라가고 뇌물, 횡령은 사라지지 않는 것이다. 풍속은 갈수록 나빠진다. 소라이는 무너진 풍속을 치료할 수 있는 근본적인 치료책을《태평책》에 "국가의 다스림은 의사의 치료와 같다. 성인의 도는 최상지극한 것으로 신령한 의사의 치료와 같다"라는 비유를 들어 설명한다. 이 비유에는 훌륭한 의사와 서투른 의사의 치료법이 대비되고 있다. 먼저 서투른 의사의 치료법은 다음과 같다.

후세의 유학자들이 경제를 논하는데 모두 당장 눈앞에 있는 것 그 위에 여러 가지를 궁리해 생각을 더하나 원대한 식견은 없습니다. 그들의 견해가 들을 만한 듯 보이지만 서투른 의사의 치료입니다. 서투른 의사의 치료는 담이 있으면 담을 조절하고 열이 있으면 열을 식히고 밥을 먹지 못하면 비장과 위를 채워주고 설사가 나면 설사를 멈추게 하고 기침이 나면 기침을 조절해 하나도 남김없이 조정하고 적절하게 배합합니다. 논리적으로 들리기는 하지만 병은 낫지 않습니다. 잠시 동안 효과가 있는 듯 보이지만 나중에는 재발하고 혹은 다른 사태가 발생해 병이 겹쳐 결국 죽음에 이르게 됩니다.《태평책》

소라이는 후세 지식인들의 경세론을 서투른 의사에 비유한다. 환자의 증상을 보고 거기에 맞게 처방하는 방식은 얼핏 보면 바람직해 보이지만, 잠시 동안만 효과가 있을 뿐이다. 소라이는 이런 처방을 서투른 의사의 처방으로 간주한다. 서투른 의사의 처방은 결국 "나중에는 재발하고 혹은 다른 사태가 발생해 병이 겹쳐 결국 죽음에 이르"는 결과를 초래하고 만다. 따라서 세상을 관조할 수 있는 안목이 필요하다.

여기서 소라이가 제시하는 후세 유학자들의 경세론이란 다름 아닌 후지와라 세이카 같은 주자학자들의 경세론을 염두에 두고 한 발언이다. 특히 라잔은 부케쇼핫토武家諸法度의 틀을 잡고 참근교대제를 도입했으며, 외교문서의 작성이나 조선과의 교류에서도 중요한 구실을 했다. 그런데 이 제도들은 당장 눈앞에 있는 문제점을 없애기 위한 미봉책에 지나지 않았다. 소라이는 참근교대제의 시행이 바로 전 민중으로 하여금 자신의 영지에서 떠나 나그네와도 같은 생활을 조장하는 여숙의 상태를 만들어낸 것이라 보았다. 막부는 민중의 사치를 억제하고 좋은 풍속을 조성하기 위해 검약령 같은 것을 하달했는데 이런 조치들은 모두 잠시 동안만 효과를 볼 뿐이었다. 그런 방법은 근본적인 치료책이 되지 못한다. 반드시 풍속을 저해하고 나라를 혼란하게 만들어 병이 재발될 수밖에 없다. 소라이가 이 상태를 고치기 위해 제시하는 치료책은 다음과 같다.

> 훌륭한 의사는 망설임 없이 병의 근원을 봅니다. 여러 가지 증상이 있어도 병의 근본을 (예를 들어) 산기疝氣로 보고 산기를 치료하고 혹은 기가 허하다고 보아 보충하면 여러 증상을 일일이 치료하지 않아도 저절로 낫습니다. 《태평책》

서투른 의사의 치료와 훌륭한 의사의 치료는 근본적으로 다르다. 훌륭한 의사는 병의 근원이 어디에 있는지를 볼 수 있는 안목이 있다. 여러 증상을 일일이 치료하지 않아도 병의 근원을 찾아 그것을 치료한다. 윗글에서 소라이가 강조하는 바는 병의 근원이 어디에 있는지를 보고 병의 근원을 치료해야 한다는 점이다. 이것은 단기 처방전이 아닌 핵심을 적중하는 치료를 의미한다. 여숙의 경계에 처한 시대를 구원하기 위해서는 새로운 패러다임이 요구된다. 사유구조의 전환이 필요하기 때문이다.

## 기질지성

에도시대에 주자학을 학습하는 방법 가운데 하나가 강석이다. 강석이란 경서에 정통한 사람이 일정한 주소注疏에 의지해 난해한 경서를 알기 쉽게 설명해 주는 것으로 강의lecture와 같다.[19] 그런데 소라이는 강석을 아주 싫어했다. 소라이가 강석을 "도리를 사람들에게 들려주어 사람들의 마음에 합치되게 해 사

---

19 쓰지모토 마사시, 《일본인은 어떻게 공부했을까?》, 제2장 참조.

람들의 마음을 바로잡으려고 하는 것으로, 이것은 쌀을 한 알씩 절구에 넣고 빻아 정제하는 방법"으로 간주했기 때문이다. 소라이는 주자학자들이 사용하는 강석은 사람들에게 도리를 들려주어 성인이 되게 하는 방법으로 이해했다. 주자학은 천리가 인성에 내재해 있다고 보기 때문에 각 개인의 마음에 들어 있는 도덕심의 자각을 통해 선한 본성을 회복할 수 있다고 보아 개인 내면의 수양에 집중한다. 주자학의 격물궁리나 거경정좌居敬靜坐 같은 수양법은 인성의 내면을 닦는 수신이다.

이에 비해 소라이는 눈앞에 있는 다양한 활물적 세계가 현실적이고 참된 세계이며, 이로 해석되는 세계는 주자가 만든 허구의 세계라고 보았다. 본연지성을 부정하고 기질지성만을 인정했기 때문이다. 소라이는 이렇게 말한다.

> 기질은 하늘에서 품부받아 부모가 낳아주신 것입니다. 기질을 변화시킨다고 하는 것은 송유의 망설로 불가능한 것을 사람에게 강요하는 아주 무리한 짓입니다. 기질은 어떤 것으로도 변화시킬 수 없습니다. 《소라이 선생 답문서徂徠先生答問書》중)

이 언설에서는 주자학처럼 심성의 수양으로 본연지성을 회복하면 성인이 될 수 있다는 인식을 볼 수 없다. 소라이는 "성性이란 성질性質이다. 송유가 말하는 기질이 이것이다", "성은 만품"이라 해 각각 다양한 기질을 성으로 간주한다. 성선이나 성악에 대한 논쟁은 맹자와 순자가 자신의 문호를 세우려는 것에 지나지 않은 것으로 '무용지변無用之辨'일 뿐이라고 비판한 것도 소라이였다. 소라이가 주장하는 사람의 기질은 변화시킬 수 없다는 언설은 심성 내부에 선천적으로 본유되어 있는 본연지성이 없다는 것을 의미하기 때문에 심성 내부에는 선악의 판단 기준이 없다. 주자학에서 말하는 본연지성은 인간 도덕론의 근거였다. 그런데 주자학 도덕론의 근거를 부정하는 소라이의 사유는 주자학의 자연 법칙과 인간 규범을 통일적으로 파악하는 연속성의 단절을 의미한다.

> 성인의 도라는 것도 오직 자신의 심신만을 다스리기만 하면 되며, 자신의 신심만 잘 다스려지면 천하 국가도 저절로 다스려진다고 하는 것은 불교와 노장 같은 자들일 것입니다. 《소라이 선생 답문서》상

소라이는 도리를 가르쳐 깨닫게 하는 방법은 일시적인 것으로 임시방편에 지나지 않는다고 진단했다. 윗글을 보면 주자학처럼 개인의 수기와 평천하에 연속성을 있다는 것은 허구일 뿐이다. 소라이학에는 주자학과는 다른 방법으로 개인의 도덕성이 자각되어 있다. 그것은 신체의 실천 행위가 마음을 규정한다는 것이다.

> 쌀은 언제까지나 쌀이며 콩은 언제까지나 콩입니다. 다만 기질을 양육해 그 태어난 천성대로 이루는 것이 학문입니다. 가령 쌀도 콩도 그 천성대로 튼실해지도록 비료를 주어 기르는 것과 같습니다. 열매가 없어서는 도움이 되지 않습니다. 그렇다면 세상을 위해서도 쌀은 쌀로서 도움이 되고 콩은 콩으로서 도움이 됩니다. 쌀은 콩이 될 수 없으며 콩은 쌀이 될 수 없습니다. 《소라이 선생 답문서》중

쌀이 콩이 될 수 없고 콩이 쌀로 될 수 없는 것처럼 인간의 기질도 마찬가

지로 변화시킬 수 없다. 타고난 천성을 그대로 인정하면서 천성이 좋은 열매를 맺도록 잘 기르고 양육하면 된다. 양육한다는 것은 "선한 것을 배우면 선한 사람이 되고 악한 것을 배우면 악한 사람이 된다. 학문의 길은 배워 거기에 푹 젖어 습관이 되는 것이다. 다른 방법, 수행의 수단은 없다"라는 말에 잘 나타나 있듯이 선한 것을 따라 몸에 배도록 익히는 것이다.

이 쌀과 콩의 비유가 지닌 또 다른 특징을 들자면 쌀과 콩은 그 자체로서 충분히 존재 의미가 있다는 점이다. 소라이가 덕을 인격이나 도덕적인 의미로 사용하기보다는 재능, 기량 같은 의미로 사용하고 있다는 점에 유의할 필요가 있다.[20] 재능이 다양한 인간을 잘 양육해 재능을 잘 발휘할 수 있게 만드는 것이다. 소라이는 "서로 사랑하고 서로 길러주며 서로 도와주어 서로 이루는 마음, 운용영위運用營爲의 기술"이 인간에게 있다고 했다. 서로 돕는 운용영위할 수 있는 인간이 서로 조화로운 사회를 이룰 수 있다. 여기에는 공동체 의식이 강하게 자각되어 있다.

## 성인을 신앙한다

병은 의사가 치료한다. 그렇다면 사상이나 병든 풍속과 문화는 누가 치료할까? 소라이학은 성인을 치료하는 주체로 삼는다. 좀 더 정확히 말한다면 육경에 있는 성인이 제정한 도가 사유 판단의 기준이 되며 그것이 치료술이다.

소라이는 성인을 제작자라 보고 있는데 "성인은 천자다. 천자는 천하 국가

---

[20] 辻本雅史,《近世教育思想史の研究―日本における〈公教育〉思想の源流》, 思文閣出版, 1990, 33~34쪽.

를 다스리는 방법을 자신의 직분으로 받았으니 성인의 도라고 하는 것은 천하 국가를 다스리는 도라는 본의를 언제부터인가 잊어버렸다"라고 했다. 이것은 선진 유학의 강렬한 실천성이 사라지고 성인의 도가 점차 마음속으로 내면화되면서 성인이 되는 방법만을 가르친 주자학에 대한 비판적 언사다. 천하 국가를 다스리기 위한 모든 방법이 성인의 도에 응축되어 있다고 판단한 것이 소라이였다. 천하 국가를 다스리는 도라는 것은 예를 들어 "공자의 도는 선왕의 도다. 선왕의 도는 안천하의 도다"라고 한 것처럼 '안천하' 즉 천하를 평안히 하는 것에 집중되어 있다. 성인은 안천하를 위해 제도를 제작한 것이다. 소라이의 견해대로라면 도덕적 완결자를 성인이라 해 성인을 관념화해 이해하는 주자학의 주장은 허구다. 소라이가 말하는 성인은 일반인과는 성격을 달리한다.

어찌 천하의 이를 다 궁리할 수 있겠는가? 오직 성인만이 자신의 성을 다하고 사람의 성을 다하고 사물의 성을 다해 천지와 그 덕을 합한다. 오직 성인만이 능히 이를 궁구히 해 극을 세웠다. 예와 의가 이것이다. 그러므로 설괘전에 이른바 궁리한다는 것은 성인의 일이지 보통 사람이 할 수 있는 바가 아니다. 《변명》〈이기인욕〉

인성과 물성을 모두 다해 파악할 수 있는 능력은 오직 성인에게만 있다. 사물의 이치를 궁리하는 것은 성인에게만 해당된다. 성인만이 사회의 전체적인 통일성을 부여하는 임무를 띤다. 성인은 사회의 다양성을 종합하는 존재로 볼 수 있다. 그렇기 때문에 성인은 배워서 도달할 수 있는 존재가 아니며 하늘이 총명예지의 덕을 부여하는 초월적 존재다. 소라이는 성인이 하늘에 밀착되어 있다는 점을 강조함으로써 성인의 일반인에 대한 초월성을 강조하는 것도 잊지 않았다. 그래서 소라이는 "선왕의 도는 하늘에 바탕을 두고 천명을 받들어 이것을 행한다"라고 했다. 천과 인간의 연속성은 주자학처럼 이일분수理一分殊라는 개념이 아니라 천명으로 설명하고 있다.

여기에는 천에 대한 공경 의식이 자리하고 있다. 천은 도의 원형이 있는 장소이기 때문에 성인이 제작한 도의 권위는 천이 보증해주며, 성인은 천명을 받은 자가 된다. 모든 질서의 기준이 성인을 중심으로 전개되고 있다. 주자학의 이는 세계에 질서를 부여하고 세계를 구성하는 본질적 원리이며 인간에게는 규범이 된다. 그러나 그것은 이제 모든 만물의 질서를 만들어내는 근원자가 될 수 없었다.

> 이라는 것은 사물에 모두 자연히 있다. 내 마음으로 이것을 추측해 그 반드시 실로 이와 같이 되고 반드시 이와 같이 되지 않는 것을 보는 바 있다. 이것을 이라고 부른다. 《변명》〈이기인욕〉

소라이가 생각하기에 이에는 "반드시 그렇게 되고 그렇게 되지 않는" 자연성이 있지만 더는 자연과 인간을 통일하는 내재적 원리가 아니다. 소라이는 이를 "내 마음으로 추측"하는 것, 즉 인간의 주관적 판단에 지나지 않는다는 점을 강조한다. 전술한 것처럼 다양한 인성은 동일한 사물이라도 각각 보는 바가 서로 다를 수밖에 없다. 이처럼 이는 "내 마음으로 추측"할 수밖에 없는 것이기 때문에 결국 "이는 형태가 없다. 그러므로 기준이 없다"라거나, "이는 정준이 없다"라고 소라이가 주장하는 것이다. 그러므로 주자학처럼 이를 모든 만물의 질서 기준으로 삼는다면 그것은 객관적 기준이 될 수 없다. 거기에는 이에 의한 모든 사물의 동일성은 부정되어 있다.

소라이는 사농공상으로 구분되는 신분 질서나 인륜 질서를 모두 성인의 작위에 둔다. 예를 들어 "세상 모든 사람들을 사농공상 네 종류로 나눈 것도 먼 옛날 성인께서 하신 일이지 하늘과 땅 사이에 자연스럽게 네 종류 백성이 있었던 것은 아닙니다"라고 해, 신분 질서나 인륜 질서를 자연발생적인 것으로 보지 않고 성인이 세상을 다스리기 위한 필요성에 따라 만든 것으로 보고 있다. 인륜 질서를 성인의 작위로 본다는 것은 태극이나 이의 주재성을 부인한다는 것을 의미한다. 결국 세계를 주재하는 것은 따로 있다는 것이다.

성인 절대주의는 신앙적 단계로까지 발전한다. 소라이는 이렇게 말한다.

> 나는 성인을 신앙합니다. 성인의 가르침에 없는 것이라면 가령 윤회라는 것이 (실제로) 있다고 해도 그것을 깊이 마음에 새길 정도의 일은 없습니다. 왜냐하면 성인의 가르침은 어떤 것이라도 족하며 부족한 점이 없다는 것을 나는 깊이 믿기 때문에 이렇게 생각하는 것입니다. 《소라이 선생 답문서》 중)

하늘과 밀착해 하늘이 총명예지의 덕을 부여한 성인이 제작한 도는 그 자체로 완벽한 것으로 소라이는 이해하고 있었다. 성인과 성인의 도를 이렇게 정의하는 소라이는 성인을 중심으로 한 세계 질서 재편을 모색했다.

그런데 소라이는 성인과 성인이 제작한 도를 중심으로 세계의 질서 기준을 삼았지만 성인이 제작한 도는 역사가 진행되면서 변형을 초래한다. 소라이는 다음과 같이 말한다.

이른바 성인이란 개국의 군주가 미래를 잘 바라보고 예악 제도에 폐가 적도록 궁리해 세우는 것을 말합니다. 이것을 총명예지의 덕이라 합니다. 그러나 예악 제도가 한 번 정해지고 수백 년 후에는 성인이 제작한 것이라 해도 반드시 폐해가 생기며 이 폐해 때문에 세상은 난에 처하게 됩니다. …… 한·당 이후 개국의 군주는 이런 사려가 부족해 예악을 만들지 않았습니다. 제도가 정교하지 못하고 대충 만들었기 때문에 세상 사람들의 마음이 제멋대로 되어 풍속이 점점 사치스러워지고 새로운 법안이 날마다 생겨났습니다. 《태평책》

개국의 군주가 된 성인은 깊은 사려와 총명예지의 덕, 이른바 통찰력을 바탕으로 이전 시대의 제도에서 부족한 부분을 보완해 시대에 맞는 새로운 제도를 제정해야 한다. 그러나 개국의 군주들은 천명을 수행하지 못했다. 결국 나라는 혼란에 빠질 수밖에 없다. 그렇다면 소라이는 일본의 역사에서 "개국의 군주"로 누구를 염두에 두고 있었을까? 도쿠가와 막부를 연 도쿠가와 이에야스였다는 것은 쉽게 상상할 수 있을 것이다. 그런데 도쿠가와 이에야스는 에도시대를 통치할 예악 제도를 제정하지 않았다는 데 문제가 있었다. 도쿠가와 이에야스는 총명예지의 덕이 부족했던 것일까? 아무튼 도쿠가와 이에야스는 천명을 수행하지 못했다.

이에 따라 소라이는 도쿠가와 이에야스가 제정하지 못한 제도를 확립할 수 있는 아주 좋은 기회로 쓰나요시德川綱吉가 5대 쇼군이 된 1680년대 무렵을 꼽았다.[21] 그러나 쓰나요시 역시 예악 제정의 임무를 완수하지 못한 채 재임

---

21 《태평책》에서 소라이는 "내가 보기에 엄묘嚴廟의 말기와 헌묘憲廟의 초기가 가장 좋은 시기였다"라고 말하고 있다. 엄묘는 4대 쇼군 이에쓰나고 헌묘는 5대 쇼군 쓰나요시를 지칭한다. 마루야마는 소라이가 이에쓰나에서 쓰나요시로 바뀐 시기를 제도를 확립할 수 있는 아주 좋은 기회로 생각했다고 해석한다. 丸山眞男, 《太平策》考》《荻生徂徠》, 日本思想大系 36, 岩波書店, 1973), 818쪽.

29년 후인 1709년에 병사했으며, 이후에 쇼군이 되는 6대 이에노부德川家宣, 7대 이에쓰구德川家継 역시 재임한 지 4년 만에 차례로 병사하고 만다. 소라이는 8대 쇼군인 요시무네德川吉宗를 '개국의 군주'라 보고 그에게 새로운 제도의 작위를 기대했다. 1716년부터 향보개혁享保改革을 단행한 요시무네는 "처음으로 민심에 관심을 두기 시작"한 쇼군으로 평가 받는다.[22] 소라이는 공동체 집단이 만들어내는 사회, 문화, 풍속을 교화의 대상으로 보아 공동체 집단에 적극적으로 개입해야 한다고 주장했다. 소라이가 요시무네의 정치 자문에 응해 정치제도의 개혁론을 담은 《정담》과 《태평책》, 학제 개편을 담은 〈학료료간學寮了簡〉 등을 헌상한 이유도 그렇다. 소라이는 위 저서를 통해 정치와 사회, 문화, 교육을 포괄하는 제도의 확립을 역설했다.

## 문화 풍속을 성형한다

### 안민과 지인

소라이의 방법은 도쿠가와 막부의 강화와 안정을 도모해 공동체의 질서를 잡고 막부의 봉건 지배를 유지하기 위한 것에 집중되어 있다.[23] 소라이가 풍속을

---

[22] 마루야마 마사오, 앞의 책 참조. 辻本雅史·沖田行司編, 《教育社會史》, 山川出版社, 2002, 248쪽.
[23] 塚本學, 〈江戸における中央と地方〉, 《思想》 726호, 岩波書店, 1984, 54~57쪽.

치료하기 위해 가장 중요하게 여긴 것은 백성을 편안하게 하는 안민安民과 안민을 실현하기 위해 적재적소에 인재를 배치하는 지인知人, 이 두 가지다. 그런데 안민과 지인은 군주의 능력에 달려 있다. 예악 제정의 주체인 군주가 현실에서 예악 제도를 실현하기 위해서는 그것을 수행할 사람이 필요하며, 군주에게는 인재를 분간할 식별력이 있어야 한다. 소라이는《서경》〈고요〉편의 '재안민, 재지인在安民, 在知人'이라는 말을 인용하고는 "먼저 이 두 문구를 잘 받아들인 후에 제작을 논하는 것"이 순리라고 했다. 군주의 급무는 바로 안민을 위한 지인에 집중하는 데 있다. 병에 효과가 있는 처방책을 궁리하기보다는 병의 근원을 치료할 훌륭한 의사를 보는 안목이 군주에게 필요하다.

소라이는《시경》에 나오는 '백성의 부모'라는 말을 인용하면서 군주를 백성의 부모라 보고 백성의 부모가 "백성을 안온하게 하는 것"을 인仁이라 했다. 여기서 "백성을 안온하게 한다"는 것은 "기근과 추위, 도적 같은 근심이 없고, 이웃도 믿을 수 있어서 그 마을 그 세상에는 살기 좋다고 생각해 그 가업을 즐겨 백성이 한평생 살도록 하는 것"으로, 이것이 군주의 직분이라고 했다. 소라이는 인을 자비, 불인지심, 지성측달至誠惻怛로 해석한다거나, "사랑의 이치愛之理, 마음의 덕心之德"으로 보는 것에 반대하면서 이 해석은 모두 주자학자들이 "심법으로 인을 해석하는 것"으로 옛 성인의 도가 아니라고 생각했다. 이것은 소라이가 인을 "인간 일반에 본유되어 있는 보편적인 도덕성"으로 해석한 것이 아니라 "피치자에 대한 군주의 초월성"으로 해석한 것을 의미한다.[24]

한편 지인은 지의 덕목이라 했다. 이 '지'라는 것은, 예를 들어 지적인 능력

---

24 辻本雅史,《教育社會史》, 43쪽.

을 발휘해 사물의 배후에 있는 세계를 아는 것 또는 세상의 이치를 궁리하는 것이 아니다. 이 지는 모두 지의 한 부분이며 소지小智다. 군주에게 필요한 지는 "사람을 잘 파악해 위임하는 것이 사람의 군주 된 자의 대지大智"라는 말에 분명히 드러나 있다. 소라이가 여기서 말하는 군주가 갖추어야 할 지인이란 다름 아닌 현신賢臣을 얻기 위한 분별력이다. 그 현신에게 정치를 위임하는 것이다. 군주가 현신을 믿어 등용하고 이어서 현신이 또 다른 현재를 추천하는 행정 체계를 갖춘다면 세상에 남아도는 인재는 없게 된다. 그런데 인재를 등용할 때에 주의해야 할 것은 사람의 장점을 봐야 한다는 점이다. 장점이 있으면 단점은 장점에 가려지기 마련이다. 소라이는 "사람을 들어 사용해보면 장점은 나타나며, 위임해보면 장점은 더욱 잘 발휘되어 이때까지 없었던 지혜가 생긴다"라고 해, 군주에게는 현명한 신하를 알아보는 지인의 안목이 필요한 이유를 제시하고 있다.

이렇게 보면 지인은 안민을 하기 위한 처방책에 해당된다고 할 수 있다. 군주가 지인에 실패한 경우를 소라이는 다음과 같이 지적하고 있다.

최근 명현의 대약을 사용했습니다. 이것은 어떤 유학자가 궁리해 안을 낸 것인데, (그 안을 보면) 물가가 비싸져서 상하가 모두 곤궁해졌습니다. 재화가 적으면 귀해지고 많으면 천해집니다. 금이 많기 때문에 금이 천해져서 물가가 올랐다고 보고는 금을 절반으로 하는 묘술을 건의했다고 들었습니다. (중략) 그러나 성인의 대도를 모르기 때문에 물가가 비싸지는 근원을 모르는 것입니다. 그 근원을 다스리지 않고 어정쩡한 것에 손을 대어 쓸데없이 금을 절반으로 했기 때문에 선후의 순서를 잃어 명현의 정도를 가늠하기 어렵게 되었습니다. 약의 정도를 잘 가늠하지 않으면 치료하기 어렵습니다. 지금의 상태라면 먼저 옛 화폐와 새 화폐를 병행해 사용하면서 신구 화폐의 교환을 멈추고 근본을 치료해야 합니다. 《태평책》》

명현瞑眩이란 어질어질해 눈이 돌아가는 어지럼증을 말한다. 극약과 같은 것이다. 그런데 윗글에서 소라이가 지적한 극약 처방을 사용한 "어떤 유학자" 는 다름 아닌 아라이 하쿠세키다. 하쿠세키는 6대 쇼군인 이에노부 때 막정에 관여해 화폐개혁이나 무역의 개혁 실시, 무가제법도의 개혁 등으로 이에노부 를 정치적으로 보좌했다. 뿐만 아니라 그는 조선의 국서에서 일본국 대군의 호칭을 일본국왕으로 바꾸고, 조선 통신사 접대 의례를 대대적으로 개정해 외교 마찰을 빚은 바 있다.[25] 소라이는 이런 하쿠세키의 행동에 대해 "아라이 하쿠세키 같은 자도 무식해 여기까지는 생각이 미치지 못한다."라고 힐난한 적이 있다.[26]

소라이가 보기에 하쿠세키의 견해는 왜 물가가 오르고 상하가 곤궁해지는 지 그 근본 원인을 모르기 때문에 나온 극약 처방과 같은 것이었다. 문제의 근원을 찾아 핵심을 꿰뚫는 정책을 써야 하는데 그것을 몰랐기 때문에 결국 물

---

[25] Kate W. Nakai 지음, 平石直昭·小島康敬·黒住真 옮김,《新井白石の政治戰略》, 東京大學出版會, 2001 참조.
[26] 이어서 소라이는 다음과 같은 견해를 피력하고 있다. "하쿠세키가 고산케御三家를 조선 사절인 삼사의 접대자로 하던 관행에 반대한 것은 좋으나, 예로부터 일본은 조선국왕을 천황과 동격으로 취급한 적이 없으며, 일본의 천황은 중국의 황제에 해당하며 조선은 중국의 황제의 신하격에 해당되기 때문에 조선은 일본에 대해서도 신하격으로 케라이家来에 해당된다. 조선의 사절은 케라이의 신하들이기 때문에 일본에서는 배신陪臣에 해당된다. 그러므로 조선의 삼사가 삼위라고 해서 일본의 삼위에 해당되는 자들을 내보내면 안 된다. 이런 사태는 모두 제도가 제대로 되어 있지 않기 때문에 발생한 것으로, 막부에서 위계 대신에 훈계를 만들고 훈3등에 해당되는 자들이 조선 사절을 상대하게 하면 된다".

가는 오르고 나라는 곤궁해졌다. 군주가 지인에 실패하면 국정뿐만이 아니라 백성들의 생활까지 혼란스러워진다는 것을 단적으로 보여준 예다. 소라이가 위 예문에서 강조하는 것이 바로 근본을 치료하는 제도의 구상이었다.

## 예악으로 사회 질서를 세운다

소라이는 예악을 사회, 문화, 풍속을 치료하는 약으로 보았다. 앞에서 서술한 것처럼 수없이 내려오는 법령으로 풍속을 교화할 수 없다. 법령은 민중에게 개혁에 따르는 스트레스만 줄 뿐이다. 민중을 피곤하게 만드는 것은 안민이 될 수 없다. 제도가 예악을 기초로 할 때만이 민중에 수용될 수 있다는 것이 소라이의 일관된 주장이다.

> 나라가 곤궁한 것은 환자가 원기를 다 소진한 것과 같습니다. 원기를 소진해버리면 죽는 것은 필연의 이치가 아니겠습니까. 원기가 융성하면 아무리 큰 병이 발생해도 치료되기 때문에 훌륭한 의사는 반드시 환자의 원기(의 회복)에 주의를 기울이고, 나라를 잘 다스리는 자는 예로부터 나라를 곤궁하지 않게 하는 것이 다스림의 근본인 것입니다. (《정담》 2권)

기운을 소진해버린 환자에게 원기를 회복시켜주는 것이 환자를 살리는 방법이다. 훌륭한 의사는 환자의 병을 고치려 하지 않고 원기를 회복시켜주는 데 중점을 둔다. 이것이 앞에서 말한 병의 근원을 치료하는 방법이다. 소라이가 이 비유를 통해 상정한 풍속의 치료학은 "상하 만민을 모두 토착시키고 그

위에 예법의 제도를 세우는 것, 이것이 다스림의 대강大綱"이라는 한 문장에 집약되어 있다. 여기서 백성을 땅에 토착시킨다는 것은 농업경제의 회복을 의미한다. 소라이는 정전제를 주장한다. 그 위에 예법 질서를 확립하는 것이 고대 성인의 뜻과 합치된다고 보았기 때문이다. 원기를 소진해버린 환자에게 원기를 회복시켜주듯이 무너진 풍속을 회복시키는 가장 좋은 방법은 예법 질서의 회복에 있다.

소라이는 예법 질서를 회복하는 방법으로 먼저 모든 백성을 땅에 정착시키기 위한 방법을 구상하고는 호적 제도와 노인(路引, 여행 통행증) 제도의 실시를 주장했다. 백성들이 다른 지역으로 이동하거나 여행할 때 반드시 소속된 곳에 신고하고 통행증을 발급받아야 하고, 통행증이 없으면 머물 수 없다. 노인 제도를 실시하게 되면 일본국 중 어느 번藩에 속한 사람이라는 사실을 알 수 있기 때문에 사건 사고가 발생했을 때 소재 파악이 수월해진다. 게다가 특정 지역 사람들과 혼동되는 일도 없어진다. 그래서 소라이는 노인 제도를 "일본국 사람을 에도든지 시골이든지 사는 곳을 정하게 해 이 사람은 어느 지역 사람이라는 것을 한눈에 알 수 있는 방법"이라고 했다.

한편 호적 제도는 당시에 존재했던 인별장人別帳과 비슷한데, 소라이는 인별장을 저도장著到帳이라 해 폄하한다. 저도장이란 고대 관청에서 출동한 관리의 이름을 기록한 장부나 군사를 소집할 때 무사의 이름을 기록한 장부를 말한다. 저도장은 국가의 모든 사람이 등재되어 있는 것이 아니다. 소라이가 구상한 호적에는 마을마다 호별로 기록해 그 집의 호주를 비롯한 집안사람을 모두 기록하는데, 누가 시집을 오거나 양자를 들이거나 하면 이름을 기록하고 반대로 시집을 가면 이름을 삭제한다. 아이가 태어나면 생년월일을 기록하고 죽은 사람이 있으면 날짜를 기록하고 이름을 삭제, 출가하면 그 이유를 기록해 삭제하고 해당 절의 인별장에 올린다. 사무라이들도 이와 동일하게 한다. 이런 식으로 전 백성의 호적을 만들어 자세하게 기록하는 것이다. 호적 제도가 가져올 유익함에 대해 소라이는 다음과 같이 말한다.

> 사람들에게 향리라는 것이 정해지기 때문에 친척도 가까운 곳에 있으며 어렸을 때부터 사귄 친구도 많아지면 자연히 친척과 친구들을 생각해 나쁜 일은 하지 않는다. (중략) 한 마을 한 촌 안에서 서로 화목해 풍속은 자연히 고쳐지며 악인은 자연히 멀어질 것이다. 옛 성인의 다스림이란 이와 같은 것이다. 《정담》 1권

물론 호적 제도나 노인 제도는 공동체의 자발적 통제가 전제되어 있지 않다. 마을의 관리인 나누시名主, 쇼야庄屋, 군다이郡代, 다이칸代官층들의 관리 감독 기능을 강화한 것이다. 소라이가 사무라이들의 조카마치 집주가 불러온 부작용으로 사무라이들이 여숙의 경계에 처했다고 했지만 사실 이보다 더 중요하게 여긴 것은 민중 공동체의 관리 감독 기능의 저하이다.

> 시골의 단속이라 하면 옛날에는 곳곳에 사무라이가 많았기 때문에 백성도 제멋대로 행동하지는 않았습니다. 100년 이래 영주가 지행소에 거주하지 않게 되어 (백성들이) 머리를 숙일 자가 없어지자 제멋대로 되고 말았습니다. …… 어떤 것이라도 공의(막부)가 에도에만 이르고 시골에는 행해지지 않는 것은 모두 시골에 사무라이가 살지 않기 때문입니다. 《정담》 1권

호적 제도를 만들어 전 민중의 동태를 확실하게 파악해 대처하기 위해서는 사무라이들이 자신의 영지知行所에 거주해야만 한다는 것이다. 그렇게 해야 에도막부의 정책이 전국 곳곳에서 시행될 수 있고, 문화 풍속의 교화도 가능해진다는 것이다.

소라이가 구상했던 예법 질서는 이와 같은 토대 위에 서 있다. 예법 질서란 "의복, 집, 기물, 혼례, 상례, 서신音信, 증답, 종자들의 명수까지 각각의 귀천, 지위의 고하, 직무에 따라 각각 일정한 순서가 있는 것"을 의미한다. 소라이는 예법 질서의 확립을 통해 상하의 차별을 세우고 사치를 억제하는 것으로 세상을 풍요롭게 할 수 있다고 보았다. 이때의 상하차별이란 자신이 서 있는 위치를 자각하고 그것을 넘지 않는다는 것을 의미한다. 사농공상에 부여된 자신의 직분을 감당하는 것이다. 그렇게 되면 "세상 만민을 위(막부)의 손에 넣고 막부가 마음먹은 대로" 통치할 수 있다. 이 방법의 기조는 복고에 있다. 예법 질서의 확립은 집단이 만들어내는 사상, 문화, 풍속의 치료와 관련된 문제로 생각할 수 있다.

## 예악에 물들다

소라이는 왜 인간의 성정을 치료하는 방법을 주자학적인 방법에서 찾지 않고 예악에서 찾았을까? 소라이가 선왕의 도를 예악이라고 간주했다는 것은 인간의 내면세계를 다스리는 것을 인간의 마음속에서 찾지 않았다는 것을 의미한다. 소라이학은 주자학과 달리 인성의 수양을 마음에서 시작하지 않는다. 소라이는 "내 마음으로 내 마음을 다스리는 것은, 비유하면 미친 사람이 스스로 그 광기를 다스리는 것과 같다"라고 해, 마음의 자율적 통제를 부정한다. 소라이의 생각이 맞다면 자발적 수양은 불가능하다. 소라이가 선왕이 제정한 외재적 규범인 예와 음악으로 인심을 통제하려 한 이유가 여기에 있다. 소라이의 수양론은 성인이 제정한 예악으로 교화한다는 의미에서 '외재적 시선'이 전제되어 있다고 볼 수 있다.[27] 그렇다면 선왕이 예악을 제정한 이유는 무엇일까?

> 선왕은 언어로 사람을 가르치는 데 부족함을 알아 예악을 만들어 이것으로 가르쳤다. 형정으로 백성을 편안히 하는 데 부족함을 알아 예악을 만들어 이것으로 교화했다. 《변명》〈예禮〉

고대 선왕들은 언어로 백성들을 교화하는 것이나 법으로 교화하는 것이 충분하지 않다는 사실을 알고는 예악을 만들어 백성들을 교화했다. 소라이가 주장하는, 예악으로 하는 교화는 인성의 내부에 선험적으로 본유되어 있는 이의 부정 위에 성립한다. 인성의 수양은 선왕이 제정한 예악이라는, 외부에서 들어오는 강제력에 의한다. 인성은 예악이라는 외부적 힘에 의한 강한 통제가 필요하다는 것이다.[28] 소라이가 에도시대를 제도 없는 시대라 단정한 이유도 위와 같은 사상적 맥락에서 이해해야 한다. 다시 말하면 문화와 풍속이 문란해졌다는 것은 문화와 풍속을 통제하는 외부가 없다는 것을 의미한다.

그런데 소라이의 언설에서 중요한 핵심은 언어나 형정으로 교화한 것과 예

---

**27** 子安宣邦,《江戶思想史講義》, 岩波書店, 1998, 172쪽.
**28** 子安宣邦, 앞의 책, 199~201쪽.

악으로 교화한 것을 비교한 뒤 언어적, 형정적 교화보다 예악적 교화가 교화의 효과 면에서 더 뛰어나다고 본 부분에 있다. 성인이 가르쳐준 예악을 신체로 체득하는 것으로 사람은 변화한다. 언어나 법률에 의한 교화보다도 더 빠른 것이 예악을 신체로 체득하는 것이다. 성선설과 성악설을 부정한 소라이가 선한 인성을 기르기 위한 방법으로 제시한 것이 "선한 것을 배워 거기에 푹 젖어 습관이 되도록" 하는 것이다. 몸에 습관이 배어들게 하는 방법이다. 소라이는 '배움'에 대해 성인을 배우는 것에 힘쓰는 것이 아니라 "오랫동안 성인의 도에 습숙해 변화하는 것"이라 했다. 여기서는 특정한 대상에 얼마나 습관화되는지가 중요하다. 주자학처럼 사람에게 "도리를 들려주어 사람들의 마음에 합치되게 해 사람들의 마음을 바로잡는" 방법이 아니다. 교화의 방법으로 제시하는 습관이 되도록 한다는 것은 소라이의 격물관에 잘 나타나 있다.

소라이는 《대학》의 격물치지를 "그 일을 배움이 오래되어 자연히 얻는 바가 있으며 얻는 바가 있은 후에 아는 바가 비로소 분명해지는 것"이라 했다. 《대학》의 주석서에 해당하는 소라이의 《대학해大學解》에서는 "격格이란 내來이며 지至. 감感하는 바 있어서 이리로 오는 것"으로 주해하고 있다. 《변도》에서는 감격感格(감응해서 다가오는 것)이라 표현하고 있다. 소라이는 자신이 의식하지 않는 사이에 사물이 자신에게 '다가오면來' 인성이 거기에 '감응感'하고, 그것을 오래도록 신체로 익히면 지知는 자연히 체득된다고 판단했다. 그것은 사물과 하나가 되는 것으로 사물을 습숙하는 방법이다. 사물에 나아가 사물의 이치를 궁리하는 것이 아니다.

소라이의 방법에는 관념적인 방법이 철저하게 배제되어 있다. 소라이는 예악에 감응해 습숙하게 되면 백성은 자연히 변화한다는 점을 격물의 주해로 주장한다고 볼 수 있다. 예악은 법률적인 통제나 언어에 의한 이성적 통제보다도 신체에 스며들게 하는 강렬한 힘이 있다. 신체의 교화를 통해 정신이 교화된다는 것이다. 소라이는 이런 교화를 기대했다고 할 수 있다.

## 사유구조 성형의 저 너머

우주 만물의 모든 것을 궁리의 대상으로 간주한 주자학은 예악도 궁리의 대상으로 삼았다. 인간 각자에 내재된 규범을 바탕으로 도덕적 실천 주체인 개인이 예악 실천의 주체다. 예를 들어 쇄소응대 같은 비근한 일상적인 예인 곡례曲禮와 국가 정치제도와 관련된 경례經禮를 힘써야 할 군자는 특정한 대상을 지칭하는 것이 아니고 인간 일반을 지칭하는 일반화된 개념이다. 주자학은 치인을 위한 개인의 수양에 치중해 개인의 도덕심 확충에 집중했다. 예악은 개인의 도덕심을 확충하기 위한 수양의 도구적 성격이 강하다고 할 수 있다.

이에 비해 소라이가 제도를 만드는 주체를 성인이라 한 것처럼 예악을 제정하는 주체 또한 성인으로 한정했다. 고대에 존재했던 성인은 각 시대를 개국한 군주로만 확대시켰을 뿐 인간 일반으로까지 확대해 일반화하지는 않았다. 그렇다고 해 개국의 군주가 마음대로 예악을 제정하는 것은 아니다. 고대 성인이 제정한 예악이 온전하게 들어 있는 육경을 기초로 해 제정해야 한다. 각 개인은 성인이 제정한 예악을 신체에 스며들도록 익혀야 한다. 개국의 군주가 할 일은 백성을 예악에 동화되도록 예법 질서를 구현하는 것이다.

　소라이는 예악으로 사회, 문화, 풍속을 바꿀 수 있다고 판단했다. 이때 우리는 소라이의 인간관이 특유한 사실에 바탕을 두고 있다는 점을 기억해야 한다. 기질지성만을 인정한 소라이는 마음보다 신체에 인간의 본질을 두었다. 심성 내부에 도덕적 판단 기준이 없기 때문에 주자학처럼 심성의 내적 수양은 불필요하다. 판단 기준은 심성의 외부에 있어야만 한다. 외재적 힘에 의한 수양이 필요한 것이다. 예악이라는 외부적 힘으로 인성을 수양하려는 의도가 강렬하게 배어 있다. 여기서 심성의 주체성은 상실되어 있다. 그렇기 때문에 강렬한 주체 의식의 성장은 찾을 수 없다. 대신에 서로 사랑하고 서로 길러주며 서로 도와주어 서로 이루는 인간이 전망되어 있다. 주체 의식이 약한 '소라이적 인간'은 예악을 매개로 삼아 인간의 연대를 통해 적극적으로 자기를 표출한다. 고립된 인간은 연대를 통해 자기 소외를 극복할 수 있다. 단, 개인의 자각은 사회 전체라는 구조 속에서 가능하다는 점을 잊어서는 안 된다.

　이런 의미에서 소라이는 전체적인 시선으로 사회, 문화, 풍속을 조망하고 있었다고 볼 수 있다. 소라이가 구상했던 것은 집단을 어떤 환경에 노출시킬 것인가에 대한 문제와 그 해결책의 모색이다. 소라이학이 정치적이라는 평가를 받는 이유이기도 하다. 소라이의 방법이 사상계에 대유행을 가져다주었고 이와 동시에 반소라이학의 강렬한 저항을 초래했다는 것을 보면 일본 사상사에 얼마나 강한 충격을 주었는지 짐작할 수 있다. 그런데 반소라이학을 주도한 지식인들도 한때는 소라이학에 매력을 느껴 소라이학을 배운 사람들이었다. 그들이 소라이학에서 사상적으로 전향한 것이다. 이런 혼란 속에서 소라이의 문인들은 소라이학을 지키기 위해 애써야 했다. 소라이 이후의 시대는 소라이학의 계승과 변용 혹은 부정의 시기이며, 그것은 사상 투쟁으로까지 번져간다.

그렇다면 소라이학의 충격은 충격으로만 끝났을까? 결론을 먼저 말한다면 소라이 이후 반소라이학이 거세게 저항하고 비판했지만, 소라이 비판자들 또한 소라이가 제시한 방법을 원용해 소라이 이후의 사회적 병리현상을 고치려 했다. 소라이학에서 사상적으로 전향한 지식인들이 '관정이학의 금' 이후에 사상과 문화의 병리현상을 고치기 위한 방법을 소라이학에서 찾았다는 것은 아이러니가 아닐 수 없다. 그것은 그만큼 소라이가 제시한 사상과 문화를 치료하는 방법이 에도 후기의 일본에도 여전히 유효성이 남아 있었기 때문이다.

그런데 소라이학의 유효성은 거기에서 그치지 않았다. 소라이학은 일본이 근대화 과정을 거치면서 재발견된다. 예를 들어 일본의 국가주의 사상에 큰 영향을 끼친 후기 미토학水戶學은 소라이학에서 지적 토양을 제공받았다. 메이로쿠사明六社에서 일본의 지적 계몽을 주도했던 가토 히로유키加藤弘之는 소라이학에서 법률과 제도의 제작자의 상을 발견한다. 니시 아마네西周는 소라이를 통해 오랜 세월 동안 빠져 있던 독단에서 깨어날 수 있었다. 니시 아마네는 'philosophy'를 철학이라는 용어로 처음 번역한 철학자다. 이렇게 보면 소라이학이 사유구조를 성형하려 한 시도는 당대뿐만이 아니라 소라이 이후 근대 일본의 국가주의가 성립할 때 일정한 영향을 주었다고 할 수 있다. 여기에 소라이학의 중요성이 있을 것이다.

- 이 글은 〈근세 일본의 사유구조의 치료학: 소라이학의 경계인식을 시야에 넣고〉, 《유학연구》 19집, 충남대, 유학연구소, 2009를 수정 보완한 것이다.

# 12장 사유구조를 성형하는 철학치료학 2

# 한국 성리학과 실학 그리고 실학 이후

조선시대는 유학지儒學知, 정확히 말한다면 주자학지朱子學知가 사회의 모든 문화를 형성하는 근간이었다. 근대화 과정을 겪으면서도 유학은 한국인의 심성구조나 의식구조에 싫든 좋든 일정한 형태를 띠면서 계승되어 왔다. 현대 한국의 문화는 조선시대 유교문화의 연장선에 있다고 해도 지나치지 않을 것이다. 그렇다면 유교문화는 어떤 형태로 한국인의 심성에 자리하게 된 것일까?

임진왜란이라는 전사회적 변동기를 겪으면서 주자학지의 모순을 제기하는 목소리가 커졌다. 사상이 세계의 변동에 융통성 있는 대응을 하지 못했다는 것이었다. 그것은 주자학적 사유구조에 대한 근본적인 문제 제기로 나타났다. 이 반주자학적 사상을 한국 사상사에서는 실학이라 부른다. 그런데 실학의 탄생은 단순히 지적 패러다임의 변화를 운운하는 데서 그친 것이 아니라 의식 전반에 걸친 대변혁을 예고했다. 이른바 '주자학적 병리'의 대수술을 천명한 것이나 다름없다.

그렇다면 실학은 주자학이 창출한 사회 문화의 어떤 면을 병리적 현상으로 간주하고 그것을 치료하려 했을까? 그리고 그 결과 실학은 성공한 것일까? 또한 실학 이후는 어떤 사유가 한국인의 의식을 지배하고 있으며, 어떤 형태로 기능하면서 한국의 문화 속에 일정한 형태를 구축해가고 있을까? 물론 이 물음에 적절한 해답을 제시할 역량은 없지만 도래하는 미래 사회에 대해 어느 정도 전망은 가능할 것이다.

## 성리학의 성인주의

### 천인합일

남송의 주희가 집대성한 학문을 주자학이라 부른다. 주자학은 우주 만물의 발생에서 인간의 도덕에 이르는 모든 것을 이理와 기氣라는 두 개념으로 설명한다. 이는 사물의 본질이 되며 기는 사물의 모습, 형상이 된다.

그렇다면 기란 무엇인가? 고대 중국인들은 우주 천지에는 기로 가득 차 있다고 생각했다. 기는 과학에서 말하는 분자나 원자 같은 존재는 아니지만 에

너지를 지니고 있다. 기는 에너지를 바탕으로 끊임없이 운동하며 순환한다. 이것을 유행流行이라 한다. 기가 운동하면서 만물은 생성, 운동, 소멸을 반복한다. 기는 양의 기와 음의 기로 구성되어 있는데, 모든 생명체를 포함한 사물은 바로 양의 기와 음의 기의 결합으로 생성된다. 기는 운동하면서 응축되어가고 일정한 형태를 이룬다. 사물은 바로 기가 뭉친 덩어리라고 할 수 있다. 모든 생명은 음식의 섭취와 호흡으로 천지의 기와 연결된다. 만물의 순환이나 운동은 끊임없는 기의 활동 그 자체이며, 죽음은 기의 활동이 정지된 것이다.[1]

그렇다면 기가 순환하고 응축되어 사물을 형성하게 만드는 이유는 어디에 있을까? 이의 법칙이 기의 운동과 순환을 설명한다. 주희는 이에 대해 다음과 같이 말했다.

> 임금과 신하가 있기 전에 먼저 임금과 신하의 이치理가 있으며 아버지와 아들이 있기 전에 먼저 아버지와 아들의 이치가 있다. 원래 이치가 없었는데 임금과 신하, 아버지와 아들이 생기기를 기다렸다가 도리를 억지로 넣었겠는가? 《주자어류朱子語類》

주희가 여기서 말하고자 한 것은 구체적인 사물이 아직 존재하지 않았을 때에도 먼저 사물의 이는 존재했다는 것이다. 사물의 법칙이나 원리가 사물에 선행해 존재했다는 것이다. 이 말은 곧 기에 선행해 이가 존재했다는 것을 의미한다. 그렇다면 이는 기의 운동과 순환을 가능하게 하면서 사물을 형성하게

---

[1] 쓰지모토 마사시 지음, 이기원 옮김, 《일본인들은 어떻게 공부했을까?》, 지와 사랑, 2009년 참조.

만드는 원인자인 셈이다.

주희의 설명에서도 알 수 있는 것처럼 우주 만물에는 기의 법칙에 이어 이의 법칙이 존재한다. 예를 들어 봄이 끝나면 여름이 오고, 여름이 끝나면 가을이 오고 그다음에 겨울이 온다. 사계절이 거꾸로 흐르는 일은 없다. 나팔꽃에서는 나팔꽃이 피고 해바라기꽃에서는 반드시 해바라기꽃이 핀다. 나팔꽃에서 해바라기꽃이 피는 일은 없다. 자연의 변화는 저절로 그렇게 되는 것이 아니라 반드시 그렇게 되는 법칙에 따라 질서 정연하게 움직인다. 이것이 이의 법칙이다. 모든 만물에는 이가 내재해 있다. 주희는 다음과 같이 설명한다.

> 천도가 유행해 만물을 낳고 기르는데 그 낳고 기르는 것은 음양과 오행일 뿐이다. 그러나 이른바 음양과 오행이라는 것은 반드시 이가 있은 뒤에 기가 있는 것이니 만물을 낳음에 이르면 반드시 이 기가 응취凝聚된 뒤에 이 형상이 있다. 그러므로 사람과 만물이 생성됨에 반드시 이 이를 얻은 뒤에야 건순健順, 인의예지의 성을 삼을 수 있고 반드시 기를 얻은 뒤에야 혼백, 오장, 백해百骸의 몸을 삼을 수 있다. 《대학혹문大學或問》

그런데 이는 각 사물에 내재한 이가 있고 또 우주 전체를 포괄하는 또 다른 이가 있다. 그것을 태극太極이라 한다. 만물은 태극이며 만물 안에는 태극이 있다. 태극으로서 기능하는 이는 모든 개별 사물에 내재한다. 주희는 《주자어류》에서 "이는 하나이며 이치는 같지만 그 직분은 같지 않다", "군신에게는 군신의 이치가 있고 부자에게는 부자의 이치가 있다"라고 했다. 예를 들어 하늘에 달은 하나지만 모든 강에 달이 비치는 것과 같다. 이 태극으로서의 이는 인간에 내재해 성性이 된다. 이것을 이일분수理一分殊라 한다. 그러므로 인성은 태극을 본체로 삼는다. 따라서 주자학은 우주의 보편 원리가 그대로 인성과 연결된다고 보고 천인합일을 주장한다.

주희는 이일분수론을 천명이라는 것으로 논리화함으로써 인간이 억지로 만든 것이 아님을 강조하고 있다. 주희는《중용》의 "하늘이 명한 것을 성이라 한다"는 부분을 주해해 "하늘이 만물에게 부여해 스스로 그칠 수 없는 것이 명이다. 내가 이 명을 얻어 태어나 온전한 몸이 아님이 없는 것이 성이다. 사계절과 오행, 만물의 모든 변화가 여기에서 나오지 않은 것이 없다"라고 했다. 이일분수론이 천명으로 논리화됨으로써 당위성은 강화되고 있는데 이때 이는 순수한 것으로 거짓됨이 없다. 성선론의 근거가 여기에 있다. 이처럼 천인합일은 강렬한 윤리 도덕으로 작용한다.

## 마음의 규율과 동일성주의

주자학은 이일분수론에 바탕을 둔 인성론을 전개하고 있다. 이가 인성에 내재해 성이 된다는 논리는 곧 주자학이 마음에 강한 신뢰성을 두고 있다는 것을 의미한다. 이에 대해 주희는 다음과 같이 말한다.

> 성은 본체이고 정은 작용이다. 성과 정은 모두 마음에서 나온다. 그러므로 마음은 그것을 통솔할 수 있다. 통솔한다는 것은 병사들을 통솔하는 것처럼 그것을 주재한다는 것을 말한다.《주자어류》

마음의 본체가 성이며 성의 작용이 정이다. 성은 마음의 이고 정은 마음의 작용이다. 따라서 마음은 "사유와 의식 활동의 총체적 범주가 되고 내재적 도덕 본질이 성이며 구체적인 감정과 생각은 정"이 된다. 마음은 성과 정의 주재자로서 이것을 일러 마음이 성과 정을 포괄한다고 하는 것이다. 마음은 의식 활동의 총체이자 주체다.[2]

주자학에서는 마음에 내재해 있는 이인 성을 두 가지로 나누는데, 본연지성과 기질지성이 그것이다. 본연지성은 본래적 선의 근거가 되며 기질지성은 악이 발생하는 이유를 제공한다. 본연지성은 순선무악한 상태로 모든 사람이 똑같다. 그런데 하늘이 내린 기질은 사람마다 차이가 있다. 기질은 사람마다 맑고 깨끗하기도 하고 혼탁하기도 하며 어둡기도 하다. 이 기품의 차이에서 악이 발생한다. 결국 기질로 선한 본성이 가려진다는 논리가 성립된다. 기질은 성의 본래 모습이 아니다. 본연지성이 성의 본래 모습이다. 그러므로 기질에 가려진 선한 본성을 드러내야 한다. 이것을 주자학에서는 복초설復初說이라 한다. 순선무악한 처음 상태를 회복해야 한다는 의미다.

주자학의 수양론은 본연의 성을 회복하는 것이 목표다. 예를 들어 언제나 마음을 경한 상태에 처하게 한다거나, 경으로 마음을 바르게 하고 의로 몸을 방정하게 한다와 같은 언사들은 모두 성을 가린 기질을 걷어내고 본래 성을 회복하기 위한 방법들이다. 주희는 주경에 대해 다음과 같이 말하고 있다.

경이란 어떤 것인가? 오직 삼가 조심한다는 말과 같다. 귀에 들리는 것이 없고 눈에

---

[2] 진래 지음, 안재호 옮김, 《송명성리학》, 예문서원, 1997, 254쪽.

는 보이는 것이 없으며 전혀 아무 일도 살피지 않음을 말하는 것이 아니다. 오직 심신을 수렴하고 정제하며 순일하게 해 방종하지 않게 하는 것이 경이다. 《주자어류》

이처럼 주자학은 마음의 도덕성을 드러내는 것, 즉 끊임없이 도덕적으로 자각하는 것을 강조한다. 경은 마음이 항상 도덕적 상태를 유지할 수 있도록 마음의 규율로 작용하는 것이다. 이를 통해 이상적인 인격을 배양하도록 한다. 마음에 갖추어져 있는 이를 깨달으면 천지와 합일할 수 있다. 주자학자들은 마음에 생기는 조그마한 욕심도 악으로 간주해 부정한다. 그것은 욕망의 절제, 즉 '천리를 보존하고 인욕을 없앤다'라는 명제에 아주 잘 드러나 있다. 감성적 욕구를 없애야만 도심, 곧 천리가 보존되기 때문이다. 마음이 항상 도심의 주재를 받고 도심의 소리를 듣기 위해서는 인심(욕심)에서 떠나야만 가능하다. 주자학은 마음이 도덕법칙에 지배받아야 함을 강조하는 것이다. 그런데 이처럼 수양론을 강조하는 이유는 결국 성인聖人이 되기 위한 것에 최종적인 목적이 있기 때문이다.

이학의 창시자로 불리는 정호와 정이의 스승이면서 북송 이학의 대표자인 주돈이周敦頤는 공자와 그 제자인 안연이 즐거워한 것이 무엇인지 항상 문인들에게 물었다. 공자의 제자 안연이 추구한 것은 이상적 인격체의 모델인 공자, 즉 성인이었다. 안연은 성인 공자를 자기 수양의 이상으로 삼은 것이다. 주돈이는 학문을 하려는 자들은 반드시 안연처럼 성인의 경지를 추구해야 함을 강조했다. 이후부터 주자학을 배우려는 자들은 모두 성인주의를 학문의 요체로 삼게 되었다.[3]

---

[3] 진래, 앞의 책, 79~80쪽.

주자학은 누구라도 제대로 수신한다면 성인에 이를 수 있다고 생각한다. 이런 생각이 가능했던 것은 바로 전술한 것처럼 모든 인간은 동일한 이를 하늘에서 품부받았다는 인식 때문이다. 기질에 가려진 순선한 성을 회복한다는 것은 모든 인간에 동일하게 필요한 일이다. 주자학은 모든 인간은 기본적으로 순선한 성을 지니고 있기 때문에 동일하다는 동일성주의에 바탕을 두고 있다. 이 때문에 주자학은 선진 유학과는 달리 학문의 사회적 실천을 위한 자기 수양에 매진했다. 자기 수양을 잘한 군자가 국가의 위정자로서 설 수가 있다고 생각했기 때문이다. 수신은 곧 치인의 전제다. 이처럼 인격을 제대로 수신한다면 세상은 저절로 다스려진다는 낙관주의가 주자학이 인성론에 사활을 걸게 만든 요인이기도 하다. 그런데 문제는 자기 수양(내면의 수신)에 철저한 결과 내면(마음)의 세계에 함몰되었다는 데 있다. 선진 유학의 강한 실천력은 쇠퇴하고 말았다.

주자학의 수양론이 지닌 특징 중 하나는 '안(마음)에서 밖(신체)으로'라는 사고에 서 있다는 점이다. 다시 말하면 마음에 대한 규율이 신체의 규율로 나타나며 마음의 도덕성을 확충하면 신체의 행동거지도 바르게 된다는 것이다. '마음에서 신체로'라는 수양론은 조선의 성리학이 근본주의를 추구하게 만드는 요인으로 작용했다.

# 동일성주의의 확장, 조선 성리학과 《심경》

## 불교지에서 유교지로

주자학이 조선에 수용되면서 조선의 문화와 사회가 전반적으로 바뀌었다. 고려 시대의 불교적 세계관이 이제 유교적 세계관으로 대체되면서 사람들의 의식도 유교적 세계관으로 변모해갔다. 조선 초기 지배 이데올로기의 대개혁을 주도한 정도전은 성인의 시대로 알려진 하은주 삼대의 이상 사회가 조선에서도 실현될 수 있다고 보고 유교주의를 기초로 한 조선왕조의 정치체제를 구상했다. 그는 유학적 세계관에 입각해《불씨잡변》(1398년)을 저술하고 불교적 세계관을 없애는 데 주력했다.

《불씨잡변》에는 권근이 쓴 서문이 실려 있는데, 정도전에 대해 "임금을 요순같이, 그 백성을 요순 때의 백성과 같이 하고자 했으며, 이단에 이르러서는 더욱 모두 물리쳐 다 없애지 못함을 자기의 근심으로 삼았다"라고 평한다. 유교적 이상 국가의 건설이 급선무였던 정도전에게 불교는 "인륜을 헐어버리고 금수를 몰아와서 인류를 멸하는" 것으로 반드시 척결해야 할 병균과도 같았던 것이다.[4] 정치적으로 삼대의 이상 국가를 건설하는 데 불교는 정도전에게 방해물임에 틀림없었다.

정도전이 불교를 비판한 가장 큰 이유는 불교가 인륜을 멸한다는 점과 그 결과 국가 공동체를 유지하기 위한 사회윤리 체계가 사라진다는 점에 있었다.

---

4  정도전,《불씨잡변》서문(《삼봉집》제5권).

《불씨잡변》은 '윤회지변輪廻之辨', '인과지변因果之辨', '심성지변心性之辨', '작용이성지변作用是性之辨', '심적지변心跡之辨', '매어도기지변昧於道器之辨', '훼기인륜지변毀棄人倫之辨', '자애지변慈愛之辨', '유석동이지변儒釋同異之辨' 등의 문제를 다루고 있다. 이 중에서도 불교 비판의 핵심은 심성지변과 유석동이지변에 잘 나타나 있다. 심성지변은 불교의 마음과 본성에 관한 비판으로 불교는 마음을 살펴 인간의 본성이 무엇인지 깨달을 수 없음을 밝히고, 유석동이지변은 유교와 불교의 차이점을 설명하면서 유교의 우위성을 역설하고 있다.[5] 이렇게 보면 정도전의《불씨잡변》은 불교적 세계관이나 불교지佛敎知를 '병리'라 간주하고 새로운 '정상'으로 등장하는 유교지로 치료하려 했다는 데 의미가 있다.

조선에 수용된 주자학은 유교적 소양을 닦은 사대부들이 과거제도를 거쳐 정계에 진출하기 위해서는 반드시 배워야 하는 학문이 되었으며, 한편으로는《주자가례》와《소학》,《삼강행실도》등의 보급으로 일반 서민의 생활과 의식 속으로 침투해갔다. 교육 면에서는 성균관, 4부학당, 항교, 또는 서원이나 서당 등을 세우고 유교적 세계관을 보급하는 데 주도적인 몫을 맡게 했다. 관료를 선발하는 과거제도를 두어 유학적 소양을 갖춘 유학자들을 정치의 전면에 배치함으로써 유교적 이상향을 건설하기 위한 토대를 마련했다.

한편 정치에서는 붕당정치라는 형태가 등장하는데 사대부의 정치 여론을 형성해 그것을 정책에 반영하도록 하는 기능을 수행했다. 붕당정치는 국왕의 권력을 견제하기도 했다. 또한 대간, 암행어사 등도 성리학적 세계관을 형성하는 데 빼놓을 수 없는 제도들이다. 특히 암행어사 제도는 지방을 통제할 수

---

[5] 다카하시 도오루 지음, 조남호 옮김,《조선의 유학》, 소나무, 1999, 199~200쪽.

있는 힘을 확보하면서 민심이 천심이라는 유교적 세계상의 확립에 중요한 구실을 했다. 민의가 위정자에게 전달되는 통로로 기능했던 것이다.

이런 제도들이 종합적으로 제시되어 있는 것이 바로 《경국대전》(1485)이다. 《경국대전》은 《주례》를 바탕으로 한 예악 질서를 확립하고 완성한 결정판이라 할 수 있다. 유교 국가의 통치 원리와 방법이 집약되어 있는 《경국대전》은 '영원한 왕국'을 바라는 유학적 지식인의 열망이 고스란히 드러난 법전이다.

조선에 수용된 주자학은 기나긴 발전 과정을 거치면서 점차적으로 조선적인 빛깔을 띠게 되는데, 여기에 중국의 주자학과 다른 면이 존재한다. 그것을 한마디로 한다면 윤사순이 지적하는 것처럼 '심성론을 위주로 한 이론 연구'가 될 것이다. 윤사순은 조선의 성리학이 심성론에서는 중국 주자학의 수준을 초월했다고 보고 있다.[6] 퇴계학파, 율곡학파, 영남학파, 기호학파와 같은 학파의 탄생도 심성론 연구의 결과물이다.

《송명성리학宋明性理學》(1992)을 저술한 철학 교수인 진래陳來는 그 서문에 "주자학과 양명학은 모두 중국에서 발생했지만 주자학의 중심은 조선시대에 한국으로 옮겨갔고, 양명학의 중심은 도쿠가와 시대에 일본으로 옮겨갔다"라고 밝힌 바 있다.[7] 이렇게 말하는 그는 자신의 저서 《송명성리학》 제5장 '명 대 중후기의 유학'에서 조선의 대유 퇴계(1501~1570)를 다루고 있는데 그 이유를 다음과 같이 말한다.

---

6    윤사순·고익진 엮음, 《한국의 사상》, 열음사, 1984, 38쪽.
7    진래, 《송명성리학》, 8쪽.

이황이 활동할 무렵 중국 대륙에서는 양명학이 성행했고, 명 왕조의 정통 철학이었던 주자학은 위기에 봉착했다. 이황은 정주의 도통을 계승 보존하는 일을 자신의 임무로 삼아 평생토록 학문하면서 주자를 종주로 삼고 목표로 했다. …… 그의 제자들은 이황이 중국에서는 도학의 전통이 없어져 백사의 선학으로 흘러들거나 양명의 편벽됨에 모여드니 모두 근본을 뿌리째 뽑아 그 잘못됨을 힘껏 배척해야 한다고 주장했으며, …… 이황이 죽은 뒤 그의 제자들은 그의 학문이 주자의 적통을 얻었다고 해서 그를 해동주자海東朱子라고 불렀다.

진래는 주자학이 퇴화한 명의 사상계를 대신해 정주의 도통을 계승하고 보존한 학자가 조선의 퇴계라 평하고 있다. 그것은 그만큼 퇴계가 당시 동아시아의 사상과 학문에서 차지하는 위상이 높았다는 것을 말해준다. 이처럼 송·명 대에 탄생한 주자학과 양명학의 중심이 조선과 일본으로 이동했다는 진래의 발언은 시사하는 바가 크다. 중국에서 탄생한 주자학적 사유가 더는 중국만의 사유가 아니라 동아시아의 보편 사유로 발전하면서 사유 주체에 커다란 변화가 왔다는 사실이다. 그런데 이때의 변화는 단순한 변화가 아니라 질적 변화 또는 발전을 염두에 둔 것으로 이해된다. 왜냐하면 중국 주자학에서 깊이 있게 다루지 못한 심성론이 조선 성리학에서 주된 화두가 되면서 주자학을 한층 발전시키는 결과를 가져왔기 때문이다.

흔히 일반적으로 조선의 주자학을 '조선 주자학'이라 부르지 않고 '조선 성리학'이라 일컫는 것은 그 명칭에 이미 중국 주자학과는 다른 색깔이 있었다는 뜻이기도 하다. 조선의 성리학이 '근본주의'를 지향했다는 것은 익히 알려진 사실이다. 물론 이 '근본주의'는 《사서집주》로 대표되는 주희의 해석에서

한 치라도 벗어나지 않으려는 것과 공자의 원의를 '정확하게' 찾으려는 노력을 포함한다. 다시 말하면 유학의 근본(성인의 뜻)을 집요하게 캐내어 그 의미를 묻는 것, 즉 경서의 문구에 나타난 정확한 의미를 찾아 그것을 현실에 적용하는 것에 조선의 성리학은 집요했다. 이 과정에서 발생하는 사단칠정론이나 인물성동이론은 주자학이 조선에 들어와서 조선적 성리학으로 거듭난 대표적인 사례다.

주자학은 전술한 것처럼 우주의 탄생을 음과 양, 두 기의 활동으로 설명하면서 음양 두 기를 운동시키는 원인자로 태극, 즉 이를 상정한다. 이런 우주론 같은 형이상학 아래 인간의 탄생, 존재론도 정합적으로 설명한다. 그런데 조선의 성리학은 우주론이나 존재론에 대한 고민보다는 '마음'의 해명, 즉 마음이란 것을 철저하게 해부하는 쪽으로 발전해갔다. 그것은 결과적으로 인성론과 수양론을 심화시켰다. 사단칠정론이나 인물성동이론은 바로 그 결과다. 조선 성리학에서 하늘은 외경의 대상으로 존재한다. 하늘이 무엇인가에 대한 고민은 중국 주자학과 비교하면 상대적으로 적었다. 이런 논쟁이 가능했던 것은 조선 지식인들이 마음에 상당히 집착했기 때문이었다. 이는 전술한 것처럼 심성론 연구가 조선 성리학의 핵심이 된 것과 관련이 깊다.

## 조선 성리학과 《심경》 간행의 환경

그렇다면 조선 지식인들은 왜 마음의 문제에 이토록 집착한 것일까? 이 문제의 해명은 곧 조선 성리학의 실체에 대한 해명이 될 것이다. 이 문제를 조선 지식인들이 심성 수양에서 아주 중요하게 여긴 《심경心經》 간행에 어떤 의미가 있는지를 통해 살펴보자.

《심경》은 송의 진덕수眞德秀(1178~1235)가 자신의 수양을 위한 자료로 삼기 위해 《서경》, 《시경》, 《역경》, 《논어》, 《중용》, 《대학》, 《맹자》와 같은 경서와 주돈이에서 주희에 이르는 송 대 유학자들의 문헌 등에서 핵심적인 내용을 발췌한 책이다. 이후 명 대 정민정程敏政(?~1499)은 진덕수의 《심경》에 정호, 정이 형제와 주희의 해설을 보충해 《심경부주心經附註》(1492)를 네 권으로 간행한다. 대체로 조선에서 《심경》이라 하면 바로 《심경부주》를 일컫는다. 그런데 《심경부주》는 중국보다는 조선에서 더 중요하게 다루어졌다. 그 이유는 퇴계의 영향 때문이었다.

퇴계는 《심경부주후론心經附註後論》에 이렇게 고백했다.

> 어려서 한양에서 배울 때 배움을 거슬러 올라가다 그 책《심경》)을 처음 알고 구해 읽었다. 비록 중간에 병이 나 깨달음이 더디고 이루기 어려움을 한탄했지만 그 처음에 이런 학문(주자학)에 감동이 생기고 흥미가 일어난 것은 이 책의 힘이다. …… 나는 《심경》을 얻은 후에 심학心學의 연원과 심학의 정미함을 알았다.[8]

퇴계는 33세 무렵에 《심경부주》를 입수했고, 51세에 《심경부주》에 빠졌고, 66세에 《심경부주후론》을 집필한 것으로 알려져 있다. 만년에 퇴계는 새벽에 일어나면 반드시 《심경》을 암송했을 만큼 심성의 수양으로 《심경》을 대단히 중요하게 여겼을 뿐 아니라 실천에 노력했다. 퇴계는 여기서 '심학'이라는 단

---

[8] 홍원식 외, 《조선시대 심경부주 주석서 해제》, 예문서원, 2007, 38쪽.

어를 사용하고 있는데, 퇴계학이 심학적 성격을 띠고 있다는 것을 짐작하게 하는 대목이다.

물론《심경》을 수양의 도구로 중요하게 여긴 사람이 퇴계뿐만은 아니었다. 예를 들어 이수광은 제왕의 학문은 마음을 다스리는 것을 근본으로 삼아야 한다고 하면서《심경》을 경연에서 강연할 것을 주장했다. 조선 후기 실학의 거성인 정약용 또한《심경》을 읽고 실천하는 것을 중요하게 여겨,《소학》으로 몸을 다스리고《심경》으로 마음을 다스린다면 현인이 되기 쉬울 것이라고 했다. 정약용은《심경밀험》(1815)을 저술했는데 그 서문에 "경서를 궁구히 하는 일은《심경》으로 끝을 맺는다"라고까지 했다. 그는《심경밀험》을 저술한 이유에 대해 "죽는 날까지 마음을 다스리는 방법에 힘을 다함"에 있음을 밝히고 있다. 정약용에게도《심경》은 마음 수양의 중요한 도구였던 것이다. 그렇다면 조선의 지식인들은 왜《심경》을 마음 수양의 도구로 삼은 것일까? 그리고 조선시대를 통해《심경》은 얼마나 간행되고 읽혔을까?

조선시대《심경》의 간행은 퇴계학파에서 집중적으로 이루어졌다. 퇴계 이후 그의 문인들이 활동한 17세기 중기부터 19세기 초반까지 간행된《심경》은 18종이 있다. 허목(許穆, 1595~1682)의《진심학도進心學圖》(1675)를 시작으로 윤병이(尹秉頤, 1775~1843)의《계문심경강의溪門心經講義》까지 그 18종에는《심경부주》에 대한 주석, 해설과 문답,《심경부주》에 대한 감상 등이 제시되어 있다.[9]

그런데 퇴계학파뿐만이 아니라 정약용의《심경밀험》까지 조선시대에 간행

---

9 중기 퇴계학파의《심경부주》간행에 관해서는 김기주, 〈중기 퇴계학파의 심경부주 이해〉《동방한문학》35집, 2008)를 참조.

된 《심경》 관련 주석서나 해설집, 문답집 등을 망라하면 백수십여 종이나 된다.[10] 이런 사실은 조선의 지식인들이 성리학을 이해하는 데 《심경》이 중요한 구실을 했다는 것을 방증한다. 그렇다면 왜 중국보다도 조선에서 《심경》이, 그것도 퇴계에게 중요한 서적의 위상을 차지하게 된 것일까? 퇴계학이 '경중심의 심학' 또는 '주자학적 심학'이라 불리는 이유가 여기에 있다. 그리고 심학적 경향이야말로 바로 조선 성리학이 중국과는 다른 '조선적 성리학'의 특징이라고 할 수 있다.[11]

퇴계의 학문에 심학적 요소가 강하다는 것은 앞에서 퇴계가 《심경》을 읽은 후에 '심학의 연원과 심학의 정미함을 알았다'라고 고백한 글에서도 충분히 알 수 있지만, 그의 제자 김성일의 입을 통해서도 확인된다. 김성일 연보를 보면 "일찍이 퇴계 선생의 문하에 들어가 심학의 요체를 얻어 들었다"라는 글이 있다.[12] 퇴계의 제자 김성일이 퇴계학을 심학으로 이해했다는 것을 알 수 있다. 퇴계 문인들 사이에서 퇴계학의 심학적 특징이 표면화되는 것은 17세기 이후 이현일에 와서다. 17세기는 퇴계학이 영남학파로 발전해가는 시기다. 이 시기에 이현일은 퇴계학의 적통이 김성일에게 전해졌고 김성일의 학문이 자신에게 계승되었다고 보고 퇴계학을 자신의 가학으로 삼았는데, 퇴계학의 요체를 심학으로 간주한 것이다.[13]

---

10 홍원식 외, 앞의 책, 13쪽.
11 김기주, 〈퇴계학파와 심경부주 시기별 문제의식과 특징〉, 《동양철학연구》 55호, 동양철학연구회, 2008, 참조.
12 《학봉집》 부록 권3, 연보(장윤수, 〈조선후기 퇴계학파의 심학적 특징〉, 《민족문화논총》 43호, 영남대, 2009)에서 재인용.
13 장윤수, 앞의 논문 참조.

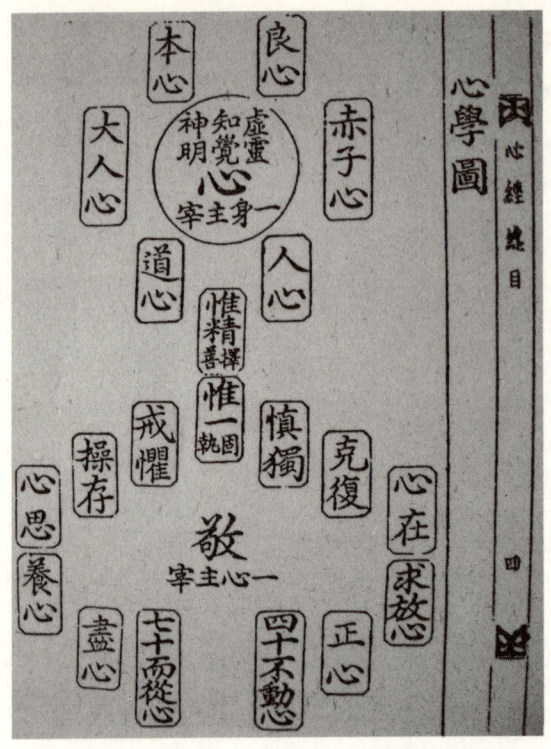

〈심학도〉

　퇴계가 쓴《심경부주후론》에 실린 〈심학도〉를 보자. 〈심학도〉는 정복심程復心이 지은 것인데 정민정의《심경부주》에 실려 있다. 〈심학도〉는 "마음의 다양한 양상과 경을 통한 마음의 배양을 체계적으로 해명한 것"인데, 퇴계는 자신의 수양관을 바탕으로 정복심의 〈심학도〉를《성학십도》의 여덟째에 수록하고 있다.[14] 그림에서 보면 몸을 주재하는 것이 마음이며 마음을 주재하는 것이 경敬이다. 마음은 본심, 양심, 대인심, 어린아이와 같은 마음赤子心, 인심, 도심을 유지해야 하는데, 인욕 등의 욕심에 가려져 있다. 그렇게 되면 몸을 제대로

---

14　금장태 지음,《성학십도와 퇴계철학의 구조》, 서울대학교 출판부, 2001, 178쪽.

건사하지 못한다. 이때 경은 마음이 욕심 등에 흔들리는 것을 막고 평상심, 도덕심을 유지하도록 하는 데 중요한 구실을 한다. 일심의 주재자인 마음이 흔들리지 않고 흩어지지 않도록 통제하는 것이 경이다. 수양의 구체적 과정으로 제시하는 조심, 존심, 부동심, 종심 등은 바로 마음을 간직하고 유지해 보존하도록 하기 위한 것이다. 퇴계는 바로 《심경》의 이 부분에 주목했다. 퇴계는 《심경》에서 경이 마음을 집중시키고 깨닫게 하는 통로라는 것을 확인했다. 다시 말하면 퇴계에게 심이 "마음의 존재 양상"이라 한다면 경은 "마음이 스스로 통제하는 실천 양상"이 될 것이다.[15]

퇴계는 마음에 대해 《심경부주후론》에서는 다음과 같이 말하고 있다.

> 마음은 몸의 주인이다. 배에서 노를 저어 앞으로 나아가려면 모름지기 노를 사용해야 한다. 밥을 먹으려면 반드시 숟가락을 사용해야 한다. 마음을 이해하지 못하면 이것은 노를 이용하지 않는 것을 말하는 것이다. 마음을 잡는 것은 단지 이 경敬뿐이다.

여기서 퇴계가 말하고자 한 것은, 마음은 몸의 주인이며 마음을 통섭하는 것은 경이라는 것이다. 그렇기 때문에 퇴계는 "군자의 마음은 항상 경외함에 있는 것이다"라는 점을 강조한다. 이때 하늘에 대해서는 경이 외경하는 마음으로 나타난다고 할 수 있다. 이처럼 퇴계가 마음과 경에 경도되는 이유에 대해 한국 사상사 연구로 주목받고 있는 시마네 현립대학 교수 이노우에井上厚史

---

[15] 금장태, 앞의 책, 180쪽.

는 다음과 같이 설명한다.

> 《심경부주》에 심취해 주자학의 도덕적 측면에 관심을 집중한 퇴계는 대표적 텍스트인 《천명도설》과 《성학십도》에서 아주 특별하게 하늘을 해석한다. 나는 퇴계 철학의 핵심이 이 특징적인 마음과 하늘의 관계에 관한 해석에 있다고 생각한다. 마음은 항상 하늘을 염두에 둔 언설이며 마음과 하늘 이 둘의 관계의 해석에 조선 유교의 특징이 선명히 드러나 있다고 생각한다.[16]

이렇게 퇴계 철학의 특징을 그의 《심경부주》와 《천명도설》, 《성학십도》에 나타난 마음과 하늘의 관계에서 파악한 이노우에는 퇴계가 경으로 경도되는 이유를 바로 마음과 하늘의 관계에서 찾는다. 이노우에는 퇴계가 "마음을 영적인 존재로 보고 경한 상태에 처하는 것으로 마음의 안정성을 확보"하고 있다고 한다. 그러면서 그는 퇴계의 천인 관계에 관한 문장 "사람의 오성과 사단은 원래 천의 사덕에 상응한다. 이것이 하늘과 사람이 하나되는 이유다"에 주목한다. 퇴계는 인간의 오성과 사단이 원래 하늘의 사덕에 상응하기 때문에 하늘과 사람은 하나라는 점을 강조하고 있다. 그런데 중국철학에서 천인합일이란 앞에서 서술한 것처럼 이일분수에 의한 합일로 설명된다. 천인합일의 하늘은 어디까지나 인간을 초월한 존재자다. 그런데 하늘과 사람의 관계에 대한 퇴계의 해석은 이 해석과는 양상이 다르다. 다시 말하면 퇴계는 하늘이 오성과 사단으로 인간에 내재해 있다는 점을 강조하면서 그렇기 때문에 하늘과 사

---

16 井上厚史,〈朝鮮近代儒教改革運動における近代的思惟の形成〉,《北東アジア研究》10号, 島根県立大學 北東アジア地域研究センター, 2006, 75쪽.

람은 일체라고 보고 있는 것이다.

여기서 더 나아가 퇴계는 《성학십도》에서 "마음은 지극히 허하고 지극히 영험至虛至靈"하며 "이는 지극히 밝고 지극히 충실하다至顯至実"라고 했다. 이어서 "지극히 허하고 지극히 영험한 마음으로 지극히 밝고 지극히 충실한 이를 구해 마땅히 얻지 못함이 없으니"라고 해 마음으로 이를 구할 수 있다고 보았다. 마음을 거경에 두는 것의 중요함을 퇴계는 계속해서 강조하고 있는 것이다.[17] 이렇게 보면 퇴계가 마음의 수양을 강조하는 이유는 분명해진다. 몸의 주인이 되는 마음을 경한 상태로 유지할 수 있을 때 비로소 천인일체를 이룰 수 있기 때문이다. 여기에서 퇴계의 철학이 경중심 수양론으로 나아간 이유뿐만 아니라 퇴계의 경 중심 철학이 이후 조선 성리학 안에 강한 존재감을 형성하면서 녹아들어갔다는 사실을 알 수 있다.

이처럼 퇴계는 마음과 하늘의 관계를 집중적으로 성찰해 주자학의 동일성주의를 천인일체라는 관념으로 확장시켰다. 퇴계가 경에 의한 마음의 수양을 끊임없이 강조하면서 《심경부주》에 경도된 것은 바로 마음 수양을 일생의 과제로 생각했기 때문이다. 그 수양의 끝은 바로 천인일체에 있었던 것이다.

그런데 퇴계에서 정약용에 이르기까지 조선 성리학자들이 《심경》을 마음 수양의 중요한 도구로 삼았다는 것은 마음을 철저히 해부하면 마음을 알 수 있다고 보았다는 것을 의미한다. 인간의 모든 병리현상은 결국 마음에서 발생하기 때문에 마음만 알 수 있다면 마음에서 발생하는 모든 병리현상을 치료할 수 있다고 판단한 것이다. 조선 성리학자들은 주자학의 동일성주의를 기초로

---

**17** 井上厚史, 앞의 논문, 76쪽.

한 (동일한) 마음의 회복(복초설)을 통해 병리를 치료할 수 있다는 자신감을《심경》에서 찾았다. 마음이 무엇인지 철저히 해부한다는 것은 곧 건강한 마음에서 나오는 정신적 풍요를 기대한 것이기도 하다.

그렇다면 정말 조선 성리학은 사상과 문화를 '정상'화했던 것일까? 조선 후기 실학의 출현은 이런 조선 성리학의 치료능력에 의문이 생겼음을 말해준다. 실학이 성리학과 구별되는 가장 뚜렷한 점은 성리학의 동일성주의에서 간과된 차이성을 발견했다는 것이다.

## 실학적 사유와 차이의 발견

### 주자영역화에서 비주자영역화로

조선 중기 이후 주자학에 위화감을 느끼는 학자들이 출현했다. 이 유학자군을 실학자라 부른다. 실학의 출현은 성리학자들이 마음의 해명에 관심을 집중하면서 제시한 마음 수양법에 균열이 갔음을 의미한다. 새로운 방법이 절실하게 요청된 것이다. 그 정점에 선 사람이 정약용이다. 조선시대의 실학은 주자학이 본래의 유학의 길에서 상당히 멀어져갔다고 생각해 주자학과는 다른 학문적 방법을 구상한다. 그것은 바로 선진 유학으로 돌아가 거기서부터 다시 유학의 본래적 길을 구하는 방법, 즉 주자학적 방법을 대신해 사회, 문화, 풍속을 치유할 수 있는 새로운 방법을 찾는 것이었다. 이 문제를 반주자학의 견해를 취한 실학자 정약용의 방법을 중심으로 생각해보기로 한다.

정약용은 많은 경서 주석을 단행했다. 정약용이 경서를 주석한 이유는 당시 주자학이 공맹의 생각에서 벗어나 올바른 유학에서 벗어났다고 판단했기 때문이다. 정약용은 '본래 유학'의 길을 찾아 경서 주석에 몰두했다. 그 결과 저작 500여 권 중에서 절반에 해당하는 250여 권이 경서 주석서에 해당할 정도로 방대한 경서 주석서를 남겼다. 이처럼 방대한 주석서가 저술된 것은 조선시대를 통틀어서도 전무후무한 대사건이다.

조선은 17세기 이후 기독교와 서학西學이 유입되면서 중국을 정점으로 하는 중화 의식에 균열이 생기기 시작했다. 중국을 중심으로 한 세계관에 변화가 생긴 것이다. 이로 인해 조선의 사상과 학문의 중심이었던 조선 성리학의 폐쇄성을 지적하면서 사회 내부의 모순과 제도의 개혁을 강하게 제기하게 되었다. 시대적 조류와 함께 민란으로 표출되는 민심의 이반 등 사회적 혼란은 깊어만 갔다. 정약용은 그 원인을 조선 주자학의 왜곡된 경서 주석에 있다고 판단한 것이다.

조선왕조는 위기에 대해 정학正學을 밝히면 사학邪學은 소멸할 것이라 판단했다. 이런 판단에 따라 주자학적 세계관을 더욱 강조하는 방향으로 매진했다. 정학을 밝히기 위해 주자학자들은 경서 주석에 전력을 다했던 것이다. 주자학자들은 《사서집주》와 이와 관련된 주석서로 주자학적 기준이 틀리지 않다는 것을 밝혀 자신들의 학문과 사상의 정당성을 보여주려 했다.

이런 학문적 분위기에서 정약용은 《논어고금주論語古今注》를 탈고했다. 《논어고금주》는 전체 40권으로 이루어져 있는데 그의 제자 이강회李綱會와 윤동尹

峒의 도움을 받아 1813년 그의 나이 52세에 완성했다.《논어고금주》는 총 3부로 구성되어 있다. 먼저 해석의 방향성을 알 수 있는 〈원의총괄原義総括〉 175조와《논어》본문 주석 그리고 마지막에는 〈춘추성언집春秋聖言蒐〉이 부록으로 첨부되어 있다.《논어고금주》가 완성된 이듬해인 1814년에는《맹자요의孟子要義》,《대학공의大學公義》,《중용자잠中庸自箴》,《중용강의보中庸講義補》가 연이어 완성되면서 정약용의 경학 주석 체계가 형성되었다.

조선에서는 주자학 경전인《사서집주》와 송·원 대의 경서 주석을 집성한《사서대전四書大全》이나《오경대전五經大全》그리고 성리학 주석을 집성한《성리대전性理大全》,《주자대전朱子大全》과《논어집주論語集注》에 소주小注를 붙인《논어집주대전論語集注大全》등 이른바 대전판을 학습하는 것으로 주자학이 절대화되어 갔다. 이 주석서들은 과거 시험의 주요한 과목이었기 때문에 유학자의 세계에서는 절대로 빼놓을 수 없는 주석서로서 읽어야만 했다. 이런 경전들로 주자학은 학자들의 학문으로 정착했다. 나아가 경전 해석을 둘러싸고 다양한 논쟁이 발생했다. 조선시대에 논의된 사단칠정론이나 인물성동이론 같은 것도 모두 이런 맥락에서 이해된다. 논쟁을 통해 주자학적 세계관은 조선을 영역화하면서 더욱 확장되고 재생산되었다. 주자 영역화 경향은 주자적 해석에 위반되면 사문난적으로 주살될 정도로 절대적인 확대재생산 과정을 거치기까지 했다.[18]

---

18 여기서 영역화란 주자학을 절대적인 영역으로 간주한 조선 성리학을 설명하기 위한 용어로 사용한다. 정약용은《사서집주》의 오류를 지적하는 것으로《사서집주》의 절대적 권위를 상대화하면서 주자학을 "비영역화 또는 상대화"하는 전략을 취했다고 할 수 있기 때문이다.

정약용이 학문적 영향을 상당히 받았다고 알려진 이익李瀷(1681~1763)은 주인과 셋집살이하는 자僦者의 비유를 통해 당대의 지배층이며, 주자학을 추종한 노론老論을 비판한다. 셋집에 세들어 사는 사람은 자신의 집이 아니기 때문에 집이 오래되고 낡아도 수리하려 하지 않는다. 집에 문제가 발생했다 해도 간단한 수리 정도에 그칠 뿐이다. 그러나 주인은 다르다. 집이 자기 것이기 때문에 벽이나 창문, 지붕 등이 썩거나 빗물이 새거나 하면 비용을 들여서라도 수리를 한다. 이익은 주자학자의 현실 인식이 얼마나 시대에 뒤떨어졌는지 지적하면서 주자학이 주도하는 사상 구조를 해체하려 했다. '탈주자'의 의지가 표명되어 있다. 실학은 이런 문제의식에서 배태되었던 것이다.[19]

주자 영역화를 비주자 영역화로 전환하기 위해 정약용이 취한 전략은 경서를 올바르게 해석하는 것이었다. 이를 위해서는 먼저 주자학이 왜곡한 해석을 낱낱이 밝히고, 정확한 자의의 훈고를 기초로 철저히 고증하는 작업이 필요했다. 그 방법론이 "경으로 경을 증명한다"는 이경경증以經證經, 즉 경 중심적 경서 해석법이었다. 정약용이 모든 인식의 판단 근거를 경서에 둔다는 것은 유학자로서는 당연한 일이다.

그럼에도 정약용은 경서 그 자체를 강조한다. 그 이유는 무엇일까? 그것은 주자학 학습의 기본 텍스트인 대전판으로 유학을 학습할 때 생기는 비극 때문이었다. 당시 주자학자들은 칠서대전, 즉 주자가 정리한 《시경》, 《서경》, 《역

---

**19** 조선 후기 실학의 탄생을 생각할 때 조선 후기 사상 공간을 빼놓을 수 없다. 내적으로는 체제 교학이었던 성리학의 위치 상실(장승구 지음, 《정약용의 실천의 철학》, 서광사, 2001, 11~18쪽 참조)과 외적으로는 기독교와 서학의 사상적 반영을 내포하고 있다. 특히 기독교와 서학의 유입에 따른 실학의 등장은 성리학이 주도한 단층 문화의 종언이라고도 할 수 있을 것이다(이광래, 《한국의 서양사상 수용사》, 열린책들, 2003, 35쪽).

경》,《대학》,《중용》,《논어》,《맹자》에 제시되어 있는 문구를 하늘이 만든 것으로 간주해 일점일획이라도 고치지 않고 그대로 암기했다.[20] 이런 학습방법은 경서를 경經, 즉 본문 그 자체를 학습하는 것이 아니라 경서의 본문을 주석서에 의지해 이해하려는 것이었다. 다시 말하면 주자학을 '본래의 유학'이라고 믿어온 조선 주자학자들이 실은 경서를 읽지 않았던 것이다. 그들이 읽은 것은 경서가 아니라 해석서에 지나지 않았다. 거기에 주자학과 선진 유학의 차이가 있다고 정약용은 판단한 것이다.《사서대전》,《오경대전》,《성리대전》,《주자대전》 등으로 유학을 학습하는 것은 주자의 해석을 학습하는 셈으로, 경서를 읽은 것이 아니라 주자의 해석을 읽은 것에 지나지 않는다. 이것은 주소注疏를 중심으로 한 경학관이라 할 수 있다. 경서의 원형이 변용되는 것은 어쩌면 당연한 결과이다. 공자 본래의 언설은 주자적 언설로 변용되어 이해된다. 그 간격을 극복하는 것이 정약용에 부여된 학문과 사상의 과제였다. 정약용은 주자학적 기준의 해체를 증명하려는 사상적 과제를 안고 경서 주석에 임한 것이라 할 수 있다.

## 주자학지의 상대화와 실학지로의 전환

실학은 무엇보다도 주자학적 세계관의 극복이 가장 절실했다. 국가의 존망도

---

20 주자학 신봉자 송시열이 퇴계와 율곡 중에서 누구의 해석이 옳은가에 대한 질문에서조차도 "퇴계와 율곡을 막론하고 주자와 같으면 따르고 주자와 같지 않으면 따르지 않는다"라고 대답했다는 이야기는 조선시대를 통해 주자학이 얼마나 강한 영향력을 행사했는지를 짐작하게 한다. 송시열은 주자의 철저한 신봉자였다. 이런 주자유일주의는 모든 가치의 판단 기준으로 작용했던 것이다.

경서의 해석에 달려 있었던 것이다. 폐법弊法이나 학정虐政은 바로 경서의 뜻이 명확하지 않은 데서 기인한다. 정약용은 나라를 다스리는 요체로 경을 밝히는 것보다 중요한 것은 없다고 판단했다. 국가의 존망과 경서 주석은 표리 관계에 있었던 것이다. 정치제도의 표준과 기준을 경서 그 자체에서 재확인하려는 의지의 표명이다. 실학이 실사구시를 표방한 것처럼 주자학적 경학관을 탈구축한 정약용의 경서 주석법은 곧 유학의 실천법이었다.

정약용은 자신의 학문을 가리켜 수기와 치인의 학문으로 규정한 바 있다. 경학과 경세학이 유기적 관련성을 지니고 있다는 것이다. 그러나 그것은 유학자라면 당연한 일이었는데, 새삼스럽게 정약용이 다시 한 번 강조한 것이다. 그만큼 당시의 학문, 즉 주자학은 병든 시대를 치유할 사명을 감당하지 못했다는 것을 단적으로 보여준다. 정약용이 보기에 당시 성리학자들은 이, 기, 성, 정, 체, 용이니, 본연, 기질, 이발, 기발, 이발, 미발이니, 이동기이理同氣異, 기동이이氣同理異, 심선무악, 심선유악이니 하면서 수천 수만으로 갈라져 서로 싸우고 대를 이어 다투면서도 알맹이 없는 고고한 마음으로 스스로 옳다고 오만을 떨고 있었다.

정약용은 뜻도 모를 논쟁만을 일삼는 조선 주자학자들과는 함께 이상 세계를 건설할 수 없다고 단정했던 것이다. 결국 정약용은 "머리카락 하나도 병들지 않은 것이 없으니 지금 고치지 않으면 반드시 나라가 망할 것이다"라고 진단한다.

그렇다면 정약용이 취했던 《사서집주》 상대화 전략이란 무엇일까? 사서 본문을 어떻게 다루었는지 살펴보자. 주희는 《논어》를 총 498장으로 분장했는데 정약용은 521장으로 분장했다. 한편 《대학》이나 《중용》에 대해서도 마찬가지였다. 주희는《중용》을 33장으로 분장했는데 정약용은 장으로는 나누지 않았지만 총 59절로 세분했다. 주희는《대학》을 경 1장과 전 10장으로 구분했지만 정약용은《고본대학古本大學》을 정본으로 해 27절로 나누었다.

이렇게 주희와는 다르게《사서》를 분장하고 분절하는 방식으로 주자학을 상대화하는 전략은《논어》 본문을 싣는 과정에서도 나타난다. 정약용은《논어고금주》의 본문을 제시하면서《사서집주》의《논어》 본문이 다른 주석서와 다르면 반드시 그 이본異本을 제시한다. 예를 들어 〈학이〉 편의 "子曰巧言令色鮮矣仁"에서 정약용은 본문의 아래에 "皇本鮮矣有仁"이라 적었다. 즉 주희의《논어집주》의 본문이 잘못되었다는 것을 증명한 것이다(황간의《논어의소論語義疏》에는 "子曰巧言令色鮮矣有仁"이라 되어 있다).

정약용의 분장분절 방식과 경서 본문의 이본 제시는 절대 권력을 휘두른《사서집주》를 상대화하면서 경서를 올바르게 해석해야 한다는 당위성을 제시한 셈이다.[21] 이런 필요성에 대해 정약용은 다음과 같이 말한다.

> 고학은 힘쓰는 바가 일을 행하는 데 있어서 일을 행함으로써 마음도 다스렸는데 지금의 학문(성리학)은 그 힘쓰는 바가 오직 마음을 기르는 데 있어서 마음을 기르다가 일을 폐하게 되는 데 이르렀다. …… 그러므로 천하를 구하려면 고학, 즉 옛날 학문이어야 가능하다. (《맹자요의》)

윗글에서 알 수 있듯이 정약용은 실제적인 것을 행하는 것이 학문이라 했

---

[21] 정약용의《사서》분장분절 방식에 대해서는, 김영호 지음,《다산의 논어해석연구》, 심산문화, 2003, 53~56쪽 참조.

다. 자신의 마음만을 들여다보아 조그마한 잘못도 없도록 마음을 수양할 뿐인 주자학적 방법으로는 병든 세상을 치료할 수 없다는 것이다. 여기서 정약용이 참된 학문으로 제시하는 고학은 실제적인 학문, 이른바 실학이었다. 정약용이 보기에 선진 유학은 고학이었으며 그것은 실천의 학문이었으며 사상이었던 것이다. 정약용이 경서의 주석서를 대량으로 간행한 이유도 경서 주석을 통해 잘못 알려진 성인의 도의 본래적 모습을 찾아 당대에서 실천하기 위함이었다. 그것만이 조선 후기의 문란해진 사회 문화를 치료할 수 있는 유일한 방법이라고 판단했기 때문이다.

## 조선학 운동과 정약용의 재발견

조선 후기는 서학으로 중화 질서의 허구성이 드러난 시대였으며, 조선 주자학이 해체되는 시기이기도 하다. 그런 면에서 조선 후기는 위기의 시대였으며 정약용은 위기의 사상가였다. 정약용은 동아시아적인 세계 질서의 변화에 따라 국가의 독립을 가져다줄 수 있는 전체적인 국가 개혁론을 구상했다. 1801년 신유박해 때 체포된 정약용은 전라도 강진에 유배되었다가 1818년에야 풀려났다. 그의 저작은 대부분 이 유배 시기에 완성되었다. 정약용이 죽은 지 50년 뒤에 고종(1852~1919)은 정약용과 같은 인재와 시대를 함께하지 못함을 안타까워하면서 《여유당전서與猶堂全書》의 편찬을 명했다. 1902년에는 《목민심서牧民心書》, 1907년에는 《흠흠신서欽欽新書》가 간행되었다. 순종 4년(1910년)에는 '정헌대부규장각제학正憲大夫奎章閣提學'이 추증되고 문도공文度公이라는 시호를 내렸다. 조선 말기의 위기를 극복하기 위한 조선 정부의 심정을 읽을 수 있다.

1836년 정약용이 76세로 세상을 떠난 뒤 그의 사상과 학문은 특히 양명학파로 계승된다. 강화학파인 이면백李勉伯(1767~1830)과 그의 후손들은 《목민심서》를 거의 외울 정도로 정약용에 심취했다. 한국 근대 양명학을 정초하면서 《한국통사》(1914~1915년), 《한국독립운동지혈사韓国独立運動之血史》(1919년)를 써 민족정신을 고취한 박은식朴殷植(1859~1925)은 양명학을 바탕으로 한 개혁 이론을 제시했다. 박은식의 사상은 정약용의 경세학에 큰 영향을 받았다. 박은식은 1889년 정약용의 제자인 신기영과 정관섭(정약용의 자손)에게 정약용의 경세학을 배웠던 것이다.

강화학파의 마지막 시대에 속하는 이건방李建芳(1861~1939)은 정약용을 민권 사상가로 보고 루소나 몽테스키외와 비교했고, 그의 제자인 정인보鄭寅普(1892~1950)는 정약용을 조선 말기의 중심 사상가로 자리매김한다. 정인보는 1935년부터 5년 동안에 걸쳐 이루어진 《여유당전서》 간행 사업에 안재홍安在鴻(1891~1965)과 함께 교정에 참가했다. 1935년 정약용 서거 100주년을 맞아 〈동아일보〉, 〈조선일보〉와 여러 잡지 등에서 '정약용 바람'이 일었는데 정인보가 바로 그 바람을 일으킨 주인공이다. 정인보는 1934년 9월 〈조선학朝鮮學과 정다산丁茶山의 지위〉라는 강연에서 정약용에 대한 연구를 "조선사의 연구이며 조선 근세 사상의 연구이며 조선 심혼의 명의, 혹은 전조선 흥망, 성쇠, 존멸에 대한 연구"라고 평가했다. 정인보는 '얼사상'을 제시하면서 "우리 민족이 5천 년 동안 살아오게 한 민족정신, 민족혼"이라 규정했는데 그 민족혼의 핵을 정약용에서 찾았다.[22]

---

22 鄭寅普, 〈茶山 先生의 生涯와 業績〉(金泳鎬, 〈茶山學研究史序説〉, 《茶山學論叢》에서 재인용, 1036쪽)

근대 한국의 양명학자들은 양명학을 실천과 민족혼의 관점에서 수용해 민족주의를 형성했는데 조선 주자학을 중화주의라 비판하면서 실학을 민족주의로 평했다. 이 과정에서 양명학자들이 정약용의 사상에 지대한 관심을 표명한 것이다. 양명학자들의 움직임에서 근대 한국의 지식인들이 내우와 외환의 위기 속에서 나아갈 방향이나 방법을 정약용에게서 찾으려 했음을 알 수 있다. 근대 한국에 분 정약용 바람은 조선 성리학적 세계관에 종말이 왔음을 드러내는 것이기도 하다. 그것도 양명학자들이 실학자 정약용을 새롭게 재발견한 것이다. 엄밀히 보면 정약용은 주자학적 사유 안에 있었는데 반주자학적 사유를 보여주는 양명학이 정약용을 부활시켰다는 것은 아이러니가 아닐 수 없다.

## 실학 이후 현재 그리고 미래의 치료학

조선 성리학은 선진 유학의 역동적인 실천에 소홀했다. 그것은 시대의 '사상과 문화치료'에 성리학적 사유가 실패한 것을 의미한다. 성리학적 사유를 정면에서 비판하면서 등장하는 실학은 선진 유학의 실천을 다시 회복하려 했다. 그러나 주자학적 사유구조의 치료를 위해 출현한 실학이 과연 시대의 '사상과 문화치료'에 성공했을까? 이 물음에 대한 결론을 요구하는 것은 성급할 수밖에 없을 것이다. 일단 그 결론을 잠정적으로 유보하고 실학 이후의 한국 사회가 어떻게 변동했는지 살펴보자.

'정약용의 시대'에서 보는 것처럼 주자학과 실학이 사유의 기나긴 헤게모니 싸움을 하고 있는 사유 공간에 등장한 기독교는 조선에 새로운 사유의 틀을 만들어내는 패러다임 구실을 했다. 조선 말기는 성리학적 세계관을 기초로 한 위정척사론이나 서학에 대항해 새로운 민중 종교로 등장한 동학 등으로 사유의 전국시대와도 같았다. 이런 분위기에서 들어온 기독교는 과학기술 등 서양의 우수한 문물을 대동했으나, 사교로 규정한 조선 정부의 박해 탓에 순탄하게 수용되지는 않았다. 기독교의 유입으로 중국 중심 세계관에 균열이 발생한 것은 사실이나, 이 균열을 성리학을 기초로 한 사상과 문화가 전적으로 수용하기까지는 많은 시간이 필요했다. 기독교는 조선 성리학자보다는 실학자들 사이에서 긍정적으로 수용되었다.

17세기 초기에는 서학서가 유교적 세계관을 바탕으로 한 학문적 평가의 대상으로서 수용되었으나, 18세기 후반에 이르면 기독교 교리에 대한 연구가 이루어지면서 신앙의 형태로까지 발전하게 된다.[23] 예를 들어 《천주실의天主實義》의 발문을 쓴 이익(1681~1763)은 서양 과학에 호기심이 많았고 기독교 교리 중에서도 윤리적 내용은 받아들이면서도 신앙 면에서는 배타적이었다. 그렇지만 이익이 《천주실의》의 발문을 썼다는 그 자체만으로도 기독교에 대한 강한 관심의 반영을 읽을 수 있다.[24] 이익의 영향을 받은 문인 중에서 공서파攻西派로 불리는 신후담이나 안정복 등은 주자학적 신념을 근거로 해 기독교 교리에 매우 비판적이었으나 정약용, 권철신, 이가환 등 신서파信西派들은 신앙적

---

**23** 금장태, 《조선후기 유교와 서학》, 서울대학교 출판부, 2003 참조.
**24** 이광래, 《한국의 서양사상 수용사》, 39쪽 참조.

인 면에서 기독교를 수용하기에 이르렀다.

　기독교의 신앙이 사회문제로 떠오르면서 급기야 정치적 문제로까지 확장되었다. 조선 조정은 기독교를 사교로 규정하고 사교를 없애기 위해 정학인 주자학적 세계관을 확대해 보급할 필요성에 직면했다. 조선 정부는 기독교를 믿는 사람들을 엄벌하도록 하는 것으로 기독교는 박멸될 것이라 판단했다. 이런 사회 분위기 속에서 1791년 발생한 진산 사건은 기독교 탄압 정책이 한계에 도달했음을 간접적으로 시인하는 형태가 되었다. 천주교도였던 윤지충, 권상연이 신주를 불태우고 제사를 폐지한 것이다. 결국 이들은 사악한 도에 빠져 정도를 어지럽히고 부모와 조상의 신주를 훼손한 죄로 처형되었지만 진산 사건은 조선 조정 차원에서 기독교를 논의하는 중요한 계기가 되었다. 그것은 그만큼 기독교가 유교적 세계관을 위협하는 새로운 힘으로 등장했음을 의미한다.

　기독교 탄압은 이런 위기감에서 발생했다. 1785년 발생한 을사추조적발을 시작으로 1791년의 신해박해, 1801년의 신유박해로 이어지는 기독교 탄압은 조선 말기의 혼란한 사유 공간을 그대로 드러내준다. 신유박해로 100여 명이 사형당하고 400여 명이 유배되었다는 사실은 주자학과 실학이 사상과 문화치료에 실패했음을 단적으로 보여준다. 주자학과 실학의 사상 논쟁에 염증을 느낀 사람들의 상당수가 기독교라는 새로운 사유의 출현에 반색하며 달려간 것이다. 이후 기독교는 누룩이 부풀듯이 한반도 전역으로 번져간다.

　이벽이 이승훈에게 세례받고 세례명을 요한으로 개명하고는 권철신, 권일신 형제를 개종시키면서 충청도와 전라도의 포교에 적극적으로 나선 이후 조선에 교회를 세우려는 움직임이 본격화되었다. 이런 움직임은 1785년 이승훈,

정약전, 정약종, 정약용, 권일신 등이 모여 한국에 첫 천주교회를 세우는 것으로 현실화되었다. 그 중심에 선 이벽은 처음으로 서교시[25] 《성교요지》를 한문으로 썼고, 세례명이 아우구스티노인 정약종은 상하 두 권으로 된 교리서 《주교교지》를 한글로 만들었다.

《주교교지》에는 신의 존재 증명, 신의 속성, 불교 비판, 선악에 대한 신의 상벌, 천지창조와 인간의 구원을 위한 천주의 강림과 부활, 승천 등 신의 계시와 구속론 등이 자세히 제시되어 있다. 《주교교지》가 한글로 작성되었다는 것은 유학자들을 대상으로 한 것이 아니라 한문을 모르는 일반 서민층을 대상으로 만들었다는 것을 의미한다. 그것은 곧 포교의 대상을 훨씬 더 확대하게 만드는 결과를 가져다주었다. 정약전은 최초로 찬송가인 〈십계명가〉를 짓기도 했다. 이처럼 초기 기독교의 왕성한 포교는 주자학과 실학 이후를 준비하는 새로운 패러다임이 되기에 충분했다.

이런 과정을 거치면서 조선에 깊숙이 보급되는 기독교는 필사나 등서에 의한 한글 서역서의 보급 등으로 전국 곳곳에 번져갈 수 있었다. 아예 필사나 등서를 해주고 돈을 받아 생활하는 사람들까지도 생겨났다. 샤를르 달레의 《한국천주교회사》에는 이 내용이 자세히 기록되어 있다. 예를 들어 인천 지방에서 기독교를 포교한 죄로 관가에 붙잡힌 민극가[26]라는 사람이 있었는데, 그는 아버지와 형제들과 함께 천주교에 입교했다. 그는 생활이 어려워지자 일반 서민을 대상으로 기독교 관련 서적을 필사해주는 것으로 자기의 생활비를 충당

---

25 기독교의 내용을 시(한시)로 쓴 것.
26 페레올 주교가 증보하고 최양업 신부가 프랑스어에서 라틴어로 옮긴 《기해일기己亥日記》에는 민국가로 나옴. (달레, 《한국천주교회사》, 527쪽)

했다. 이 사실은 돈을 주고서라도 기독교 서적을 사서 읽으려는 사람들이 꽤 많이 존재했음을 보여준다. 서민들의 경제 사정이 아주 어려운 시절이었음을 생각해보면 이 정도 열기는 대단한 것이었다고밖에 볼 수 없다. 그만큼 많은 사람들이 기독교에 상당한 관심을 보였다는 것과 신앙적으로 기독교를 받아들이고 있었다는 것을 짐작하게 해주는 대목이다.

필사나 등서로 기독교 관련 서적이 퍼져나가는 것에 이어 조선 내부에서 판목을 만들어 간행하는 사례도 생겼다. 이 사실에 대해 《승정원일기》에는 "책자를 간행하는 일은 복잡하고 일 처리가 장황해 한두 사람이 재빨리 해낼 수 있는 일이 아닙니다. 반드시 감독하거나 일한 사람과 그 시설을 설치한 장소가 있을 것입니다"라는 기록이 있다. 이 기록을 보면 조선 내부에 이미 기독교 관련 서적을 보급하기 위해 인쇄소까지 설립되었다는 것을 알 수 있다. 1801년 조선 정부가 압수해 소각한 기독교 관련 서적은 모두 112종, 117권, 199책에 달한다. 이 중에서 한글본은 83종, 11권, 128책, 한문본은 37종, 66권, 71책이다. 인쇄소를 통해 보급된 기독교 관련 서적은 8종, 13책, 2만여 권에 달했다고 하는데, 한 권당 1,500부 정도가 간행되었다. 1859년 신도수가 1만 6,700명, 1865년에는 2만 3,000명 정도였다고 하니 책자 간행이 적은 편은 아니었다. 한글과 한문본의 존재는 조선 전 민중을 대상으로 기독교 포교가 조직적으로 이루어졌음을 말해준다.[27]

한편 1890년대부터는 기독교 보급에 새로운 방법이 도입되는데, 권서 제도의 도입이 그것이다. 권서란 성서공회에 소속되어 성경책과 전도 책자를 파는

---

[27] 조광, 〈조선후기 서학서의 수용과 보급〉,《민족문화연구》44호, 2006년, 참조.

행상을 말하는데, 1804년 영국성서공회가 설립된 후 성경을 전파하기 위한 기구로 탄생했다. 초기 기독교 보급에 이들 권서들이 얼마나 중요한 구실을 했는지 보면 놀라울 정도다. 1882년 간행된 성경 6천여 권 가운데 약 4천여 권이 초기 권서들의 노력으로 보급되었고, 1913년에서 1918년 사이 성경 보급의 97.79퍼센트는 권서들이 한 것이었다. 또한 1930년에는 한국인 권서 시찰 세 명이 권서 134명과 함께 성경 15만 7,168권을 판매했다는 기록도 있다.[28] 이처럼 빠르게 성경이 퍼짐에 따라 한반도는 '복음'의 우산 속에 들어갔다.

1890년대부터 한반도 전역을 휩쓴 기독교 선교는 1907년 평양대부흥과 1909년 백만인 구령 운동으로 이어진다. 평양대부흥 운동은 1907년 1월 2일부터 15일까지 평양 장대현교회에서 1천여 명이 모여 열린 집회가 영적 각성 운동으로 바뀌면서 평양 전역으로 확대된 사건이다. 장대현교회에서 열린 집회는 평양과 인근 지역뿐만이 아니라 경기도, 전라도, 경상도 등지에서까지도 참가자가 있었다. 평양대부흥 운동의 성과는 대단했다. 1920년대 후반 평양 인구 12만 명 중 기독교 신자가 1만 1천 명에 교회 열아홉 곳이 있었다고 하는데, 이것은 단순하게 계산해도 550명 이상이 모이는 대형 교회가 열아홉 곳 정도 되었다는 것을 말해준다.

1909년 12월 1일 경기도 이천에서는 400여 명이 모인 사역자 사경회가 있었다. 이 사경회에서 '백만인 구령 운동'이 선포되었다. 백만인 구령 운동의 구호는 "백만 인을 예수에게로, 주여! 우리 심령의 소원을 허락하소서. 백만 인

---

[28] 초기 한국 기독교의 발전과 권서들에 대해서는 이만열 지음, 《한국기독교와 민족의식》, 지식산업사, 1991 참조.

을 예수에게로. 오 주여! 복음의 불을 널리 펴소서"였다.[29] 이처럼 짧은 시간에 한반도 전역으로 번져간 기독교는 세계 기독교 선교사에서도 그 유래를 찾아볼 수 없을 정도였다. 왜 이런 현상이 한반도에서 벌어진 것이며, 우리는 이 현상을 어떻게 설명할 수 있을까?

세계 100대 교회의 절반이 있는 나라. 세계에서 둘째로 많이 선교사를 파송한 나라. 세계에서 둘째로 인구 대비 교회가 많은 나라. 모두 한국을 지칭하는 말이다. 현재 전국신학대학협의회KAATS에 소속된 신학대학 수(교육부 인가 신학대학)는 40여 개나 된다. 교단별로 운영하는 비인가 신학교까지 합하면 훨씬 더 많아진다. 2009년 초에 문화체육관광부에서 조사, 발간한 연구보고서 《2008 한국의 종교 현황》을 보면 한국 교회 수(개신교와 가톨릭 합산)는 약 6만여 개이며, 목회자 수는 개신교가 9만 5,596명, 가톨릭이 1만 4,597명으로 추산하고 있다. 한편 한국 기독교가 설립한 대학 수만을 보면 가톨릭까지 포함해 113개에 이른다. 여기에 중고등학교까지 포함하면 훨씬 더 늘어난다. 또한 기독교에서 설립한 기독교 관련 연구소만도 142곳에 이르며 이외에도 방송, 신문, 잡지 등 수많은 언론매체와 병원 등의 의료시설까지도 보유하고 있다.[30]

《2008 한국의 종교 현황》에서 주의깊게 생각해야 할 또 다른 부분은 바로 종교 인구 통계(2005년 현재)다. 현재 한국의 전체 종교 인구 통계를 보면 불교 인구가 가장 많다. 그러나 불교 신자와 기독교 신자 중 20대까지의 인구만을 비교해본다면 사정은 달라진다. 20대 기독교 신자는 20대 불교 신자보다 약

---

[29] http://www.1907revival.com/ 참조. 이 사이트에는 한국의 기독교사에 대한 각종 자료들이 잘 정리되어 있어 초기 한국 기독교사를 이해하는 데 유용한 정보를 얻을 수 있다.
[30] 문화체육관광부에서 발간한 《2008 한국의 종교 현황》 참조.

1.8배 정도 많으며, 10대 기독교 신자는 10대 불교 인보다 두 배 이상이나 많다.[31] 이 통계는 10대와 20대가 성장해 한국 사회의 중심 세대가 되면 한국은 기독교 인구가 타종교에 견줘 압도적인 위치에 서게 될 것이라는 점을 말해준다. 부모 세대의 종교와 자식 세대의 종교가 대부분 일치하는 한국인들의 정서를 생각한다면 이는 충분히 예상할 수 있다.

예수 탄생을 기념하는 성탄절은 한국에서는 이제 기독교 신도들만의 축일이 아니다. 예를 들어 크리스마스 때가 되면 많은 가수들이 유행처럼 캐럴 음반을 내놓는다. 그렇다고 그 가수들이 반드시 신자인 것은 아니다. 또한 1990년대 이후 한국에서 대중음악의 한 형태로 자리잡은 CCM Contemporary Christian Music은 이제 기독교 신도들만의 음악이 아니다. CCM은 기존 찬송가나 가스펠(복음성가)과는 다른 형태인데 종교를 초월해 많은 사람들이 듣고 부르는 대중음악의 한 장르이다. CCM 음반은 상업성을 띠며 대량 발매되고 있고 'CCM 가수'도 출현했다. 불교에서도 찬불가라는 것이 있지만, 이는 기독교의 찬송가에 영향을 받은 것이다. 기독교는 한국 대중문화의 한 축을 담당하고 있다고 해도 지나치지 않을 것이다.

지금 한국에서는 기독교가 전체 인구의 20퍼센트를 넘나들 뿐이지만 기독교의 힘은 그 이상이다. 한국에서 기독교만큼 전 국민의 관심의 대상이 되고 있는 종교도 드물다. 물론 기독교에 대한 비판도 상당수 존재하는데 그만큼 한국에서 기독교가 지닌 영향력이 크다는 것을 방증하는 것이 아니겠는가? 조선이 유교의 시대였던 것처럼 지금의 한국은 '기독교의 시대'가 되고 있다.

---

[31] 앞의 책 참조.

역사의 흐름을 시야에 넣고 조선 주자학과 실학 그리고 기독교가 의미하는 것을 찾는다면 어떻게 말할 수 있을까? 그것은 그렇게 간단한 비유를 동원해서 설명될 수 없는 문제를 안고 있다. 그럼에도 주자학에서 실학으로 그리고 실학에서 기독교로 이행되는 것을 설명해야 한다면 (비약이 있기는 하지만) 다음과 같이 말할 수는 있을 것이다. 선진 유학은 조선에서 조선 성리학으로 발전하면서 조선시대를 '정상'화할 사상과 문화의 틀이 되었다. 그런데 조선 후기 실학의 탄생은 '정상'이었던 조선 성리학이 '병리'화한 것을 말해준다고 할 수 있다. 실학은 사상 문화의 새로운 '정상'을 확립하기 위해 출현했지만 조선 말기의 내우외환을 극복하지 못했다. 실학 이후 기독교의 등장은 유학적 사유에 균열이 가고 있음을 말해준다. 그런데 그것은 단순한 균열을 말해주는 것으로 끝나지 않는다.

실학 이후 실학을 대체할 사상과 문화 '치료'의 길은 기독교라는 거대한 힘의 등장과 함께 상상하지 못한 방향으로 열리고 있다. 그렇다면 기독교는 주자학과 실학 이후의 사상과 문화의 치료를 수행할 새로운 치료술로 등장한 것은 아닐까? 이제 한국은 기독교를 빼놓고는 설명하기 어려운 사상과 문화의 한복판에 와 있다.

# 참고문헌

## 제1부 철학치료와 엔드게임

### 1장

이광래, 《미셸 푸코; 광기의 역사에서 성의 역사까지》, 민음사, 1989.
Allen, J. G., *Coping with Trauma: Hope Through Understanding*, American Psychiatric Publishing Inc. 2005, 권정혜 외 옮김, 《트라우마의 치유》, 학지사, 2005.
Lane, Christopher, *Shyness: How Normal Behavior Became a Sickness*, Yale University Press, 2007, 크리스토퍼 레인, 이문희 옮김, 《만들어진 우울증》, 한겨레출판, 2009.

### 2장

Illich, Ivan, *Limits to Medicine, Medical Nemesis: The Expropriation of Health*, Marion Boyars Pub., 2002.
Porter, R. R., *The Contribution of the Biological and Medical Sciences to Human Welfare*, The British Association for the Advancement of Science, 1972.

### 3장

박형민, 《자살, 차악의 선택》, 이학사, 2010.
전규태 편역, 《아벨라르와 엘로이즈》, 정음사, 1981.
James, J. W. · Friedman, R., *The Grief Recovery Handbook*, RLR Associate, Ltd., 1998, 존 제임스, 러셀 프리드만, 장석훈 옮김, 《슬픔이 내게 말을 거네》, 북하우스, 2004.
Kierkegaard, Søren, *The Sickness unto Death*, 키에르케고어, 김영목 옮김, 《죽음에 이르는 병》, 학일출판사, 1984.
Störig, Hans J., *Kleine Weltgeschichte der Philosophie*, W. Kohlhammer GmbH. 1999, 한스 요하임 슈퇴리히, 박민수 옮김, 《세계철학사》, 이룸, 2008.
Tolstoy, Lev N., *The Death of Ivan Ilych*, 레프 니콜라예비치 톨스토이, 고일 옮김, 《이반 일리치의 죽음》, 작가정신, 2005.

### 4장

이광래, 심명숙, 《미술의 종말과 엔드게임》, 미술문화, 2009.
Beck, Aaron T., *Cognitive Therapy of Depression*, 원호택 옮김, 《우울증인지치료》, 학지사, 1996.
Canguilhem, Georges, *Le normal et le pathologique*, PUF, 1966, 이광래 옮김, 《정상과 병리》, 한길사, 1996.
Chsitensen, Clayton M., *The Innovator's Dilemma*, Harvard Business Press, 1997.
Foucault, Michel, *Les mots et les choses*, Gallimard, 1966, 이광래 옮김 《말과 사물》, 민음사, 1987.
Kropotkin, Peter, *Mutual Aid: A Factor of Evolution*, William Heinenmann, 1919.

## 제2부 철학치료, 치료 패러다임의 전환

### 5장

강원대학교 HK인문치료사업단,《인문치료》, 네오뮤즈, 2008.

김선희,〈철학치유를 위한 서언: 철학치유의 세 축으로서 자기인식, 자기배려, 대화〉,《철학연구》107집, 대한철학회, 2008.

노안영,《상담심리학의 이론과 실제》, 학지사, 2008.

이장호,《상담심리학》, 박영사, 1999.

이장호·정남운·조성호 공저,《상담심리학의 기초》, 학지사, 2005.

Borossa, Julia, *Hysteria(Ideas in Psychoanalysis)*, London: Icon Books, 2001. 줄리아 보로사, 홍수현 옮김,《히스테리》, 이제이북스, 2002.

Breuer, Josef · Freud, Sigmund, *Studien über Hysterie*. Frankfurt: Fischer, 1991. 요제프 브로이어·지그문트 프로이트, 김미리혜 옮김,《히스테리 연구》, 열린책들, 1997.

Ellis, Albert, *Reason and Emotion in Psycotherapy*. New York: Lyle Stuart, 1970.

Ellis, Albert · MacLaren, Catharine, *Rational Emotive Behavior Therapy; A Therapist's Guide*(2nd ed.): Impact Publishers, 2005. 앨버트 엘리스·캐서린 매클래런, 서수균·김윤희 옮김,《합리적 정서행동치료》, 학지사, 2007.

Held, Babara S., *Back to Reality: A Critic of Postmodern Theory in Psychotherapy*. New York. W.W. Norton, 1995.

Honos-Webb, Lara, Ph.D. *Listening to Depression: How Understanding Your Pain Can Heal Your Life*, Oakland: New Harbinger Publications, 2006. 라라 호노스-웹 저, 신민섭, 김성준 공역,《우울증이 주는 선물》, 시그마프레스, 2008.

Johnston, Matthew, *I Had a Black Dog*, London: Robinson, 2007. 매튜 존스톤, 표진인 옮김,《굿바이 블랙독》, 지식의날개, 2007.

Kierkegaard, Søren, *Philosophische Brosammen*, München:dtv, 2005. 키에르케고어, 표재명 옮김,《철학의 부스러기》, 프리칭아카데미, 2007.

Marinoff, Lou, *Plato Not Prozac:Applying Philosophy to Everyday Problems*, New York: HaperCollins, 1999. 루 매리노프, 이종인 옮김,《철학으로 마음의 병을 치료한다》, 해냄, 2000.

McWilliams, Nancy, *Psychoanalytic Psychotherapy:A Practitioner's Guide*, New York · London: Guilford Press, 2004. 낸시 맥윌리엄스 저, 권석만·이한주·이순희 공역,《정신분석적 심리치료》, 학지사, 2007.

Raabe, Peter B., *Philosophical Counseling: Theory and Practice*, Westport: Connecticut, 2001. 피터 B. 라베, 김수배 옮김,《철학상담의 이론과 실제》, 서울: 시그마프레스, 2010.

Ramond J. Corsini · Dannz Wedding, *Current Psychotherapies*, 7/e, Australia/Canada/Mexico/Singapore/Spain/United Kingdom/United States: Thomson, 2000. 레이몬드 코시니·데니 웨딩 편저, 김정희 옮김,《현대 심리치료》, 학지사, 2000.

Rogers, Carl R., *A Way of Being*, Boston · New York: Houghton Mifflin, 1996. 칼 로저스, 오제은 옮김,《칼 로저스의 사람-중심 상담》, 학지사, 2007.

Rogers, Carl R., *Counseling and Psychotherapy*, Boston: Houghton Mifflin, 1942.
Ruschumann, Eckart, "Foundations of Philosophical Counseling", *Inquiry* Vol. 17, No. 3, Spring 1998.

## 6장

이창우, 〈관조(觀照)와 복된 삶: 고대 스토아 윤리학의 신학적 기초〉, 《서양고전학연구》, 26권, 한국서양고전학회, 2006.
Boele, Dries, "Experimental Wisdom and Art of Living", *In van der Vlist*, 161.
Gutmann, Michael, *Die dialogische Pädagogik des Sokrates:Ein Weg zu Wissen, Weisheit und Selbsterkenntnis*, Münster/New York/München/Berlin: Waxmann, 2003.
Kurz, Wolfram, *Philosophie für helfende Berufe*, Tübingen/Wien: Verlag Lebenskunst, 2005.
Marinoff, Lou, *Plato Not Prozac:Applying Philosophy to Everyday Problems*, New York: Haper Collins, 1999. 루 매리노프, 이종인 옮김, 《철학으로 마음의 병을 치료한다》, 해냄, 2000.
Raabe, Peter B., *Philosophical Counseling: Theory and Practice*, Westport: Connecticut, 2001. 피터 B. 라베, 김수배 옮김, 《철학상담의 이론과 실제》, 서울: 시그마프레스, 2010.
Schuster, Shlomit, "Philosophical Counseling and Humanistic Psychotherapu". *Journal of Psychology and Judaism*. Vol. 20, No. 3, Fall 1996. 248.
Schuster, Shlomit, 'The Practice of Sartre's Philosophical Counseling and Existential Psychotherapy". *The Jerusalem Quarterly*, 101-102.
Segal, Steven, "Philosophy As a Therapeutic Activity." *Inquiry*, Vol. 17, No. 3, Spring 1998. 36-47.

## 7장

김영진, 《철학적 병에 대한 진단과 처방: 임상철학》, 철학과 현실사, 2004.
에피쿠로스, 오유석 옮김, 《쾌락》, 문학과 지성사, 1998.
한국야스퍼스학회 엮음, 《칼 야스퍼스, 비극적 실존의 치유자》, 철학과 현실사, 2008.
김선희, 〈니체에 있어서 디오니소스적 예술가와 삶의 실천: 현실, 꿈, 도취와의 유희〉, 《니체연구》 제13집, 한국니체학회편, 2008.
김선희, 〈비판, 파르헤지아 그리고 아이러니: 상이성의 공존을 위한 철학적 사유〉, 《강원인문논총》 17집, 인문과학연구소, 2007.
김선희, 〈앎에 이르는 길로서 산파법, 변증법, 아이러니: 소크라테스, 낭만주의, 헤겔, 키에르케고어를 중심으로〉, 《동서철학연구》 제43집, 한국동서철학회편, 2008.
이진남, 〈철학상담에 방법은 필요한가〉, 《강원인문논총》 제18집, 강원대학교 인문과학연구소, 2007.
Achenbach, Gerd B., *Philosophische Praxis*, Köln:Jurgen Dinter, 1987.
Frankl, Viktor E., *Men's Search for Meaning*, Boston: Beacon Press, 2006. 빅터 프랭클, 이시형 옮김, 《죽음의 수용소에서》, 청아출판사, 2005.
Foucault, Michel · Defert, Daniel · Ewald, François(Hg.) *Schriften in vier Bänden, Dits et Ecrits*(Band I, 1954-1969), Frankfurt a/M:

Suhrkamp Verlag, 2001.
Hadot, Pierre · Arnold I. Davidson(ed.) *Philosophy as a Way of Life:Spiritual Exercises from Socrates to Foucault*, Oxford/Cambridge:Basil Blackwell, 1995.
Kierkegaard, Sören, *The Concept of Anxiety:A simple Psychologically orienting Deliberation on The dogmatic Issue of hereditary Sin*, Princeton University Press: Princeton, 1980. 쇠얀 키르케고르, 임춘갑 옮김,《불안의 개념》, 다산글방, 2007.
Kierkegaard, Sören, *The Sickness Unto Death*, Princeton University Press: Princeton, 1974. 쇠얀 키에르케고어, 임춘갑 옮김,《죽음에 이르는 병》, 다산글방, 2007.
Gutknecht, Thomas · Himmelmann, Beatrix · Stamer, Gerhard(Hg.), *Beratung und Bildung*, Berlin: LIT Verlag, 2006.
Le Blanc, Charle, *Kierkegaard*, Paris: Belles Lettres, 1998, 샤를 르 블랑, 이창실 옮김,《키에르케고르》, 동문선, 2004.
Marinoff, Lou, *Plato Not Prozac:Applying Philosophy to Everyday Problems*, New York: HaperCollins, 1999. 루 매리노프, 이종인 옮김,《철학으로 마음의 병을 치료한다》, 해냄, 2000.
Nemiah, John C. *Foundations of Psychopathology*, New York: Oxford University Press, 1966, J. C. 네마이어,《정신병리학 기초》, 민음사, 1992.
Epikur, übersetzt, ausgewählt und mit einem Nachwort versehen von Bernhard Zimmermann, *Philosophie des Glücks*, München: dtv C.H.Beck 2006.

Fintz, Anette Suzanne, *Die Kunst der Beratung: Jaspers' Philosophie in Sinn-orientierter Beratung*, Bielefeld/ Locarno: Edition Sirius, 2006.
Gadamer, Hans-Georg, *Schmerz: Einschätzungen aus medizinischer, philosophischer und therapeutischer Sicht*, Heidelberg: Universitätsverlag Winter, 2003, 한스 게오르그 가다머, 공병해 옮김,《고통: 의학적, 철학적, 치유적 관점에서 본 고통》, 철학과 현실사, 2005.
Gadamer, Hans-Georg, *Über die Verborgenheit der Gesundheit:Aufsätze und Vorträge*, Frankfurt a/M: Suhrkamp Verlag, 2010, 한스 게오르그 가다머, 이유선 옮김,《철학자 가다머 현대의학을 말하다》, 몸과 마음, 2002.
Nietzsche, Friedrich Wilhelm, *Zur Genealogie der Moral*, in: KSA 5, Giorgio Colli und Mazzino Montinari (Hg.), München/Berlin/New York: dtv/ de Gruyter., 1980, F. 니체 지음, 김정현 옮김,《도덕의 계보》, 책세상, 2002.
Nordentoft, Kresten, *Kierkegaard's Psychology*, Pittsburgh: Duquesne University Press, 1978.
Yalom, Irvin D., *The Schopenhauer Cure:A Novel*, New York: Harper Perennial, 2006, 어빈 얄롬, 임경수 옮김,《실존주의 심리치료》, 학지사, 2007.

## 8장

김진,〈쇼펜하우어와 초기불교의 존재 이해〉,《동서철학연구》, 한국동서철학회논문집, 제30호, 2007, 179-206.

Copleston, Frederick, *Arthur Schopenhauer: Philosopher of Pessimism*, London: Search Press, 1975.

Möbus, Susanne, *Schopenhauer für Anfänger: Die Welt als Wille und Vorstellung:Eine Lese-Einführung*, München: dtv, 1998. 수잔네 뫼부스, 공병혜 옮김, 《쉽게 읽는 쇼펜하우어: 의지와 표상으로서의 세계》, 이학사, 2002.

Schopenhauer, Arthur, *Die Welt als Wille und Vorstellung*, München: dtv, 2008.

Schopenhauer, Arthur, *On the Basis of Morality Paperback*, Oxford: Clarendon Press, 1998.

Yalom, Irvin D., *The Schopenhauer Cure:A Novel*, New York: Harper Perennial, 2006) 어빈 얄롬, 임경수 옮김, 《실존주의 심리치료》, 학지사, 2007.

## 제3부 사상과 문화치료학

### 9장

남상호, 《중국철학방법사》, 강원대출판부, 1997.

이광래, 《한국의 서양사상수용사》, 열린책들, 2003.

최재목, 《동아시아 양명학》, 예문서원, 1996.

한국철학사상연구회, 《문화와 철학》, 동녘, 1999.

후마 쓰쓰무지음 · 하정식외 옮김, 《연행사와 통신사》, 신서원, 2008.

徐復觀, 《中国人性論史》, 台湾商務印書館: 台北, 1978, 유일환 옮김, 《중국인성론사》, 을유문화사, 1995.

陳來, 《宋明理學》, 遼寧出版社: 遼寧, 1992 · 안재호 옮김, 《송명성리학》, 예문서원, 1997.

林義正著 · 松村健一訳, 〈中国哲學の文化治療観緒論〉, 《モラロジー研究》44호, 広池學園出版部, 1997.

Edward W. Said, *Culture and Imperialism*, Alfred A. knopf, New York, 1993, 김성곤, 정정호 옮김, 《문화와 제국주의》, 창, 1995.

### 10장

《논어》, 《맹자》, 《대학》, 《중용》.

김혜경 · 박재용, 〈농촌 여성노인들의 화병 유병율과 관련요인〉, 《한국보건간호학회지》 18호, 한국보건간호학회, 2004.

유권종, 〈동양고전에서 사용되는 심병의 용례와 의미〉, 《철학탐구》 24집, 중앙대, 2008.

연재흠, 〈맹자의 심성론 연구〉, 《범한철학》 51집, 2008.

한국일보, 2005년 11월 30일 기사.

경인일보, 2008년 10월 20일자 기사.

문화일보, 2008년 8월 19일자 기사.

중앙일보, 2009년 7월 1일자 기사.

http://www.khj-h.com, 전국 히키고모리 KHJ 부모의 모임.

蔡仁厚, 《孔孟荀哲學》, 學生書局: 台湾, 1994, 천병돈 옮김, 《맹자의 철학》, 예문서원, 2000.

村上龍, 《最後の家族》, 양억관 옮김, 《지상에서의 마지막 가족》, 웅진닷컴, 2001.

磯部潮, 《ヒキコモリが治る時》, 講談社: 東京, 2004, 이성동 옮김, 《스타벅스로 간 은둔형 외톨이》, 대숲바람, 2004년.

### 11장

荻生徂徠, 《徂徠先生學則》, 《태평책》, 《정담》, 《변명》, 《변도》, 《荻生徂徠》, 日本思想大系 36,

岩波書店, 1973).

荻生徂徠,《徂徠先生答問書》《荻生徂徠全集》제1권, みすず書房, 1973).

荻生徂徠,《譯文筌蹄初編》《荻生徂徠全集》제2권, みすず書房, 1974).

荻生徂徠,《大學解》《荻生徂徠全集》제2권, 河出書房新社, 1978).

이광래,《일본사상사연구》, 경인문화사, 2005.

이기원,〈오규 소라이의 고문사학〉,《일본사상》16호, 한국일본사상사학회, 2009.

源了圓,《德川思想小史》, 中央公論社: 東京, 1995, 박규태·이용수 옮김,《도쿠가와 시대의 철학사상》, 예문서원, 2000.

辻本雅史,《學びの復權》, 角川出版社: 東京, 1999, 이기원 옮김,《일본인은 어떻게 공부했을까?》, 지와 사랑, 2009.

衣笠安喜,《近世儒學思想史の研究》, 法政大學出版局, 1976.

渡辺浩,《近世日本社會と宋學》, 東京大學出版會, 1985.

丸山眞男,《日本政治思想史研究》, 東京大學出版會, 1953.

子安宣邦,《江戶思想史講義》, 岩波書店, 1998.

辻本雅史·沖田行司編,《敎育社會史》, 山川出版社, 2002.

辻本雅史,《近世敎育思想史の研究—日本における'公敎育'思想の源流》, 思文閣出版, 1990.

野口武彦,〈徂徠政治學の原点〉,《江戶人の晝と夜》, 筑摩書房, 1984.

丸山眞男,〈《太平策》考〉,《荻生徂徠》, 日本思想大系36, 岩波書店, 1973.

辻本雅史,〈日本近世における'四書學'の展開と變容〉,《季刊日本思想史》, ぺリカン社, 2007.

辻本雅史,〈荻生徂徠の人間觀—その人材論と敎育論の考察〉,《日本史研究》164호, 1976.

平石直昭,〈戰中·戰後徂徠論批判—初期丸山·吉川兩學說の檢討の中心に〉,《社會科學研究》39권 第1호, 東京大學社會科學研究所, 1987.

平石直昭,〈徂徠學の再構成〉,《思想》766호, 岩波書店, 1988.

黑住眞,〈荻生徂徠—差異の諸局面〉,《現代思想》10권 12호, 1982.

辻達也,〈政談の社會的背景〉,《荻生徂徠》, 日本思想大系36, 岩波書店, 1973.

塚本學,〈江戶における中央と地方〉,《思想》726호, 岩波書店, 1984.

澤井啓一,〈習熟と思慮—徂徠學の方法論〉,《寺小屋語學文化硏究所論叢》2호, 1983.

Nakai, Kate W., 平石直昭·小島康敬·黑住眞 옮김,《新井白石の政治戰略》, 東京大學出版會, 2001.

## 12장

《中庸或問》《大學或問》《朱子語類》

정도전,《불씨잡변》《삼봉집》제5권)

정약용,《與猶堂全書》

금장태,《성학십도와 퇴계철학의 구조》, 서울대출판부, 2001.

금장태,《조선후기 유교와 서학》, 서울대학교 출판부, 2003.

금장태,《퇴계의 삶과 철학》, 서울대학교 출판부, 1998.

김영호,《다산의 논어해석연구》, 심산문화, 2003.

문화체육관광부,〈한국의 종교 현황〉, 2008.

윤사순·고익진《한국의 사상》, 열음사, 1984.

이광래,《한국의 서양사상 수용사》, 열린책들,

2003.
이병도,《한국유학사》, 아세아문화사, 1987.
장승구,《정약용의 실천의 철학》, 서광사, 2001.
최상용 · 박홍규,《정치가 정도전》, 까치, 2007.
홍원식외 지음,《조선시대 심경부주 주석서 해제》, 예문서원, 2007.
조광,〈조선후기 서학서의 수용과 보급〉,《민족문화연구》44호, 2006.
김기주,〈중기퇴계학파의 심경부주 이해〉,《동방한문학》35집, 2008.
장윤수,〈조선후기 퇴계 학파의 심학적 특징〉,《민족문화논총》43호, 영남대, 2009.
평양대부흥, http://www.1907revival.com/
陳來,《宋明理學》遼寧出版社：遼寧, 1992 안재호 옮김,《송명성리학》, 예문서원, 1997.
다카하시 도오루 지음 · 조남호 옮김,《조선의 유학》, 소나무, 1999.
辻本雅史,《學びの復權》,角川出版社: 東京 1999, · 이기원 옮김,《일본인들은 어떻게 공부했을까?》, 지와 사랑, 2009.
吉川幸次郎,《仁齋 · 徂徠 · 宣長》, 岩波書店, 1975.
井上厚史,〈朝鮮近代儒教改革運動における近代的思惟の形成〉,《北東アジア研究》10号, 島根県立大學北東アジア地域研究センター, 2006.
小川晴之,〈茶山 經學 解釈의 態度〉,《茶山學報》12, 1991.

# 사항색인

PEACE 165-166, 194
가쿠몬주크學問塾 311
가학피학증sadomasochism 107
감마아미노낙산gamma-aminobutyric acid 75-76
강박증 49, 83, 122, 127, 134, 277-278
거식증anorexia 54
고통 기피증 205, 218-219
고학古學 268, 271, 305, 308-309, 312, 372-373
공감피로 증후군compassion fatigue syndrome 134-135
관계감정Beziehungsgefühl 104, 106
기억착오증paramnesia 67, 83
내담자 중심 상담/치료Client-centered Counseling/Therapy 155-156, 165
내향적 인격 장애IPD 39-40
노르에피네프린norepinephrine 48, 75-77
뇌전기설 78-80
뇌호르몬설 78-80
대화치료talking cure 25-26, 151
도파민dopamine 48, 75-77
디아스포라Diaspora 131-132
마음성형mental correction of deformities 19-22, 86, 133, 139
마음치유 21, 52, 80-81, 86
말비빔word salad 73, 83
무연사회無緣社會 284
미국정신의학협회American Psychiatric Association 38, 146, 148, 274
반동증후군 46, 48, 54

반향성 불안echoanxiety 54
복초설復初說 292, 351, 366
분열정동장애schizoaffective disorder 73
불편 기피증 205, 218, 220, 223
사고치료therapy of thinking 29
사단칠정론四端七情論 137, 271, 358, 368
사회불안장애 44, 49-50, 278
상담심리 138, 160-161
생체권력bio-pouvoir 41
선택적 세로토닌 재흡수 억제제SSRI 42, 46-48, 56, 59, 76
섬망delirium 73
섭식장애 54
세로토닌serotonin 47-48, 75-76
스미스클라인 & 프렌치Smith Klein & French 39, 42, 44, 49, 59
스토아(학파/철학) 157, 164, 169, 192-193, 206, 241-242
신서파信西派 376
실어증aphasia 73
실조증失調症 73, 85, 277
실학 259, 267-268, 271, 346-347, 360, 366-378, 383
알코올중독 49, 54, 100, 127, 135
양명학 259, 266-271, 356-357, 374-375
에피네프린epinephrine 75-77
에피쿠로스학파 169, 206
연상이완loosening of association 73, 76
외상후 격분장애PTED 83-85
외상후 스트레스장애PTSD 67, 83-84, 132-135
우울증 27-29, 37-38, 43, 46-47, 52-59, 76-78, 83, 87, 107, 110, 116, 122-128, 134, 145, 167-168, 226, 294-296

의식장애disturbances of consciousness 73, 127
이인증 83, 127
인본주의 154-156, 160
인지장애agnosia 73, 133
인지행동치료 164
적응장애 83
정신장애 진단과 통계 매뉴얼DSM 34, 38-43, 47-53, 58-59, 85, 146-148, 158 208
정체성 폐쇄군 83-84
조정망상influential delusion 127, 134
주의력 결핍 과잉행동장애ADHD 83-86, 148
주자학 259-261, 265-271, 292, 303-329, 333, 339, 341-378, 383
증강현실Augmented Reality 123
카테콜라민catecholamine 77
테오리아theoria 16-18, 23-24, 193
트라우마trauma 26, 47, 54, 85-86, 96, 167, 277
파괴적 행동장애disruptive behavior disorder 73
파르마코포비아pharmaco-phobia 33, 55
파르마콘pharmakon 48, 55, 68
패놉티콘panopticon 120-121, 131-133
폭식증bulimia 54
합리적 정서적 치료RET 156
합리적 정서적 행동치료REBT 156-157, 165
항불안제 49-59, 75, 83
항우울제 27, 42-59, 75, 78, 100, 124-125
행동주의 심리학 158-159
형태심리학ratomorphic psychology 159
환각hallucination 73, 76
황폐화deterioration 73
히키코모리 121, 275-285

# 인명색인

가다머, 한스 게오르크Hans-Georg Gadamer 217
공자孔子 17-18, 26, 263-265, 269, 290-294, 298-300, 309-311, 315, 328, 352, 358, 370
《논어論語》 263-264, 270, 290, 310, 359, 368-372
괴테, 요한 볼프강 폰Johann Wolfgang von Goethe 94-95
《젊은 베르테르의 슬픔》 95
김성일 361
노자老子 265, 269
누스바움, 마사Martha Nussbaum 181
니체, 프리드리히 빌헬름Friedrich Wilhelm Nietzsche 111, 114, 204-207, 217, 228, 242, 254
단토, 아서Arthur Danto 114
데리다, 자크Jacques Derrida 114
데카르트, 르네René Descartes 17, 71, 236
라베, 피터Peter B. Raabe 162, 170, 180-182
라이트맨, 앨런Alan Lightman 56
《진단The Diagnosis》 56
라잔, 하야시林羅山 306, 318, 320, 323
라하브, 랜Ran Lahav 180
랭, 버렐Berel Lang 114
러셀, 마이클Michael Russell 180
레인, 크리스토퍼Christopher Lane 33, 38, 40, 43, 46, 56
《만들어진 우울증Shyness: How Normal Behavior Became a Sickness》 33, 38, 40, 43, 46, 56

로저스, 칼Carl Rogers 155-156, 160
《상담과 정신치료Counseling and Psychotherapy》 155
루슈디, 살만Salman Rushdie 34
루슈만, 에카르트Eckart Ruschumann 149
류, 무라카미村上龍 275, 284
릴리, 일라이Eli Lily 59
마이즈R. Mayes 39
말브랑슈, 니콜라스 드Nicolas de Malebranche 72
매리노프, 루Lou Marinoff 146-149, 158-159, 162, 166-168, 179, 194-197
《철학으로 마음의 병을 치료한다Plato Not Prozac》 146-147, 159, 167, 194
매카시, 토머스T. Macathy 114, 139
《철학 이후: 종말인가 변형인가?After Philosophy: End or Transformation?》 139
맥윌리엄스, 낸시Nancy McWilliams 152-153
맥콜리, 메리Mary McCaulley 40
맹자孟子 264-265, 269, 285-299, 310-311, 315, 325
《맹자孟子》 264, 270, 285-290, 295-299, 310, 359, 370
메이, 롤로Rollo May 204
모르가니A. Morgani 68
뫼부스, 수잔네Susanne Möbus 230
미유스코비치, 벤Ben Mijuskovic 180
민츠, 몰튼Morton Mintz 43
박은식 374
벡, 아론Aaron Beck 125
벨, 대니얼Daniel Bell 114
보스, 메다드Medard Boss 204
보스, 히로니뮈스Hieronymus Bosch 35-36
뵐레, 드리스Dries Boele 181

392

브로드만K. Brodmann 69
브로이어, 요제프Josef Breuer 151, 155
《히스테리 연구Studien über Hysterie》151
비샤M. F. Bichat 68
비트겐슈타인, 루트비히 요제프 요한Ludwig Josef Johan Wittgenstein 181
빈스방거, 루트비히Ludwig Binswanger 204
사르트르, 장 폴Jean Paul Sartre 108
《출구 없음Huis-clos》108
사이드, 에드워드Edward W. Said 261
샤르코, 장 마르탱Jean Matin Charcot 150, 154
샤프만, 멜빈Melvin Scharfman 163
세이카, 후지와라藤原惺窩 305, 320, 323
소라이, 오규荻生阻徠 305-308, 312-344
소코, 야마가山鹿素行 308-310
소크라테스Socrates 16-26, 138, 169-171, 178-179, 185-190, 195, 207, 210
쇼펜하우어, 아르투르Arthur Schopenhauer 86, 204-205, 227-254
《충족이유율의 네 가지 뿌리에 관하여 Über die vierfache Wurzel des Satzes vom zureichenden Grunde》230, 238
《의지와 표상으로서의 세계Die Welt als Wille und Vorstellung》230, 234, 238
《소품과 보유집Parerga und Paralipomena》230
슈스터, 쉴로밋Shlomit Shuster 180
슈펭글러, 오스발트Oswald Spengler 114
스피처, 로버트Robert Spitzer 39-42
스피처, 엘리엇Eliot Spitzer 44
시걸, 스티븐Steven Segal 181
아도, 피에르Pierre Hadot 181, 205
아리스토텔레스Aristoteles 16, 191-192
아마네, 니시西周 344

아벨라르Abelard 92-93
《내 고통의 역사》92
아헨바흐, 게르트Gerd B. Achenbach 193, 169, 179-180
안사이, 야마자키山崎闇齋 306-307, 315, 318-319
안재홍 374
액설로드J. Axelrod 78
야스퍼스, 칼Karl Jaspers 204
얄롬, 어빈Irvin D. Yalom 204, 218, 229
《쇼펜하우어 집단심리치료The Schopenhauer Cure》229
에론슨, 모턴Morton Aronson 163
엘리스, 앨버트Albert Ellis 156, 164
왕수인王守仁 266-267
윌리스, 토머스T. Willis 74
《뇌의 해부》74
유키치, 후쿠자와福澤諭吉 262
은쿠무 82
이건방 374
이면백 374
이익 369, 376
이황 356-365, 370
《심경부주후론心經附註後論》359, 362-363
《성학십도聖學十圖》362, 364-365
일리치, 이반Ivan Ilych 61, 63, 67, 70
장유張維 271
정도전 354-355
《불씨잡변佛氏雜辨》354-355
정민정程敏政 359, 362
《심경부주心經附註》359-365
정약용 267, 360, 365-378
《논어고금주論語古今注》367-368
《목민심서牧民心書》373-374

《흠흠신서欽欽新書》373
조플링, 데이비드David Jopling 180
주돈이周敦頤 352
주희朱熹 293-294, 306-307, 310, 314-315, 347-351, 357-359, 371-372
《사서집주四書集註》314-315, 319, 357, 367-368, 371-372
진덕수眞德秀 359
《심경心經》354, 358-365
진사이, 이토伊藤仁齋 308-312
첸, 충잉Chung-Ying Cheng 180
칸트, 이마누엘Immanuel Kant 233-238, 242, 251
케슬러, 도널드Donald Kessler 57
《일반의학기록General Medical Record》57
콜드웰, 앤Anne Caldwell 43
쿠르츠, 볼프람Wolfram Kurz 182
크로포트킨, 표트르Pyotr Kropotkin 129
크리스텐슨, 클레이튼C. Christensen 116, 126-127
《혁신기업의 딜레마The Innovator's Dilemma》116, 127
크림프, 더글러스Douglas Crimp 114
키르케고르, 쇠렌 오뷔에Søren Aabye Kierkegaard 21, 105-107, 126, 170-171, 204-217, 223
《순간Augenblick》207
《죽음에 이르는 병The Sickness unto Death》105, 206-212
《불안의 개념The Concept of Anxiety》215-216
톨스토이, 레프 니콜라예비치Lev Nikolaevich Tolstoy 106
《이반 일리치의 죽음The Death of Ivan Ilych》106

튜크, 윌리엄William Tuke 154
파스칼, 블레즈Blaise Pascal 34
파슨스, 프랭크Frank Parsons 160
푸코, 미셸Michel Foucault 35, 41, 63, 114-115, 123, 212, 247-248
프랭클, 빅터Viktor E. Frankl 204, 218-220
《죽음의 수용소에서Men's Search for Meaning》219
프로이트, 지그문트Sigmund Freud 145-158, 163-164, 202
《꿈 해석Die Traumdeutung》151
피넬, 필립Philip Pinel 154
피니, 조셉Joseph Finney 40
한유韓愈 265
허시, 세이먼Seymon Hersh 222
헌터, 존J. Hunter 78
호르비츠A. V. Horwitz 39
히로유키, 가토加藤弘之 344
힌세이J. Hinsey 78